世界に誇る日本国憲法 究極の具現化

新生「菜園家族」日本

―― 東アジア民衆連帯の要《かなめ》 ――

小貫 雅男・伊藤 恵子

本の泉社

世界は変わる

人が大地に生きる限り

「菜園家族」の未来構想の根底には
人々の心に脈々と受け継がれてきた
大地への回帰と止揚《レボリューション》という
民衆の揺るぎない歴史思想の水脈が
深く静かに息づいている。

まさにこの民衆思想が
冷酷無惨なグローバル市場に対峙し
素朴で精神性豊かな 21 世紀未来社会への
新たな局面を切り拓く。

世界に誇る日本国憲法 究極の具現化
新生「菜園家族」日本が
「東アジア世界」の分断と対立の
長き歴史に訣別を告げ
やがて東アジア民衆の連帯に
先鞭をつけるにちがいない。

混迷と保身の「令和」の時代
たとえそれがどんな時代になろうとも
あなたの夢を忘れないで。

はしがきにかえて

夜明けの歌

生あらばいつの日か
長い長い夜であった
星の見にくい夜ばかりであった、と
言い交わしうる日もあろうか・・・

一九四五年一月二九日、友への手紙にこう綴ったわだつみの若き学徒松原成信（近江八幡市出身）は、一縷の望みを胸に灯しつつ、同年八月一日北京にて人知れず戦病死した。享年二三歳。あまりにも短い生涯であった。

戦後さまざまな苦難の曲折を経ながらも
それでもなお国民が追求してやまなかったもの
それは、戦争の惨禍から学び獲得した
「平和主義」、「基本的人権（生存権を含む）の尊重」、「主権在民」の
三原則に貫かれた
世界に誇る
日本国憲法の理念を遵守する精神ではなかったのか。

戦後七〇余年を経た今日においても
なおもこの遵守の精神が
たとえ僅かであっても
人々の心のどこかに生き続けている限り
それは、あたかも自然界の
天空と大地をめぐる水の循環の如く
その一滴一滴が地層深く浸透し、地下水脈となり
いつしか地表に湧水となってあらわれ
　大地を潤していく。

燦々と降り注ぐ
太陽の光をいっぱいに浴び
豊かな土と水に
ゆっくりと育まれた植物は
やがて実を結び
生きとし生けるもの
すべての喜びを祝福する
大きなエネルギーに転換される。
　私たちも同じであろう。
　先を焦らず
ゆっくり、しかも時間をかけて

地力を養い蓄積された
いのちのエネルギーは
醜い欺瞞と反動の闇夜を引き裂き
根源から時代を問い直す
新生「菜園家族」日本の幕開けを告げる黎明となる。
この夢は、せめて人々の心の中に
いつまでも生き続けてほしい。
　いや、それどころではない。
この夢こそが
この国の
そして東アジアと
世界のすべての人々に
勇気と希望を
生きる喜びを
　いつまでも与え続けていくであろう。
この小さな
幸せ祈る
私たちの心を
きっと
おぼえておいておくれ

地平を開く
夜明けの歌よ。

一九九〇年代初頭、第二次大戦後の世界を規定してきた米ソ二大陣営の対立による冷戦構造が崩壊し、アメリカ単独覇権体制が成立することになる。しかし、それも束の間、アメリカ超大国の相対的衰退傾向の中、その弛緩に乗ずるかのように、旧来の伝統的大国に加え、新興大国が入り乱れる新たな地球規模での多元的覇権争奪の時代がはじまった。

アベノミクスの「経済大国」、「軍事大国」への志向は、まさにこの新たな時代に現れた二一世紀型「新大国主義」の台頭とも言うべきその本質が、直截的、具体的に現実世界に投影された姿そのものと見るべきであろう。

この時代に注目すべきもう一つの特徴は、ソ連・東欧の「社会主義」体制の崩壊によって、人々がかつて希望の星と仰いだ人類の理想への道に幻滅し、めざすべき新たな未来への道を見失ったまま、自暴自棄に陥っている点にある。地球規模での混迷と混乱の中、剥《む》き出しの欲望が渦巻き、モラルの崩壊、欺瞞と策略の蔓延、暴力と紛争と戦争の常態化を招き、恐るべき暗黒の世界を現出している。

特に「東アジア世界」においては、この間、ソ連・東欧での激変を受け、モンゴルでも七〇年間続いた「社会主義」体制が崩壊し、瞬く間にグローバル市場経済の荒波に呑み込まれていった。

中国は、改革開放の時代を経て、今や日本を追い越し、アメリカに次ぐ世界第二位の経済大国となり、習近平国家主席が世界に向かって唱える巨大経済圏構想「一帯一路」のもと、経済的・政治的影響力を拡大し、周辺諸国との軋轢を生み出している。中国「社会主義」はすっかり変質したかのようである。

一方、朝鮮半島に目を向けると、一九五三年以来休戦状態が続く朝鮮戦争は、超大国のエゴのもと今もって終結せず、冷戦構造の最後の歪みが未解決のまま残存している。北朝鮮は、超大国アメリカの圧倒的な核の脅威のもと、自己の存亡をかけて核開発を急ぎ、核実験とミサイル発射の実験を繰り返してきた。民衆に壊滅的な犠牲を強いる、勝者も敗者もない一触即発の核戦争の危機迫る中、二〇一八年六月シンガポールでのトランプ・金正恩米朝首脳初会談によって、危機は一時的に凌ぐことができたかのように見えたが、この東アジア地域世界は、依然として爆薬を抱えたまま不穏な情勢が続いている。

こうした中、わが国の為政者は、中国、北朝鮮、韓国という東アジアのもっとも身近な隣国への敵意と憎悪を煽り、この地域世界の民衆に分断を持ち込み、深刻な対立をつくり出している。歴史の歪曲、自己正当化と保身がますます露わになっている。

東アジアの民衆にとって、この地域はどこまで続く泥濘《ぬかるみ》なのであろうか。

米ソ冷戦構造が崩壊し、アメリカと中国の新たな二大超強国が主導するグローバル市場経済が世界を席捲する今、二一世紀の今日における「東アジア世界」の逆行的とも言えるこの驚くべき変化をどう見るのか、あらためてこの「東アジア世界」を根本から見直し、新たな視点から現代世界が抱える問題を、そしてわが国をはじめこの地域における諸民族の社会そのもののありようを根源的に捉え直さなければならない。

こうした事態を迎えたなかで、あらためて歴史を見つめ直す必要に迫られている。何よりも私たち自身の問題として、身近なところから、新たな視点で「東アジア世界」の中に日本の近代と現代を位置づけて、自覚的に捉え直さなければならない時に来ている。

私たちは今、どんな時代に生きているのか。そこで突きつけられている大切な課題とは、本当は何なのか。そしてそれをどのように解決していくのか。こうした未来への洞察を意識的、持続的におこなっていかなければならない。

本書は、海図なきこの時代にあって、かつての一九世紀以来の未来社会論に対して、二一世紀私たち自身の新たな未来社会のあり方を探究するものであるが、今述べたような問題意識から、その前提として、まず冒頭の第Ⅰ章および第Ⅱ章において、「東アジア近代への胎動、民衆の可能性と限界」および、「『東アジア世界』の歴史的構造とその展開の特質」をテーマに設定し、日本の近現代を東アジアの歴史構造のなかで捉え直し、自らを、自らの問題として検証することからはじめることにした。

富国強兵の道を突き進んだ近代日本が東アジアにおいて過去に犯した行為が、この地域の民衆に計り知れなく大きな犠牲を強いてきたことは言うまでもなく、敗戦を経て平和な文化国日本の建設を誓い、歩んできたはずの今日においても、主観的にはどうあれ、客観的に見て、現に東アジア民衆の未来への自立的で豊かな可能性を閉ざし、圧殺さえしているのではないか。ここで設定した東アジアの歴史構造からも、それは次第に浮き彫りになってくるであろう。

このことは結局、一八世紀イギリス産業革命以来、自明の善とされてきた経済成長、「拡大経済」そのものを問い直すことであり、とどの詰まり、二一世紀の新たな「東アジア世界」において、社会変革の真の主体となるべきはずの民衆が、今後も近代の落とし子とも言うべき根なし草同然の人間の社会的生存形態、すなわち「賃金労働者」のままであっていいのか、という根源的問題に帰結していくのではないか。いずれこのことは、「東アジア世界」の未来を展望する上で、避けては通れない極めて大切な論点になるものと確信している。

こうしたことをふまえるならば、この「東アジア世界」の中にあって、何よりもわが国自身がどんな未来への道を選ぶべきなのか、そのことは自ずから明確になってくるのではないだろうか。それは、第Ⅳ章以下の各章で、新生「菜園家族」日本の未来像として展開していくことになる。

私たちが思想としての「軍国主義」の旧套を敢然として脱ぎ捨て、新たな社会構想のもとに、世界に誇る日本国憲法の究極の具現化の道である新生「菜園家族」日本の道を選択し、着実に歩んでいくならば、それは東アジア民衆との真の連帯に先鞭をつけることになるはずだ。その意義は「東アジア世界」の未来にとって、計り知れないほど大きいと言わなければならない。このことについては、最後の第Ⅷ章で詳しく述べることになる。

日本が変われば、「東アジア世界」は変わる。そして、その逆もまた真である。すなわち、「東アジア世界」が変わるという新たな国際的環境のもとで、日本のこの未来社会構想の実現の可能性も、いっそう確実なものになっていくであろう。

この本の書名『新生「菜園家族」日本――東アジア民衆連帯の要《かなめ》――』には、〝菜園家族レボリューション〟に固有の相互連関、相互補完の揺るぎない法則とも言うべき普遍的真理と、この地域世界の民衆が長きにわたる苦難の歴史のなかで虐げられ、心に秘めてきた悲痛な叫びとさえ思える願いが込められている。

ところで、人間が生きる場としての社会をその基層から構造的に捉え、全一体的《ホリティック》に考察する上で、私たちが大切にしてきた方法論として、以下のことをここであらためて確認しておきたい。これは本書を貫く考え方であり、日本のみならず、東アジアをはじめ世界各地のあらゆる社会を考察し、未来を構想する際にも通ずる、普遍的な方法論であると確信している。

私たちが今生きている二一世紀現代社会は、分かり易く単純化して言うならば、「家族」、「地域」、「国」、「グローバルな世界」といった具合に、多重・重層的な階層構造を成している。

最上位の階層に君臨する巨大金融資本が、あらゆるモノやカネや情報の流れを統御支配する。そしてそれは、それ自身の論理によって、賃金労働者という根なし草同然の人間の社会的生存形態を再生産するとともに、同時に社会のその存立基盤そのものをも根底から切り崩しつつ、この巨大システムの最下位の基礎階層に位置する「家族」や「地域」の固有の機能をことごとく撹乱し、衰退させていく。

このことが今や逆に、この多重・重層的な階層システムの巨大な構造そのものを土台から朽ち果てさせ、揺るがしている。まさにこれこそが、近代経済学が機能不全に陥った要因の根源であり、同時に治療の術を失った末期重症の現代資本主義の姿ではないのか。これが今日のわが国社会の、そして各国社会の例外なく直面している現実である。

人間社会の基礎代謝をミクロのレベルで直接的に担う、まさに「家族」と「地域」の再生産を破壊する限り、どんなに見かけは繁栄していても、現代社会のこの巨大な構造は、決して安泰ではいられないであろう。そうだとすれば、社会の大転換にさしかかった今日の時代においてはなおのこと、経済成長率偏重のこれまでの典型的な「近代経済学」の狭隘な経済主義的分析・視角からは、こうした現代社会の本質をより深層からトータルに把握し、その上で未来社会を展望することはますます困難になってくるのではないか。

私たちは今、このことに気づかなければならない。

二一世紀の未来社会を構想するためには、こうした時代の変革期に差しかかっているからこそなおのこと、現代社会のこの巨大な構造の最下位の基礎階層に位置する「家族」や「地域」から出発して、それを基軸に社会を全一体的《ホリティック》に考察する、今日の時代に応えうる「革新的地域研究」が、いよいよ重要不可欠になってきている。

ではここで問題にしたい括弧付きの「地域」とは、そして二一世紀の今日の時代が求めている「革新的地域研究」とは一体何なのであろうか。今あらためて考え直さなければならない時に来ている。

「地域」とは、自然と人間の基礎的物質代謝の場、暮らしの場、いのちの再生産の場としての、人間の絆によるひとつのまとまりある最小の社会的、地理的、自然的基礎単位である。

この基礎的「地域」は、いくつかの「家族」によって構成され、日本の場合であれば、多くは伝統的な少なくとも近世江戸以来のムラ集落の系譜を引き継ぐものである。人間社会は、「家族」、基礎的「地域」（＝ムラ集落）、さらにはその上位の町、郡、県などいくつかの階梯を経てより広域へと次第に拡張しつつ、多重・

重層的な地域階層構造を築きあげている。

したがって、この基礎的「地域」は、人間社会全体を総合的かつ深く理解するために必要なすべての要素が完全なまでにぎっしり詰まっているがゆえに、社会考察の不可欠にして重要な基本的対象となる。人間とその社会への洞察は、とりとめもなく広大な現実世界の中から、任意に典型的なこの基礎的「地域」を抽出し、これを多重・重層的な地域階層構造全体の中に絶えず位置づけながら、長期にわたり複眼的、かつ総合的に調査・研究することによってはじめて深まっていく。

特に二一世紀現代においては、世界のいかなる辺境にある「地域」も、いわゆる先進工業国の「地域」も、今やグローバル市場世界の構造の中に組み込まれている。こうした時代にあって、自然と人間という二大要素からなる有機的な運動体であり、かつ歴史的存在でもあるこの基礎的「地域」を、ひとつのまとまりある総体として深く認識するためには、（1）「地域」共時態《シンクロニック》、（2）歴史通時態《ダイアクロニック》、（3）「世界」《グローバルな》、場という、異なる三つの次元の相を有機的に連関させながら、具体的かつ総合的に考察することがもとめられる。

こうすることによってはじめて、社会の構造全体を、そして世界をも、全一体的《ホリスティック》にその本質において具体的に捉えることが可能になってくる。やがてそれは、社会経済の普遍的にして強靱な理論に、さらには二一世紀世界を見究める哲学にまで昇華されていく。地域未来学とも言うべきこの「革新的地域研究」は、こうして、二一世紀の未来社会をも展望しうる方法論の確立にむかうものでなければならない。

それは時代が変わり、社会上部の権力的規制の姿、形が異なっても、基本的にはその本質において何ら変わるものではない。

こうした問題意識から、まず第Ⅰ章、第Ⅱ章では、現代日本とは時代も地理的にも異なるが、「東アジア世界」全域に散在するあまたの小社会の中から、特に一九世紀東部モンゴルのト・ワン所領および二〇世紀末モンゴル西南部の山岳・砂漠の村ツェルゲルを、今ここで述べてきた重要な方法的概念である「地域」として選定し、「家族」とか、「地域」とか、「自然」とか、「人間理解」といった多面的構成要素を全一体的《ホリスティック》に考察する、この「革新的地域研究」の方法をたえず念頭に置きながら見ていきたい。

こうすることによって、かつてこの「東アジア世界」の片隅の小さな遊牧の「地域」で人知れず支配権力と闘った、民衆の自立への人間的営為の深い意味とその限界が、東アジア近現代の文脈のなかで浮き彫りになってくるにちがいない。と同時に、それらが決して私たちの置かれた現実とはかけ離れた、遠い異国の見知らぬ人々の物語などではなく、二一世紀の今日、冷酷無惨なグローバル市場経済に喘ぎながらも、それでもなお立ちあがって、「平和を維持し、専制と隷従、圧迫と偏狭を地上から永遠に除去しようと努めている」（日本国憲法前文）日本の、東アジアの、そして世界のすべての民衆の悲願にも連なる、人間の飽くなき試みの一つであることに気づかされるにちがいない。

これら具体的「地域」における民衆の自己の存在をかけた苦闘の姿を見つめながら、「東アジア世界」の歴史的構造の特質と今日この地域世界が直面する課題、さらには二一世紀私たちがめざすべき新たな未来への展望へと、順次つなげていきたいと思う。

〈目次〉

はしがきにかえて……3

第Ⅰ章　東アジア近代への胎動、民衆の可能性と限界
――一九世紀東部モンゴル、ト・ワン所領を「地域」モデルに――

1 「東アジア世界」の変貌とモンゴル……27
前近代の「東アジア世界」――清朝皇帝を基軸とする冊封体制／27
第一次「東アジア世界」の解体過程の発端を北の辺境モンゴルに見る／32
モンゴルにも強まる資本主義的外圧／35
二重に増幅された賦役の重圧／36

2 モンゴルの牧民運動の展開とその特質……37
一九世紀前半における遊牧民と支配権力との対立構図／37
牧民運動の形態とその特徴／39

3 ト・ワン所領に見る封建権力と民衆との葛藤――「地域」の視点から……41
ト・ワン所領における遊牧民の異議申し立ての発端／41
遊牧民トゥデッブの闘いの推移／43
遊牧民トゥデッブの闘いの転換――訴訟闘争へ／46

遊牧民トゥデッブの苦難の結末／48

4 封建的改良への道……50
封建領主ト・ワンの野心と悪政／50
封建領主ト・ワンの改革／54
私的封建領主制の確立へ／60
封建領主ト・ワンの改革の意味／65

第Ⅱ章「東アジア世界」の歴史的構造とその展開の特質
――北の辺境モンゴルの視点から――

1 第一次「東アジア世界」の解体過程……71
欧米資本主義の新たな進出と中国の開港――南からの衝撃とその波紋／71
西部モンゴルの牧民運動の高まりと回民との連帯／72
一九世紀後半のモンゴル牧民運動の特徴／73
旧「東アジア世界」解体期に異質な発展を遂げる日本／74
明治新政府の体制固め――第二次「東アジア世界」への移行期／76
「東アジア世界」設定の有効性とその意義／78
草の根の牧民運動の果たした役割――遊牧民トゥデッブの闘いの意味／79

2 第二次「東アジア世界」の形成……80
――朝鮮を足場にした日本帝国主義の北東アジア侵略、さらなる拡大――

日露戦争と植民地支配への東アジア民衆の抵抗／80
帝国主義列強の進出とモンゴル、北東アジア／83
帝国主義列強の進出とモンゴル遊牧民の新たな蜂起／85
ボクド君主制国家の成立とその性格／88
ボクド君主制国家の欺瞞の露呈と民衆の覚醒／90

3 第二次「東アジア世界」の展開と民衆の未発の可能性……93

第二次「東アジア世界」の展開過程をひとまず四期に区分する／93
第一次世界大戦、民族の覚醒と世界史の新たなうねり／95
ロシア十月革命の衝撃と波及／97
第二次「東アジア世界」の第５期――多元的覇権争奪の時代／99

4 グローバル市場経済の新たな重圧と東アジアの民衆……101
――辺境のモンゴル遊牧民の苦闘を焦点に具体的に見る――

山岳・砂漠の村ツェルゲルという「地域」――新たな未来への可能性／101
モンゴルにおける遊牧の社会主義集団化の生成と衰退／107
なぜモンゴルの「社会主義」は崩壊したのか――ネグデルの基礎から考える／113
郷土の再生に立ち向かうツェルゲルの人々――「地域」の自立と草の根の真の民主主義をもとめて／118
遊牧民が主体の地域づくりの実践――その輝きと忍び寄る暗雲／123
再び踏みにじられた遊牧民の思い――グローバル市場経済の荒波に呑まれて／127

岐路に立つモンゴル――揺らぐ暮らしと平和の土台／133

5　民衆による真の東アジア民衆連帯創出の坩堝《るつぼ》……135

大地に根ざした二一世紀未来社会と東アジア民衆の新たな連帯をめざして／135

国破れてわが郷土《トゥルスン・ノタック》あり――再出発の思い未だ止まず／138

第Ⅲ章　二一世紀未来の新たな社会のあり方をもとめて

1　まずは日本の現実を直視することから……143

欺瞞と不正義の上にかろうじて成り立つ「拡大経済成長路線」／143

果たして私たちの暮らし、社会経済のあり方はこのままでいいのか／145

2　私たちはどこから来て、どこへ行こうとしているのか……146

迫り来る世界的危機のなかで／146

いのち削り、心病む、終わりなき市場競争／147

人々が心に秘める終生の悲願――「宇宙の子」として／148

子どもたちは今／149

今こそ近代のパラダイムの転換を／150

人間を育む〝場〟としての家族／151

人間のライフスタイルは変わる／151

菜園家族レボリューション――生産手段との「再結合」こそ二一世紀未来社会論の要諦／153

第Ⅳ章「菜園家族」日本の構築
——二一世紀、素朴で精神性豊かな自然循環型共生社会への道——

1 民衆による二一世紀未来社会論 ——「菜園家族」構想……163
週休（2＋α）日制の「菜園家族」型ワークシェアリング／163
世界に類例を見ないCFP複合社会 —— 史上はじめての試み／166
森と海を結ぶ流域地域圏《エリア》 ——「菜園家族」を育むゆりかご／170
日本国憲法具現化の小宇宙 —— 森と海を結ぶ流域地域圏《エリア》／173

2 大地に明日を描く ——「菜園家族の世界」……175
—— 記憶に甦る原風景から ——
ふるさと —— 土の匂い、人の温もり／176
土が育むもの —— 素朴で強靱にして繊細な心／184

3「菜園家族」による自然循環型共生日本の国土づくり……188
—— 個性豊かな人間活動を育む地域団粒構造 ——
地域協同組織体「なりわいとも」と森と海を結ぶ流域地域圏《エリア》の再生／192
非農業基盤の家族小経営「匠商家族《しょうしょう》」とその協同組織体「なりわいとも」／199
「なりわいとも」と森と海を結ぶ流域地域圏《エリア》の中核都市の形成／203
「なりわいとも」の歴史的意義／205
前近代の基盤の上に築く新たな「協同の思想」／207

4 「菜園家族」を土台に築く円熟した先進福祉大国……209

――近代を超克する新たな社会保障制度を探る――

原理レベルから考える「自助、共助、公助」／210

「家族」に固有の機能の喪失とこの国破綻の根源的原因／214

「家族」に固有の福祉機能の復活と「菜園家族」を土台に築く高次社会保障制度／217

「菜園家族」を土台に築く円熟した先進福祉大国への可能性／219

円熟した先進福祉大国をめざす新たな国民運動の形成／223

「家族」と「地域」の再生は不可能なのか／225

「家族」と「地域」の再生をゆるやかな変化のなかで捉える――諦念から希望へ／227

5 いのちの思想を現実の世界へ……229

――「菜園家族」による非武装・不戦、非同盟・中立の国土づくり――

憎しみと暴力の坩堝《るつぼ》と化した世界――世界の構造的不条理への反旗／229

あらためてアルジェリア人質事件を思い起こす――今問われているのは私たちのライフスタイルそのもの／232

日本国憲法の平和主義、その具現化の確かな道を求めて――「菜園家族」的平和主義の構築／233

アベノミクス主導の解釈改憲強行の歴史的暴挙／234

あらためて日本国憲法を素直に読みたい／235

アベノミクス「積極的平和主義」の内実たるや／236

「自衛」の名の下に戦った沖縄戦の結末は／238

「巨大国家の暴力」と「弱者の暴力」との連鎖をどう断ち切るか／239

憲法第九条の精神を具現化する新たな提案――自衛隊の「防災隊」（仮称）への発展的解消／241
非戦・平和構築の千里の道も一歩から／243
非戦・平和の運動に大地に根ざした新しい風を／244
戦後七〇余年、もう一度初心にかえり世界の人々に呼びかけよう／246

第Ⅴ章　二一世紀こそ草の根の変革主体の構築を
――本物の民主主義の復権と地域再生――

「お任せ民主主義」を社会の根っこから問いなおす／250
身近な語らいの場から、未来への瑞々しい構想力が漲《みなぎ》る／251
労働組合運動の驚くべき衰退、そこから見えてくるもの／253
二一世紀の労働運動と私たち自身のライフスタイル――「菜園家族」の新しい風を／255
多彩で自由な人間活動の「土づくり」――社会を底から支える力／258
「お任せ民主主義」を排し、何よりも自らの主体性の確立を――そこにこそ生きる喜びがある／261

第Ⅵ章　「菜園家族」の台頭と草の根の高次創造の世界へ
――資本の自然遡行的分散過程――

資本の自己増殖運動と科学技術／268
資本の従属的地位に転落した科学技術、それがもたらしたもの／270
ＧＤＰの内実を問う――経済成長至上主義への疑問／272

「菜園家族」の創出と資本の自然遡行的分散過程／274
新たな科学技術体系の生成・進化と未来社会／278

第Ⅶ章　今こそ近代のパラダイムを転換する
――生命本位史観に立脚した二一世紀未来社会論――
自然界の生成・進化の普遍的原理と二一世紀未来社会／284
自然への回帰と止揚《レボリューション》、これこそが人間の本源的な歴史思想である／287
「菜園家族」構想、これこそが日本国憲法全条項の究極の具現化／289

第Ⅷ章　新生「菜園家族」日本こそ、東アジア民衆連帯の要《かなめ》
――自然循環型共生の二一世紀「東アジア世界」をめざして――

1　第二次「東アジア世界」の第5期――新たな対立・矛盾の激化と民衆の可能性……296
あまりにも片寄った情報の氾濫のなかで考える――朝鮮半島情勢をめぐって／296
緊迫した今日の事態解決への道――長期的展望に立った民衆自身による包括的な運動を／299
東アジア地域諸国の民衆に課せられた自主・自律の経済・社会の探究／302

2　暗闇に射し込む一筋の光――中国民衆の苦悶の中から……305
――梁鴻《リアン・ホン》『中国はここにある―貧しき人々のむれ―』を読む――
「私」の思索はふるさとの村梁庄《リアン・ジュアン》からはじまる／307

いよいよふるさとの大地に降り立つ／310
方向感覚を失うほどの村の変化／311
忘れられ取り残された人々／315
さようなら、ふるさと／319
調査が終わり、ふるさとを遠く離れ振り返って思う／320

3 梁鴻《リアン・ホン》を読み、あらためて「東アジア世界」を振り返って考える……323
「一帯一路」、東アジアの民衆と地域の行方――かつての『日本列島改造論』の地球版再現を危惧する／323
新しい時代への覚醒／330

4 東アジア民衆の主体性の礎を築く――二一世紀の未来社会を展望しつつ……333
何はともあれ、根なし草の自己変革からすべてがはじまる／333
自然観と社会観の分離を排し、両者合一の思想を社会変革のすべての基礎におく／334
CFP複合社会を経て高次自然社会へ――労働を芸術に高める／335
未来社会を身近に引き寄せる「セクターC、F、P相互の対立と依存の展開過程」／339
形骸化した民主主義の現状と「生産手段の再結合」／341
より高次のFP複合社会における生産手段の所有形態をめぐって／343

5 国連「家族農業の10年」(二〇一九～二〇二八)が投げかけるもの……346
――世界の民衆の願いを体現したこの国際運動に「菜園家族」の新たな可能性を見る――

6　目を未来に見開き、何はともあれ自らの足もとから …… 352
——非同盟・中立、非武装・不戦の新生「菜園家族」日本から「東アジア世界」へ——
世界に誇る日本国憲法を有する国民に課せられた千載一遇の名誉ある使命／352
未来への決断——「令和」の一連の儀式と人為的熱狂の祝賀ムードのなかで／355
小さなタンポポに託す未来への夢——「自然《じねん》の世界」のおおらかさへ／356

むすび …… 360

引用・参考文献一覧（一部映像作品を含む） …… 368

著者紹介 …… 383

第Ⅰ章

東アジア近代への胎動、民衆の可能性と限界

――一九世紀東部モンゴル、ト・ワン所領を「地域」モデルに――

現在、私たちは琵琶湖畔・鈴鹿山中に研究調査の拠点を置き、日本の農山村の地域研究に取り組んでいるが、その前提となるものとして、長年にわたって研究してきたモンゴルの遊牧地域がある。

モンゴルが「東アジア世界」の片田舎であるとするならば、東部モンゴルの遊牧の「地域」ト・ワン所領は、そのまた片田舎の小さな地域社会であると言える。そんな「辺境」で生きる人々の姿は、私たち現代人の暮らしのあり方や、ますます混迷を深める世界のゆくえを見つめる上で、実に大切な視点を与えてくれる。そして何よりも、人間の根底にある生への根源的な飽くなき情念を思い知らされるのである。

モンゴルの遊牧民が好む花に、ヤルゴイ（モウコオキナグサ）という早春の草花がある。

北国の高原の酷寒に耐えぬいたヤルゴイの草たちは、春を迎え大地が根雪をとかすと一斉に芽を吹き出し、紫や黄色の小さな花を咲かせる。これは現実かと目を疑うほど華やかに冬の灰色を吹き飛ばし、なだらかな丘陵の南斜面に一瞬のうちに鮮やかな色彩をひろげる。それは、見事な生命力を見せつけてくれる。

この小さな蕾には、ビタミンがいっぱい詰まっているという。長い冬の間、雪の下でじっと堪えたエネルギーが、一気に噴き出すからであろう。越冬に体重を三割近くも減らし、憔悴しきった家畜たちは、丘にうす緑が広がると一斉に駆け登り、春一番に咲くこの栄養源を夢中になって食《は》み、急速に体力を回復していく。

大自然の循環のなかで、家畜たちの生命《いのち》の再生のために、肩ひじ張らず、あるがままに献身するこの可憐な花に、遊牧民たちは自らの生きざまを重ね合わせる。そしてわが身も同様、地上と天上を巡る大循環の中にあることを思う。それは、自己の生存の因縁を悟り、生命《いのち》に対する敬虔な心に浸る一瞬でもある。

モンゴルの自然は厳しい。しかし、じっと目を据える余裕があるならば、大地と家畜と人間が、悠久の歴史のなかで織り成し創りあげてきた、繊細にして見事な世界がそこにあることに気づくであろう。人間は、まさにこうした世界の中にあってはじめて、自然の過酷さに耐える能力も、つつましさとか心優しさといった人間の優れた資質をも育むことができたのである。

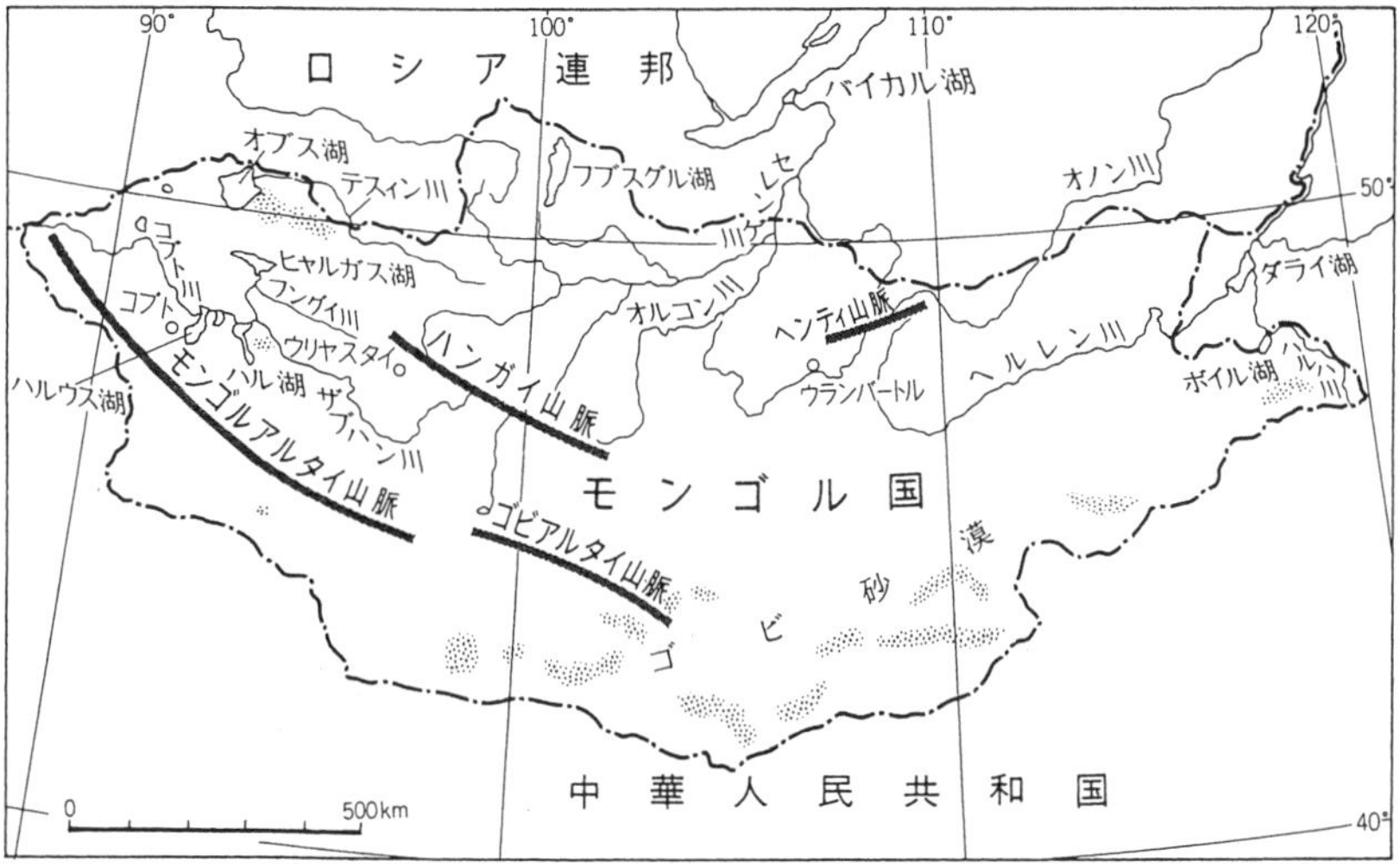

モンゴルの地勢

モンゴル国は、平均標高一五八〇メートルの高原にある。東部と西部が低く、北西部にいくに従って高くなっている。北部はロシア、南部は中国に接し、国境の全長は七六七八キロメートル、国土の西の端から東の端まで二四〇五キロメートルあり、南北の幅は一二六〇キロメートルある。面積は一五六万四一〇〇平方キロメートルで、わが国の面積の約四倍の広大な土地に、わずか三二三万八四七九人（モンゴル国家統計局、二〇一八年）の人々が住んでいるに過ぎない。これに対して、家畜の総頭数は六六四六万頭、そのうち羊三〇五五万頭、ヤギ二七一二万頭、牛四三八万頭、馬三九四万頭、ラクダ四六万頭（モンゴル国家統計局、二〇一八年）である。ロシアの学者・探検家I・M・マイスキーの調査報告『外蒙共和国』によれば、モンゴル革命前の一九一八年の時点では、人口六四万七八〇〇人であるから、人口は年々増加して、百年間で五倍になったことになる。

　国土の東は中国東北の西側に大興安嶺が横たわり、西南部の新疆との国境にはアルタイ山脈が、西北部のロシアとの国境にはサヤン山脈、中央部より西に寄ったところにはハンガイ山脈がやや北側に走り、首都ウランバートルの北東部にはヘンティ山脈が起伏して、モンゴル高原は全体として一大内陸盆地を形成している。内陸にあるため、全体にひどく乾燥しており、降水量は極めて少ない。モンゴルは年降水量が平均二〇〇〜二二〇ミリに過ぎず、比較的多い北部のボルガン、アルハンガイで三三〇〜三四〇ミリで、反対に最も少ない西部のコブド、西南部のゴビアルタイ、南部のウムヌゴビでは九〇〜一二〇ミリと極めて少ない。また、内陸の高原上に位置しているために、気温の日較差、年較差は激しく、最寒月の一月の平均気温は、西部のオラーンゴムで零下三八度に達する。また同地の最暖月の七月の平均気温は一八度である。

この広大な国土は、地方地方によってかなり違いがあるが、一般にこの国土の南半分は、所々に不毛の砂漠もあり、草生は悪いが、半砂漠性草原地帯で、栄養が高く家畜が好む、ヤマラッキョウの芽のような野草マンギル、ターナ、フムールが自生している。

東部から中央部にかけては、比較的遊牧に適して、草原地帯がゆるやかな起伏を見せながら、無限の広がりをつくっている。東部国境線に沿ってハルハ川が北へ流れ、ボイル湖に注ぐ。この流域は比較的降水量が多く、草生も良好で遊牧に適している。本章で詳しく取り上げるト・ワン所領はこの地に位置している。一九世紀前半、封建領主に対する遊牧民トゥデッブの訴訟闘争があり、その後、領主ト・ワンによる改革がおこなわれた土地で、モンゴル近代史への前提を把握する上で極めて貴重な地域である。また、今から八〇年前、このハルハ川の両岸には、日本とモンゴル・ソ連連合両軍の塹壕が構築され、ハルハ川戦争（ノモンハン事件、一九三九年）の激戦のあった地でもあり、生々しい傷跡が今日でも残されている。ここから西へ、際限なく広がるメネゲン平原が続く。一千頭を超えるカモシカの大群が疾走していく光景は壮観である。

このモンゴル東部から続く草原地帯は、西へ向かってアルタイ山脈を越え、天山山脈の北麓のジュンガル盆地、さらにキルギス、カザフ草原から西へ、黒海沿岸の豊かな黒土地帯までその広がりを見せている。

現在、ウクライナの穀倉地帯になっている辺りまで、はるか東から蜒々《えんえん》と続くこの草原地帯は、古来、遊牧民の絶好の遊牧ベルトだった。このような遊牧世界の東のへりに、その一環としてモンゴル領内の草原地帯が位置していたのである。この草原地帯こそ、モンゴルの自然を構成するベースとなる。

モンゴルの歴史の基層には、こうした自然と密着して生きてきた人間の独特の営みがある。このことをしっかり念頭に置いて、モンゴルの歴史を考えていく必要がある。「東アジア世界」の片隅で繰り広げられてきたこの小さな民族の苦渋に満ちた闘いの歴史を通して、今日の世界が抱えている問題へのかかわり方が、幾分でも見えてくればまことに幸いである。

一九世紀前半ト・ワン所領での出来事に入る前に、まずは当時のモンゴル封建領主と遊牧民たちが、前近代の「東アジア世界」において、どのような政治的支配構造の中に組み込まれていたのかについて見ておきたいと思う。

1　「東アジア世界」の変貌とモンゴル

前近代の「東アジア世界」——清朝皇帝を基軸とする冊封体制

ここでは、二〇世紀二〇年代の最初の元旦、モンゴルの民衆にとって実に悲しむべき歴史的事件を思い起こすことからはじめよう。

それは、一九二〇年一月一日のことであった。

活仏《かつぶつ》に外蒙博克多哲布尊丹巴呼図克図汗《ボクドヂェブツンダムバホトクトハーン》の封号を加えるという大総統冊令が発せられて、徐樹錚《じょじゅそう》が冊封《さくほう》使となり冊封の典礼を挙行した。王公剌麻《ラマ》などの宮門前に百人余りが恭迎し、徐樹錚が冊文を宣読し冊印を親授すると、哲布尊丹巴呼図克図がこれを親受した（矢野仁一『近代蒙古史研究』弘文堂、一九二五年）。いったん独立を宣言したモンゴルが、再び中国軍閥によって主権を奪われ、自治取消を強制されたのである。

すでに中国最後の王朝、清朝は崩壊し、東アジアが完全に資本主義世界市場に組み込まれていたこの時期において、なおも、中国周辺諸民族と中国とのあいだに、このような行動様式が生きながらえていたということは、驚くべきことである。これは、この東アジア地域の特殊な、政治的行動原理ともいうべきものの存在と、その歴史的根深さをも物語っている。

東洋史学者の西嶋定生氏は、著書のなかで、近代以前の「東アジア世界」とは、「思想上ないしは宗教上の文化圏のごとくであるが、もしこれをそのように限定するならば、この世界における思想または宗教は、共通点よりもむしろ相違点が顕著であり、儒教または仏教という名目的な共通性がどれほどの意味をもつものか問題となるであろう。しかしこれらの文化的諸現象が『東アジア世界』の共通指標となるのは、文化が文化として独自に拡延した結果ではなくて、その背景にはこの世界を規制する政治的構造が存在したのであり、この政治的構造を媒介として文化的諸現象はこの世界に拡延したのであって、ある時期における律令制という政治体制の共通性も、その同一現象であるとみなしうるということを否定することはできない。この政治的構造とは何であるかというと、それは中国王朝の直接的もしくは間接的な支配もしくは規制である」（傍点筆者）、と述べ、この視点から中国王朝の政治的権力ないしは権威を支柱にした冊封体制と呼ばれる「東アジア世界」の政治的構造様式を基軸に、この歴史的世界の設定を試みている。

漢王朝がその端緒を開いた冊封体制は、各時代、各王朝によってこの世界の構造の弛緩や緊張の度合いはさまざまであったが、結局は、しだいに完成の方向へとむかい、清王朝によって最終的に整備されるの

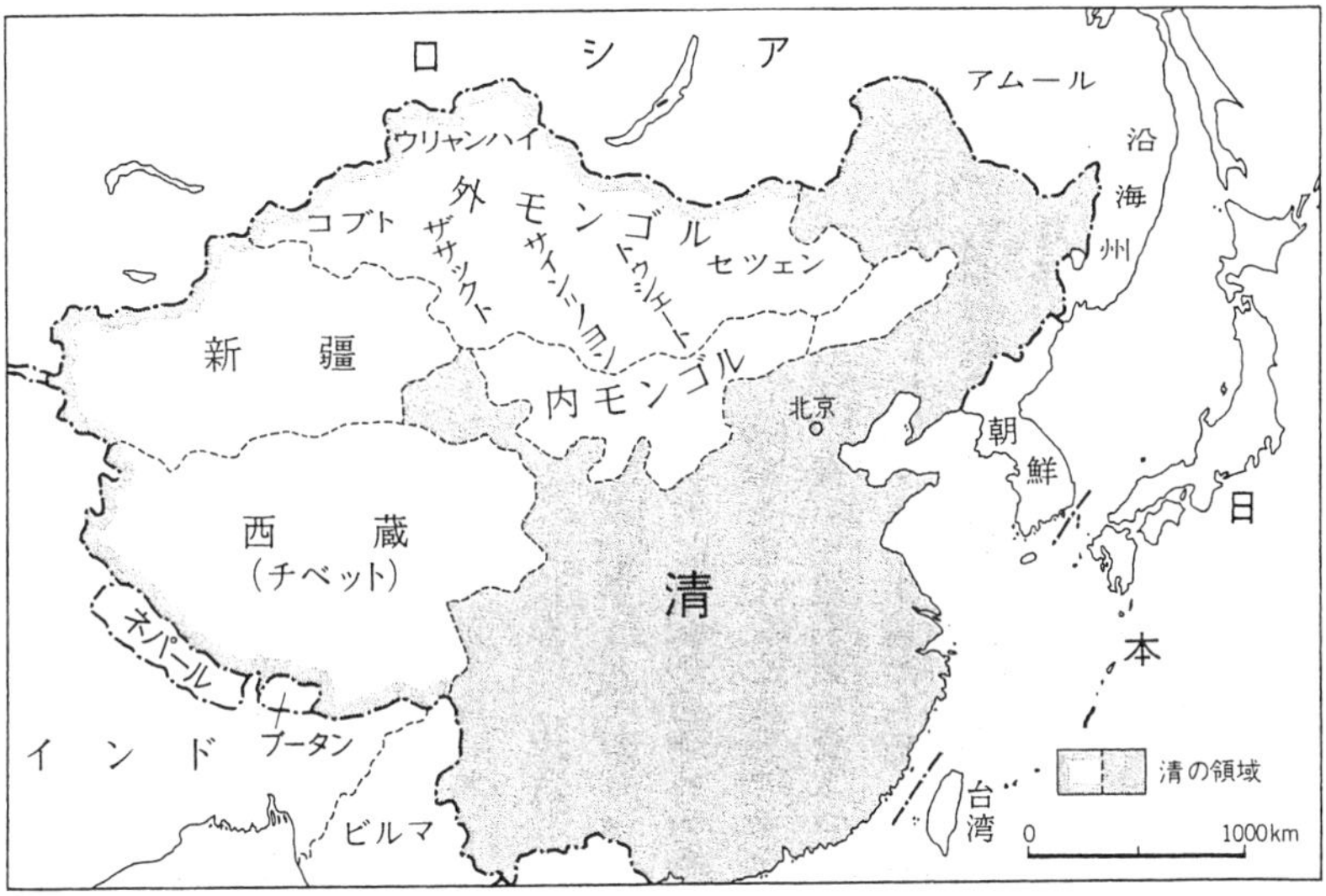

19世紀末の東アジア

である。

清は、中国東北（いわゆる満州）・中国本部・台湾を直轄地として、内外モンゴル・青海・西蔵（チベット）・新疆を藩部とし、朝鮮・ビルマ（現在のミャンマー）・シャム（現在のタイ）・安南（現在のベトナム）を属国として、日本以外の東アジアのほとんど全域をその勢力下においた。とくに中国東北・モンゴル・西蔵・新疆などを長年月にわたって完全に支配したことは、それまでの中国王朝にはみられない特色である（西嶋定生「総説」および「皇帝支配の成立」『岩波講座・世界歴史』第四巻、一九七〇年）。

たしかに日本との関係でいえば、倭女王卑弥呼が魏より「親魏倭王」に冊封されたり、将軍足利義満が明王朝から王に冊封された事実や、鎖国下にありながら、長崎を門戸に清朝と交易――清朝側からすればこれを朝貢とみなし、「政治的規制」の変形された表現としての意味を一面ではもつものといっていいであろう――をしたこと、このような事実以外には日本は政治的支配または規制を受けたことはなかった。また、これらとてまったく形式的な意味での「政治的規制」

にすぎなかったことも事実である。そして日本は絶えずこの東アジアの歴史的推移のなかにあって、文化的、経済的受容を専らにして相対的に自主的な歴史的発展をとげてきたことも事実である。だからといって、ただちにこの日本を「東アジア世界」の一員からはずしたり、この「世界」の存在を否定してしまうことはどうであろうか。

地理的にも中国本土と日本の中間にある琉球の対応をみると、東アジアの冊封体制の実態のありようがより正確にみえてこよう。

琉球王が即位すると三、四年後に冊封使が渡来して、王の冊封を行なうのである。冊封使の渡来が近づくと、島の辻々には評定所からの珍妙な令達を記した立て札が立てられたという。

日本の歌をうたったり、日本の言葉をつかってはならぬ。もし中国人たちが日本の言葉で何か聞いてきたら、通じないふりをせよ。日本風の風俗をみせないように注意すべし。

（一八三六〈天保七〉年の制札）

そしていよいよ、冊封使を乗せた冠船の渡来が予報されると、薩摩船は那覇港を避けて東海岸の運天港に出入りし、那覇港の薩摩船は大急ぎで退避させられて、まにあわないときには焼き払うことさえしたといわれている。

これらの事実は、薩摩藩と首里王府が、日本本土に対しては琉球を服属下の異民族として印象づけ、中国に対しては、琉球と薩摩の関係をひたかくしにしていたことを示している。したがって一八七九年の明治政府のいわゆる「琉球処分」の強行に際して、清朝側はその阻止をロシアや日本の朝鮮侵略阻止の不可欠の前提として捉え、「大清帝国」の藩属体制崩壊の問題のなかに位置づけていたのである。

つまり、東アジアの諸民族は、古い歴史のなかから培われてきたこの地域に特殊な原理によって、さまざまな偏差をもって中国王朝の政治的支配の規制を受けてきた。この原理に規定され、冊封体制は実質的にも形式的にも清朝に至ってよりいっそう整備され、「東アジア世界」は完成され、今日に至るまで執拗に維持され、その生命力を見せつけている。これは、他の地域にはみられない、この東アジア地域にだけみられる歴史的特質である。

今ここでこの原理が何であるのか、詳らかにする余裕はないが、本源的所有のアジア的形態（アジア的生産様式）に規定され、一民族内の社会のその後の歴史的展開過程において、中央集権的・専制主義的現象を現出せしめる内的原理が、一民族内にとどまらず、歴史的には、特殊に中国に形成された皇帝支配体制が外延化されて、一民族内における専制的な姿に似せて、自己をより広い地域的な規模で体制化しようとするものであったといえよう。

このように考えてくると、とくに清代にあっては、「東アジア世界」の存在を積極的にとらえ、そのなかに諸民族の多様なあり方を位置づけた方がよいのではなかろうか。つまり、日本をこの地域の東端にあって、清朝を基軸とする政治的支配の規制が「ゼロ」の地帯とし、地理的距離においても、中国本土と日本の中間に位置する沖縄を、政治的支配の中間的規制をうけた存在とし、さらに、「直轄地」としての中国東北・中国本部・台湾、「藩部」としての内外モンゴル・青海・西蔵・新疆、「属国」としての朝鮮・ビルマ・シャム・安南を、冊封体制における政治的支配の規制の強から弱への連続性の広がりのなかに、それぞれ位置づけたとき、「東アジア世界」の歴史的構造がみてとれるように思われる。それはまた、日本やモンゴルをも含めて、各民族の近代・現代の歴史的展開の特質をいっそう明確にする手がかりをえることになるものであろう。

時代の流れとともにこの「東アジア世界」も、ヨーロッパ資本主義列強の進出によって、一八四〇年のアヘン戦争を画期として大きく変貌の方向へむかう。これ以後、この旧「世界」は、資本主義世界市場の一環に組み込まれ、その自律的な完結性を失いつつ解体していくことになる。近代以前の「東アジア世界」が、中国王朝の政治的権力ないしは権威を基軸とした冊封体制という政治的構造様式をもって成立していたのに対して、近代以後のこの地域においては、この伝統的な歴史的基盤の上に、新たな資本主義列強の資本主義的外圧の政治的・経済的支配、規制が作用するようになった。これによって、以前のような自律的完結性はもはや失われたにもかかわらず、しかしなおこの東アジア地域は、他の地域にはみられない新たな独自性と特殊性をそなえ、この地域の諸民族の「課題の実際的共通性、具体的相互媒介性、具体的相互反発性」において、新たな一つの歴史的世界を形成している。そしてこの「世界」は、基本的な課題を未解決のまま、今日に至るまでなおも続いているのである。したがって、前者（近代以前）を第一次「東アジア世界」とすれば、後者（近代以降）は第二次「東アジア世界」と呼ぶにふさわしく、この東アジア地域の歴史は大きく二つに時代区分されることになる（小貫雅男「モンゴル革命把握の前提―モンゴル近代史の位置づけと東アジア―」『歴史学研究』４１０号―特集「ロシア周辺の革命（Ⅱ）」、青木書店、一九七四年）。

第一次「東アジア世界」の解体過程の発端を北の辺境モンゴルに見る

東アジア地域の歴史構造の基本を以上のように設定する時、モンゴル近代史は、その中にあってどのような位置を占めているのであろうか。そして、その位置にあって、いったいどのような歴史的展開をおこなってきたのであろうか。

中国王朝の政治的支配、規制を基軸とする第一次「東アジア世界」の最後の段階、つまり清朝の支配下の約二〇〇年間において、モンゴルは藩部として、内外モンゴル合わせて十三アイマック（盟）、一八一ホショー（旗）に区画され（前掲 矢野仁一『近代蒙古史研究』）、それらは中央集権的に編成され、その統治は実質においても形式においても、中国周辺諸民族のなかでもっとも徹底したものになっている。いわば、清朝の政治的規制の強から弱への連続性の、この東アジア世界の平面の拡がりのなかでモンゴル民族は地理的にも北辺から中央に隣接しつつ、もっともその規制の強度なところに位置し、しかもそれがもっとも長期（一七世紀後半から一九一一年まで）に執拗に維持されてきたことにその特徴がある。第一次「東アジア世界」におけるモンゴルのまさにこの特殊な位置によって、第二次「東アジア世界」への移行、すなわちヨーロッパ資本主義列強によるこの東アジア近代の変革過程のなかで、モンゴル近代史の展開は決定的に規定され、その畸形化をもたえず余儀なくされてきた。

モンゴルが、冊封体制の政治的規制の、いわば「東アジア世界」全体に広げられた古い傘から脱却できないでいるときに、すでに、重層的に資本主義的外圧がこれに加わり、支配の二重的構造がこの地域に形成される。依然として強い冊封体制的規制とそれに加重された資本主義的外圧の強制のもとで、モンゴルは、さらにこれに加え、旧「世界」以来の宗主国である中国の半植民地化の過程が進行することによって、植民地の植民地としての位置にますます据えられ、モンゴルの内的、主体的発展は、この「東アジア世界」によりいっそう複雑な構造的内的連関のもとにおかれることになる。ここに、モンゴル近代史の展開の特徴がある。

もちろんこれはモンゴルにだけ見られる特質ではなくて、この地域のすべての民族が、旧「世界」としての第一次「東アジア世界」における先のそれぞれが占める位置によって大なり小なり規定されつつ、程度の差をもって現象する性格のものである。ただ、モンゴルの場合は、それがもっとも極端に顕著な形で現象するような位置にあることによって、モンゴル近現代史を考察する時、前近代的な旧「世界」としての第一次「東アジア世界」＝冊封体制との連関を不可欠とするような構造的視角がもっとも効果的に働く、というよりもこの視角を抜きにしては、その特質を正しく把握することは到底不可能になる。そのような歴史的展開を現実におこなってきたのである。

モンゴルでは、一七世紀後半まで封建的な私的土地所有制が一段と発展し、封建的権力は地方に分散割拠していたのであるが、その後これらはすべてホショー（旗）・ソム（佐領）に再編され、ほとんどの遊牧民はソムニ・アルド（清朝皇帝の公民）に確定され、土地の総括的所有者を清の皇帝とする末端まで徹底した中央集権的領有体制ができあがり、冊封体制＝第一次「東アジア世界」のもっとも強固な一隅に組み込まれたことになる。そして、この旧「世界」の伝統的な原理によって、政治的・法制的にも巧みに整備され、強力な政治的規制が加えられていく。しかし、これも総括的土地所有者である清の皇帝、および在地のモンゴル封建領主という二重の支配層と、直接生産者である遊牧民との間に、当初からすでにこの社会に固有な矛盾として内包され、この基本的矛盾は次第に拡大し、経済的に基礎的にこの中央集権的領有体制を底辺から徐々に切り崩し、第一次「東アジア世界」をこの一角から解体していくことになる。

モンゴル社会に固有な内的なこの矛盾の発展は、この時期（一七世紀〜一九一一年）を貫くモンゴル社会の歴史的展開の基本的な内容であるが、第一次「東アジア世界」の資本主義的外圧による解体の本格的な開始とともに、モンゴルは一段とこの東アジアの歴史構造の中に投入され、緊密かつ複雑に連関していく。

第一次アヘン戦争（一八四〇）を境にして、旧中国社会の解体過程が急速に促進し、必然的に中国民衆の階級矛盾が激化し、清朝の財政は破綻し、その封建的支配が崩壊の危機に瀕すると、その属下の周辺諸民族に対しても、政策の変化があらわれてきた。当初、清朝はモンゴルを、クーロン（現在のウランバートル）、ウリヤスタイ、コブドに弁事大臣や官吏、軍隊を駐屯させ、内政の全権限をそれらに掌握させ、外国との接触を遮断するばかりでなく、細分化されたホショー相互の交渉をも厳しく制限し、また、中国の商業・高利貸し資本の進出、中国人の移住をも禁止する政策をとっていた。諸列強が太平天国の乱（一八五一〜六四）と第二次アヘン戦争（アロー戦争、一八五六〜六〇）の教訓から、一八八〇年代以降、清朝の支配体制の矛盾を巧みに利用して、中国周辺地域から蚕食する方法を選んでくると、いよいよモンゴルに対するこの政策は維持できないものになってくる。

モンゴルにも強まる資本主義的外圧

イギリスは、一八八〇年に南ビルマを占領し、八六年には完全に植民地化し、ロシアは一八八一年にイリ条約を清朝に強制し、外モンゴルおよび新疆の辺境を割取した。フランスは一八八二年にハノイを占領し、八五年に安南（現在のベトナム）をフランスの合法的植民地とすることを清朝に承認させた。このような東アジアにおける欧米諸列強の分割競争の一環の前哨として、すでに一八六一年にクーロン（現在のウランバートル）にロシア領事館が設置され、その後、外モンゴルにおけるロシア資本主義の進出は本格的に開始される。ちなみに、一八六一年から一九〇〇年までの間のモンゴル・ロシアの貿易総額の推移を見ると、一八六一年に総貿易額が一〇万ルーブル程度であったのが、一八八五年には一七〇万ルーブルに、さらに一九〇〇年には一六九〇万ルーブルに増大し、ロシア資本主義のモンゴルへの進出ぶりがうかがわれる。

このような状況に対処して、清朝は、これまで禁止していたモンゴルへの商業・高利貸資本、中国人移民の進出を、一八〇度転換してこれを積極的に推進するいわゆる「新政策」をとることになった。この政策転換の要因は、単にモンゴルへの資本主義列強の進出をおさえ、それに対抗してモンゴルを掌握し直そうとする対外政策的動機にのみ帰するものではなく、むしろ、中国開港以来の清朝の財政的破綻を建て直し、さらに中国に形成されつつあったブルジョアジーの要求に応えようとする目的に基づくものであるだけに、それだけいっそうモンゴルに対する収奪は苛酷なものにならざるをえなかった。

一七七八年に、ハルハの四アイマック（盟）が中国商人から借りた借金は、総額で四〇万両であったのだが、一九世紀末には一つのアイマックの負債だけで、その額をはるかに超えるものになっていた。一八八四年の資料によれば、トゥシェート・ハン、セツェン・ハンの二アイマックの負債は、九五万七三三五両、サイン・ノヨン・ハン・アイマックは三〇万両に達し、シャビ（寺院領）庁については、その負債額は五〇万両であった。その結果、中国高利貸資本に返済の見込みがたたないほど多額の借金に悩まされないホショー（旗）はほとんどなくなった、といわれている。

中国資本・高利貸資本、後にロシア資本主義のモンゴルへの浸透が強まるにつれて、モンゴルは商品・貨幣経済の一環にいよいよ組み込まれていく。そして、この社会の生産関係を封建的関係として経済的に実現・再生産するところの、まさに基幹ともいうべき封建地代にも変化がおよび、一九世紀末まではそれは緩慢ではあるが、従来の労働地代と生産物地代に対して貨幣地代への地代の転形がはじまり、地代のこの三形態が一九世紀後半より並行して存続するという新たな段階に入るのである。

二重に増幅された賦役の重圧

しかし、モンゴルにおいては、商品・貨幣関係がそのまま封建制を解体させる方向に働くというよりも、むしろ在地のモンゴル封建領主層の商品経済との結びつき、さらには清朝自体が資本主義の外圧によって経済的に疲弊するなかで、「植民地の植民地」の位置に立たされているモンゴルの遊牧民に、二重に増幅された賦役の増強へと導き、封建的再強化へ向かう。ここにもモンゴルに特殊な歴史的展開が見られるのである。

清朝の賦役のなかでも、この時期に注目しなければならないのは、軍事、兵役負担である。一八五五年だけで、ハルハ四アイマック（盟）から清朝の軍事費の負担として、三〇万両が徴収されたという。そして、さらに清朝に一旦緩急あれば、モンゴル人を兵士として即座に動員して使役している。清朝に反対する太平天国軍が北上して天津を襲うと、清朝は当惑して、一八五八年辺境のモンゴルから夥しい数の兵士を徴発して、太平天国の動乱（一八五一〜六四）を弾圧するのに利用した。また、第二次アヘン戦争（アロー戦争、一八五六〜六〇）の時、一八六〇年九月に北京の城壁に迫った英仏連合軍を前面から迎撃した六万の騎兵の中には、モンゴル兵が多数いた。そして、清・モンゴルの連合軍隊は、先進諸国の武力に微塵に粉砕されたのである。

このような戦闘で遊牧民が直接受けた被害のほかに、清軍の兵士をモンゴルに駐屯させるにあたって、兵糧、役畜（馬・ラクダ）などの供出や馬丁などの役務を遊牧民に負担させ、清朝の現地出先官吏を通じたモンゴルの富の収奪、遊牧民の搾取はその極に達したといわれている。

2　モンゴルの牧民運動の展開とその特質

一九世紀前半における遊牧民と支配権力との対立構図

清朝の支配に対する一七五五～五八年の抵抗運動以後、北部モンゴルには、広範な大衆を巻き込むような大蜂起はほとんど見られなかった。しかし、規模は小さいながらも地方色の濃い牧民運動は、各地に絶え間なく続いていた。

それは、どのような事情からであろうか。一八世紀末から一九世紀前半にかけて、清朝のモンゴルに対するアルバ（賦役）は増大する一方で、それと同時に、中国の商業・高利貸資本は、堰を切るようにして中国からモンゴルへと北へ向かって流れ込んでいった。モンゴル国内に長く続いてきた自然経済は崩れはじめ、人々の生活は商品・貨幣関係の波に巻き込まれていった。なかでもモンゴル封建領主層は、今までよりいっそう華美な生活に憧れ、その経済的破綻の穴埋めを遊牧民大衆に負わせようとした。このような対立・矛盾は、相互に絡み合いながら激化し、遊牧民たちの闘いは、地味ではあったが執拗に続けられた。

牧民運動の主力は、何といってもソムニ・アルド（清朝皇帝の公民）であった。彼らは、清朝から兵役、辺境哨所の役務、駅逓の義務、清朝皇帝の家畜群を放牧する義務、雑役、兵糧・軍用家畜の供出等々二〇種以上の賦役《アルバ》を課せられていた。この過重な賦役《アルバ》に耐えられず没落していく遊牧民経営は、中国の商業・高利貸資本に負債を重ね、その手中に陥っていった。

清朝の支配が熾烈になるにつれて、ホショーの旗長（ザサック）やアイマックの盟長といった在地のモンゴル領主たちにまで不満が広がってきた。一八二二年に、ザサクト・ハン・アイマックは、賦役《アルバ》を出すことができなくなった旨を上申している。

貧窮化していく実情を訴えて上申した例は、一、二にとどまらず、年ごとに増加していった。一八二〇年代には、セツェン・ハン・アイマックの四ホショー（旗）は、賦役《アルバ》の借金が八万五〇〇〇両に達し、駅逓の義務、辺境哨所の役などの賦役《アルバ》を中断せざるをえなくなったため、ウリヤスタイやクーロン（現在のウランバートル）の官府に上申している。このような上申が全国各地から次々に出されたが、清朝は、国家的賦役《アルバ》が重いとは認めなかった。むしろ、在地のモンゴル領主たちが私的に過重な賦役《アルバ》を課して、遊牧民たちを窮乏化させたのだと主張した。

清朝は支配の当初において、官吏身分であるザサック（旗長）が、法に定める彼の私的な隷民であるハムジラガ以外のソムニ・アルド（清朝皇帝の公民）、シャビ・アルド（寺院領の隷民）、タイジ（下級の特権身分）からの収奪を法令によって厳しく禁じ、公民であるソムニ・アルドは、国家的義務である賦役《アルバ》（兵役・駅逓・辺境哨所などの義務）のみを負担するものとしていたのである。

しかし、一九世紀に入ると、これらはほとんど守られなくなり、一七八三（乾隆四八）年と一八一六（嘉慶二一）年に、ザサックに対し法令に反するソムニ・アルドからの収奪の中止を求める通達を出さなければならなかった。このように、国家的義務に加えてザサックの私的な収奪が重なり、清朝とモンゴル封建領主ザサックの両者からの支配の重圧は、清朝皇帝の公民であるソムニ・アルドの背に大きくのしかかってきたのである。彼らの生活は、他のいずれの遊牧民階層よりも困窮していった。当然のことながら「われわれソムニ・アルドは、清朝皇帝の公民であるとされているが、ザサック様《さま》の隷民であるハムジラガとどこも違わなくなってしまった。むしろ、ザサック様からも絞られ、二重の苦しみを背負わされている」として、ザサックの収奪に反対するとともに、清朝からの種々の賦役《アルバ》をソムニ・アルドだけが負担するのではなく、ハムジラガやホショー（旗）の官吏も負担すべきであると要求していた。

一八四四年には、清の皇帝から、タイジや官吏、およびハムジラガにも負担を義務づける法令が出されたが、この法令は守られず、国家の賦役《アルバ》の大半は依然としてソムニ・アルドに帰せられた。その上、ソムニ・アルドは封建領主ザサックの収奪も受けており、一八世紀末から一九世紀前半の牧民運動は、清朝とソムニ・アルドとの間の基本的な対立のほかに、在地のモンゴル封建領主ザサックとソムニ・アルドの対立を反映していたのである。

牧民運動の形態とその特徴

この時期の牧民運動には、いくつかの闘争形態があった。単独で賦役《アルバ》を拒否したり、家畜を隠匿するなど、ひそかに抵抗する闘争から、集団で公然と訴訟をおこなう合法的な闘争や、ホショーから集団で逃亡したり、ドゴイランといって多数の遊牧民家族が円陣を組んで拠点を築いて闘う形態に至るまで、さまざまであった。

これらの集団闘争のなかでも、この時期にもっとも一般的におこなわれていたのが訴訟闘争である。具体的かつ現実的要求を掲げたこの闘争は、しばしば在地のモンゴル封建領主から遊牧民側に有利な譲歩を勝ちとることもあった。それだけに、在地の封建領主、官府の役人たちから清朝の皇帝に至るまで、この遊牧民の訴訟闘争を極力おさえにかかった。

乾隆帝の時代（一七三五～九五年）には、主人であるザサック（旗長）に訴訟をおこなった遊牧民は、首枷をはめて一ヵ月間拘禁した後、笞打ちの刑に処し、他のアイマック（盟）か中国辺境の地に流刑するとの法令が出された。しかし、この禁制にもかかわらず、遊牧民の闘争をおさえることはできず、一九世紀初めには、トゥシェート・ハン、セツェン・ハン両アイマックで、遊牧民の訴訟闘争がしばしば起こった。一八一八年、セツェン・ハンの盟長は、わざわざ次のような檄文を飛ばしたほどである。

一つには、ザサックや官吏たちが、自分の目下の遊牧民たちを苛酷に治め、賦役《アルバ》を遊牧民の経済的能力に合わせて徴収せず、倹約を怠り、浪費をおこない、目下の者を苦しめていることが、訴訟の原因である。……これより後は、君主と臣下の道に則って、ザサックと遊牧民の両者は互いに助け合い調和して暮らしていこう。

訴訟は数年の長期にわたるのが普通であった。遊牧民たちは、自分たちの仲間の中から、勇敢で頭が良く、訴訟のすべてを取り仕切り、体力と忍耐に優れ、拷問に耐えることのできる人物を代表として選んだ。遊牧民たちの中には、全生涯をかけて訴訟に取り組んだ者もいた。訴訟闘争の経験者に会って話を聞き、教訓を引き出して、自分たちの要求の根拠を固めるために、封建的法規をも研究した。これには、牧民闘争に同情的であった小官吏や書記が協力した。

牧民運動の中核になったのは、ソムニ・アルドであるが、ハムジラガももちろん参加していた。シャビ・アルドは駅逓や哨所の義務や兵役から免除されていたので、当初は闘争への参加はまれであった。しかし、一九世紀も中ごろになると、下級支配層に属する、以前は種々の特権を有し、私的にハムジラガを所有し、大家畜群の所有主であったタイジたちまでもが経済的に困窮するようになった。その大部分がホヒ・タイジと呼ばれるような貧乏タイジに没落し、彼らも牧民運動に参加するようになって、運動は質的にも拡大していったのである。

3　ト・ワン所領に見る封建権力と民衆との葛藤――「地域」の視点から

ト・ワン所領における遊牧民の異議申し立ての発端

セツェン・ハン・アイマックでは、一八四〇年ごろ、トクトホトゥルのホショー（旗）で遊牧民の長期にわたる大きな運動が起こった。

現在のドルノド県ハルハゴル郡に当たる東部国境に接し、ハルハ川《ゴル》の流れるこの地方は、モンゴルでも比較的肥沃な放牧地で、草生量も多く、古来良馬の産地として知られていた。このホショーのザサック（旗長）はトクトホトゥルといい、通称ト・ワンと呼ばれていた。一八二八年の統計によれば、このホショーの面積は約四万平方キロメートルで、総人口は九六四九人、そのうち支配階級に属するタイジが一五九戸で六〇一人、被支配階級に属するハムジラガが一〇三五戸で四一一八人、同じく被支配階級に属するソムニ・アルドが一二四九戸で四九三〇人で、四つのソム（佐領）からなる比較的大きなホショーであった。

ト・ワンが一八二二年に二五歳で父の後を継いでザサックに就任すると、野心的な新しい事業に手をつけたため、遊牧民に苛酷な負担を押しつけることになり、彼らの不満は日に日に鬱積していった。

このト・ワン・ホショーにおける牧民闘争の直接のきっかけは、ト・ワンが彼の所領内のトゥメン・ウルジート・オボーという地に中央寺院建立の計画を強行したことにはじまる。一八三七年、それまでこのホショーで一一ヵ所のゲル（移動式天幕）式の小寺院《ホルリン・ガザル》に散在していた約一〇〇〇人のラマ僧を強制的に中央寺院に移住させ、中央集権化をはかろうとしたのである。

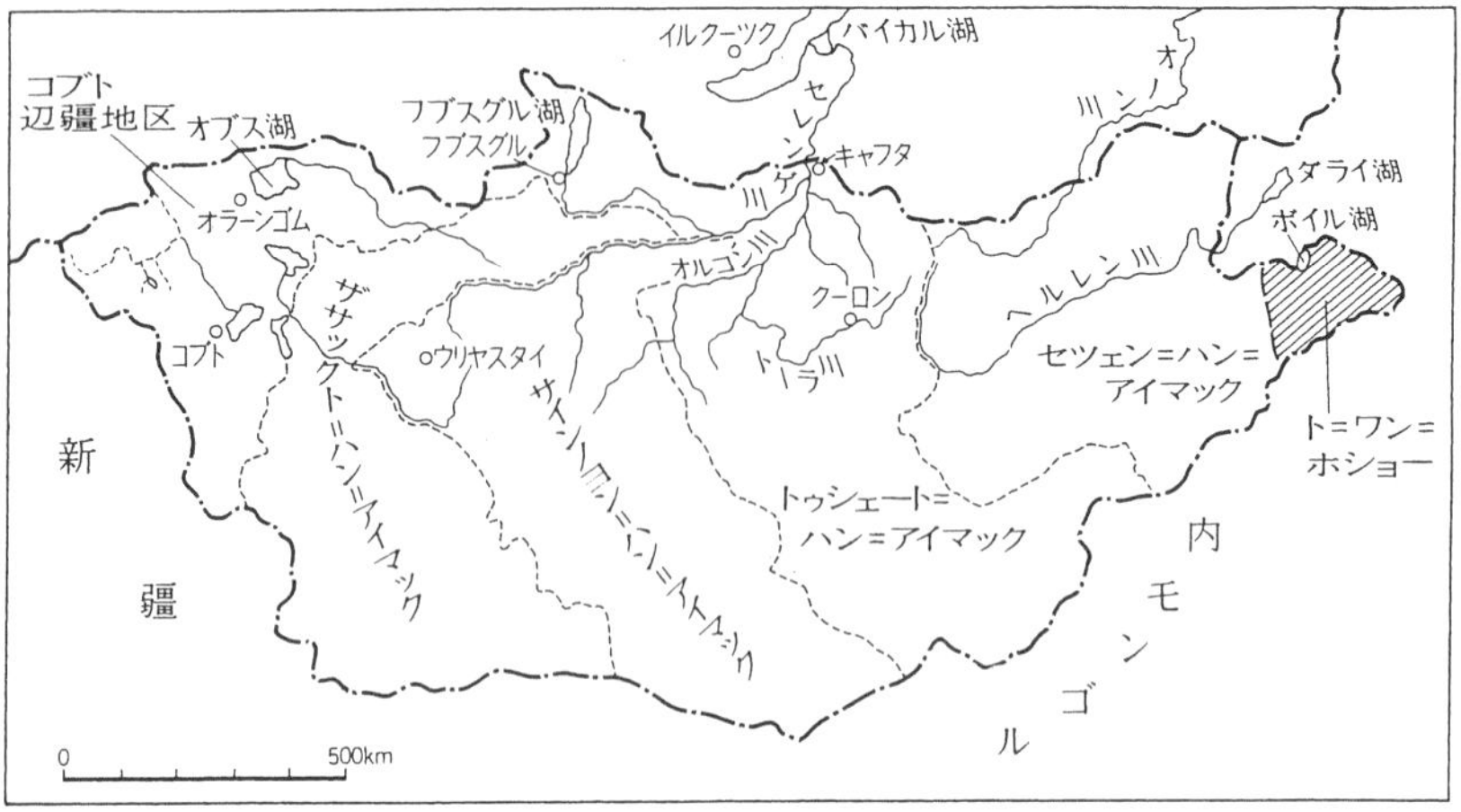

ト・ワン・ホショー

この命令を受けたラマ僧や遊牧民たちは、みな冷ややかな目を向けた。中央寺院にラマ僧たちが招集されてしまえば、各地に散在する伝統的な小寺院は消滅してしまい、この小寺院を核にして形成されていた小地域社会が衰退の一途を辿ることは、目に見えていた。上層ラマたちは、自己の独立した権限が失われることを恐れた。下層のラマ僧たちも、家族と引き離されることに不満であった。彼らの大部分が専門的聖職者ではなく、貧しい兄弟や親たちとともに家畜を放牧し、日常の生産活動に携わっていた。彼らは、家族と密接なつながりを持って、小地域社会の一員として生活していたのである。一般の遊牧民たちも、一〇〇年以上も馴染んできた仏像に愛着を持っていたし、肉親でもあるラマ僧たちと離れて生活することは困難であったのである。

こうした民衆の反対にもかかわらず、ホショーの役所《タムギン・ガザル》は領内一一ヵ所の小寺院の取り壊しにかかろうとした。この強引な仕打ちに、民衆は黙ってはいなかった。なかでもダイワン・ソム（佐領）の遊牧民たちは、小寺院や仏像はそのままにしておくこと、ソムの三八人のラマ僧は招聘に応じられないことなどをホショー役所に申し立てた。しかし、ホショー役所は「命令通りラマ僧をよこすよう」返答し、ダイワン・ソムにある二つの小寺院の取り壊しにかかった。僧侶や遊牧民たちはこれに執拗に抵抗し、ホショー役所に対して再度の申し立てをおこなったのである。

ト・ワンは、ダイワン・ソムの僧侶や遊牧民たちのこのような抵抗にあって、一時計画を断念せざるを得なかった。しかし、ト・ワンおよびホショー役所の役人たちは、この事件以来ダイワン・ソムを特別視し、些細なことを口実に遊牧民たちを処罰し、過重な義務を課すなど、ホショー内の他の三つのソムと差別し、圧迫した。

さらに、一八三九年に清の皇帝が中央寺院に「文化興隆寺」という名を授けたのを機に、ト・ワンは、清朝皇帝の権威を借りて中央寺院へのラマ僧たちの結集をダイワン・ソムの二つの小寺院に再度命じたのである。

遊牧民トゥデッブの闘いの推移

ト・ワンの命令に対し、ダイワン・ソムの僧侶たちのなかで高位のラマ僧はこの命令に従ったが、ドクミッドら約一〇〇名の貧しいラマ僧は、遊牧民たちとともに起ちあがった。この闘争を指導したのは、遊牧民トゥデッブとソム（佐領）の書記ゲレックであった。ホショー役所がラマ僧たちを連行すべく役人を派遣すると、これを迎えたラマ僧ドクミッドは、次のように言ったという。「俺たちは、自分たちの小寺院で勤行に励んでいる。俺たちの大方の者は、やっと壁を巡らしたばかりの貧しいお堂に会してお経を唱え、普段は俗人である兄弟たちと一つ家《ゲル》に暮らしている。貧しいとはいえ、肉親から別れて、どうして中央寺院なんかに住むことができるというのか。」

また、遊牧民トゥデッブは、「こんなものでも、俺たちの父祖の代から受け継いだ小寺院である。おまえたちがとやかく口出しすべきものではない。どうしようと俺たちの勝手じゃないか」と。

ホショー役所は、ソムの長や役人を呼び出してこれら謀反者を説得するよう命じたが、何の効果もなかった。このため役人を再びダイワン・ソムに派遣して、遊牧民や僧侶たちを集め、ト・ワンの命令を読み上げ、名前を読み上げられたラマ僧の出頭を要求した。しかし、トゥデッブたちは、「おまえたちホショー役所が一〇〇〇名の軍隊を送り込もうと、同じことだ。もうこれ以上言うべきことはない」と、役人たちを追い返してしまった。怒ったト・ワンは、指導者であるトゥデッブ、ゲレック、ダミラン、ドクミッドの四名を処罰するために、役人をまたダイワン・ソムに急派したが、遊牧民たちは役人たちが乗ってきた馬を奪い取り、またも追い返してしまった。

ホショー役所とダイワン・ソムの遊牧民たちとの関係はさらに悪化し、トゥデッブらはホショー役所が軍隊を出動させたならば、武器を持って闘うことを決し、遊牧民たちも、蜂起すべく準備に取りかかった。ダイワン・ソムの長であるボヤンデルゲルは、武装闘争を恐れ、やめるように遊牧民たちを説得にかかったが、遊牧民たちは彼の言葉に耳を貸さなかった。遊牧民たちの武器はわずか二丁の鉄砲に、宗教上の儀式用の二本の槍だけで、鎌、鍬、金梃、棍棒などを多数かき集めた。トゥデッブは、森に生えている欅《けやき》の木を切ってきて、それを手にしたといわれている。参集した遊牧民たちを、ホロイトの小寺院とビルゲハの小寺院の二手に分けて待機させた。

ダイワン・ソムの遊牧民たちが、武器を取って抵抗に入ったという知らせがホショー役所に届くと、ト・ワンは狼狽して、一八四〇年四月四日、ホショー役所の役人ゴンチッグダシらを指揮官に軍隊を出動させたが、この軍は棍棒や革紐を持った一五〇名程度の兵士からなる実に貧弱なものであった。まずト・ワンの軍隊は、ダイワン・ソムに入ると、駅逓に使用するという口実で馬一七〇頭余り、ゲル一六張、羊三〇頭、その他の物資を住民から掠奪して、ソルボク・オルト湖畔に野営した。これを基地にして、ゴンチッグダシたちの軍隊がビルゲハ小寺院に達すると、ラマ僧を含む一〇〇名以上の遊牧民たちは手に手に武器を取って、抵抗の姿勢を示した。ゴンチッグダシは、遊牧民たちに向かって、トゥデッブとゲレックおよびダミランをホショー役所に連行する旨を通告し、武器を取ってたむろするなどの不法行為を許さぬ旨を伝えた。

これに対し、トゥデッブは「おまえたち馬鹿な役人の言葉なんか問題じゃない。おまえたちどころか清皇帝の命令だって、ウリヤスタイ将軍、クーロン（現在のウランバートル）弁事大臣、盟長だって、ザサック（旗長）の命令だって聞いちゃおれん。宗教も政治もあったもんじゃない。ト・ワン様がおいでだと、そのときゃ、はらわたをぶち抜いてやるだけさ！」、こう大声で叫んだという。

トゥデッブが欅の棍棒を振り上げると、棍棒を手にした遊牧民が襲いかかり、ゴンチッグダシを馬から引きずり落とし、上着を引き裂き、護衛約三〇名の兵士たちを足腰が立たないほど殴りつけた。トゥデッブたち約六〇名は、馬にまたがってヘレムト・オハーに向かい、そこに鎧装していた兵士たちを襲い、住民から奪ったゲルや馬を取り返したという。

ビルゲハ小寺院で思わぬ抵抗にあったゴンチッグダシは、当初予定していたもう一つのホロイト小寺院行きを恐れて、翌々日の四月六日、身代わりにゴンボジャブを指揮官に任命した。ホロイト小寺院の周辺には、ラマ僧や女たちも含めて一〇〇名以上の群衆が、鉄砲や槍や刀、鎌や棍棒を手にして抵抗の構えを見せていた。ゴンボジャブは、武器を捨て、ダミラン、ゲレックたちを引き渡すよう、ザサックのト・ワンの名において要求したが、群衆は役人をゲルの中に入れず、道を塞ぎ、馬から引きずり落とした。ゴンボジャブは、これ以上押し問答を続けては、ビルゲハ小寺院の二の舞になりかねないと判断して引き下がった。これを聞いたゴンチッグダシは、負傷した兵士たちを途中に残したまま、ホショー役所に慌てて引き返したのである。

自分の管轄下のホショーの遊牧民たちが武器を取り、徒党を組んで御上の軍隊に襲いかかった上、「ザサック・ト・ワンのはらわたをぶち抜いてやる」などと罵ったとなれば、ことは尋常ではない。ト・ワンは驚いて盟政庁《チョールガニ・タムギン・ガザル》に使者を送った。盟政庁から官吏がト・ワン・ホショーに派遣され、ホショー役所の役人とともにダイワン・ソムに赴いたが、遊牧民たちは依然として抵抗を示し、説得を拒絶した。

盟政庁は、ト・ワン・ホショーの事件が由々しき事態に発展していくのを見て、ホショー役所に使者を送り、「訴えるべき所に訴えて、処罰すべきこと」を命じた。この命を受けたト・ワンは、大量の軍隊を出動させて監視を強める一方、清朝の出先機関であるクーロン弁事大臣にこの事態を報告した。クーロン弁事大臣からは、「この事件に関与したタイジや遊牧民たちは実に口汚い言葉を弄し、敵意をむき出しにしている。しかもかくも大勢で武器を持って徒党を組むなど、他の所では見られなかったことである。法も仏もあったものではない。実に由々しき事態に立ち至った。この事件を厳重に調査し、裁決して報告せよ」との書状がセツェン・ハン・アイマックの盟政庁に送られたという。

この間、盟政庁は現地に官吏を派遣し、ト・ワンと連携しながら鎮圧に努力したが、成果はいっこうにあがらなかったので、クーロン弁事大臣の命令に沿って、蜂起の指導者を召喚する決定を下した。

遊牧民トゥデッブの闘いの転換 ―― 訴訟闘争へ

このころダイワン・ソム（佐領）におけるトゥデッブの闘いは、その気勢をそがれ、蜂起参加者のある者は、闘いから脱落した。当初から武装闘争に反対し、訴訟闘争を主張していたソム長の意見が、次第に大勢を占めるようになった。このような時期に召喚の通達が届いたので、訴訟闘争に切り替えるべきであるという意見に、全体が傾いていった。

こうしてダイワン・ソムの遊牧民たちは、衆知を集めて、ト・ワンが一八二一年から三九年の間に遊牧民やタイジを苦しめ収奪した数々の悪事を列挙した四八項目からなる訴訟文を作成し、セツェン・ハン・アイマックの盟長に一八四〇（道光二〇）年に提出した。その内容は、概ね次のようなものであった。

遊牧民から数回にわたって馬や羊を取り上げ、セツェン・ハンの盟長アルタシドに贈与していた。セツェン・ハンに贈与した羊だけでも、その数は二〇〇〇頭を超えた。官位を継承するために北京に赴き、その際、中国商館から多額の借金をして、その付けを遊牧民にまわし支払わせた。北京への参勤交代など公用で出かける時は、遊牧民から銀貨、ラクダ、馬など二〇回以上も取り上げた。ホショーの寺院の修復や高位ラマ僧への供物の献上を名目に、遊牧民からしばしば家畜や銀貨を収奪した。官吏身分でありながら分をわきまえず、自己のホショー内で私的領主の地位を確立し、清朝の禁制を破って辺境哨所に商品を搬送して商売をしていた。

訴訟文は、ト・ワンが一八二一年から三九年の間に非合法的に徴収した物件は、四〇頭のラクダ、一〇〇頭以上の馬、二八〇〇頭の羊、八万七七〇〇個の磚茶など換算すると一万七〇〇〇銀両を超えるとしている。そして訴訟文の末尾には次のように書いてあった。

セツェン・ハン・アイマックの盟長および左副将軍様が、われわれを深く哀れみ、願いを聞き入れて下され、われわれの苦しみを取り除き下され、一四〇年以上もの長きにわたり、主君と家臣の則を守り、黙々と働き生きてきた過去のひたむきな事績をお認め下され、清朝皇帝様の万の吉祥を祈り、日々の読経のためのわれわれの二つの小寺院を、今まで通りにしておいて下され、また失った家屋や物を取り戻して下され、下々のラマ僧やタイジや遊牧民たちわれわれを昔のまま生活できるようにお恵み下されますよう跪拝いたします。

トゥデッブ、ゲレック、ダミランたち蜂起の指導者は、この訴訟文書を自ら携えて、セツェン・ハン・アイマックの盟政庁に出向いた。

遊牧民トゥデッブの苦難の結末

遠路馬を走らせてやっとのことで盟政庁に到着した彼らは、意外にもそこで、即座に逮捕され拘禁された。トゥデッブたちが盟政庁に訴えた訴訟文は、四二名の連名による予定であったが、二九名は訴訟闘争から脱落していった。残るのはトゥデッブ、ゲレック、ダミランたち一三名のみになったが、それでもザサック（旗長）のト・ワンとその側近たちを相手取り、四八項目の要求を掲げて訴訟闘争を続行した。

闘いは困難を極めた。ト・ワンは、ダミランやゲレックの家族に手を回して、訴訟を起こさせるなど、内部から揺さぶりをかける一方、盟政庁に訴状を送って、訴訟文書中のどの項目も偽りであることを力説した。結局、盟政庁は、ト・ワンが遊牧民たちを苦しめた数々を取るに足らぬ些細なことと決めつけ、ト・ワンを全面的に支持して武器を持って蜂起した遊牧民たちの側に厳しい採決を下したのである。

上告に備えて盟政庁は、事件に関する資料を詳細に準備して、クーロン弁事大臣に報告書を送付し、蜂起の指導者を厳重に処罰するよう求めた。

事件の当事者である遊牧民トゥデッブらとト・ワンおよびその側近は、訴訟に決着をつけるべくはるか一〇〇〇キロメートル西方にあるクーロン（現在のウランバートル）の街に向かった。クーロン弁事大臣の政庁における訴訟闘争は長期にわたり、蜂起の指導者トゥデッブ、ゲレック、ダミランたちは果敢に闘ったが、クーロン弁事大臣は、予想通りザサックであるト・ワンの側に味方した。

結局、審理の結果は、遊牧民トゥデッブに対しては、武器を持って不法を働いた上、調査のために現地に派遣された役人ゴンチッグダシを侮辱したことを重く見て、二ヵ月の首枷の後、妻子ともども中国の山東省または湖南省に流刑、書記のゲレックには、二ヵ月の首枷の後、他のアイマック（盟）に流刑、タイジ（下級の特権身分）のダミランには、タイジ身分の剥奪と一ヵ月の首枷の後、他のアイマックに流刑、というものであった。そして、この訴訟闘争に参加したその他の者に対しては、家畜九頭の罰か、あるいは笞打ちの刑に処することが決められた。

一方、ト・ワンに対しては、一般の遊牧民から不法に収奪した数々の悪事については目をつぶり、支配階級に属するタイジたちから銀貨や家畜を徴収したことについてのみ、「法規を破った行為であるので、ザサックのト・ワンをへヴェイの地位に降格させ、五年間ザサックとしての俸禄を停止する」との裁決が下された。クーロン弁事大臣は、審理の内容を取りまとめて、清朝の理藩院に送付して最終承認を求めた。理藩院は、クーロン弁事大臣から送付された審理の内容を司法省と合同で審査し、清朝皇帝に判断を仰いだところ、一八四二年一一月七日「すでに審理裁決した通りに執行すべし」との命が下ったのであった。北京からはクーロン弁事大臣、セツェン・ハン・アイマックの盟政庁を経由して、ト・ワンのホショー役所に、罪人となったダイワン・ソムの蜂起者に刑を執行すべしとの命令が伝達された。

ト・ワンは、トゥデッブ、ゲレックたちを手中にしているのをいいことに、極めて残酷に扱った。彼らを繋いだ足枷の鉄鎖は実に重く、鉄の首輪は普通のものよりもずっと太かったので、彼らは悶え苦しんだ。刑期を終えた時には瀕死の状態で、痛ましい姿になり果てていたという。

身柄を釈放されると、タイジのダミランは、トゥシェート・ハン・アイマックのダシドルジ・ホショーの四等タイジであるシャグダルジャブのところに、書記ゲレックは、同じアイマックのナサンバット・ホショーの四等タイジのデムチックのところに召使いとして流刑された。トゥデッブは、拘禁中に至極重い鉄の足枷に脛骨を折って、歩行困難になっていた。清朝の法規には、身体障害者には流刑を免れる規定があって、盟政庁は山東省または湖南省への流刑を差し控える方に傾いていたが、ト・ワンはそれを承服できず、再三再四、盟政庁に書状を送って、流刑の執行を求めた。

一八四三年、ついに盟政庁は身体障害者への流刑執行免除規定にもかかわらず、トゥデッブを妻子ともども山東または湖南省へ流刑にすべく、監視の兵をつけてホショーから追放した。この時、トゥデッブ五四歳、妻オンドラハ五三歳、長男ドルギン二五歳、次男レグツェグ二四歳、三男トゥメン二〇歳、四男ラマ僧一五歳であった。トゥデッブ一家のその後の消息については、資料は何も語っていない。

4　封建的改良への道

封建領主ト・ワンの野心と悪政

さて、遊牧民トゥデッブたちからの激しい抵抗に遭った封建領主ト・ワンとは、どのような人物であったのだろうか。

ト・ワンがこのホショー（旗）のザサック（旗長）の位を父から譲り受けたのは、一八二二年、二五歳の時であったことはすでに述べた。遊牧民トゥデッブの蜂起が起こるほぼ二〇年前のことであった。

ト・ワン一家はこの地方では由緒ある名門の家系で、彼の先祖に当たるプンツァグは、一六八九（康熙二八）年に隷民を従えて清朝に投降した功績を買われて、その翌年にはザサックの官位を授かり、さらにガルダンとの戦闘に参加して、親王の称号を得ている。そして、彼の長子チョイジジャブは、一七三三年にセツェン・ハン・アイマックの盟長にまで昇進した。その後、一時盟長は、この家系以外の者によって継がれたが、一七九六年ト・ワンの祖父に当たるサンジャードルジが再び盟長に返り咲いた。しかし彼は在任中、管下のアイマック内の遊牧民から、公私さまざまな名目で法外な税を取り立てたことから、一八〇〇年に盟長の官職を剥奪されたが、先祖の功績が考慮されて復権し、彼の長子バットオチル、すなわちト・ワンの父が一八〇五年に副盟長の地位を取り戻した。ト・ワンは、このような家系の権威を背景に、若くしてセツェン・ハン・アイマック二三ホショーの最東端に位置する一ホショーのザサックの地位に就いたのである。

一九世紀初めのモンゴルでは、清朝皇帝を頂点とする国家的封建体制の崩壊が基礎から進行し、私的封建領主制が全国的に展開していた。ト・ワンが他のホショーのザサックと同様、単なる官吏身分から脱して、封建領主として身を立てようと思っても不思議ではなかった。父祖の代から受け継いだハルハ川流域のこのホショーは、日本の九州七県に匹敵する四万平方キロメートルの広大な土地である。この土地の封建領主として地歩を固め、さらにセツェン・ハン・アイマックの盟長を夢見たとしてもこれまた不思議ではなかった。

ト・ワンは、まず自己のホショーを固めることからはじめなければならなかった。もともと官吏身分であるザサックの地位は、さまざまな法令によって拘束され規制を受けていた。ホショーの直接生産者である遊牧民たちの大半を占めるソムニ・アルドは、清朝皇帝の公民として遊牧民的小経営が保障されており、決してザッサクの私的な隷民ではなかった。ト・ワンが私的な封建領主としてこのホショーを掌握するためには、このソムニ・アルドを自己の私的な隷民として自由に収奪可能な体制を確立しなければならなかったのである。しかし、現実には清朝の監視の目がたえず光っており、ソムニ・アルドの抵抗が当然予想された。ト・ワンの悪政といわれるものは、すべてこの文脈のなかで起こったものであった。

すでに見たように、この訴訟状を掲げて闘った遊牧民トゥデッブの闘争は敗北に終わった。しかし、国家の公的な官吏としての分際から逸脱したト・ワンの数々の悪事を訴えた訴訟状が盟政庁、クーロン弁事大臣を経て北京の理藩院へ送付され、最終的には清の皇帝によって裁決されたのである。このことの意味は重大であった。

裁決は清朝の皇帝の公民としての遊牧民トゥデッブらの身分を否定し、私的な封建領主ト・ワンの私的な封建的隷民としての身分を追認する結果となり、清朝のモンゴル支配以来、国家の公民として遊牧民小経営を保障してきた清朝の法秩序を自ら否定し、自己の国家的封建体制＝ホショー・ソム制の土台を自ら切り崩すことになったのである。この時から、遊牧民たちの抵抗の正当性＝秩序意識の根拠は失われたと同時に、遊牧民の中に培われてきた清朝の権威はこれを画期に失墜した。それはやがて反清牧民運動として発展していくことになるのである。

一方、ト・ワンにとっては、一八二二年にザサック（旗長）に就任して以来二〇年間、清朝の法秩序の網の目をくぐり抜けて続けてきた「不法行為」が、すべて追認されたことになる。この時点から、ホショー（旗）内の遊牧民からの封建的収奪が、「合法」的なものとなったのである。

もう一つ、ト・ワンがあの「文化興隆寺」なる中央寺院を、自己のホショーの中心地トゥメン・ウルジート・オボーに幾多の困難を排して強引に建立したのも、今見てきたモンゴルにおける国家的封建体制の崩壊と私的封建領主制の展開過程という文脈のなかで見る必要があろう。

確かに、ト・ワンは若いころ、何度か北京を訪れ、チベットへも旅した。あの朔北の草原の片田舎からやってきたト・ワンの目に金色に輝く首都ラサのポタラ宮殿がどのように映ったのか想像に難くない。しかし、中央寺院建立の問題は、このような一信徒の憧憬の念とは別に、極めて現実政治的な問題として、日程にのぼらざるを得ないものであった。

ト・ワンがこのホショー（旗）のザサック（旗長）に就任した時、ホショーの現実は封建領主への野心を実現するには、余りにもかけ離れていた。ホショーの大半の民衆は、ト・ワンの臣下という意識はなく、むしろ清皇帝の公民と意識しており、ト・ワンは単なるこの地方の行政を司る世襲の役人であるに過ぎなかった。遊牧民たちはむしろ、清朝体制下の遊牧民小経営を保障し、仁政を施すべき立場にある者と考えていた。ト・ワンの封建領主的野心の前方には、民衆のこの秩序意識が強固な障害となって立ちはだかっていたことは言うまでもない。

当時モンゴルでは、ラマ教は民衆の中に深く浸透して、彼らの精神生活や日常的な地域社会のあり方を規定していた。ト・ワン・ホショーにおいても、九千数百人の住民のうち、一〇〇〇人がラマ僧であったといわれている。清朝はラマ僧の増大を制限するために、このホショーでは五〇人程度までラマ僧が公認されていたのであるが、実際にはこれをはるかに上回る数のラマ僧が民衆の中に根づいていたことになる。しかし、このホショーには、一七〇一年にボイル湖の東岸に建立されたハルハ寺院のほかは固定寺院はなく、一一の移動式フェルト製ゲルの貧弱な小寺院《ホルリン・ガザル》が各所に散在しているに過ぎなかった。

遊牧民たちは、自分たちの父祖伝来のこのいわば手製の移動式小寺院に集まって、熱心に信仰を続けてきた。ここに集まるラマ僧のうち、官許の僧侶《ダンスタイ・ラマ》はごくわずかであって、ほとんどが非公認の僧侶《ダンスグイ・ラマ》で、日常的には肉親たちとともに生活し、遊牧の生産労働に携わっていた。ホショー内各所に散在するこれら一一の移動式小寺院は、宗教生活の中心であると同時に、それを核として、宗教を媒体に日常の生活活動一般におよぶ緊密な人間関係をつくりあげ、地域共同体、小地域社会を形づくっていたのである。このト・ワン・ホショーには、四つのソム（佐領）による行政区画があったが、ソムはむしろ擬制的な共同体に過ぎなかった。

一八三九年、ト・ワンがこのホショーの中心地に中央寺院を建立して、各所に割拠しているこれら移動式小寺院を解体して、僧侶たちを中央寺院に連行しようとした時、ダイワン・ソムの遊牧民たちが、ホロイトとビルゲハの二つの移動式小寺院に立てこもって闘ったことはすでに見た通りである。彼らにとってそれぞれの小寺院は、宗教を媒体とした人間的ふれあいや連帯を通して築き上げてきた生活の場でもあり、生産労働の場でもあった。彼らの闘いは、この小寺院を核に形成された自らの小地域社会を守る主張でもあったのである。

ト・ワンにとって、自分のホショー内にこのような小地域社会が割拠していることは、やりきれないことであった。そこで、民衆の宗教に対して、もう一つの宗教的権威を対置して、宗教を宗教の名において再編しなければならなかった。先に見たト・ワンの数々の悪事は、なし崩し的な社会的・経済的再編の具体的な実践であったが、中央寺院建立は分散割拠している小寺院体系にくさびを打ち込み、旧来の小地域社会を破砕することによって、全ホショーの社会組織を中央集権的に再編し、中央寺院の新しい宗教的権威による民衆のイデオロギー的再編を意図したものであった。

その意味で、ダイワン・ソムにおける遊牧民トゥデップの闘争に下された一八四二年の裁決は、ト・ワン・ホショーにおける私的封建領主制の確立のための一応の地ならしの終了を意味していた。次は、この地盤の上に、何をどのように構築していくかであった。

封建領主ト・ワンの改革

一八四〇年のアヘン戦争以後、中国旧社会の瓦解にともなってモンゴルへの中国商業・高利貸資本の進出はいっそう強まり、ト・ワン・ホショーでも、遊牧民大衆からの収奪が強化された。その上、中国の西方辺境やモンゴルの西部で起こった回民の乱の鎮圧のための軍事費の負担など、ホショーの財政は困窮する一方であった。

さらに事態を悪化させたのは、旱魃《ガン》・雪害《ゾド》であった。一八五一年の夏には、ト・ワン・ホショーではひどい日照りにあい、草はまったく生えず、冬には大雪が降って、ホショーの家畜は壊滅的な打撃を受けた。遊牧民数百家族は、東隣のバルガ族の牧地へ境界を越えて逃亡した。翌年になっても災害は緩む気配はなく、家畜はどんどん減少していくばかりであった。

こうした状況のなかでト・ワンは、清朝からの国家的義務の負担をできるだけ軽減するように、盟政庁に働きかけている。もちろん、これも窮余の一策で、窮乏化していくホショーを復興させるために、ホショー内のあらゆる資源を利用し、新しい産業を開発し、遊牧技術を改良して、遊牧民たちには耐乏と倹約を強要しつつ、難局を乗り切ろうとした。ト・ワンのこの改革は、一八五一～五二年ごろから開始されたのであるが、単に災害対策的な一時凌ぎの政策ではなかったようで、私的封建領主制を確立するための経済・政治・文化・思想を含む極めて包括的な政策であったといえる。それは、一八五三年にト・ワン自らが著した『生活の教え』を見ると、そのことが明瞭に読み取れるのである。

この『生活の教え』は、道徳律や生活の知恵などを綴った単なる教本といった性格のものではなく、行政区画の最小末端の単位であるバク（村）の隅々にまで、文字の読めない遊牧民には読んで聞かせ、それを実践させ、点検して徹底させるためのいわば布令のような性格を持ったのである。以下、この『生活の教え』という格好のファインダーを通して、彼の支配のイデオロギーなるものを探ってみたいと思う。

第一条では、人が尊ぶこととして、この世の秩序を守り仕事に励むことであり、来世を思い、仏を敬い徳を積むこと。この二つがもっとも肝要なことであると指示する。秩序とは仏陀、ラマ僧、領主、官吏を順次敬うことであり、徳とは、上に立つ者の言葉に従い実践することである。上の者に逆らい争うことは罪であり、上の者を敬えば一〇の白い善行を積んだことになり、逆らえば七〇の罪を犯したことになる。特に、闘争を厳しく戒めて、従順で善良な民になることを要求している点は、遊牧民トゥデッブの訴訟闘争の苦い体験を反映しているといえよう。

このように『教え』の冒頭で、民衆がラマ教に深く帰依しているという現実を踏まえて、仏教の権威を借りて封建的支配のイデオロギーを説き、それを前提にして以下の実践的規範を総合的に説明していくのである。

第二条では、己の日々の仕事に精を出し、倹約に勤しむことが大切であると強調する。ト・ワン・ホショーでは遊牧民の大半を占める中級牧民《ドンドチョード》に向けて説かれたもので、自分の体は自ら節制し、たゆまず働かなければならないと述べ、特に家族の構成員の分担についても細々と指示している。夫は家畜を牧地に放牧し、燃料用の家畜糞《アルガル》を集めるなどの仕事に就き、妻は裁縫、繕いに精を出し、冬季の家畜小屋《ハシャー》の整備や子どもの養育、家事に携わるべきこと。特に子どもの教育では甘やかしてはならず、他人の家に奉公にやり、食べるもの、着るものは自分で稼ぐようにしつけなければならない、としている。

さらに、家畜頭数の減少をあらゆる手段を尽くして阻止しなければならない、と述べた上で、毎日食べるもの、飲むものの数量を細々と定め、倹約を説く。また、中国商人に借金するなどして磚茶、煙草、絹など高価な商品を買い、金持ちをまねて奢侈な生活をしてはならない、と戒めている。

第三条は、いわゆる富裕牧民《バヤチヨード》を対象とし、年貢を納めることを嫌がって、良からぬ考えを起こし、家畜を売ってお金に換えて、年貢を納めずに楽な暮らしをしようとする不届き者がいるが、それはいけないことだ、と戒めている。富裕牧民《バヤチヨード》とは、羊四〇〇～五〇〇頭以上、牛三〇～五〇頭、馬四〇～一〇〇頭、ラクダ一〇～二〇頭程度を所有している階層で、ホショー役所には富裕戸《バヤラック・ウルフ》などとの呼称で記帳されていた。これら富裕牧民層の比率は、全体から見ればわずかであったが、タイジ（下級の特権身分）、官吏、ラマ僧などの支配層のほか、ソムニ・アルド（清朝皇帝の公民）やハムジラガ（旗長の私的隷民）などの遊牧民も含まれていた。彼らは、ホショーや国家からの収奪を避けるために、さまざまな手段を講じていたようである。これに対し、この世の人間は主君によく仕え、年貢をよく納め、その徳によって金持ちになる。年貢を納めるものは天に庇護され、徳を積むものは仏陀に救われるとして、年貢のサボタージュを戒めるのである。

一方、貧困牧民《ヤドーチヨード》のような家族も持てない貧困層に対しては、第四条で次のように述べている。貧困は前世の報いである。とはいっても、仕事がないから貧乏になるのだから、生活の糧を得ようと思えば、富裕牧民《バヤチヨード》の所に行って働かなければならない。主人の家畜を自分の家畜と思って大切にし、朝は早く起き、夜は遅く寝て、苦しみや疲れを厭わず、燃料用の家畜糞を集め、水を汲み、皮をなめし、倦まず弛まず働き、主人がどのように振るまい殴ろうとも、これは自分が独り立ちできるように諭しているのだと思わなければならない。また、自分が今苦しんでいるのは前世の報いであり、すべて自業自得であり、誰を恨むこともできないのだ。

当時、清朝の法律では、窮乏化した遊牧民を養い、更生することは、ザサック（旗長）の仕事であると義務づけられていたが、ト・ワンは、一八五二（咸豊二）年、貧困牧民《ヤドーチヨード》の一部に対して救済の手段を講じたものの、限界に達している旨の上申書を盟政庁に送っている。彼のホショーの改革によって、新しくおこりつつあった農耕や手工業・織物・建築などの仕事に、生産手段から浮遊したこれら貧困牧民《ヤドーチヨード》を就業させようとしたのである。しかし、結局、富裕牧民《バヤチヨード》の経営に貧困牧民《ヤドーチヨード》が労働力を提供する以外に解決策は見出せず、封建的収奪や中国人による搾取の問題に目を伏せて、貧乏をすべて個人の責任に転嫁したのであった。

ト・ワンは、自分のホショーの住民の基本的な階層が、それぞれいかに生きるべきか、そして彼らの義務と責任がどんなものであるかを具体的に述べた後、第五条では封建領主でもあるザサックへの封建地代の上納が、滞りなくおこなわれるよう、公的な仕事《アルバン・アジル》の合間に私的な仕事《アミン・アジル》をおこなう余裕があることをまず強調している。ここで言う公的な仕事とは、封建地代のうちの二形態である労働地代と生産物地代を主として指しているのであるが、封建領主の邸《ウルグー》での雑用や家畜の放牧などの労働と、乳製品やフェルト、食用の家畜、役畜などの現物供出に当たる。私的な仕事とは、遊牧民家族小経営を維持するための労働を指しているのであるが、この公的な仕事と私的な仕事を不可分一体のものとして、うまく組み合わせて遂行することが肝要であると力説している。領主への義務をきちんと果たした上で、自己の家族小経営に力を入れるよう遊牧民たちを叱咤激励しているのである。

明日のことは今日のうちにおこない、夏に必要なものは春に備え、秋に必要なものは夏に備え、冬に必要なものは秋のうちに備えれば憂いなく、豊かになると述べた後、第二条に重ねて、倹約については常々心がけるよう忠告している。特に家畜を屠殺して食べるのをできるだけ少なくするよう注意し、衣服についても奢侈な服装を禁じ、家畜からとれる原料をもとに衣服をつくるよう教えている。そして、所有家畜頭数の多寡によって、大型家畜で五～一〇頭を有する中級経営の遊牧民には、木綿、スエード皮、羊・ヤギの皮などよりも良いものを使ってはならず、二〇～三〇頭を有する富裕経営の遊牧民だけに比較的低廉な絹物の使用を許すなど、細かい制限をつけている。

第六条では、家族の問題に触れ、男子は一八歳になれば自己の経済能力に見合った結婚をし、家庭を持つべきである、と説く。金持ちは財産・家畜頭数に応じて妻を多く持てば、召使いを雇うよりも経済的で子どもにもたくさん恵まれて繁栄するが、貧乏人はこれを軽率にまねて妻を多く持つことは許されない、とも述べている。また、自分の娘を他のホショーに嫁にやってはならないとし、ホショー内の人口の増大に腐心していたことがうかがわれる。結婚に際しては、一般の遊牧民は法規に定めた以上の金品の授受をおこなってはならないとしている。

以上までの条項で、ト・ワンは自己のホショー（旗）内の直接生産者である遊牧民たちに向かって、まず家をおさめ、勤勉に働き、倹約に勤しみ、そうすることによって自分の遊牧民家族小経営を維持し、国家および封建領主へのさまざまな義務を滞りなく果たすよう、そのために貧困牧民《ヤドーチヨード》、中級牧民《ドンドチヨード》、富裕牧民《バヤチヨード》の遊牧民各階層に応じた具体的な生活の仕方を細々と指示してきたのである。

ト・ワンはこれを実践するに当たって、遊牧民たちを洗脳し、支配のイデオロギー的基盤を固める仕事を、寺院やラマ僧たちに期待していた。しかし、現実は貧しいラマ僧たちは、遊牧民たちとともに武器を取ってザサックのト・ワンと闘っていたし、彼らを善導し、聖職者としての規律を遵守するよう教育すべき高位のラマ僧たちほど戒律を破り、俗世の経営に関心を持ち、ただひたすら蓄財に心を奪われていた。ト・ワンは、まずこのラマ僧たちのこういった現実を変えることからはじめなければならなかった。

そこで第七条は、ラマ僧たちが戒律を守らず、勤行に熱意がなく、一般の俗人と同様に財産や家畜に執着し、欲深いことを憂えて、仏教の草創期の僧侶たちが俗人とは違った厳しい生活を送っていたことを想起させ、仏教の初心に立ち戻って、宗教の権威を信徒の前に回復するよう呼びかけている。釈迦は、ついに着るものどころか、飲むものも食べるものもなくなって、毎日椀を手に人家を回り、施しを受けて命を繋いだ。ラマ僧というものは、私的な生業とか財産とか家畜がなくとも、おのずと生きていけるものだ、と述べて、世俗から超越した世界に生きるようラマ僧たちに求めている。まず世事に手を出し、私腹を肥やして宗教の権威を失墜させているラマ僧たちから善導することが必要だったのである。

第八条では、窃盗の対策に当てられている。当時、飢饉が連続して社会不安が募る一方であった。こうした社会情勢のなかで、窃盗が横行して、社会秩序が乱れ、その対策に苦慮していたことがこの条項からもうかがえる。

第九条は、隊商による運送業について述べている。ト・ワン・ホショーにおいては、隊商は重要な収入源になっていたようである。

最後の第十条と第十一条は、遊牧技術の問題である。モンゴルは乾燥内陸アジアに位置し、年間降水量は僅少で、特に冬季は零下四〇度にも達する厳しい寒さである。このような厳しい自然のなかで、家畜を維持し、さらに拡大再生産していくには、われわれの想像に絶する困難がともなっている。ト・ワンが封建領主として大成するかどうかは、一にこの厳しい自然条件を克服して、牧畜を発展させることができるかどうかにかかっていた。したがって、最後の二つの条項には、牧畜技術を細々と書き、自然条件に合った牧畜技術を普及させようとした。放牧地の選定や利用の方法、放牧の仕方、家畜の品種改良の方法、旱魃・雪害の具体的な対策方法、乳製品の製法、食糧の保存法、遊牧生活全般にわたる日常の細かな注意事項に至るまで記されている。

以上、ト・ワンの『生活の教え』を見てきたが、モンゴルにおける国家的封建制から私的封建領主制への推移のなかで、一ホショー（旗）の一ザサック（旗長）がいかにして自己の所領内の遊牧民大衆を掌握し、いかにして私的封建領主制を確立しようとしていたのか、この『生活の教え』は、実に具体的リアルに伝えている。

私的封建領主制の確立へ

ト・ワンが、ホショー改革を推進するに際して牧畜を重視し、この部門を絶えず中心に据えてきたことは、今見てきた『生活の教え』全体にも滲み出ているのであるが、モンゴルに伝統的な牧畜だけではなく、自己のホショー内の自然の資源を全面的に利用する積極的な姿勢を示していた。農耕部門の開発・促進がその一つである。

農耕が、ト・ワン・ホショーでいつごろから起こったかは明らかではないが、一八五二年に、ト・ワンは、盟政庁に農耕の認可を求めて次のような上申書を送っている。

数年来続いた旱魃・雪害によって、家畜は壊滅的な状態にあり、年貢を納めるどころか、生きていくことすらできなくなってしまった。困窮しきった大勢の遊牧民たちを抱えて、どうしていいか途方に暮れている。体力のある遊牧民を農耕に従事させる他に方法がない。

当時、清朝政府は、モンゴル人が農耕をすることは牧地を狭めることになるので、それを厳しく禁止していた。そのため、ト・ワンは正式に盟政庁に農耕の許可を求めたのであるが、盟政庁はこれを許可しなかった。ト・ワンはやむなく非公然にハルハ川の流れを利用して、水車をつくるなどして領内での農耕をすすめたといわれている。

当時モンゴル人の間では、喫茶の習慣が急速に広まりつつあった。中国商人に家畜を売って磚茶を入手していたために、莫大な家畜がモンゴルから流出していた。そこでト・ワンは、その対策として、自分のホショーの土地に生えている野草を茶に利用するよう遊牧民たちに奨励し、無駄な家畜の減少を食い止めようとした。ト・ワンは、このほかにも狩猟をすすめたり、ボイル湖の魚を捕って食用に当てるようすすめるなど、領内の自然を最大限に利用しようとしたのである。

モンゴル人は、古来土を掘り起こすことを忌み嫌い、魚を捕ったりすることもなく、遊牧という生産活動の範囲を超えて自然に働きかけることをしなかった。ト・ワンの改革は、こうしたモンゴル人の伝統的な自然観から、一歩大きく踏み出すものであった。自然に働きかけることによって、自然に対する認識を深め、それによって自己が変革され、因習に縛られた古い精神から解き放たれ、合理的な精神が育まれる。封建支配層のみならず、むしろこの改革の直接の実践者である遊牧民大衆の側に、精神の変革が促されざるを得ない状況が、確実につくり出されてきた点に注目したいのである。

ト・ワンは、さらにこのホショー内における手工業の発展にも力を入れた。従来、職人たちは、金・銀の細工師、鍛冶屋、織工、刺繍師、裁縫師、大工、石工などの特別の職人集団をつくって、ザサック（旗長）の居住地や当時ジャスと呼ばれていた四つの寺院領大経営に付属して、生産に従事していた。彼らは、甲乙丙丁の四つの階級に分けられ、毎月熟練度や功労を評価され、五等級の称号と賞金が与えられていたという。

ト・ワンの孫に当たるドルジバラムの時代ではあるが、一八九九年から一九〇六年までの期間に、これらの職人に与えた称号を記録した資料が、モンゴル国立中央歴史古文書庫に保管されている。これによれば、一八九九年に、このト・ワン・ホショーで賞与を授けられた職人の数は、二四五人となっている。当時のモンゴルにおいて、社会的分業が極めて低い水準にあったことを思い合わせると、人口一万人にも満たなかったこのホショーで、これだけの数の職人が賞与を受け、専門的集団をつくって働いていたということは注目に値する。

ト・ワンはまた改革の路線上で、寺院の建築にも着手した。荒涼とした草原には、いかにも不似合いな豪奢な姿で建ちあらわれた寺院は、それだけに、ト・ワンの改革推進にとって重要な意味を持っていた。これがト・ワン個人の封建領主としての気まぐれとか、趣向によるものではなく、支配イデオロギーの再編の中に明確に位置づけられた、極めて政治的な行為であったことは、すでに見てきた通りである。すでに一八三〇年代の後半に、文化興隆寺が建立されていたが、ト・ワンの改革期である一八五〇年代以降においても、その延長線上に支配イデオロギーの再編は継続されていた。

また、ト・ワンは冬営地《ウブルジユー》の近傍に当たるハルハ川北岸に、二重の城壁を巡らし、五つの大きな棟木と太い支柱に支えられた大きな建物、冬の宮殿《オルドン》を建てた。これまで六代にわたってザサック（旗長）たちが住み慣れてきたフェルト製のゲルに生活する習慣を破って、「中国の王公たちが住むような固定式の」宮殿を造営したのである。この冬の宮殿は、周囲一五キロメートルを深い堀で巡らしてあった。この地方の遊牧民たちの言い伝えによると、ト・ワンは、清朝から独立してモンゴルの大汗《ハーン》の位に就こうと思っていたので、清朝皇帝の宮殿をまねて建てたのだとも、堅固な構えは、遊牧民の蜂起に備えるためばかりでなく、清朝の軍隊に対抗するためともいわれている。

ト・ワンは、一八五九年には、さらにセツェン・ハン・アイマックの盟長に任命されているのであるが、その直後の一八六〇年ごろに、ハルハ川東岸に「盟立寺院」と当時呼ばれていた大寺院を建立している。これは名の通り、セツェン・ハン・アイマックの全ホショーのザサックたちが、長寿と繁栄を祈願して、費用を分担し合って建てたものである。

さらに、ト・ワンは巨大な石仏の建造に乗り出した。セツェン・ハン・アイマックでは、数年来旱魃や雪害が続いて、家畜は多大な被害を受け、住民たちは疲弊しきっていた。アイマック内二三ホショーのザサックは、一堂に会して対策を協議したが、これといった打つ手もなく、結局、ラマ僧が言う通りに厄を払うために、八〇トホイ（腕尺で一トホイは肘から中指の先までの長さ）もある巨大な石仏を建造することに決まったのである。ト・ワンは盟長に任命されたばかりで、初めての大事業でもあったので、この事業の実行を通じてアイマック内の統一をはかり、難局を乗り切ることを狙っていた。

石仏は、アイマック内二三ホショー中もっとも職人が多く、しかも盟長の出身地でもあるト・ワン・ホショーに建造されることになった。ハルハ川東岸の小高い丘陵が選ばれ、一八五九年の二月に着工し、この難事業は一八六四年にやっとのことで完成した。筆者（小貫）は、ハルハ川戦争（ノモンハン事件）五〇周年に当たる一九八九年に、この地方を地域調査で訪れ、日本人としては戦後初めてモンゴル側からこの地に入ることとなった。その際には、かつてト・ワンが建造したこの巨大な石仏はすでに跡形もなくなってしまっており、想像するほかなかったのであるが、広く平坦な草原の小高い丘の上に建てられたこの石仏は、ト・ワンの改革が登り切った頂点を象徴するかのように、壮観で、不気味でさえあったにちがいないと思われた。

これら一連の建造物は、モンゴルの自然の景観を変えるだけにとどまらなかった。ホショーの中心地に固定された中央寺院の周辺には、ホショー役所の建物や、ザサックとその縁者たちの住居が建ち並び、役人や手工業者が住みつき、中国商人が店舗を出し、遊牧民たちも交易を求めて集まってきた。

こういった現象は、このト・ワン・ホショーだけに限られたことではなかった。一八五二年にも、ト・ワン以外のザサックから、中央寺院建立の許可申請が、盟政庁を通じて清の理藩院に出されている。このことを見ても、一九世紀後半には、もうすでに広くモンゴルの各地で、ホショーの中心地に中央寺院が建立され、それを核にして小都市が形成されはじめていたことがうかがわれるのである。

ト・ワンの改革が、今見てきたように仏教を中核にした支配イデオロギーの再編をテコにして、政治・経済の改革を促進したこと、さらにラマ教自体がチベットで確立した医学・天文・教理などの学部を持つ、当時にしては総合的な体系をともなっていたことを考え合わせるならば、モンゴルの草原に強烈なカルチャー・ショックを与えたであろうことがうかがわれる。

ト・ワンは、一八五〇年に、ホショー中央寺院の高位のラマ僧たちに、経典の研究を奨励し、宗教的儀礼・儀式の整備を命ずるとともに、読経をチベット語でのみおこなってきた従来の伝統をあらためて、民族語でおこなうよう指示している。同時に、重要な経典のモンゴル語への翻訳の事業も積極的に進めている。

また、ト・ワンがおこなった事業で特筆すべきことは、ホショーに読み書きを教える学校を設立したことである。清代には、書記を養成するために、ごく少数の子弟に読み書きを教える伝統的な制度がホショー役所に付属していたが、ト・ワン・ホショーのような、正規に整備された学校が設立された例はあまり見られない。この学校には三〇〇名ほどの子弟たちが学び、読み書きだけでなく、仏典などの講義もおこなわれていたといわれている。ト・ワンのこの学校の教育と運営に対する力の入れようは尋常ではなかった。学校の施設や教材はホショー役所が無償で提供したし、ト・ワンが一八六四年に北京に旅をした時、その道中、自らモンゴル文字のアルファベットを考案し、それを印刷してこの学校の子弟たちの教材にしたという。

ト・ワンの改革は、このように経済・政治・社会の分野にとどまらず、文化・教育といった領域までも含む総合的な改革運動として展開されたのだった。封建支配層のヘゲモニーによって進められた改革ではあったが、この草原の一地方にも、長い停滞と単調な生活のリズムを突き崩すように、新しい動きがはじまったのである。

今や自己のホショー内だけでなく、アイマックの全ホショーに君臨する地位に立って、一八六四年には盟長の権威にかけても石仏の落成式典を大々的に挙行しなければならなかった。さらに翌々年の一八六六年には、古希を祝ってセツェン・ハン・アイマック内の全ホショーから九白の貢を献上させ、大祭典《イフ・ナーダム》を晴れ晴れしく挙行したのである。このことは、ト・ワンが単に一アイマックの最高の官吏に就任したということを意味するばかりでなく、アイマック全体を統治する王位《ハーン》に就いたことを誇示するものであった。当時、九白の貢は、清の皇帝にのみ献上する最高の貢物として、法律に定められてあったからである。九白の貢をアイマック内の全ホショーから献上させたことは、明らかにト・ワンの僭称というほかなかった。

古希を迎えて二年後の一八六八年に、ト・ワンは北京からの帰途、客死した。彼の死後、あの大祭典に九白の貢を献上させることを計画した責任者たちは、清朝政府から厳しく処罰されたという。一八六八年、それは、歴代中国王朝を基軸とする伝統的な旧「東アジア世界」＝冊封体制の規制の傘のはるか東端に位置する日本では、まさに明治維新元年を迎えた年であった。

封建領主ト・ワンの改革の意味

ト・ワンがこのホショー（旗）のザサック（旗長）に就任してから世を去るまで、四十数年の歳月が流れた。彼は、清の皇帝を頂点とするモンゴルにおける国家的封建制の崩壊過程の中から、新しく生まれつつあった私的封建領主制を、ト・ワン・ホショーにおいて確立した。そこでは、当然、国家的封建制下の官吏身分としての性格を色濃く持っていたザサックのト・ワンが、清朝から国家の公民として遊牧民家族小経営の一定の条件を保障されていた遊牧民たちを、私的に取り込むことからはじめなければならなかった。これに対する抵抗が遊牧民トゥデッブの闘争として表面化したのであり、さらに、ト・ワンがモンゴル在地の私的封建領主として自己の所領を掌握し、自立化の方向を強めれば強めるほど、清朝との対立・矛盾は深まっていった。ここに封建民族主義が成立する社会的基盤が準備されていたのである。ト・ワンが自己の居所を二重の城壁で固め、大規模な外壕を巡らしたのも、民族語を重視した教育に力を入れたのも、その一つのあらわれと言えよう。

遊牧民トゥデッブの闘争に下された清朝の最終判決は、遊牧民にとって大きな転換となった。直接生産者である遊牧民たちは、国家の公民として清朝から遊牧民家族小経営の条件を保障され、したがって、清朝が与えてきた制度的・法的体系を肯定的に受け入れてきたのであった。ところが、遊牧民トゥデッブに下された最終判決は、清朝自らその体系を否定し、その体系を破るト・ワンを肯定する結果となった。こうなれば、遊牧民の従来の秩序意識は支えを失って崩れざるをえず、ここでも遊牧民の反清意識が、徐々にではあるが確実に醸成されることになる。

一方、私的封建領主制が、全面的に展開していった結果、遊牧民の生活という側面から見れば、遊牧にとって基本的な生産手段である家畜の所有が激減した。

ト・ワン・ホショーの一八二八年の統計では、直接生産者であるソムニ・アルド（清朝皇帝の公民）とハムジラガ（在地封建領主化した旗長の隷民）の戸数は二二八四戸で、その家畜頭数は四万七四四一頭であったのに対して、一八六九年では、ソムニ・アルドとハムジラガの戸数はほぼ変わらず二三二八戸であるのに、その家畜頭数は四二九七頭となっている。つまり、一八六九年の時点では、直接生産者であるソムニ・アルドとハムジラガの所有家畜が激減して、ほとんどの者が家畜を失ってしまったことになる。

それにひきかえ、同じ年の一八六九年には、ザサック一家および四つの寺院領大経営《ジャス》の家畜頭数は、ホショーの全家畜頭数の八六・六三パーセントを占めるに至ったといわれている。この四〇年間のうちに、封建支配層、特にト・ワン一家に、基本的な生産手段である家畜の大部分が集中してしまったことになる。

また、この二つの年度におこなわれた統計から注目すべき点は、一八二八年の統計では、このホショーにはザサック一家の家畜頭数を含めずに五万八六八一頭の家畜がいたのに、四〇年後の一八六九年には、ザサック一家の家畜を含めて三万二一四四頭と激減していることである。これには二つの理由があったと見なければならない。一つは、一八五〇年代から頻発している旱魃・雪害による打撃であり、もう一つは、一八四〇年の第一次アヘン戦争を境に、旧中国社会の解体過程が急速に進展したことである。

清朝は、先に触れたように、この時期からモンゴルに対していわゆる「新政策」をとりはじめ、中国商業・高利貸資本が急激に浸透して、モンゴルは中国の商品・貨幣関係の一環に深く組み込まれてしまった。遊牧民の剰余生産物は、中国商人に容赦なく吸い上げられた。ト・ワンが、『生活の教え』のなかでさかんに遊牧民に向かって家畜を売ることや、奢侈品の購入を戒め、倹約を説いたのも、こういった状況に対抗するためであった。しかし、それも巨大な構造のなかでは致し方なく、家畜はホショー外に流出する一方であった。

つまり、ト・ワンの改革の狙いは、重ねて述べたように、旱魃や雪害などの天災と中国の商業・高利貸資本の浸透に対抗するのと同時に、増大する清朝の国家的義務・負担や、自らの遊牧民収奪の強化による、直接生産者である遊牧民たちの生産手段からの遊離・貧窮化に対処しつつ、私的封建領主制を確立することにあった。

そのために、ラマ僧の腐敗・堕落を批判し、清純な宗教の復興を掲げて中央寺院を建立して、その宗教的権威を背景に、遊牧民たちの結束を促し、『生活の教え』を教範に大衆を啓蒙し、ホショー内での殖産興業と富国強兵をはかって、清朝の支配から自由な立場を確保し、自己のホショーを統治しようとしたのである。

こうした志向を、モンゴルの歴史家たちが封建民族主義と規定するのは、今見てきた異民族としての清朝との対立・矛盾の側面を重視してのことである。内外モンゴルを合わせて十三アイマック（盟）、一八一ホショー（旗）あるうちで、このト・ワン・ホショーに見られるような私的封建領主的・封建民族主義的改革が、どの程度まで展開されていたのかは、まだ明らかではないが、おおよその趨勢は推測できるものと思われる。

清の皇帝を頂点とする国家的封建制の崩壊過程の中から展開された、モンゴル在地の私的封建領主的改革・封建民族主義的志向のこのような新しい動きは、もちろん、封建支配層のイニシアチブによる、主として支配層の側の問題であるが、ホショー内改革の内容である殖産興業・富国強兵・宗教・教育・文化などの実践を通じて、直接の実行者である民衆の側にも伝統的な沈滞と蒙昧を打破する契機をもたらすこととなった。と同時に、先に見た遊牧民トゥデッブの闘争に下された最終判決をきっかけに起こった、民衆の秩序意識の転換以来、自然発生的に形成されてきた個々分散的な民衆の反清民族意識も、この半ば公的なホショー内改革の実践を通して、より広域的な性格を帯び、統一的に組織される可能性が生まれたのである。

ともあれ、ト・ワン・ホショーにおけるこのような私的封建領主的・封建民族主義的な改革が、モンゴルの各地のホショーにおいて、その規模の大小、質の密度の濃淡はあっても、より広範に展開され、全国的な封建民族主義の高揚期を迎えるのである。それはとりもなおさず、一九一一年の「近代」民族国家＝ボクド君主制国家の成立として結実するのである。

第Ⅱ章

「東アジア世界」の歴史的構造とその展開の特質

――北の辺境モンゴルの視点から――

生きるために、そして自らの「地域」存立にとって最低限の基盤を希《こいねが》い、真っ正直に闘った遊牧民トゥデッブらに清朝の皇帝が最後に下した裁決は、異国への流刑であった。トゥデッブ一家六人は、無念のうちに見知らぬ地へと離散し、消えていった。

「権力」の「民衆」に対するこの不条理は、果たして遠い時代の、黄砂の彼方の名も知らぬ小さな一「地域」の問題なのであろうか。

「東アジア世界」の設定というこの新たな方法論的視角を二一世紀の今日にまで引き寄せて、そこからあらためて東アジアの、そして世界の近代と現代をじっくりと見直すならば、今私たちが抱えている問題は、どのように見えてくるであろうか。

この第Ⅱ章では、「権力」と「民衆」の相剋のこの問題に焦点を当てて、「東アジア世界」の複雑極まりない矛盾に満ちた歴史的展開と現実に視線を注いでいきたい。そうすれば、ますます巨大権力に翻弄されていく世界に紛れ込み、人の目を惑わす虚偽と欺瞞の夾雑物は雲散霧消して、私たちが今本当にやるべきことは何なのかが、やがてはっきりと見えてくるはずだ。

それはつまり、あの遊牧民トゥデッブたちの願いであり、すべての民衆にとって共通の根源的な願いでもある抑圧からの人間解放がどのように叶えられていくのか、その具体的な道筋を探ることでもある。このことは結局、日本の私たちを含め、各国、各地において、民衆が自らの社会を独自の歴史的、風土的条件に基づいて、未来に向かい、自主的、創造的にどう変革していくかという問題に帰するのである。それが誠実に成されてはじめて、東アジア民衆の連帯という「未発の可能性」が、本当の意味で具現化されていくことにつながるのではないだろうか。

1 第一次「東アジア世界」の解体過程

欧米資本主義の新たな進出と中国の開港――南からの衝撃とその波紋

アヘン戦争(一八四〇〜四二)を起点に、一九世紀後半、中国が南から資本主義的外圧のもとに開港を余儀なくされ、北方からはロシア資本主義の進出に疲弊し、冊封体制＝第一次「東アジア世界」がその基盤から揺らいでいる時、宗主国としての清朝は、この旧「世界」の諸民族のなかでももっとも近傍に位置し、もっとも強力な統制下におかれていたモンゴル遊牧民の剰余労働を、「国家防衛」の大義名分のもとに、中国民衆の反清闘争の弾圧と外国勢力に対抗する目的で、兵力およびその他軍事支出にあてようとする。

アヘン、そしてマンチェスター綿布が強力な近代火砲の援護のもとに、中国の南から開港を迫りつつ、旧中国社会に衝撃を与えると、はるか朔北の草原からは馬群がさらわれ、遊牧民が兵士に仕立てられ血を流す。ここにもなお、旧「東アジア世界」の伝統的な古い原理に支えられて成立する内的連関が残されている。この連関を下敷きに近代化の波は東アジア辺境にも容易におよび、そして次第にその渦中に巻き込んでいくのである。

それはモンゴルに限らず中国の他の辺境にもさまざまな形の波及が見られ、民族的蜂起が繰り返された。一八六二年には、陝西省で勃発した回漢の械闘に伴う回民の反乱は各地に波及して、陝西をはじめ甘粛一帯に拡大し、さらには一八六三〜六四年に東トルキスタンに波及し、天山北路やイリの地方がまず呼応して反乱し、さらに同じくイスラム教徒のウイグル人もこれに呼応して各地で蜂起し、清朝の官府を攻撃している(佐口透「十九世紀中央アジア社会の変容」『岩波講座・世界歴史』第21巻、一九七一年)。

モンゴルでは、もっとも清朝に近く、したがってその支配のもっとも厳しい内モンゴルにおいて、遊牧民大衆を結集したドゴイラン運動が開始された。一八五八年にはオルドスのウーシン・ホショーで、一八六六年にはオトク・ホショーでドゴイラン運動が高揚し、最初のドゴイランの組織が生まれている。ドゴイランに参加した者は、一定の土地に結集して円陣《ドゴイ》になって住み、清朝の抑圧からいかにして解放され、モンゴル封建領主の搾取からいかにして逃れるかを協議し、闘った。一つのドゴイランだけで、八〇〇名もの遊牧民を結集したものもあったという。この運動は内モンゴル各地に発生し、反清・反封建闘争の重要な一翼を担った。

西部モンゴルの牧民運動の高まりと回民との連帯

さらに一九世紀の七〇年代になると、清朝に抵抗するモンゴル遊牧民の新たな闘いが西部モンゴルで開始される。そしてこれに呼応する形で、ちょうどこのころ、陝西、甘粛、そしてカシュガル、ジュンガルに蜂起した先の回民の一部が、モンゴルの西南辺境から侵入して、サイン・ノヨン、トゥシェート・ハン両アイマク（盟）に達し、一八七〇年の初めごろにはその数が三〇〇〇人にもなってクーロン（現在のウランバートル）に向かって進撃した。クーロンを占領することはできなかったが、清軍を次々に粉砕してついに、一八七一年一〇月一九日には、西部モンゴルの中心地であり、清朝の皇帝の勅命を受けた定辺左副将軍の官府の所在地でもあるウリヤスタイを占領したのである。

トゥシェート・ハン・アイマックのエルデニドルジ・ザサック・ホショー（旗）で捕虜になったという一人の回民の証言によると、かなりの数のモンゴル遊牧民が回民の側について、ともに闘ったといわれている。清朝は、これに当惑しながらも鎮圧に力を入れ、モンゴル遊牧民を兵士として狩り出し、一八七〇年だけでも、四アイマック（盟）からフェルト製ゲル八〇〇、ラクダ四〇〇〇頭、去勢馬八〇〇〇頭、去勢牛六〇〇〇頭、羊一〇万頭を徴収したといわれている。モンゴル遊牧民は、清朝の軍事費まで負担させられたのである。

この回民の蜂起が鎮圧された直後に、これに喚起されて、モンゴル西部地区で反清運動が再び高まった。一八八〇年には、ウリヤスタイ付近に駐屯していたモンゴルの軍隊が、一兵士であるオルノトの指導のもとに反清運動を起こし、部隊を捨てて兵士たちはみな故郷に帰還してしまったという。

翌一八八一年には、クーロンにおいて三、四百人の下級ラマ僧が中国商館を襲撃し、塀や扉を打毀し、中国人館員に投石した上、物資を奪うという事件が起こっている。

これは、単に貧しいラマ僧たちが中国商人を相手に闘った事件といった意味にとどまらず、モンゴル遊牧民とくに都市住民の極めて貧困な層の、この時期における闘争を象徴しているものであると言える。それだけに、モンゴルにおける清朝権力の中枢である弁事大臣のお膝元のクーロンで、このような事件が発生した意義は、極めて大きいと言わなければならない。

一九世紀後半のモンゴル牧民運動の特徴

清朝支配のはるか以前に一二、一三世紀の時代から、モンゴルの遊牧民たちは奴隷身分から中世農奴的家族小経営身分となることによって、自らの生活を向上させようとしてきた。清朝はこれら遊牧民たちをソムニ・アルド（清朝皇帝の公民）身分として保障し、彼らを掌握するためにモンゴルの地方有力者をザサック（旗長）として官吏化することによって、清朝皇帝を頂点とする国家的封建制としてのホショー（旗）・ソム（佐領）体制を確立してきた。

しかし、この体制もいつまでも安定しているわけではなかった。清朝の地方官吏であるはずのザサックの封建領主化にともなって、遊牧民、特にソムニ・アルドと在地の封建領主との対立は先鋭化する一方であった。こうした状況のもとにあって、遊牧民の運動は奴隷制的徭役労働に抵抗する闘争であったり、封建領主化したザサックの苛酷な封建地代に対する闘争であったり、さらには清朝の賦役《アルバ》の増大に反対し、中国の商業・高利貸資本の搾取に反対する闘争であったりした。しかし、そこに一貫して流れるものは、それはいずれにせよ遊牧民家族小経営確立のための闘いであり、それをギリギリのところで守り、維持するための涙ぐましい闘いであったということである。

一九世紀後半のモンゴル牧民運動の特徴は、先に触れた清朝のモンゴルに対する政策の転換以来、中国商業・高利貸資本がいっそう浸透し、その結果、商品経済に結びついたモンゴルの在地封建領主が、遊牧民に賦役を強化せざるをえなくなり、遊牧民と封建領主との矛盾が激化するなかで、課役負担の軽減を掲げた訴訟闘争が日常的におこなわれ、さらにそれが武装闘争にも発展しつつ、その矛先が清朝の支配体制に向けられていくところにある。一八世紀半ばのアマルサナーの乱以来のモンゴルにおける伝統的な反清牧民運動も、一九世紀後半において、このような新しい段階を迎えたのである。

旧「東アジア世界」解体期に異質な発展を遂げる日本

第一次「東アジア世界」＝歴代中国王朝を基軸とする伝統的な冊封体制は、アヘン戦争以後、本格化するこの地域へのヨーロッパ資本主義列強の規制のもとに解体過程に入るのであるが、先に触れた中国本土における太平天国の乱（一八五一～六四）に象徴される排満興漢の民族的反乱は、資本主義的外圧との相乗効果において、この「東アジア世界」の中軸においても清朝支配を揺るがし、中国本土に広がっていく。さらには、内・外モンゴルにおける反清・反封建の牧民運動や、西域における回民の乱といったように、清朝の属藩である中国周辺地域においても、清朝の政治的規制に抵抗する民族的反乱が、一九世紀の六〇年代、七〇年代、八〇年代へと展開し、この第一次「東アジア世界」＝冊封体制を解体させていくのである。

まさにこの同じ時期に、「東アジア世界」において清朝の政治的規制のもっとも弱い東端に位置していた日本は、すでに一八六〇年代に明治維新によって、列強資本主義に規定された専制君主的・国家資本主義的な内部変革を開始し、この旧「東アジア世界」において異質な発展を遂げていく。

そして朝鮮において、一八八四年の甲申事変での清朝の反撃によって、日本の属藩分割の野望は挫折したが、ついに一八九四年の日清戦争によって、この旧「世界」の宗主国である清朝を敗北せしめ、第一次「東アジア世界」の解体を決定的な段階に持ち込んだのである。

日清戦争後わずか数年間に、イギリス、フランス、ドイツ、ロシアの資本主義列強とともに日本も加わって、中国本土の半植民地的分割をほぼ完了する。日本はアジアにおける唯一の新興資本主義国として、アジアの諸民族に対して初めて加害者として登場し、第一次「東アジア世界」の宗主国としての清朝の政治的規制にとってかわって、新たに日本も加わった欧米諸列強の複数による資本主義的強制が、この地域全域に実質上、規定的・全一的なものとして確立するのである。

ある一定の地域の全領域に同質の政治的規制が加わることによって生ずる、その地域の諸民族の抵抗の同一性と相互媒介性によって、歴史的地域世界を設定しうるものとすれば、この東アジア地域における伝統的な旧態の政治的規制の衰退、それにかわる新しい資本主義的強制がこの地域に確立することによって、第一次「東アジア世界」から第二次「東アジア世界」への移行がおこなわれる。

第一次「東アジア世界」の解体過程の起点を一八四〇年のアヘン戦争とすれば、第二次「東アジア世界」の形成過程はまさにその時点にはじまる。そして、日清戦争（一八九四〜九五）を境に、一八九〇年代後半に第一次「東アジア世界」は実質上解体し、一九一一年の辛亥革命によって形式的にも消滅するものとすれば、第二次「東アジア世界」は、まさにその一八九〇年代の後半に実質上形成が開始され、この地域への規制は、その姿かたちを変えながらも進行していったと見ることができる。したがって、一八四〇年代から一八九〇年代の末までの時期は、第一次「東アジア世界」から第二次「東アジア世界」への移行期である。前者の要素が減少し後者の要素が増大する、いわば反比例する関係において、両者が重なり合って錯綜する過程でもある。

明治新政府の体制固め――第二次「東アジア世界」への移行期

明治新政府（一八六八）は、一八六九年に版籍奉還を、七一年には廃藩置県を断行した。大名領主による分散割拠の状態から中央集権的な国家をつくるためには、明治維新の推進者にとってそれは避けられない問題であった。一八七三年には財政上重要な地租改正によって安定的な財源を確保し、積極的な富国強兵策をとった。強兵策としては、ドイツ・イギリスを模範として徴兵制に基づく近代的陸海軍が創設された。特権廃止によって士族の不満は高まり、西南戦争（一八七七）に至るも、創設されたばかりの近代軍によって鎮圧された。

このころから高まりつつあった自由民権運動に対応して、明治政府は一八八九年、大日本帝国憲法を発布し、翌一八九〇年、帝国議会を開設、制限選挙ながらも議会選挙をおこない、地方の有力者を議員として取り込むことによって、国民の不満を解消しようとした。一方では、欧米各国の制度・文物の調査の目的で、一八七一年から七三年の間、総数一〇〇人余りの岩倉具視使節団が派遣された。

対外関係で日本がまず取りかかったのが、対清関係である。朝鮮や台湾の問題も清朝と深く関わっていたからである。一八七一年には日清修好条規が締結された。相互に外交使節と領事を駐在させ、相互制限的な領事裁判権を認め合うなどであったが、この条規による清朝の宗属体制は崩れるものではなかった。そこで日本は、江華島を砲撃する事件を起こし、一八七五年、日朝修好条規（江華島条約）を強要し、結ばせた。日本は諸大国に先駆けて朝鮮を開国させたことになる。

日本近世史・北方史の研究者榎森進氏によれば、明治新政府は、早くも一八六九年（明治二年）に、「蝦夷島《えぞがしま》」（今日の北海道の地）に開拓使を設置、呼称を「北海道」と改称した。一八七一年公布の戸籍法でアイヌ民族を日本国民に編入。これにより、旧・蝦夷島の全域は、近代日本の新たな「内国植民地」と化した。以後、数次にわたる和人への土地売貸および払下規則、そして一八九七年の北海道国有未開地処分法により、アイヌが使用できる土地は縮小し、並行して漁業・狩猟の権利も和人の手に渡っていった。一八九九年には北海道旧土人保護法が制定され、強制的な農耕民化と小学校教育を通じて同化政策が進められ、伝統的なアイヌ社会は根底から変質していった。

この間、一八七五年には、日本はロシアと樺太・千島交換条約を結び、これによって樺太はロシア領と認め、千島はウルップ以北を含め全島を日本に帰属させることとなった。これによって、極東アジアでのロシアの領地が、また、北方での日本の領土が確定されたのである。

一方、清朝皇帝を頂点とする冊封体制の中にあって、清朝と薩摩藩の両属関係に置かれていた琉球については、同じく一八七五年、琉球処分官を任命して、日本への統合を推し進めようと交渉したが、琉球は強く抵抗し、清国も抗議した。しかし日本は、一八七九年に武力をもって沖縄県を設置する、いわゆる琉球処分を断行したのである。その後も琉球住民の抵抗運動があり、この問題が決着するのは、日清戦争を待つことになる。

一八九四年、朝鮮でキリスト教に対抗する儒教・仏教・道教が混淆した新宗教東学党の乱（甲午農民戦争）が勃発すると、清朝は派兵するとともに日本にも通告し、日本もこれを受け派兵した。日本軍が朝鮮王宮を占領し、ついに清朝軍と交戦状態となり、日清戦争（一八九四～九五）が開始した。日本は陸海とともに清軍を圧倒し、北洋艦隊は降伏、日本軍は北京侵攻を構えるなかで、一八九五年四月、日本側の条件を清朝が受け入れる形で下関条約が締結された。その結果、朝鮮の独立（冊封体制からの朝鮮の離脱）の確認、つまり清朝の朝鮮への不干渉が決まり、遼東半島・台湾・澎湖列島が日本に割譲され、賠償金二億両の支払いが決定された。

その後、三国干渉によって日本に遼東半島を返還させたロシアは、シベリア鉄道がバイカル湖に達した一八九六年、李鴻章と露清密約を結び、満州を横断する東清鉄道の敷設権を、鉄道付属地の行政権などとともに獲得した。

以上、大雑把に見てきたように、日本はまず内政を固め、北はアイヌの地「蝦夷島」（北海道）、南は琉球、台湾、そして朝鮮を押さえ込み、その上で日本主導の「東アジア世界」の新たな体制を強引に成立させたことになる。アジアの民衆との連帯を拒絶して、支配権力者同士の戦力と駆け引き《ディール》（外交）によって、あくまでも自らの欲望を貫こうとしたのである。そこに私たちは、日清、日露戦争、さらには日中戦争、アジア・太平洋戦争へと戦線を拡大し、第二次世界大戦後、二一世紀の今日においてなおも沖縄民衆の意志を無視して、辺野古新基地建設を強行する日本の支配権力層の根深い野望の原形の萌芽を見る思いがする。

「東アジア世界」設定の有効性とその意義

日本近代史家遠山茂樹氏は、「この時点の歴史で私が疑問とするのは、日清戦争から日露戦争にかけての期間、まさに日本が帝国主義国への転化を開始し、中国が半植民地国への途をたどり、両者が本質的に敵対関係に転化しはじめた時、中国の民族運動の中にもっとも親日気分が高まり、日本が中国革命運動の根拠地たる観を呈した事態が何故に生じたか」（遠山茂樹「東アジア歴史像の検討」『歴史像再構成の課題』御茶の水書房、一九六九年）、という疑問を投げかけている。

これは、一九世紀後半の今言った「東アジア世界」の移行期が、歴史的には帝国主義前段階としての性格を持ちながらも、同時に、今見てきた中国本土やモンゴルなどその周辺諸民族の民族的反乱とともに、日清戦争において日本のとった行動が、清の皇帝を基軸とする伝統的な冊封体制＝第一次「東アジア世界」に最後のとどめを刺す歴史的意義を共通に担っていた、という歴史的性格を持たざるをえなかった、というまさにこの「東アジア世界」の歴史的特質に由来しているものである。この遠山氏の疑問の存在は、この時期を、今見てきた第一次「東アジア世界」から第二次「東アジア世界」への移行期とする視角から、この地域の諸民族をもう一度把握し直してみることの重要性を左証しているものと言える。

ただここで見落としてはならないことは、まさにこの時期に「東アジア世界」で初めて日本が帝国主義国として登場し、アジアの諸民族に加害者として行動したという事実である。

草の根の牧民運動の果たした役割――遊牧民トゥデッブの闘いの意味

それはともかくとして、一八四〇年（アヘン戦争）から帝国主義前段階の最終期の一八九〇年代末までを、伝統的な旧「東アジア世界」から資本主義的強制による新たな「東アジア世界」への移行期と見るならば、民族的抵抗の課題も反清から反帝国主義へと移行していった。しかし、両者の課題の比重は、諸民族の「東アジア世界」における地理的位置、歴史的位置によって千差万別で、はじめから反清の課題が全く問題にならず反帝国主義を基調とする民族もあれば、反清の課題が全く未解決のままに、重層的に反帝国主義の課題を担わなければならない民族もあるといったように多様であった。

モンゴルの場合は、第一次「東アジア世界」の最後に残されたわずかな形骸が最終的に除去される一九一一年（辛亥革命）まで、この旧「世界」の呪縛のもとにもっとも長期に繋ぎ止められ、一九〇〇年以降帝国主義段階においてもなお、モンゴルの遊牧民は反清の課題を基本にしつつ、遊牧民にとって固有の階級矛盾としての国内の封建領主層からの収奪と新たに加わった帝国主義的抑圧のもとに三重の課題を背負わなければならなかったのである。

第Ⅰ章で詳しく見てきた、東部モンゴルのあの朔北の片田舎ト・ワン・ホショーにおける遊牧民トゥデッブたちの一見徒労に終わったかに見えた実に人間的な行動も、今述べた文脈のなかでじっと見つめてみるならば、この東アジアの歴史構造の中に、くっきりと浮かび上がってくる。それは、ささやかではあったが、この地域世界の歴史的大転換への見事な関わりであったと言えよう。

2 第二次「東アジア世界」の形成
——朝鮮を足場にした日本帝国主義の北東アジア侵略、さらなる拡大——

二〇世紀初頭の帝国主義段階に入ると、日清戦争を画期としておこなわれた日本およびヨーロッパ諸列強による中国本土の半植民地的分割競争の後、日本は朝鮮の植民地化を足場にロシアの勢力圏である満州の再分割をめざした帝国主義戦争＝日露戦争を開始し、南満州における権益を拡大していくことになる。

日露戦争と植民地支配への東アジア民衆の抵抗

帝国主義列強のアジア・太平洋への進出は、民衆からの激しい抵抗を受けた。

もっとも大きな民衆の蜂起が起ったのは、中国においてであった。中国分割の間に、列強は租借地のほか、鉄道・鉱山利権を獲得し、中国内部にまで深く入っていった。都市だけではなく地方に至るまで、民衆の生活を揺るがした。こうした状況に反発したのが排外的秘密結社義和団であった。

扶清滅洋を唱え、キリスト教会を破壊し、信者を殺害し、西洋文明の排斥のために鉄道・電信を破壊した。そして、一八九八年に山東省から蜂起した義和団の暴動が天津や北京で本格化すると、日露を含む列強は、天津を経て、義和団の大軍がいる北京に進軍した。北清での戦争終結の後、一九〇一年九月に清朝と列強の間に北京議定書が結ばれた。これにより、清朝は多額の賠償金を課せられ、列強の軍隊が北京と天津に駐留することを認めさせられた。

義和団の乱に際して、ロシアは中国の東北地方に大軍を派遣して占領、その後も撤兵しなかった。こうしたロシアの東アジア進出を脅威に感じた日本とイギリスの利害が一致し、一九〇二年に日英同盟が締結された。

東北からのロシア撤兵問題と、東北、朝鮮の利害調整をはかる日露交渉がおこなわれたが、双方妥協に至らなかった。早期開戦が有利と判断した日本は開戦を決意、一九〇四年二月、日本軍による奇襲攻撃で日露戦争（一九〇四〜〇五）がはじまった。

日本軍は朝鮮半島を制圧して、中国の東北地方に進撃したが苦戦を強いられた。一九〇五年一月に旅順要塞を陥落させて、ロシア太平洋艦隊を破り、三月の奉天会戦で勝利したが、戦力的にそれがギリギリの限界で、戦線は膠着した。

一方、ロシアでは、同年一月に「血の日曜日」事件が発生し、全国にストライキが拡大、第一次ロシア革命へと進展しつつあった。そして同年五月、日本海軍がロシアのバルチック艦隊を日本海海戦でほぼ全滅させると、六月には戦艦ポチョムキン号で水兵の反乱が発生し、ロシアも戦争の続行が困難になった。

アメリカ大統領ルーズヴェルトが仲介となって、ポーツマスにおいて講和交渉の末、同年九月にポーツマス条約が結ばれた。この条約では、日本は朝鮮における優越的地位、遼東半島南部（旅順・大連）の租借権、東清鉄道南部（南満州鉄道）の利権、南樺太の領有権を獲得した。しかし、日本は賠償金を獲得できず、国力の限界を国民にひた隠しにしていたために、国民は不満を一気に爆発させ、日比谷焼き討ち事件が発生、東京に戒厳令が敷かれるに至った。

日露戦争の「戦勝」に、すべての日本の国民が熱狂し、酔い痴れたわけではなかった。日露戦争をめぐっては、世界的に戦争に対する民衆の批判が高まり、反戦運動が展開されていった。

足尾銅山鉱毒事件（一八八〇年代～）に挑んだ田中正造は、地元の農村地域（栃木県渡良瀬川流域）で拡大していく被害が、世界史の帝国主義段階において、諸列強の領土・経済再分割に呼応する日本の対ロシア・満州侵略政策推進のなかで引き起こされていることを見ぬき、財閥資本の本質を明確に捉え、軍備こそ彼ら資本の帝国主義的化身として、日露開戦前の一九〇三年に非戦論を唱えた。その苦闘のなかで、政・官・財の癒着を告発し、主権・人権・平和を一体的に追求する先駆者として、「真の文明は山を荒らさず、川を荒らさず、村を破らず、人を殺さざるべし」（正造の日記、一九一二年六月一七日）と、自然との共生、村の自治の確立、真の立憲政治、軍備廃絶、世界平和を訴えた。

田中とともに足尾鉱毒事件にも取り組んだ無教会主義のキリスト教者内村鑑三は、開戦前の一九〇三年、『万朝報』に「戦争廃止論」を発表した。『万朝報』には、社会主義者の幸徳秋水と堺利彦も、独自に非戦論を発表した。中江兆民の教えを受けていた幸徳は、すでに義和団の蜂起の末期に、『廿世紀之怪物 帝国主義』（一九〇一）を著し、「愛国主義」「軍国主義」「帝国主義」を批判していた。『平民新聞』は、一九〇四年二月に「戦争の結果」という論評を発表し、戦争は経済的に負担を強い、平民には何ももたらしはしない、と痛烈に批判したのであった。

ロシア文学研究者の法橋和彦氏によると、文豪トルストイは、日露戦争勃発の危機に際して、『ロンドン・タイムス』に非戦論「考え直せ」を発表。幸徳と堺がこれを共訳し、『平民新聞』に一挙掲載した。これを読んだ武者小路実篤（当時学習院生徒）は、志賀直哉と兵役義務の賛否について論じ合ったという。また、早くからトルストイに親炙していたユニテリアンの社会主義者安部磯雄は、戦火を超えてトルストイと反戦の手紙を交わし合った。石川啄木は、大逆事件（一九〇八）を機に社会主義文献を収集するかたわら、かつて『平民新聞』に訳載されたトルストイの非戦論を重病の床で筆写したのであった。

帝国主義列強の進出とモンゴル、北東アジア

日露戦争以降、モンゴルの地ではどのような新たな事態に直面していったのであろうか。

日清戦争を画期にすでに満州、モンゴルの市場で優位を確保した日本と帝政ロシアは、この地での英米の資本の進出を警戒しつつ、一九〇七年、一〇年、一二年、そして一六年と日・露間で秘密条約を結び、両者の版図を確定し、その均衡を暫時ながらも保持しようとする。

日露戦争に敗れて、極東進出の可能性を失ったロシアの視線は、ますますモンゴルへ向けられたのである。政界も、商工業者も、新聞界も、一斉に「モンゴル問題」を宣伝するようになり、一九〇五年にはモンゴル西部のウリヤスタイに、続いて一九一一年にはコブドに領事館が開設された。一九一〇年にはモスクワ工業家は、商業探検隊をモンゴルに派遣し、ほぼこれと前後してイルクーツク総督は、モンゴルにおける貿易の振興、および支線によるシベリヤ鉄道幹線とモンゴルとの連絡問題審議の特別会議を開催した。モンゴルの政治的占領案は、暫時確立され、実施の準備が進められていたが、一九一一年の中国における辛亥革命が、これをいっそう促進した。

このような状況を背景に、モンゴルに対するロシアの帝国主義的進出は強まっていく。と同時に、この時期になると、欧米の資本も着実にモンゴルへ進出するようになり、したがってモンゴルの市場は、古くから根をはっていた中国の商業・高利貸資本に対抗して、これら三者が競合することになるのである。

一九〇五年には、ロシア・モンゴル間の貿易額は、八〇〇万ルーブルにやっと達したのに対して、中国・モンゴル間の貿易額は五〇〇〇万ルーブル、すなわち約六倍以上の規模であったといわれている。中国商館はすでに得た地位を何とか保持しようとし、ロシア資本は一段と前進し、モンゴル全域に自己の支配を確立

しようと、両者間の競争は鋭くなる。末端では、中国商館に負債を返済できなくなったモンゴル封建領主は、ロシア商人から借金して、それを返済する現象すらあらわれてきたと言われている。これに対して清朝は、モンゴルのホショー（旗）にロシア商人からの借金を一再ならず禁止して、モンゴルを自己の支配下にしっかりくいとめておこうとした。にもかかわらず、一九一四年にはモンゴルにおけるロシアと中国の貿易額は、ほとんど平衡するようになった。

このように、一九世紀の後半からモンゴルで中国商業資本と競争してきたロシアの資本は、ボクド君主制国家の時代（一九一一〜一九二一）になってはじめて追いつくようになったことになる。そして、この過程で、中国商人がアメリカやヨーロッパの商品の仲介商人になる傾向がますます強まってきた。一九世紀末から二〇世紀初めごろにかけて、中国商人は、イギリスやアメリカや日本製の絹織物や綿布を自由に搬入するようになり、モンゴルからは羊毛を搬出するようになった。このようにして、モンゴルは一九世紀末から次第に資本主義世界市場に組み込まれていくのである。

これにともなって、外国資本による羊毛洗浄工場が、西部モンゴルのウリヤスタイ・イデル川、デルゲル川の一帯、中部モンゴルのオルコン川周辺のダイチン・ワン・フレー、クーロン（現在のウランバートル）近郊のトーラ川など都市や地方の小村に建てられ、モンゴルに季節労働者が発生し、階級構成にも新しい変化の兆しがあらわれてきた。

また、一九〇〇年一月二六日には、ロシア、ベルギー、清の外国資本によって、トゥシェート・ハン、セツェン・ハン両アイマックの金鉱を探掘する目的で「モンゴロル」という株式会社が設立され、一九一〇年には二五〇万一六九一ルーブルの収益をあげたといわれている。

帝国主義列強の進出とモンゴル遊牧民の新たな蜂起

このような帝国主義列強の進出は、清朝をしていわゆる「新政策」をモンゴルに対してますます強力に推し進める結果に至らしめ、モンゴル遊牧民からの収奪はいっそう強まっていく。特に反清の牧民蜂起は、クーロン、ウリヤスタイなどの都市、さらにザサクト・ハン・アイマックのマニバザル・ホショーなど各地で盛んになった。

このなかでも注目しなければならないのは、中国における反帝・反封建の性格を持った義和団の乱（一八九九〜一九〇一）に関連して起こった、一九〇〇年のウリヤスタイ兵士の反乱である。義和団の運動を弾圧すべく、モンゴルの各ホショー（旗）から多数のモンゴル兵士を緊急に召集したその年に、ウリヤスタイに集結して中国に出発することになっていた、ハルハの四アイマック（盟）からウリヤスタイに集まった約二〇〇〇人の兵士は、清朝の抑圧に苦しんでいた遊牧民の子弟であり、清朝の植民地主義に対する憎しみに煮えたぎっていた人びとであった。彼らは一個所に集まるとそれを好機にひそかに口伝えに連絡をとりあって、一気に起ちあがったという。そして、このように、兵士たちが一斉に蜂起すると、ウリヤスタイ定辺左副将軍や清朝の官吏は、恐怖におののき、なす術もなく都市を捨てて、散々に退却し、そのあとから狼狽したモンゴル官吏までが逃げていったということである。

この事件が起こった一九〇〇年という帝国主義段階の時点においても、モンゴルにおいては、なおも依然として宗主国と属藩との関係において働く、旧「東アジア世界」＝冊封体制の古い伝統的な原理に支えられて、遊牧民が兵士に狩り出されていたという事実。しかし、もはやこの時点では、その原理は十分に働く条件を失い、中国民衆の闘いに向けられようとした矛先が、逆に弾圧する側に向けられ、中国から北へゴビ砂漠を隔てた西部モンゴルのこの小都市にも、結果的ではあるが反帝・反封建の連繋が成立していたということは注目に値する。

二〇世紀における第一次「東アジア世界」の辺境に残された古い母斑とも言うべきモンゴルの地において、東アジア地域にはすでに成立している第二次「東アジア世界」から、その古い痕跡を払拭すべく、モンゴルの牧民運動は展開されることになる。

一九〇三年には、ザサクト・ハン・アイマックのマニバザル・ホショーで、中国商業・高利貸資本と封建領主マニバザルに抵抗する、遊牧民アヨーシの指導するいわゆるアヨーシの運動が執拗に展開される。アヨーシは投獄されて鎮圧されるが、後に述べるように、一九一二年に再びこの運動は開始される。

そして、一九〇五年の秋には、内モンゴルのゴルロス・ホショーでトクトホ・タイジの指導する遊牧民の武装蜂起が起こる。起ちあがった遊牧民は、中国商館を打ちこわし、借金の証文を焼き払い、掠奪した物資を貧しい人々に分け与えたという。一九〇五〜一〇年の間、このトクトホの反乱軍は清軍と数回にわたって戦闘を繰り返した。行く先々で、民衆はその正義の行動を溜飲の下がる思いで見守り、心ひそかに喝采を送り、熱い眼で迎え入れたという。義賊《サイン・エル》トクトホの名は、内モンゴルからはるか大興安嶺を西に越え、ハルハ・モンゴルの地にもおよんでいる。

牧民運動高揚のこの時代を反映して、このような義賊は、トクトホに限らず各地に現れたようである。筆者（小貫）が一九七〇年代後半にウランバートルに長期滞在中、東部モンゴルのスフバートル・アイマックで活躍した義賊トロイ・バニッドの伝説を、子どもたちが夜のラジオ番組に静かに耳を傾けて、目を輝かせながら聞き入っている光景に出会ったことがあった。昔の民衆の感動が、今日にもおよんで生きているのである。

従来の牧民運動とは少し違った性格のものとして、一九〇八年には、コブド近郊のロシア人経営羊毛洗浄工場で、経営者の残忍な扱いに抗議し、賃金引き上げと生活改善を要求して、モンゴル労働者のストライキが数回にわたっておこなわれた。さらに、オルコン川岸のダイチン・ワン・フレーの羊毛洗浄工場でも、モンゴル労働者のストライキが起こっている。これらのストライキは、極めて小規模であり、しかも労働者と言ってもその発生の萌芽的形態とも言うべき季節労働者であって、これをモンゴルにおいて一般化して、その意義を過大評価することはもちろんできない。しかし、帝国主義段階に入って、従来とは違った階級構成の新しい変化の兆しがあらわれ、牧民運動にも今までには見られなかった新しい要素が加わってきたことも確かである。

一九一〇年には、クーロン（現在のウランバートル）においても、数百の遊牧民やラマ僧たちが中国商館を襲撃し、しかも清朝のモンゴル支配の牙城であるこの街で、公然と、「清朝の植民地主義者はモンゴルから出ていけ」というスローガンを掲げたといわれている。このことは、牧民運動が新たな段階に到達したことを示すものとして重要である。

清朝に抵抗するモンゴル各地の牧民反乱は、すでに見てきたように一九世紀後半、さらに一九〇〇年から一九一〇年の段階を経て、その集積を踏まえて、いわゆる一九一一〜一九一二年の牧民運動として全国的に展開されることになる。しかし、この運動は、いくつかのホショー（旗）では牧民階級出身者によって指導され、武装蜂起して中国商館や清朝の官府を襲撃するといった激しいものではあったが、全国的な規模から見れば、各地の運動を組織し、一定の方向へ統一的に指導する力も、その条件も牧民階級の側にはまだなかった。このような状況のなかで、この遊牧民の激しい抵抗のエネルギーを、モンゴルの封建領主階級は、自己の階級利益のために利用することになる。

一七世紀後半以来の清朝の皇帝を総括的土地所有者とする中央集権的領有体制は、地方官吏であるはずのザサック（旗長）の封建領主化、ボクド活仏のシャビ領（寺院領）の増大化のなかで、清朝のモンゴル支配は経済的にも基礎から崩壊の過程を辿らざるをえなかったのであるが、最終的には封建的私的土地所有制が実質的に確立し、そのなかでも広大なシャビ領を基盤に、最大の封建領主としてボクド活仏がこの時点ではすでに前提されていた。したがって、歴史的にも、中央集権的土地所有制を維持しようとする清朝と、それを解体して封建的私的土地所有制を拡大していこうとするものとの間には、当初から固有の矛盾が深く内在していたのであって、モンゴル封建領主が、清朝の支配に抵抗する牧民運動を利用する客観的な条件は、もとより存在していたのである。

ボクド君主制国家の成立とその性格

一九一一年一二月二九日のボクド君主制国家は、国際的には同年の中国における辛亥革命によって清朝が瓦解するその間隙を縫うように成立したものとも言える。一方、国内的要因から見るならば、このボクド君主制国家は、すでに確立していた封建的私的土地所有制を経済的基盤にしていた封建領主層が、下から盛り上がる牧民運動のエネルギーを自らに有利に屈折させながら利用して、国内に根を下ろしていた清朝支配体制から最終的に離脱し、ロシア帝政との改良主義的同盟を結び、他方では一九世紀末からすでに欧米資本制商品の仲介的存在に変質していた中国商業資本とも裏面的に提携しつつ、最大の封建領主であり、しかも宗教界の首長でもあるボクド君主の絶対的・中央集権的な専制のもとに、封建的再編強化をはかろうとして成立したものであると言える。

ボクド君主制国家の性格は、基本的にはこのように規定することができるのであるが、モンゴル近代史の展開の特質と一般性をいっそう明確にするために、それを東アジア地域の広がりの中に位置づけ、この地域世界の近代の歴史構造の基本を第一次「東アジア世界」から第二次「東アジア世界」への移行過程として見る先の視角から、もう一度諸民族の近代化との対比において照らし直してみよう。

この視角からは、たとえば、すでに議論のある洋務運動と明治維新の性格をめぐる問題にしても、遠山氏所説の「洋務派の政策と大久保政権の性格を比較する時、本質的には方向を同じくするもの」（前掲 遠山茂樹「東アジア歴史像の検討」）であるという捉え方はあらわれてこない。なぜならば、この時期は中国王朝、なかんずく清朝の皇帝を基軸とする伝統的な冊封体制の崩壊過程、すなわち第一次「東アジア世界」から第二次「東アジア世界」への移行期であって、この旧「世界」の宗主国である清朝は、「李鴻章がはっきりと『長髪賊・捻匪・苗賊・回民の諸民族は皆内地の百姓であり、勇鋭にして、堅忍の気があるが、器械は官軍の精備に及ばないので剿撫できる』と豪語したように、対外的防衛というより、民衆抑圧」（中村義「洋務運動と改良主義」『岩波講座・世界歴史』第22巻、一九六九年）に主眼があり、太平天国の乱（一八五一〜六四）の鎮圧を契機とする洋務運動は、はじめから民衆に敵対するものとして資本主義化政策をとって、清朝皇帝を基軸とする第一次「東アジア世界」の崩壊を何とか食い止めようとあらわれたものである。

これに対して明治維新は、実質上、第一次「東アジア世界」＝伝統的な冊封体制の圏外にあって、清朝の政治的規制を受けていないという意味で、他の諸民族とは比較にならないほど独自の発展が可能な条件のもとにありながら、反民衆的な本質を持ち、一応民衆の闘いの矛先を反らせつつ、そのエネルギーを利用しながら資本主義的な発展を遂げ、この東アジア地域の東端の一角から旧「東アジア世界」のかさぶたを剥がし、さらにアジア諸民族への新たな資本主義的侵蝕を開始する方向をとっている。

洋務運動と明治維新は同じ資本主義化政策をとりながらも、このように前者は旧「東アジア世界」の崩壊を阻止しようとし、一方、後者はその古い世界の殻を脱皮し、欧米資本主義に追いつき追い越そうとする方向へと、全く異なった歴史的次元で力が働いている。このような方向性を捨象した両者の資本主義的発展の量的な比較は、その本質を見誤るだけでなく、そこでの民衆の担わされた課題の困難さと、それを解決していく民衆の闘いの特質と歴史的意義をも不明確にしたままに終わるであろう。

民衆が解決しなければならない課題の側面から見るならば、そして先の視角をいっそう強調して敷衍するることを許されるならば、明治維新に対応するのは洋務運動ではなくて、時期的には約半世紀も遅れた一九一一年の辛亥革命である。そこでは、それまでの間、旧「東アジア世界」の桎梏のもとにより多くの困難な課題を民衆は幾重にも担わなければならなかった。この一見後進性として見えたものが、実は先進性として転化する。明治維新の一八六〇年代の後半ではなくて、まさに帝国主義段階の二〇世紀の一〇年代に、中国において帝国主義列強と国内反動支配層の対応に規定されて、民族ブルジョアジーの主導による、明治維新に見られなかった東アジアの変革のイデオロギーとして、反帝・反封建の思想としての三民主義が結実し、その実践としての辛亥革命が実現する。この革命は挫折しなければならなかったけれども、変革のヘゲモニーを民族ブルジョアジーから労働者・農民に移行させつつ、中国革命へと連続させ得た点で、その歴史的意義は大きいのである。

このように考えてくると、モンゴルにおけるボクド君主制国家の成立とその改革は、二〇世紀の一〇年代のこの東アジアにおける変革のイデオロギーの成立とこれに基づく東アジア民衆の闘争の新たな形態に規定されながらも、モンゴル社会の内的・主体的発展の特殊性（その弱さ乃至は後進性）、および先に見た第一次「東アジア世界」におけるモンゴルの特殊な位置（清朝の規制力が強い場）に大きく制約されて、それは東アジア諸民族の近代化の一般的な共通性を備えつつも、中国における洋務運動、日本の明治維新、朝鮮における甲申事変および甲午改革といった一連の改革とも違った、また辛亥革命とも区別されるモンゴルに特殊な後進的内容をもってくるのは当然である。

ボクド君主制国家の欺瞞の露呈と民衆の覚醒

すでに中国における義和団の乱（一八九九〜一九〇一）と関連してウリヤスタイ兵士の蜂起が起こった一九〇〇年には、ボクド活仏をはじめとするモンゴル封建領主の上層は、バダムドルジらの使節団を、また、ボクド君主制国家の成立直前の全国的な反清牧民運動の高まりのなかで、ハンドドルジらの使節団をそれぞれペテルブルクに秘かに派遣している。このことは、モンゴル封建領主の上層が、牧民運動のエネルギーを巧みに利用して、ロシア資本主義の援助のもとに、清朝の支配下から離脱する方向をかなり早くから模索していたことを示している。そして、ボクド君主制国家が成立すると、ただちにモ・露不平等条約を結び、外務大臣ハンドドルジを全権大使としてペテルブルクに送り、帝政ロシアから二〇〇万ルーブルの借款と武器援助を取り付けている。さらに、ボクド政府の財政の赤字を補填するため、同じくロシアから一九一三年から三回にわたって二五〇〇万ルーブル以上の借款を受け、モンゴルは財政的にも帝政ロシアの強い影響下におかれた。

これら一連の経緯から見て、モンゴルの封建的支配層も、アジアの他の民族の支配層が、資本主義列強との同盟によって上からの資本主義的改革を志向し、自己を再編強化したのと同じように、それをおこなおうとしたことが分かる。ただモンゴルの場合、社会の経済的発展の水準に規定され、産業の上からの資本主義化をはかる可能性はなく、軍隊や教育や政治制度に限られた近代化にとどまらざるをえなかった。帝政ロシアの援助による一九一二年のホジルボラン兵学校、一三年のロシア式近代的軍隊の創設と上院・下院の議会開設は、その一例である。

ボクド君主制国家の成立とその改革は、清朝皇帝を基軸とする第一次「東アジア世界」＝伝統的な冊封体制の軛に、もっとも長くしかも最後まで繋ぎとめられていたモンゴルが、ロシア資本主義との同盟によってこの旧「東アジア世界」から離脱して、その最後の形骸を一掃したという意味において、やはり第一次「東アジア世界」の解体の方向に沿ったものであった。この点では、辛亥革命とも類似している。しかし、辛亥革命が、洋務運動以後それを契機として形成されてきた民族ブルジョアジーの主導する反帝・反封建の性格を持った、この時期のこの東アジアにおける先進的な革命であったのに対して、ボクド君主制国家の成立とその改革は、反清牧民運動のエネルギーに支えられたものとはいえ、それを主導したのは、封建支配層であり、前近代的な古い形の植民地的軛から離脱したという先進性を除けば、封建的なものに近代的な要素を習合させて自己を補強し、封建的に再選強化したということだけが残る。

しかし、辛亥革命との対比においても、また第一次「東アジア世界」の軛にもっとも長く繋ぎとめられていたという意味においても、一見後進的に見えるものが、ここでも先進性に転化する。後進性を先進性に転化するここでの隠されたモメントは、まさに封建的に再編強化されたモンゴル社会の支配権力の地表の真下にまで、長い苦難の歴史に貫かれた反清牧民運動の怒濤が、地下水となって脈々と伝わってくる変革主体のエネルギーであり、そして、このエネルギーを組み込む第二次「東アジア世界」での新たな客観的位置との相乗積である。

これを左証するものが、先に触れた一九〇三年を起点とするアヨーシの運動である。遊牧民アヨーシに指導された遊牧民たちは、一九一一〜一九一二年の反清牧民運動の全国的な高揚期に、モンゴル史に「ツェツェク・ノーリン・ドゴイラン」の名で残る遊牧民の権力を樹立し、一時的ではあったが、マニバザル・ホショーにはザサック（旗長）の行政庁との二重権力が存在するほどにまで闘いの発展を見た。

モンゴルの封建領主層は、このような先進的な闘いを含めた全国的な反清牧民運動に依拠して、ボクド君主制国家を樹立したのであるが、この政府が遊牧民の期待を裏切ると、アヨーシの運動は再び一九一三年に開始された。この時すでに、モンゴル封建支配層の果たした役割は、歴史の舞台の後景に退き、この階級の本質を覆う欺瞞のヴェールは次第に剥がされて、封建制に対峙するモンゴル民衆の姿が歴史の前面に明確な形をとってあらわれはじめたのである。

3　第二次「東アジア世界」の展開と民衆の未発の可能性

第二次「東アジア世界」の展開過程をひとまず四期に区分する

では、モンゴルにおけるこの新たな変革主体の形成は、すでに移行した第二次「東アジア世界」の展開過程のなかで、どのような位置を占め、そして発展していったのであろうか。まず、第二次「東アジア世界」の展開過程の基本をおさえることからはじめよう。

すでに見てきたように第一次「東アジア世界」＝前近代の伝統的な冊封体制は、一八四〇年のアヘン戦争を画期に崩壊過程に入るのであるが、それはとりもなおさずその時を起点に、第二次「東アジア世界」が形成される過程でもあった。そして、一八九四年の日清戦争後の数年間、日本も新たに加わったヨーロッパ資本主義列強による中国再分割競争の結果、実質的に第一次「東アジア世界」が解体し、これによって第二次「東アジア世界」は確立期を迎えたことは、すでに見た通りである。つまり、第二次「東アジア世界」は、その発端においてイギリスが、そしてフランス、ドイツ、ロシアがこの地域に資本主義的規制を加えることによって、それに対応する歴史的地域世界を形成し、その過程を辿ってきたのであるが、その確立期を画する契機は、アジアにおける唯一の新興資本主義国としての日本が、新たにこれらヨーロッパ資本主義列強とともにこの地域世界に対して資本主義的規制を構成するものとして登場してきた時であった。つまり、この地域世界を第二次「東アジア世界」の形成・発展の側面から見れば、その起点である一八四〇年から一九世紀末のこの確立期までを、第二次「東アジア世界」の第1期と見ることができる。

さらに二〇世紀初頭の日露戦争後は、この地域に基本的には日露対英米の対立関係において、資本主義的規制が加わることになる。そして、一九一七年のロシア十月革命によってこの地域からロシア帝政が後退すると、その結果、「日米両国が相対的にではなく、絶対的にも重要な二大勢力」（江口朴郎『帝国主義と民族』東京大学出版会、一九七一年）となって、この地域の資本主義的規制力を構成するものとして登場することになるのであるが、それ以前までを第二次「東アジア世界」の第2期とすることができるであろう。

さらに、それ以後、日本帝国主義が壊滅する一九四五年までを第3期とする。そして、第二次世界大戦後、アメリカ帝国主義による単独的規制がこの東アジア地域に確立された以降を、ここではひとまず第4期とすることにする。

ここで注意しなければならないことは、一八四〇年（アヘン戦争）から今日までをひとまず四期に区分したのは、あくまでもこの東アジア地域を第二次「東アジア世界」の形成・発展の側面から見た場合であって、第二次「東アジア世界」の形成期である第1期、つまり一八四〇年から一九世紀末までについても、この東アジア地域を第一次「東アジア世界」の歴史過程として捉え、その側面に照準を当てれば、その時期はその崩壊期としてあらわれ、さらに清朝が倒れる一九一一年、つまり第二次「東アジア世界」の第2期の中の時点までもが、第一次「東アジア世界」の最後の形骸がまだ残されている時点として、そこではじめて最終的にこの旧「世界」は一掃されたという見方になってくる。特にモンゴル近代史を考える場合は、この地域世界のこの両側面を無視することはできず、それを統一的に把握することが重要になってくる。

ともあれ、第二次「東アジア世界」の展開過程をこのようにひとまず四期に区分するならば、先のボクド君主制国家の成立は、この第二次「東アジア世界」の第2期に位置することになる。辛亥革命との対比においても、また第二次「東アジア世界」の第2期における諸民族の支配層による上からの一連の近代化との対比においても、またそれが第1期にではなく、第2期に遅れてあらわれたという意味においても、ボクド君主制国家の成立とその改革が、モンゴル封建支配層のみによって主導され、したがって封建的再編強化の性格の濃い内容を持ったものとして、一見後進性の側面のみが前面にあらわれて見えるのであるが、しかし、そのすぐ後景からは、先のアヨーシの運動に象徴される反清から反封建に止揚された、遊牧民の変革の新たなエネルギーが台頭しはじめ、しかもそれが、第二次「東アジア世界」の第2期に位置しているということによって、先進性への転化を可能ならしめる条件を得ている。

第二次「東アジア世界」のこの第2期とは、先に見たように日露対英米という帝国主義列強の対立関係において、この東アジア地域を資本主義的に規制している時期であるが、この状況下において、中国では民族ブルジョアジーの進展にともなう、ブルジョア民主主義と民族主義との結合による孫文の三民主義の成立を促し、反帝、反封建の思想として、新たに東アジア民衆の変革の思想が形成され、この思想は周辺諸民族にも波及したことは確かである。モンゴルの遊牧民、特に民族商業資本や官吏などの知識層にも影響を与え、ブルジョワ民主主義思想の一定の高まりを見せている。それは、一九一四年にモンゴル上院・下院の議会が極めて変則的ではあるが開設されていることにもよく示されている。

第一次世界大戦、民族の覚醒と世界史の新たなうねり

この第二次「東アジア世界」の第2期における朝鮮半島の動向を見ると、一九一〇年八月、韓国併合に関する条約によって、朝鮮は植民地化された。日本は朝鮮総督府を置き、強大な権限を持った総督は、「武断政治」をおこない、軍事・警察力を用いて朝鮮の民族運動を弾圧した。総督府の支配は、朝鮮の社会・経済に深刻な影響を与えた。経済政策としては、インフラ整備を進めるとともに、大規模な土地調査事業をおこなった。土地税負担者を確定することによって、総督府は財政基盤を確立し、朝鮮は日本の食糧・原料の供給基地となっていった。

植民地朝鮮における「武断政治」は、民衆の激しい反発と抵抗に遭った。当時、ロシアでは十月革命（一九一七）によって樹立された新政権のもとで、第一次世界大戦の交戦国と民衆に対し、無併合・無賠償・民族自決に基づく即時講和を呼びかけたレーニンの「平和に関する布告」が採択された。翌一九一八年にはアメリカ大統領ウィルソンの「一四ヵ条の平和原則」によって民族自決が提起され、このような世界の気運の高まりのなかで、朝鮮内外でも独立運動が活発になっていった。

一九一九年三月一日、ソウル市内での学生主導の大規模な集会で独立宣言が読み上げられ、全国に拡大し、三ヵ月余りで約二〇〇万人もの人々が各地でデモ行進やストライキを展開した。朝鮮総督府は、軍や警察を動員して徹底的に弾圧をおこない、五万人が検挙され、数千人に達する犠牲者が出たとされる。日本政府は民衆の力に大きな衝撃を受け、朝鮮総督だった長谷川好道を更迭せざるを得なかった。

朝鮮の民衆によるこの三・一独立運動は、中国の学生たちにも共感を呼び、二ヵ月後の五・四運動にも影響を与えた。

すでに日露戦争の際、非戦論を訴えていた内村鑑三は、横行する日本の大国化、膨張論に対置して小国論を唱え、韓国併合の翌年には『デンマルク国の話――信仰と樹木とをもって国を救いし話』と題する講演をおこない、対外侵略ではなく、国内の農業を基盤にした、平和で、自立した個人の自由や公平を大切にする国のあるべき姿を提示した。その後、内村は咸錫憲《ハンソクホン》ら朝鮮からの留学生たちとも交流し、学びあった。

三・一朝鮮独立宣言書の「私たちは人類が平等であることの大切さを明らかにし、後々までこのことを教え、民族が自分たちで自分たちのことを決めていくという当たり前の権利を持ち続けようとする。…今、目の前には、新たな世界が開かれようとしている。武力をもって人々を押さえつける時代はもう終わりである。私たちはここに奮い立つ。良心は我々とともにあり、真理は我々とともに進んでいる」の言葉は、当時の東アジア民衆に力を与えたばかりでなく、そこに掲げられた理想は、それから百年後、再び覇権主義が台頭する今日の世界においてこそ思い起こすべき先進性を孕んでいる。

第一次世界大戦は、帝国主義列強イギリスとその植民地インドとの関係にも大きな変化をもたらす契機となった。大戦中の一九一五年、海外から帰国したガンディーは、インド民衆の新しい指導者として非暴力での民族運動を展開していった。それは植民地支配からの真の独立をめざす不服従運動、スワラージ・スワデーシ運動へとつながっていくのである。

ロシア十月革命の衝撃と波及

このようなアジアにおける民衆の意識の一定の高まりを背景に、モンゴルの牧民運動も次の段階に進む。一九一七年のロシア十月革命によって、この地域からロシア帝政が後退し、東アジア地域の全域に加わっていた資本主義的規制の均衡が崩れ、日米を二大勢力とするものに変質し、第二次「東アジア世界」の第3期を迎えるのであるが、モンゴル封建支配層にとっては、近代的改革の、それによる封建的再編強化のための同盟者＝ロシア帝政を失ったことになる。それは、その意味だけにとどまらず、牧民階級にとっては、ロシアの労働者・農民の権力が、思想的にも、物質的にも強固な同盟者として、この東アジア世界の北方の一角であるモンゴルに接壌して確立され、ボクド君主制国家の成立直後に、新たな次元に止揚されて展開を開始した牧民運動に、新しい変革の思想として逆流してくる。そして、さらに高次の段階＝人民民主主義的な民族解放へと変質を遂げる。

一九二一年のモンゴル人民革命は、こうした「東アジア世界」の歴史の蓄積の上に結実したものと言えよう。ボクド君主制国家の成立とその改革の持つ後進性は、このような第二次「東アジア世界」の第2期の坩《る》堝《つぼ》のなかで、モンゴル人民革命への連続性において、その先進性への転化を見たのである。

このように見てくると、モンゴル人民革命は、第二次「東アジア世界」の第2期から第3期への移行過程での所産であると言える。そして、この第3期の東アジア地域世界の北辺の片隅に、はじめて封建制から「社会主義」への飛躍を保障する人民共和国が構築され、この東アジア地域世界に資本主義とは異質な最初の要素を加えることになった。

この第3期において、日米両帝国主義は、この地域の主要な二大勢力として拮抗しながらも、日本帝国主義は満州事変（一九三一）、傀儡政権満州国の建国（一九三二）、日中戦争（一九三七）、ハルハ川戦争（＝ノモンハン事件、一九三九）へと「大東亜共栄圏」の構想を夢想し、無謀にもアジア・太平洋戦争に突入（一九四一）。戦線を拡大し、アジアをはじめ世界各地の民衆に計り知れない犠牲を強いた。ヒロシマ、ナガサキに原爆が投下され、ようやくポツダム宣言を受諾、終戦を迎えたのである（一九四五）。

日本帝国主義の崩壊によって第3期の幕は下ろされ、やがてアメリカ帝国主義のこの東アジア地域への単独的支配・規制が確立し、アメリカに従属した新たな日本資本主義の規制も加わる第二次「東アジア世界」の第4期がはじまる。

この第4期において、ベトナム民主共和国（一九四五）、朝鮮民主主義人民共和国（一九四八）、中華人民共和国（一九四九）の成立を見るのである。つまり、第3期にこの東アジア地域世界の北方の一角モンゴルに端緒的に形成された資本主義とは異質な体制は、第4期においてこの東アジア地域世界の中心部およびその周辺の一部分にも拡大され、この地域世界の中央部に、「社会主義」という一つの新しい体制が形成されることになった。

そして、アメリカ帝国主義は、この異質な体制を封じ込める形で、その残された周辺部の日本、沖縄、南朝鮮、台湾、タイ、南ベトナムなどに軍事拠点を配置し、そこへ強力な帝国主義的規制を加えていく。これに対して、この地域に新たな諸民族の抵抗の同一性と相互媒介性が、いまだかつて見られなかった形で、緊密さと熾烈さをともなってあらわれてくる。第二次「東アジア世界」の第4期は、このようにして形成された。

この第4期における民衆の闘いは、この地域のそれまでの長い苦難の歴史のさまざまな段階にあらわれたすべての位相を組み込みながら止揚しつつ、いまだかつて見られなかった高次の人民民主主義的な民族解放と社会変革の闘いの形態に到達した。ベトナム民衆を先頭とする東アジア諸民族の連帯と果敢な闘争が、ベトナムの地から数十万の米軍を撤退させた事実が、何よりもこのことを雄弁に物語っている。

だが同時に、第3期に先んじて誕生し、続く第4期の形成過程においてプラスの役割を果たすと期待されたロシアとモンゴルの「社会主義」体制は、結局、一九九〇年代初頭には脆くも崩壊し、市場経済を無批判に導入し、瞬く間に資本主義の道へと逆行していった。

あたかもこの状況にさらにマイナスを加えるかのように、中国は文化大革命（一九六六～七六）の後、鄧小平の改革開放（一九七八）、南巡講話（一九九二）によって市場経済へと大きく転換。「社会主義」中国は、帝国主義アメリカと拮抗しつつ、いつのまにか自らを変質させ、中央集権的専制体制のもと、今や巨大経済圏構想「一帯一路」を押し進めるにまで至っている。

これは、これまでのような覇権国家の権力支配層による強権的で抑圧的な古い「東アジア世界」から訣別し、個々人の自由な発展を願うこの地域世界の民衆にとって、期待される未来へのあるべき道を阻害しているばかりでなく、「社会主義現代化強国」中国が、伝統的な旧「東アジア世界」＝冊封体制の中枢を担った中国王朝さながらに、再び甦るのではないかという危惧さえ抱かせている。

第二次「東アジア世界」の第5期――多元的覇権争奪の時代

一九九一年一二月二五日、ソ連崩壊。第二次大戦後の世界を規定してきた米ソ二大陣営の対立による冷戦構造が崩壊し、アメリカ単独覇権体制が成立したのも束の間、今日の世界は、アメリカ超大国の相対的衰退傾向の中、その弛緩に乗ずるかのように、イギリス・フランス・ドイツ・ロシア・日本など旧来の伝統的大国に加え、中国・インドなど新興大国が入り乱れる新たな地球規模での多元的覇権争奪の時代、すなわち、二一世紀型「新大国主義」の台頭とも言うべき新たな歴史的段階を迎えるに至った。

そのなかでの際立った特徴は、二超大国アメリカと中国の覇権争いが熾烈さを極めていることである。性懲りもなく繰り返される二超大国およびその他諸大国入り乱れての野望。この世界に再び人類の存亡にかかわる戦争の暗雲が立ちこめてきた。

こうして一九九一年末のソ連崩壊以降、多元的覇権抗争の復活を許し、深刻かつ複雑な矛盾に陥った二一世紀の今日の時代を、第二次「東アジア世界」の第5期として新たに設定しなければならなくなった。またもや支配権力が入れ替わり立ち替わり覇権争奪を繰り返す二一世紀のこの時代に、今こそ終止符を打つべき民衆の力量が問われる重大な岐路に、私たちは立たされているのである。

先にひとまず四期に区分した「東アジア世界」の歴史構造を、ここでこのように新たに五期に区分し直すことによって、第5期が特に自覚され、あらためて現代日本の私たち自身の問題としても見落としてはならない大切な課題が、より鮮明な形で浮き彫りになってくるのではないか。

第二次世界大戦後まもなく、日本は朝鮮戦争特需を契機に資本主義を復活させ、農業・農村を切り捨てる重化学工業偏重の高度経済成長を強行し、韓国、台湾、東南アジア諸国へと再び経済進出し、この「東アジア世界」に新たな脅威を増大させてきた。今日ではとみに、日米軍事同盟のもと、日本国憲法第九条に明らかに違反して、着々と軍備拡張をはかる傾向が強まってきている。つまり、この東アジア地域に米中二超大国による規制に加えて、アメリカに従属する日本の資本主義的規制が重なるという、極めて複雑かつ不安定で流動的な第二次「東アジア世界」の第5期を措定しなければならないことになったのである。

今日、第二次「東アジア世界」のこの第5期にあって、わが国のとっているこうした方向が、この地域世界に何をもたらすかはもはや自明であろう。今日のこの歴史の逆行を考える時、その根本にある原因が、私たち自身の社会の質そのものにあることが厳しく問われてくるのではないか。社会主義諸国の先の変質の原因も同様であり、その根っこにある根源的問題は一つで、両者は深いところでつながっている。

多元的覇権争奪のこの時代にあって、世界の人々がかつて希望の星と仰いだ「社会主義」にも失望し、現存の資本主義にも幻滅し、生きる明日への目標を見失っている今、先達が前代に構築した一九世紀未来社会論に代わる、二一世紀の新たな未来社会への展望が何よりも求められている。その探究の一つの糸口になればと、ここでは、第二次「東アジア世界」の第4期から第5期への激動の時代に、「社会主義」体制が総崩れになっていく中、民衆が苦闘する姿を、特に「東アジア世界」の北辺に位置するモンゴルの山岳・砂漠の村ツェルゲルという一遊牧地域に焦点を当て、以下に具体的に見ていくことにする。

4　グローバル市場経済の新たな重圧と東アジアの民衆
――辺境のモンゴル遊牧民の苦闘を焦点に具体的に見る――

山岳・砂漠の村ツェルゲルという「地域」――新たな未来への可能性

私たちは、二一世紀を目の前にしたあの一〇年間、世界の歴史の大きな転換期に生きていた。この転換への激動は、世界の中心部にとどまらず、地球の辺境といわれる地域にもおよんでいくのであるが、そこで惹起された問題は、何も解決されずに今に残されたままである。

一九八〇年代、ソ連・東欧にはじまるペレストロイカの波は、内陸アジアの草原と遊牧の国モンゴルにも押し寄せ、遊牧の社会主義集団化経営ネグデル（農牧業協同組合）体制は、かげりを見せはじめていた。

一九八九年一一月のベルリンの壁の崩壊は、決定的なインパクトをもって、やがてモンゴルの全土を市場

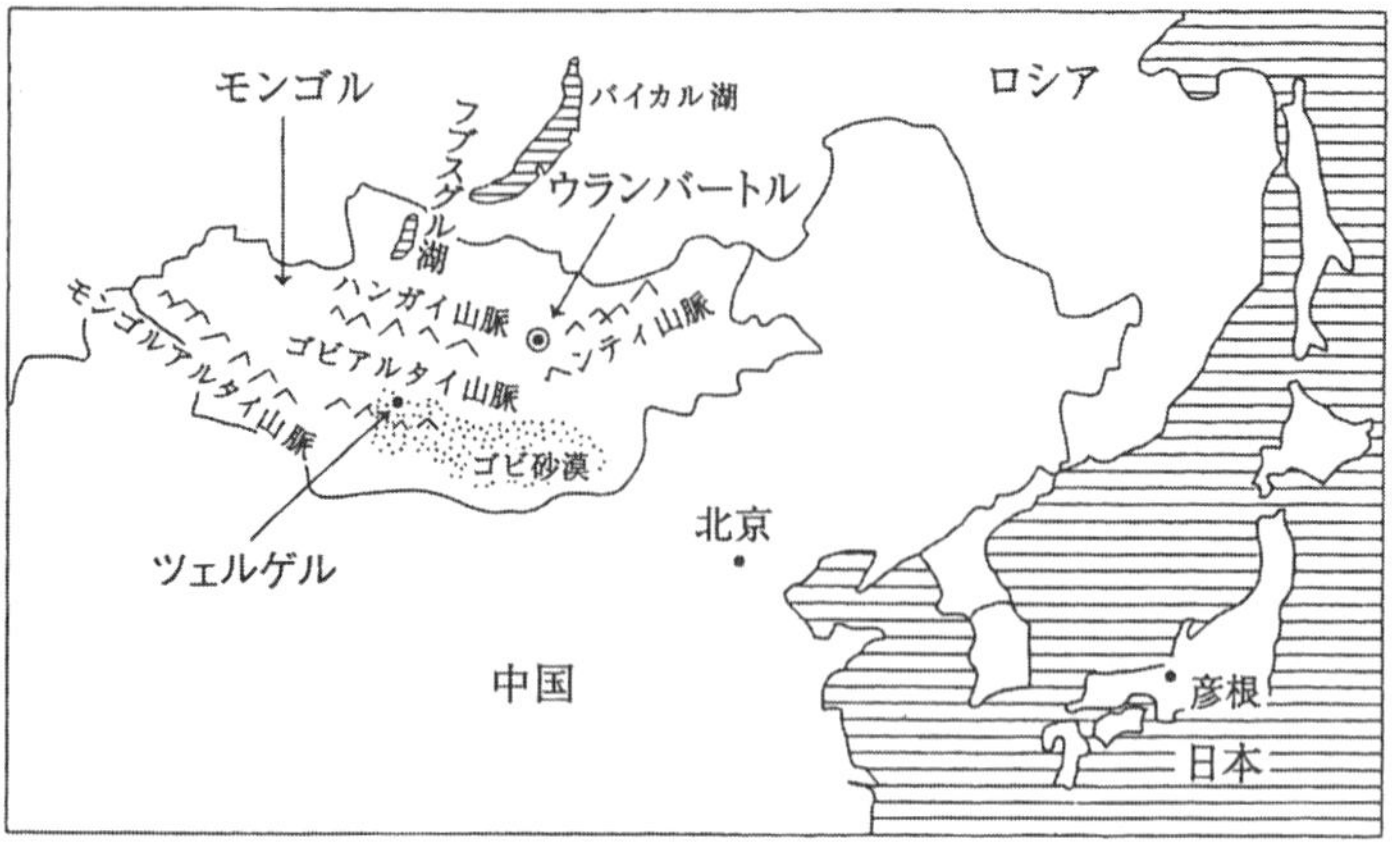

山岳・砂漠の村　ツェルゲル

経済の渦に巻き込んでいく。旧体制下のネグデルの崩壊の中から、地方では伝統的な遊牧共同体ホタ・アイルの再生への動きがはじまり、新たな「地域」の可能性があらわれてきた。

こうした世界史の大きな転換期の中にあって、ツェルゲルの人々は、自らのいのちと暮らしを守るために、新たな「地域」再生の可能性をもとめて模索をはじめたのである。

ツェルゲルとは、モンゴル国のバヤンホンゴル県ボグド郡ツェルゲル村のことである。モンゴルがアジアの片田舎であるとするならば、ツェルゲルは、そのまた片田舎の一小地域社会である。首都ウランバートルから南西へ七五〇キロ。大ゴビ砂漠地帯に連なるゴビ・アルタイ山脈の中の東ボグド山中にある東西四〇キロ、南北二〇キロの範囲に広がる遊牧民六〇家族が暮らしている小さな村である。

この村の東の高山部には、標高三五〇〇メートルの東ボグド山頂が聳え、西にいくにしたがって低くなる。遊牧民たちは、比較的低い西の麓付近の標高一五〇〇〜二〇〇〇メートル一帯に冬営地《ウブルジュー》をかまえ、初夏をむかえると、東の三〇〇〇メートル級の緑濃い高山部に移り住む。両地間の高低差を利用した上下の移牧をおこなって、四季折々の自然の変化を実に巧みに使いわけて暮らしている。四季を通してほとんど山岳地帯を利用しているので、家畜はヤギが圧倒的に多い。

このツェルゲル村を含む広大な砂漠と山岳からなるボグド郡の中心地は、オロック湖の岸辺にある。この湖には、遥か北のハンガイ山脈を源とするトゥイン川が注ぎ込み、豊かな水を湛えている。郡中心地には、郡役所、ネグデル管理本部、病院、一〇年制小中学校、幼稚園、郵便・電話局、売店などの施設があり、人口一〇〇〇人ほどの小さな田舎町を形づくっている。

しかし、郡中心地であるこの町は、ツェルゲル村からは七〇キロも離れたところにあるので、ツェルゲルの遊牧民たちは、これらの公共施設を事実上利用できず、郡内の最東端の山中にあって、ひっそりと暮らしている。こうした地理的条件もあって、ツェルゲル村はボグド郡のなかでは、孤立した存在ではあったが、かえってそのことがこの村を、郡内で最も自立心の旺盛な土地柄にしてきた。

こうした土地柄もあって、ツェルゲルの人々は、旧体制の厳しい監視下にあった時から、自立への動きをはじめていた。世界の動きから遠く離れたこうした山中にありながらも、ツェルゲルの人々は、土着の〝共同の思想〟に裏打ちされた極めて先進性豊かな独自の〝遊牧民協同組合（ホルショー）〟構想を秘かに心に描き、その実現への手がかりを模索していたのである。

この激動の時代のまっただ中に、私たちは遊牧民たちと寝食をともに行動しながら、地域調査をおこなっていた。一九八八年九月から八九年九月にかけての単独での予備調査（小貫）を踏まえ、八九年、九〇年、九一年、九二年の夏には、それぞれ二ヵ月間にわたり、日本とモンゴル双方から自然・人文など多分野の研究者や学生たちが参加しての共同広域調査をおこなった。この間、冬期にも単独調査を重ねた。

こうした数次にわたる基礎調査のなかで、ツェルゲル村というゴビ地域の山中にあって、しっかり未来を見据え、誠実に語るツェンゲルさんという精悍だが優しさを湛えた魅力ある若き遊牧民のリーダーに出会い、地域に新たな動きが起こっていることを知ったのである。

しばしゲルのなかで話した後、突然、外に出ないかと誘われた。丘陵をのぼり、断崖絶壁まで辿り着くと、おもむろに腰を下ろした。眼下には、平原の遥か彼方の夕暮れ迫る地平線上に、出生の地に胎盤を埋めるという「トーント・タイハ」の風習に纏わる伝説の小山「王妃座山《ハタン・ソーダル》」が、ぽつんと小さく幽かに紺青に揺れて見えていた。

ツェンゲルさんは、それまでとは違った語り口で、大地と人間の宿命とも言うべき遊牧民の生涯と、自らの生きる信念を静かに語りはじめた。その土着の人生観とそこに深く根ざした世界観に耳を傾けながら、この人は、首都での浮ついた政治の動きとは異なり、若いながらももっと根源的なところからものごとを考える稀に見る人物であると感じ入った。この村をじっと見ていけば、これまでにはなかった、もっと深い「地域」認識が可能になるのではないかという予感すら湧いてきたのである。

こうして、一九九二年秋から九三年秋まで、このツェルゲル村を拠点に、筆者ら五名からなる日本の調査隊は、越冬を含む一年間の本格的な住み込み調査をおこなうことになった。

この越冬調査では、ツェルゲルの人々の地域づくりの新たな〝模索の動き〟を縦糸に、ツェルゲルの四季折々の自然と、そこに生きる遊牧民の暮らしの細部や人々の心のひだを横糸に組み込みながら、この地域世界のダイナミズムを捉えていくことになる。※

この〝模索の動き〟のいわば縦糸を紡ぐツェルゲルの人々。その中のリーダーの一人であるツェンゲルさん（当時三五歳）とその家族。生活の辛さも満面に笑みを湛えて吹き飛ばしてしまう肝っ玉母さんのバドローシさん（当時三一歳）。我慢強く幼い弟妹たちを見守る長女スレン（当時一一歳）、自然の中に溶け込むようにして飛びまわるお転婆次女ハンド（当時七歳）や食いしん坊の御曹司セッド（当時五歳）。ツェンゲルさんよりも年上で、彼とは苦楽を共にしてきた同志でもあり、貧乏ではあるが誇り高い〝没落貴族〟のアディアスレンさん（当時四二歳）とその家族たち…。

これら次々と脳裡に甦ってくるどの人物をとってみても、海の向こうの人々とは思えない。身近で、親しみ深く、等身大の生身の人間として立ちあらわれてくる。

乾燥しきった大砂漠の中の山岳地帯。疎らにしか生えないわずかばかりの草をヤギたちに食べさせ、その乳を丹念に搾り、チーズをつくり、乳製品や家畜の肉を無駄なく大切に食して命をつなぎ、つつましく暮らしているこれらの人々が、なぜか気高く映るのである。

一方、断片的でこま切れな情報の氾濫と喧噪に刺激され、際限なく拡大していく欲望と浪費と生産の悪循環のなかで、あくせくと働き、精神をズタズタにされていく現代人。その末路がどんなものであるのか、そのことがようやく朧気ながら見えはじめてきた時、家畜たちとともに貧しくもつつましく生きるこのツェルゲルの人々のひたむきな生き方に、二一世紀未来への幽かな光明を見る思いがする。いつしか、このツェルゲルという「地域」の独自の世界に、どっぷりと浸っていく。

輝く朝が播き散らしたものを、
すべて連れ返す宵の明星よ。
あなたは羊を返し、山羊を返し、
母のもとへ子を連れ返す。

（サッフォー断片104　藤縄謙三 訳）

この詩は、古代ギリシャの女流詩人サッフォー（紀元前六一〇～五八〇ごろ）の作によるものである。朝に東から太陽が昇り、夕べに西に沈むこの天体の運行に身をゆだね、自然の中に溶け込むようにして日々繰り返しおこなわれてきた、家畜たちと人間たちとの共同の営みは、ギリシャの地においては少なくとも二千数百年の昔から、そしてモンゴルのこのツェルゲルの大地では今日においても受け継がれ、時空を越えて、この地球の悠久の広がりのなかで、えんえんと繰り返され、何とか今に継承され保持されてきたことになる。

人間にとって本源的で大切なものは何かと問われれば、それは、迷うことなく、今となっては私たちに僅かにしか残されていない、この自然と人間の原初的な関わりそのものである、と答えるであろう。

「東アジア世界」の片隅のツェルゲルというこの一「地域」で、旧体制下での上からの抑圧とグローバル市場経済の新たな重圧をもろに受け、時代の波の中、苦闘を続けてきた遊牧民たちの生きる姿は、人類が僅かではあるが保持してきた、この本源的なるものの底に潜む思想の核心部分を、現代に今甦らせることの大切さと同時に、そのむつかしさを告白し、人間がますます大地から離れていく現代の傾向に対して、精一杯の警鐘を鳴らし、人々に再考を促そうとしているのかもしれない。

ここでは、第二次「東アジア世界」の第4期から第5期への激動の中、モンゴルの民衆がどんな現実に直面し、どのような歴史的課題を新たに背負うに至ったのかについて、このツェルゲルという具体的な一「地域」での遊牧民たちの苦闘とその歴史的背景を辿ることによって、浮き彫りにしていきたいと思う。

次の項目では、ツェルゲル村での新たな〝模索の動き〟に入る前に、まずは、第二次「東アジア世界」の第4期のモンゴルにおいて、遊牧の集団化という特異な社会主義への実験がどのように進められ、またそれがいかなる問題を孕んでいたのかについて、概観しておくことにしよう。

※　越冬を含むこの一年間の調査の成果は、ドキュメンタリー映像作品『四季・遊牧 ―ツェルゲルの人々―』（小貫雅男・伊藤恵子共同制作、三部作全六巻・七時間四〇分、大日、一九九八年）としてまとめられている。

モンゴルにおける遊牧の社会主義集団化の生成と衰退

今からおよそ百年前、一九二一年七月一一日に樹立されたモンゴルの人民政府は、当初から想像を絶する困難を抱えていた。

首都クーロン（現在のウランバートル）を制覇したものの、この都市を一歩出れば広大な遊牧地域が広がっていた。地方の行政組織は封建時代のザサック・ホショー制がそのままであり、封建領主や寺院勢力が旧態依然として地方を支配していた。国家の財源一つ見ても、ゼロからの出発であった。

旧聖俗封建領主は、その政治支配権を失ったにもかかわらず、巨大な経済力を残していた。一九二四年の時点で、旧封建領主はジャス（寺院領）を合わせて全国家畜頭数の約三五パーセントを所有していたと言われている。

一九二九年のアメリカ・ニューヨークの株式暴落を画期に、資本主義世界は大恐慌となった。この経済恐慌は、帝国主義諸国の矛盾を先鋭化させ、ドイツ、イタリア、日本では政治のファシズム化が進み、東と西に戦争の新たな火種が生まれた。アジアでは、日本は一九三一年九月、中国東北を侵略、やがて「満州国」を宣言して市場の獲得とソビエトに対する防壁の構築を狙い、中国を足場にシベリア進出を考えるようになった。「満州」を占領した日本は、モンゴル東部国境のハルハ川に向けて、飛行場・舗装道路・鉄道を敷設して、戦闘準備をはじめ、ついに一九三九年、ハルハ川戦争（ノモンハン事件）を仕掛けたのである。このハルハ川流域は、第Ⅰ章で詳しく見たように、一九世紀前半、遊牧民トゥデッブらが自らの生存と「地域」を守るために、封建領主による不条理な支配に抗して果敢に闘ったあのト・ワン所領の地である。それからほぼ百年の後に、今度は日本帝国主義の軍隊がこの地を踏みにじったことになる。

モンゴル国内では、一九二〇年代後半から封建勢力の反革命活動が活発化し、階級闘争が先鋭化した。こうした緊迫化した内外情勢を背景に、人民政府は、封建領主の家畜財産没収計画を一九二九年から三〇年にかけての冬に集中的に強行した。さらに一定の家畜所有以上の富裕牧民を敵と看做し、多数の遊牧民家族を集団化経営コルホーズに加入させる計画を並行して強行したのである。

ソ連では、一九二九年一一月、農業の集団化に対して穏健な態度をとっていたブハーリンを党政治局から除名し、スターリンは一二月になると全面的集団化に向けて「大転換」をおこなった。まさにスターリンがおこなったことと符合するかのように、モンゴルの遊牧の集団化が強行されていったのである。

一九三〇～三一年のこの時期のこうした運動のなかで、一般の民衆に対しても上からの強制や命令が貫徹され、民主主義は損なわれ、専制的強権体制が地方へも浸透していった。遊牧民の小規模な個人所有家畜に対しても攻撃が加えられた結果、遊牧民は萎縮して経営拡大への積極性が失われ、家畜総頭数は激減していった。このようななかで、遊牧の集団化の試みも頓挫した。

一九四五年八月一五日、日本帝国主義の崩壊によって、極東での日本の脅威が一気に後景へと退き、モンゴルは、戦時体制下で疲弊しきった経済を建て直す絶好の機会を得ることになった。一九四七年一二月、モンゴル人民革命党の大会が開かれた。この大会の最大の任務は、国民経済・文化を計画的に運営し発展させる社会主義への基礎を準備するために、第一次五ヵ年計画(一九四八～五二)を策定することであった。この五ヵ年計画は、家畜総頭数を五年後に五〇パーセント増の三二〇〇万頭にまで増やす目標を設定し、耕地の拡大と工業・運輸・通信を発展させることであった。

しかし、結果的には、家畜頭数の増加は、目標をはるかに下回る八・六パーセント増にとどまった。この不振の原因を、私的所有は悪で、家族小経営は遅れたものであるという固定的な観念に基づき、小規模な遊牧民家族経営には将来性がないことに帰した。

引き続き一九五二年一一月には、第二次五ヵ年計画(一九五三～五七)が採択された。しかし、依然として主要産業である牧畜部門の不振は根強く、この期間中に家畜総頭数の目標二七五〇万頭に達することができなかった。この時もやはりその原因を、三分の二の家畜が個人の遊牧民家族経営の手中にあったからだと総括したが、そこに原因を求めるのは明らかに誤りであろう。牧畜部門に対するこうした考え方が、その後の数十年間の歩みを決定づけてしまったのである。

一九五八年三月、党大会が開かれ、一九五八年から六〇年の三ヵ年計画が検討され、採択された。大会は、今後三年間で遊牧民家族経営を自発性の原則に基づいて全面的に協同組合化することを確認し、家畜総頭数増加の決定的条件は、飼料供給基地、井戸など水の問題、獣医のサービスの問題に留意することであった。工業部門では、石炭・電力・建築資材の生産を拡大し、石油工業の生産高を上げ、鉱業資源、非鉄金属を大いに増産することであった。この期間に工業生産の平均成長率は、一七・九パーセントであった。この三年間の投下資本額は、第二次五ヵ年計画の期間を四九パーセントも上回った。

一九五〇年代の後半を過ぎると、東ヨーロッパ・中国でも農業の集団化が進展していく。こうした国際的時代状況を背景に、モンゴルにおいても二次にわたる五ヵ年計画と三ヵ年計画のなかで明らかになった牧畜業の不振と相俟って、遊牧の集団化が必然的なものであるとする意識がますます助長されていった。この意識の特徴を要約すると、おおよそ次のようになる。人口の増加、工業と都市の定住化の飛躍的発展により、食糧や工業原料の十分で安定的な供給基盤が必要になってきた。このような経済的要求を、規模の小さな分散的な個人遊牧民経営ではもはや満たすことはできない。社会主義的な都市への定住と工業原料は、高い生産性をもつ遊牧の社会主義的集団化による大経営によってのみ満たされる。また、社会主義的思想を発展させることが、社会主義建設においては重要課題であり、そのためにはプチブル思想の温床となる個人家族小経営を遊牧の社会主義的大経営へ変革することが必要である、といった主張なのである。

一九五九年一二月、モンゴル人民革命党中央委員会総会は、協同組合化の実践が成功裏に完了したことを確認し、それを受け、農牧業協同組合全国大会では、農牧業協同組合（ネグデル）模範定款が採択された。

一九五九年末には、全国の遊牧民家族経営はネグデルに全面的に加入し、集団化は完了した。一九六〇年からネグデルの時代がはじまったのである。一九八九年末に民主化運動が高まり、市場経済に移行し、九二年一月にネグデルの解体がはじまるまでの三〇年間、ネグデルの時代は続くことになる。

第三次五ヵ年計画（一九六一～六五）の時点で見ると、ネグデルは全国で二八四に達し、一ネグデル平均で構成員は九〇〇名、家族数四八〇戸、家畜頭数七万二七〇〇頭、保有地四七万ヘクタール、トラック六台、トラクター三～四台であった。ネグデルの共有家畜は全家畜頭数の七七パーセントを占めた。一九六五年には、播種面積一五万三二〇〇ヘクタールで一四万トンの穀物を収穫するまでになった。伝統的な遊牧社会では耕作の習慣がなかったことを考えると、これはネグデル時代の大きな特色とも言える。

こうしたネグデルの急成長を支えたのは、人材であった。ネグデルの内部で時間をかけて自然に養成されたというよりも、中央政府の主導のもとで急拵えに準備され、派遣されたものであった。この期間中に、政府はネグデルのために幹部や会計士、トラクターやコンバインの運転手、建築専門家など数百人もの専門要員を講習会で養成し、農牧業の高等専門家一〇〇〇人、中等専門家二〇〇〇人を養成してネグデルに送り出した。

基本的には一つの郡に一つのネグデルが組織されるようになっていき、その中心地には、ネグデル管理部をはじめ、郡役所、病院、公共浴場、小中高校、寄宿舎、幼稚園、小さな図書館、映画館、娯楽センター、電話局・郵便局、ラジオ中継局、発電所、売店、食堂、公務員・教師・専門技術者などのための住宅が建ち並び、定住地として整備されていった。広大な草原の中に、このような新しい地方小都市の萌芽が全国で二五〇～三〇〇ヵ所形成され、農牧業の発展にとどまらず、国土の発展にとって計り知れない大きな意義をもつことになった。

しかし、その後、五ヵ年計画のたびに労働の生産性の向上を目標に掲げ、一方では農牧業の大規模化、工業化をめざし機械・設備の大量投入を繰り返したが、家畜頭数はいっこうに増えず、低迷を続けていった。

一九八七年一二月、ついに党中央委員会総会は、はじめて公式に農牧業生産の停滞を認めて、方針を大きく転換し、牧畜の生産請負制を導入し、実質上、個人所有家畜の制限を撤廃するに至った。さらに「民主化」後の私有化法に基づき、九一年八月ごろから家畜の私有化が急速に進み、九二年一月からネグデルの解体がはじまった。ネグデルの時代は、一九六〇年にはじまり三〇年間でその幕をおろしたのである。

封建制が一九二一年の人民革命によって打破された時、その廃墟には民主的制度はまったく見られなかった。すべてがゼロからはじめなければならなかった。国家大ホラル（後の人民大ホラル、国会に相当する）にしても、地方行政制度にしても、選挙制度にしても、遊牧民の自発性に基づいて結成されたはずのネグデルにしても、民衆が自らの手で時間と年月をかけてつくりあげたものではなかった。すべてが上からのお仕着せであった。こうしたなかで上層の独裁権力の強化が進行していく時、お仕着せられた民主的諸制度や、組織の規約・定款上の民主的文言だけが残されることがあったとしても、その民主的内実の空洞化は避けられないことであった。モンゴル社会の上から下まですべてのレベルにおいて、またすべての分野の隅々に至るまで、建て前と本音のまったく違う実態が蔓延していった。

よその国のことだ、時代が違うなどと言って、笑っていられる場合なのだろうか。今日の私たちの国ではそんなことはないと、本当に言い切れるのであろうか。もっと巧妙かつ狡猾に、しかも大がかりに、民意を反映しない偽りの「議会」装置で国民の不満や怒りをガス抜きし、反国民的な政治をぬけぬけと「合法的」にごり押しし、支配権力の思うがままに進めているのではないか。

それはさておき、こうした民主主義の根幹に関わる問題を、一九六〇年からはじまったネグデルを具体的に例に挙げて見ることにしよう。

ネグデルの定款では、ネグデルは自発的に加入した遊牧民によって構成されると書かれている。ネグデル総会が最高の議決機関であり、ネグデル長をはじめ管理部門の役員は、ネグデル構成員による選挙で選ばれるとなっている。しかし実際は、自発的な加入でありながら、そうはなっておらず、遊牧民はネグデルの末端の単位組織ソーリに縛りつけられていた。ネグデル長は、地元のネグデルとはまったく関係のないところで決められ、ほとんどが首都ウランバートルの党大学出身者の中から人選され、任命され、派遣されていたのも同然であった。遊牧民たちの意思によってネグデルが管理運営されることはなく、ただ上からの命令によって働かされていた。国家や地方行政も、その他のすべての組織や機関もまた然りであった。こうした社会が国家権力の監視の下に維持されるとするならば、その結果、国家はますます強権化し硬直していくのは当然であろう。

ネグデル三〇年間の歴史のなかで、莫大な資金と機械設備と労働力が投入されながら、結局、農牧業が低迷し続けていったことの原因も、こうした視点から見直すことによって解明されるのではないか。つまり、直接生産者である遊牧民たちの自発性・創意性を最大限に発揮できる生産と生活の組織として、ネグデルは存在していなかったのである。定款上、形式の上では民主主義は整えられていても、大多数の直接生産者である遊牧民にとって、民主主義はまったく欠落していたのである。

ネグデル三〇年間の歴史の最末期に当たる一九八四年八月二三日、党中央委員会臨時総会は、一九六三年に独裁体制を固め長年にわたって党と政府の権力を掌握してきたツェデンバルについて、その健康状態を考慮して、書記長兼政治局員の職務から解任し、新書記長にバトムンフを選出した。八四年十二月、バトムンフは人民大会幹部会議長に選出され、ソドノムが首相に選ばれた。

ツェデンバルは解任される四年前の八〇年ごろから、アルコール依存症に加え記憶喪失症にも悩まされ、党政治局会議において議長をつとめながら、同じことを何度も繰り返し聞き返す始末で、両側に二人の政治局員が着席し補佐して会議をおこなっていたという。このような状態にもかかわらず解任までの四年間、党の最高指導者・議会の最高責任者をつとめていたこと自体が、ツェデンバル体制末期の国家の性格を如実に物語っている。この国家の性格とは、四〇年間繰り返し繰り返しおこなわれてきた五ヵ年計画を無難に繕う「官僚主義的保守性」、「臆病」、「忖度」、「凡庸さ」、「追従」、「腐敗」、「停滞」、「老人支配」、「傲慢さ」、「保安と統制」などであった。これは、「社会主義」国に限らず、どこの国にも通ずる問題なのだ。

一九八四年にツェデンバルに代わって登場した党政治局員バトムンフ、ソドノムらの新政権が民主化運動の高揚のなかで一九九〇年三月に退陣するまで、ツェデンバル体制は本質的には同質のものとして継承され維持されたのであった。

なぜモンゴルの「社会主義」は崩壊したのか ── ネグデルの基礎から考える

遊牧の基盤は「家族」であり、それは、ものの再生産の場であるとともに、人間のいのちの再生産の場でもある。そして、この「家族」には、人間発達を促す諸機能の萌芽が未分化のままぎっしり詰まっている。炊事や育児・教育・医療・介護・こまごまとした家事労働など、暮らしのあらゆる知恵、牧畜生産の総合的な技術体系、手工芸・手工業や文化・芸術の萌芽的形態、それに娯楽・スポーツ・福利厚生の芽、相互扶助の形態、共同労働の知恵などなど。「家族」は他に類例を見ない優れた人間の最小の組織であり、小さな血縁共同体なのである。

こうして大地に根ざして生きてきた「家族」には、大地と人間をめぐる物質代謝の循環に適合したゆったりとした時間の流れのなかで、自然との共生を基調とする価値観、これに基づく人生観や世界観が育まれ、人々は気の遠くなるような長い年月をかけて、これにふさわしい生き方を築きあげてきた。

この「家族」を補完するのが、伝統的な隣保共同体ホタ・アイルであり、さらにその上位の次元の共同体サーハルトである。隣近所に住む数戸の遊牧民家族が、個々の家族の中だけではこなすのが難しい生産労働（放牧、毛刈り、フェルトづくり、家畜小屋の修繕、食肉の準備、幕営地の移動など）、日常の暮らしのなかでの仕事（水くみ、薪拾い、炊事など）、世代を結んでの協力（遊牧技術・暮らしの知恵の伝授、出産・子育ての協力、老齢者への扶助など）、自然災害（旱魃・洪水・雪害《ゾド》）への対策などで互いに助け合うのである。

つまり、これら伝統的な隣保共同体は、苛酷なモンゴルの自然のなかで生きぬくために、なくてはならない共同の力なのである。モンゴルには、「ホタ・アイルのいのちは一つ、サーハルトの心は一つ」という諺があるほどである。

本書の「はしがきにかえて」のなかで、「地域」とは何かについて述べたが、モンゴルの遊牧社会においては、まさにこのホタ・アイル、サーハルトといった家族機能を補完する多次元の共同体から成る重層的な団粒構造のコミュニティこそが、一つのまとまりある遊牧「地域」であり、それは、総合的で豊かな人間発達の場、独自の文化醸成の場、そして村落自治、草の根民主主義熟成のかけがえのない場としての可能性を秘めた基礎的「地域」というべきものなのである。

一七世紀の後半に清の皇帝を頂点とする国家的封建制がモンゴルに確立され、直接生産者である遊牧民は、その体制下に編入されていくのであるが、このような支配上層の権力編成の変化によっても、遊牧民家族経営を補完するもっとも身近な隣保共同体としての伝統的ホタ・アイルは、基本的には変わらず維持されていった。

すでに見たように、東部モンゴルのト・ワン・ホショーで闘われた遊牧民トゥデッブらの訴訟闘争をはじめとする、一九世紀前半から全国的に展開された反封建・反清の牧民運動、さらに二〇世紀初頭の遊牧民アヨーシの長期にわたる訴訟闘争に代表される牧民運動の高揚の基礎に、この伝統的ホタ・アイル共同体の本質とも言うべき、直接生産者の自治組織としての民主的な性格があることに注目しなければならない。

モンゴルにおける遊牧の集団化は、一九八〇年代最終期には、一二五五の農牧業協同組合（ネグデル）と一四の飼料国営農場、五一の国営農場に編成され、ネグデルの下位組織であるブリガード七八七、このブリガードのもとに二～三家族からなる労働組織の基礎単位であり家族の生活の場でもあるソーリが三万三六二九あって、これらが広大なモンゴルの国土に網の目のようにはりめぐらされていた。

このソーリこそ、伝統的なホタ・アイル共同体の延長線上にあらわれてきてしかるべきはずのものであった。遊牧の伝統的ホタ・アイル共同体がソーリに編入されることによって、社会主義的農牧業協同組合ネグデルは、共有経済の社会的関心と組合員の個人的関心を正しく結合しながら生産と分配を計画的に運営し、それが国民経済の統一的で有機的な一翼として機能していることを前提に、科学と技術の成果を十分に活用する条件をもつはずであった。こうしたなかで、モンゴルに特殊な自然条件の中から歴史的に育まれてきた伝統的なホタ・アイル共同体特有の共同労働とか、消費とか、相互扶助の形態や経験の伝統、土着の民主的な性格も、社会主義的改造を遂行する人々の力量によって、ソーリを直接の媒体にして、より高次の段階へと止揚する可能性があったのである。

ホタ・アイル共同体は長い歴史を経て、それ自身の体内にモンゴルに特殊な自然の苛酷さに対する優れた独特の「抗体」をつくり出してきた。しかし、集団化に対する当時の教条主義的な精神からは、伝統的に培われてきたこの「抗体」を評価するなどと言うことは、到底及ばぬことであった。こうした伝統との断絶の上に集団化が可能であるとする浅薄な近代主義的発想に、ネグデル失敗の根本的な原因があったのではないか。

ソ連は、一九二一年のモンゴル人民革命以後、モンゴルに大きな影響を及ぼし、特に六〇年代初頭からは、中ソ対立が表面化するにつれて、モンゴルはソ連の対中戦略のなかで重要な位置を占めるに至った。

こうした状況のなかで、首都ウランバートルにおける工場・住宅建設のみならず、地方における牧畜の生産基盤、さらには日用雑貨に至るまで、ソ連の援助は地方の遊牧民の生活の中にも浸透していった。その特徴は、日用品の針一本からアルミのスプーン・食器、衣服や鉄製のベッドに至るまで、すべてできあいのものが提供されたことである。この安価で軽便な商品が大量に遊牧地域に普及することによって、遊牧民の伝統的な手工業・手工芸は衰退の一途を辿った。その結果、身近な素材を用いて自分でものをつくり出す能力を失い、自分たちが生きる地域の自然を多面的に細やかに活用する能力を失っていったのである。

ネグデルが発足した一九六〇年代の初めに当たる六三年に、全人口の五三・三パーセントを占めていた遊牧民人口は、ネグデル末期に当たる八九年には二七・八パーセントとなり、全人口の三分の一を切る状態になった。このネグデル三〇年間の歴史の過程で、モンゴルの全人口が二倍以上になり、その上、全人口の三分の一以下の遊牧民人口が三分の二以上の人口を支えなければならない産業構造に変化してしまったのである。

加えて、一九七〇年代以降、特に工業基盤や農牧業の技術的基盤の形成に力が注がれるようになり、それに伴う機械・建築資材・輸送手段などの輸入増加は、輸出とのアンバランスや借款の埋め合わせを必要とし、結果として牧畜業への負担はいっそう重くなっていった。

こうしたなかで、広大な遊牧地域からすべての畜産原料が国家調達の名のもとに首都に集められ、この一極集中の経済体制が確立すればするほど、遊牧民の手元に残る余剰の畜産原料は、限りなくゼロに近づいていった。その結果、遊牧地域は、都市のための原料供給基地の地位におとしめられ、伝統的手工業・手工芸は、この原料の面からも衰退へと追い込まれていったのである。

ネグデル三〇年の歴史のなかで犯したもう一つの重大な誤りは、自然と深く結びついている農牧業の特殊性を考慮せず、工業の論理をそのまま適用したことである。ネグデルは、経営を大規模化し、分業と協業を機械的に農牧業に当てはめていった。主要な生産手段である家畜や家畜小屋をはじめ、農牧業機械や運搬手段に至るまでネグデルの共同所有にし、生産性向上のために、家畜群を種類・年齢・性別によって細分化、専門化した。それぞれの遊牧民家族は、この大規模集団化経営の末端の労働組織であるソーリの一員として、そのうちの一群を担当し、放牧料として月々の賃金を受け取るという、いわば大工場の賃金労働者と酷似した身分に組み込まれてしまった。

本来、遊牧とは、自然と家畜が直接結びついた、変化に富んだ要素を含む複雑かつ総合的な労働である。これに対して大規模集団化経営ネグデルでは、個々の遊牧民は、上部からの極めて単純な指標によって労働の成果が評価され、これに基づいて上から指揮される。遊牧民の労働の自主性・創意性は次第に窒息させられていった。こうして、労働の面からもネグデルの内部組織の民主主義の芽は摘み取られていったのである。

その上、先に見た産業構造の変化によって、一家族が担当する家畜頭数は次第に増大し、放牧地の牧養力は極端に衰えて、放牧地の荒廃が進行していった。

また、先にも見たように、中央集権的経済体制のもとでの国家調達による遊牧民からの畜産原料の吸い上げ、ソ連製の安価で軽便な日用雑貨の流入、伝統的なホタ・アイル共同体の崩壊という三重の要因が重なり、一九六〇年からの集団化の三〇年間は、遊牧地域から伝統的な手工業・手工芸を根絶させていく歴史でもあった。つまり、都市のみならず遊牧地域の隅々に至るまで、外国のできあいの製品をそっくりそのまま受容して、自らの力でつくり出すことのない「援助の経済」の社会体質に染めあげられていったのである。

一九九〇年代に入ると、ソ連との経済交流が激減し、コメコン（経済相互援助会議）体制が崩れた結果、この「援助」の肩代わりを西側先進諸国に期待し、その方向に急速に転回していった。一九二一年のモンゴル人民革命以降七〇年間、特に最後の三〇年間に作り上げられた「援助の経済」の社会体質そのものにメスを入れずに、東側の「援助」を西側の「援助」に置き換えさえすれば済むという安易な傾向が顕著になっていった。「自立の精神」、「自立の経済」の体質を社会の底辺からどう作り、築きあげていくかという根源的な洞察を抜きにしては、本当の解決にならないことは明らかであった。

郷土の再生に立ち向かうツェルゲルの人々――「地域」の自立と草の根の真の民主主義をもとめて

ネグデル時代、ツェルゲル村は、ヤギの飼養を専門に担当させられていた。先にも触れた拙速な産業構造の変化のなかで、体制末期には、一家族あたりに割り当てられる家畜頭数が年々増加し、遊牧民たちは苛酷な暮らしを強いられるようになった。当時、ボグド郡のネグデルに所属する六つの村のなかで、ツェルゲル村はノルマ達成率のもっとも低い村になっていた。

一九八四年、二六歳でボグド郡ネグデルのツェルゲル村担当責任者として赴任したツェンゲルさんは、村の若者を都市に送り、医師や製靴職人など人材養成に力を注いだり、分校設置実現のために行政に熱心に働きかけたりと、自らの手で自らの生活の場としての地域再生に取り組んでいった。ネグデルの下級役職にありながら、むしろ遊牧民の立場に立って心を配りながら考え、行動する実に稀に見る青年であった。ツェルゲル村の遊牧民たちは、若いながらも何事にもひたむきに働く誠実なツェンゲルさんの人柄に信頼を寄せていった。

ツェンゲルさんは、ボグド郡の砂漠地帯で生まれ、幼い時に両親を失い、養母に育てられた。孤児としての苦しみを知り尽くしたツェンゲルさんは、意志の強い聡明な少年であったと言われている。貧しさのため、ゴビ地方の牧畜専門学校だけを卒業し、しばらく郡内で獣医を務めていたが、結婚後、この村に赴任したのである。

一九八六年夏、大旱魃に見舞われたツェルゲル村の遊牧民たちは、冬営地を求めて隣村の山中に長距離移動を余儀なくされる。さらに翌年冬、追い打ちをかけるように、雪害《ゾド》に見舞われ、ヘリコプターによる救援・飼料投下を受けるほどの大打撃を受けた。

ただでさえ苛酷なネグデル体制下の暮らしにこのような自然災害の連続が拍車をかけ、折からの民主化への胎動の気運のなかで、ツェルゲル村の遊牧民たちは、次第に自主独立の気概を高めていく。そしてそれは、やがて一九九一年一月二日の村の住民総会において、郡ネグデル長の睨みにも怯えず、ツェルゲル村単独での郡ネグデルからの離脱決行へとつながっていった。体制の動揺期にあってもネグデル離脱の例は全国的にも少なく、二番目のケースであった。

一方、首都ウランバートルでは、一九九〇年三月、酷寒の中、スフバートル広場に蜂起した群衆は、モンゴル人民革命党の最高幹部である政治局員全員の罷免を求め、数次にわたるハンガーストライキの末、解任へと追い込んだ。五月には国会に当たる人民大ホラルが開催され、内閣が総辞職し、大統領が選出され、一党独裁に終止符を打ち複数政党制が承認された。六月には、人民大ホラルの代議員の初の自由選挙が慌ただしくおこなわれたが、旧来のモンゴル人民革命党の候補が八四パーセントの議席を獲得し、与党の地位を維持した。

これ以降、急激な市場経済化による混乱のなかで、基本的には旧党派と民主派との間で、「自由選挙」なるものを通じた政権争奪が長きにわたって繰り返されることになるのであるが、深層からの真の社会変革の地道な活動を伴わない、上辺《うわべ》だけのいわば目先の「選挙」のみに矮小化された運動がどんな運命を辿るかは、今日に至るほぼ三〇年におよぶモンゴルの惨憺たる歴史の経緯が如実に物語っている。モンゴル民主化運動の限界とその性格が、そこに露わに示されている。

このことは、モンゴルに特殊な問題と言うよりも、その本質において、昨今とみに混迷を深める、いわゆる「民主主義国」と言われる今日の先進資本主義諸国でも見られる普遍的な問題として、受け止めなければならないのではないか。

それはさておき、一九九一年、モンゴルは、ＩＭＦ（国際通貨基金）、ＡＤＢ（アジア開発銀行）、世界銀行に加盟し、西側との密接な関係のもと、市場経済化を押し進め、銀行部門の改革、外国資本の導入、国家予算の均衡を名目とした教育・福祉予算のカットを強引に押し進め、これに便乗して新興商人が暗躍しはじめた。なかでも都市住民と遊牧民に直接降りかかってきたものは、価格の自由化、物価の値上げ、共有財産の分割、国際貿易の自由化などであった。

一九九一年七月に開始されたバウチャー方式による国有・公有財産所有分割は、地方の遊牧民の生産と生活に決定的な変化をもたらすことになった。ネグデルの共有家畜はこのバウチャー方式によって個々の遊牧民に分割、分与されると、後は野となれ山となれの無政府状態のまま放置されることになった。

こうした混乱の中、ウランバートルで民主化運動が高まるかなり以前から、首都から遠く離れたゴビの辺境にあって、地域再生の独自の模索をはじめていた山岳・砂漠の村ツェルゲルでは、若き遊牧民リーダー・ツェンゲルさんを中心に、村の有志たちが集い、一九九二年厳冬のゲルの中、これからどうやっていくのか、ランプをつけての深夜に及ぶ語り合いと議論を重ねていった。

こうした議論のなかで、これまでの社会主義集団化経営ネグデルに代わって、自己の家畜を所有した自立した遊牧民家族小経営を基礎に、各人の創意性と自発性を尊重した新しいタイプの自主的な遊牧民協同組合ホルショーを結成しよう、ということになった。そしてこのホルショーを中核に、ツェルゲル村の風土に根ざした総合的な地域づくりをめざして、趣旨、具体的な活動内容、組織、財政など、細部にわたって規約草案を練りあげていった。

そしていよいよ一九九二年一二月四日、ツェンゲルさんたち数名の遊牧民の発起人たちの呼びかけにより、ホルショー結成について話し合うための村民総会が開かれた。広大なツェルゲル村の山岳・砂漠の各地から、酷寒の中、馬やラクダに乗って馳せ参じた遊牧民の老若男女たちは、会場となったゲルのなかで、長時間にわたって熱心に議論した。

モンゴルが全国的に混乱状態にある中、特にツェルゲル村のような僻地には、小麦粉から日用雑貨に至るまで品不足に陥っていた。カシミヤ原料の販売ルートを新興商人によって押さえられ、安値で買いたたかれている現状を打開するためには、中古のトラックを購入する必要があるとか、長年の悲願である小学校分校を、村中心地にあるネグデル所有の倉庫を改築してぜひスタートさせたいなどと、次々に意見が出された。また、羊毛・ラクダ毛原料でフェルトづくりや糸を紡ぐなど、手工芸グループをホルショー内にと、女性たちからの提案があり、その一つひとつを具体的に実行していく方法まで話し合いがおこなわれた。運転手の免許を持っている中年の遊牧民男性からは、ホルショーが中古トラックを購入するのであれば、当面は無給料で働いてもいい、といった決意の表明が出されるなど、ゲル総会は熱気と高揚感に包まれ、厳冬の夜遅くまでロウソクを灯しながら議論は続けられていった。

このホルショーの最大の特色は、主要な生産手段である家畜の共同所有に基づく共同管理・共同運営をおこなった郡単位の大規模集団化経営・旧ネグデルとは根本的に異なり、組合員である各遊牧民家族は、個人所有家畜に基づく独立した家族経営であることを基本とし、協同組合ホルショーには個人所有家畜の五パーセント分を共同家畜ファンドに拠出することによって、ホルショーの共同活動の原資とすることにあった。

この共同ファンドを活用しながら、具体的には、遊牧生産基盤の拡充（井戸・越冬用家畜小屋・備蓄飼料・家畜医療・自然災害対策）、伝統的手工芸の再興、畜産原料・天然資源の有効活用、自主流通の開拓（運輸手段の確保・畜産物の共同出荷・生活必需品の共同購入）、生活環境（衣食住）の改善、ホルショー共同家畜の委託飼養を通じた弱小家族・若年家族の支援・育成、分校を拠点にした遊牧地域独自の教育・文化・芸術・医療の発展など、多様でユニークな活動に取り組む目標が立てられた。

こうした活動目標のなかで、もっとも熱心に話し合われた大切な議題は、ツェルゲル村の遊牧民たちの長年の悲願でもあった小学校分校を、翌一九九三年秋の新学期に間に合わせてスタートさせることであった。

校舎については、総会に同席したボグド郡長ドラムドルジさんから、村の遊牧民たちの熱のこもった議論におされて、「村中心地にある、郡ネグデル所有の倉庫を分校校舎として使用してもよい」と表明があった。

体制側の地方行政の長の出席を内心訝《いぶか》しく思っていた遊牧民たちからは、この突然の勇気ある発言にほっとしたのか、拍手が沸いた。

次の難題は、郡中心地から七〇キロも離れた山岳・砂漠のこの地まで、果たして先生たちが赴任してくれるであろうか、という問題であった。そこで、赴任する先生の家族には、所定の公的給料に加えて、ホルショーの共同家畜ファンド（各家族が所有する家畜の五パーセント分を拠出）から五〇頭の家畜を提供する案が出された。遊牧民と同じように先生家族も放牧し、乳や肉など暮らしを支える一助にしてもらおうという、遊牧地域ならではの妙案である。教室の机や椅子、黒板などは、七〇キロ先にある郡中心地の本校から運び込むことになった。生徒たちの給食用の食肉や暖房用の薪は、ホルショーが提供することになった。

結成総会は次第に盛り上がり、参加者からは、「上からの押しつけではなく、まさに地域の遊牧民の中から自発的におこったこのような自主的組織の結成は、モンゴル全土でも初めてではないか」との声があがり、自分たちの手によるこの新しいタイプの遊牧民協同組合を〝ウーリン・トヤー（曙光）〟ホルショーと名付けることに決定した。そこには、ツェルゲル村の遊牧民たちの自負と孤高の精神と同時に、この僻地の村にとどまらず、ボグド郡の他の五ヵ村、さらにはモンゴルの遊牧地域全土に新しい時代の夜明けを告げる一筋の希望の光となれば…という思いが込められていたように思われるのである。

ホルショーの初代組合長には、ツェンゲルさんが選ばれた。遊牧民たちにとっては、正真正銘の自由投票によって、自分たち自身で自分たちのリーダーを選ぶことができたことが、嬉しかったようだ。

このように、新しいタイプの遊牧民協同組合として誕生したホルショーは、かつてのネグデルでは空文と化した、「共有経済の社会的関心と組合員の個人的関心を正しく結合しながら生産と分配を計画的に運営する」という理念を、まったく別な発想、考えに基づいて実現しようとする試みであった。つまり、個々の家族や個々人に秘められた自発性・創意性に依拠してはじめて、それは実現可能なのだ、ということをこの結成総会の熱気が示していたし、何よりもその熱気の渦中にいた遊牧民たち自身が、その確信を胸に会場をあとにした。暗闇にすっかり包まれた酷寒の山岳・砂漠の夜更け、明日への希望と前途への不安こもごもに、三々五々、家路を辿ったのである。

遊牧民が主体の地域づくりの実践 —— その輝きと忍び寄る暗雲

一九九二年一二月四日の結成総会の翌日から、早速、遊牧民協同組合ホルショーの活動は開始された。結成総会で話し合われた実に多岐にわたる仕事に、組合員それぞれが分担しながら、次々と取り組んでいくのである。そこには、いつになく楽しい雰囲気や明るさや何よりも希望が漲《みなぎ》っていた。

翌一九九三年一月、ボグド郡中心地で旧農牧業協同組合ネグデル（正確にはその後継組織ホビッァート・カンパニ）がついに解散したという情報が舞い込んできた。一月二五日、ツェルゲル村から西へ九〇キロ離れたアルタイ村でもホルショー結成総会が開かれると、たちまちボグド郡全域の村々へ波及し、郡内に合わせて五つのホルショーが生まれることになった。そして、これらすべてのホルショー郡連合が結成されるにまで至ったのである。ツェルゲル村の遊牧民たちは、満面に笑みを浮かべて喜び合った。自分たちがやってきたことが間違いではなかった、というほっとした気持ちでもあったのだろう。

旧正月が明けてすぐの二月二七日から三月九日にかけて、厳寒の吹雪の中、ホルショー郡連合の六名の代表者たち一行は、結成総会で約束した通り、早速、七五〇キロ先の首都ウランバートルに赴き、活動を開始した。

市場経済への移行後、旧ネグデルや国の公的ネットワークによる畜産物・日用品の流通システムが崩壊し、郡や県の中心地や首都ウランバートルでは、新興商人勢力がにわかに暗躍するようになっていた。遊牧民にはあまりにも不利な状況となり、物不足・物価高騰で混乱を極めていた。こうしたなかで、とりあえず目前に控えた春のカシミヤ出荷を少しでも有利な価格で販売する目的と、将来に備えて流通システムの改善の可能性を探る目的で、首都に出向くことになったのである。

しかし、首都ウランバートルに行ったホルショーの代表者たちは、地方とのあまりにも大きな格差と、不透明な流通のあり方に少なからず精神的ショックを受けて帰途につくことになった。郡連合代表の長老が、「われわれが今取り組みはじめたホルショーと郡連合の意味が、あらためてよく分かった」と語っているように、遊牧民たちはようやく自分たちがホルショーを結成した今、何をなすべきかを前途に横たわる困難の大きさとともに、具体的につかみはじめたようであった。

同年三月一七日、ツェルゲル村では〝ウーリン・トヤー〟ホルショーの第三回総会が開かれ、ホルショー代表団のウランバートル行きについての報告、および小学校分校開校の準備について協議した。また、ウランバートルから購入してきた日用必需品の直売をおこない、郡や県中心地のブローカーの中間搾取を排除して、首都から直接購入する方法を初めて実践した。

同年六月ごろから、ツェルゲル村では分校開校の準備が本格的にはじまった。ホルショーのメンバーは、郡中心地の本校から分校に赴任予定の先生たちとともに、分校校舎の修繕に取りかかった。本校から赴任する四名の先生たちは、ツェルゲル村から七〇キロ先の郡中心地から、山々に囲まれた村の中心地に家族ども移住し、ゲルで暮らすことになった。加えて、ベテラン女性教師のご主人が医師であったことから、村の中心地には自宅を兼ねたゲル式の診療所ができたに等しく、また、村内を馬で巡回してくれることになった。こうしてようやく村の中心地は、中心地としての体裁を整えはじめるのである。

同年七月下旬になると、京都在住の羊毛工芸家を迎え、ホルショー主催の手工芸サークルがスタートする。村内各地から十数名の遊牧民女性が集まり、ゲルでの合宿講習会がはじまった。羊毛・ラクダ毛の手紡ぎ、編み物、フェルトづくり、染色などに取り組んだ。

こうして、〝ウーリン・トヤー〟ホルショーは、規約で掲げる目標に向かってその第一歩が踏み出されたのである。

同年八月二五日、ツェルゲル村の遊牧民たちの長年の悲願であった分校開校の記念ナーダム祭りが、村中心地で開催された。村内はもとより、近隣の七つの郡、そして県の中心地から六〇〇〜七〇〇名の人々が参加し、盛大に催された。人口希薄なゴビ地帯で突如これだけの人々が参集したことからも、〝ウーリン・トヤー〟ホルショー結成の反響が如何に大きかったかが窺われる。

いよいよ新学期が始まり、一年生から三年生まで合わせて四五名の生徒が初登校した。両親、兄弟姉妹、祖父母たちが見守る中、校庭でささやかな開校式兼始業式がとりおこなわれ、分校長の老先生と生徒たちの手で「最初の鐘《アンフニー・ホンホ》」が打ち鳴らされた。

こうした新しいタイプの遊牧民協同組合ホルショーが郡内全域に結成されたことになるのであるが、むしろ前途には多くの困難や解決しなければならない難しい課題が、今まで以上に山積していることを予感させられる兆しも同時にあらわれてきた。モンゴル新政府の指導部が、西側諸国から派遣された経済顧問団の指示を無批判に受け入れ、次々と拙速に打ち出していった「ショック療法」と呼ばれる急激な市場経済化政策。庶民までもが、これまでの長年の強権体制への反動からであろうか、西側の「自由」に安易に憧れ、「市場経済《ザハ・ゼール》」、「市場経済《ザハ・ゼール》」と口癖のように繰り返す浮ついた雰囲気に、底知れぬ不安を覚えるのであった。

生産手段の私的所有についての理解の問題であるが、家畜という生産手段の個人的所有は、ある一面では遊牧民の自主性と創意性を引き出し支える経済的基礎でもある。このことなしには、おそらく今日の状況下では、直接生産者である遊牧民の自主性と創意性を活性化させることは望めないであろう。しかし同時に、この生産手段の個人的所有は、無条件にそのまま放置すれば階層分化が次第に進行し、やがて極端な貧富の差を生み出す原因ともなる。そしてそれは、やがて地域社会に亀裂を生み出し、共同の精神を損ない、共同体の存立を危うくする。

ツェルゲル村においては、一九八七年の実質上の私有家畜の所有頭数制限撤廃後、階層分化が急速に進行し、その五年後の一九九三年夏の時点では、少なからぬ家族が縮小再生産の悪循環に陥り、そこから抜け出すことができず極貧に喘ぐようになっていた。村の約六〇戸のうち、六家族もあらわれてきたのである。ツェルゲル村の新しい遊牧民協同組合〝ウーリン・トヤー〟ホルショーは、そうした事態にも備えて、すでに述べたように、私有家畜五パーセント拠出によるホルショーの共同家畜ファンド制度を組合規約に設定し、こうした貧困家族の支援・育成を含む、総合的な地域づくりを実践したのである。

市場経済に移行した今日のモンゴルでは、「個」を過度に重視し、「共同」を軽視したことによって、「個」の発展を保障する社会的条件を掘り崩し、逆に「個」の発展に障害をつくり出すに至っている。ホルショーを発展させるキーポイントは、結局、「個」と「共同」の問題に帰結する。この二つは二律背反するかのように見えるが、実はどちらもお互いに欠くことができないものとして、両者が一定の均衡のもとに成立するものである。「共同」なくしては「個」の発展は望めないし、「個」のない「共同」は、「共同」そのものが枯渇する運命にあるのである。

「個」と「共同」のこの問題は、「社会主義」から市場経済へ急速に移行したモンゴルをはじめ旧ソ連・東欧だけの問題にとどまらず、日本をはじめ先進資本主義国、さらには「市場経済を通じた社会主義への道」を標榜する中国・ベトナム、そして北朝鮮などにも共通の人類普遍の未解決の重い課題として、私たちに残されているのである。この問題については、二一世紀の未来社会を展望する上でも極めて大切な要となるテーマであるので、本書の後半であらためて深めていきたいと思う。

再び踏みにじられた遊牧民の思い――グローバル市場経済の荒波に呑まれて

新しい時代への希望を胸にスタートしたはずの〝ウーリン・トヤー〟遊牧民協同組合ホルショーではあったが、アメリカや日本など西側経済顧問言いなりの拙速な市場経済化、長期展望のないその場凌ぎのモンゴル政府の無策、西側追従の金権腐敗政治によって、新生ホルショーの活動は阻まれ、停滞を余儀なくされた。

突如導入された舶来の「市場経済」は瞬く間にモンゴル全土を覆い、ネグデル時代の旧来の流通システムが完全に崩壊し、新興商人が台頭する中、国営農場の解体による小麦生産の壊滅、旧ソ連からの輸入に依存していた石油や日用品の欠乏も相俟って、特に遊牧地域は、物不足、物価高騰、畜産物販売価格の不安定化で疲弊のどん底に陥っていた。こうした中、ホルショー総会で約束した畜産物の共同出荷と日用必需品の共同購入の活動も、当初から困難を極めることになった。

家畜の私有化によって遊牧民の労働意欲が高まり、この間、気候にも恵まれたこともあって、全国の家畜総頭数は、旧ネグデル体制下では実現できなかった三〇〇〇万頭を超す勢いで順調な伸びを見せたが、総合的な農牧業政策もないまま未知なる市場原理の荒波に放り出された地方の遊牧民の暮らしの内実は、むしろ苦しくなっていった。

こうしたなかで、さらに追い打ちをかけたのが、ツェルゲル村の人々の熱い期待を集めてスタートした分校の国からの予算打ち切りであった。一九九八年夏、ツェンゲルさんと分校長の老先生は、ボグド郡中心地の本校長、郡役場および県庁に赴き、窮状を訴えた。一九九六年の中央での政権交代により、地方の主要な役職もいわゆる民主派の人に総入れ替えになっていた。ツェンゲルさんたちは、思わぬ冷たい反応に驚き、戸惑った。

一行は諦めることができず、はるばる首都ウランバートルまで出向くことになった。文部省および農牧省の大臣に会い、僻地においてこの分校が子どもたちの教育にとどまらず、地域づくりの拠点として如何に大切な役割を果たしてきたか、そして遊牧地域の将来にとって、どれだけ大きな可能性を秘めているか、縷々説明し、今後も引き続きせめても従来通りの予算を確保するよう求めた。しかしここでも、地方の下々の遊牧民の暮らしより明日からのアメリカ視察旅行の方が気になるのか、大臣たちは上の空で、やはり聞く耳を持たなかった。

必死の陳情にもかかわらず、ついに翌一九九九年六月、非情にも予算は打ち切られ、分校は閉校を余儀なくされた。一九九三年秋の開校以来、先生方や村人たちの並々ならぬ努力によって、学校生活は充実し、教室や校庭には子どもたちの笑顔が溢れ、五年制までの拡充を望む声が出されていた矢先の突然の閉校に、村の皆が落胆した。

特にツェンゲルさんは、首都での民主化運動が高揚するかなり以前から、山中のゲルのなかでウランバートル発のラジオ放送を聞きながら、民主化運動に期待を寄せていただけに、地方から中央政府に至る民主派の政治家や官僚たちの豹変ぶりには、少なからず精神的ショックを受けたようである。「選挙」で言っていることと、実際にやっていることがそんなに短期間のうちに変わるものなのかと、人間不信にすら陥ったのである。近ごろは、こんなことはもはや慣れっこになってしまったのか、騙される方が悪いと人は言うけれど、権力や権限を持った政治家や役人が自らの保身に汲々として嘘を並べ立て、善良な庶民を騙す方が、よっぽど罪深いのではないか。

この分校廃校の背景にあったのは、国家規模で断行された「教育の構造改革」であった。

一九九一年、ＩＭＦ（国際通貨基金）に加盟したモンゴルは、巨額の融資と引きかえに、賃金・価格の自由化、輸入規制の緩和（関税撤廃）、国・公財産（家畜を含む）の私有化、国営企業の民営化、商業銀行制度の確立、資本規制の緩和、変動相場制の導入など、一連の新自由主義的政策を国内で実施するよう迫られた。

特に一九九七～九八年には、国家歳出削減のため、社会保障（教育・保健・年金など）の効率化が迫られ、教育分野においては、都市・地方問わず、生徒二〇人につき先生一人という一律の基準が押しつけられた。ツェルゲル村の分校では、一～三年生までの各学年の担任教師三名、分校長先生と教師である妻の合計五人で運営していたのであるが、僻地の村のこと、一学年の生徒は一〇人前後であり、「教育の構造改革」の求める規模に満たないことになる。ツェンゲルさんや分校長先生たちがどんなに懇願しても、分校の予算が打ち切りとなったのは、背後にこのような国の政策があったからなのだった。

同時に、財政効率化のために県・郡レベルの行政区画の広域合併の必要性が喧伝される中、地方は置き去りにされ、これまで教育・医療・流通・文化など公共サービスの拠点として重要な役割を担ってきた地方中核都市としての郡や県の中心地も、設備が老朽化したまま荒廃の一途を辿った。

ここでまざまざと思い起こされるのが、二〇〇〇年代初めのわが国の状況である。ソ連崩壊後、アメリカ発の冷酷無惨な新自由主義が全世界を風靡し、日本にも及んできた。小泉純一郎首相（二〇〇一～〇六在任）は、「構造改革なくして、景気回復なし」を絶叫しつつ、次々と新自由主義政策を強行した。都市における労働者の不安定雇用は急速に増大し、地方においては農山漁村の過疎・高齢化にさらなる拍車がかけられ、限界集落・消滅集落はますます増加の一途を辿り、国土の荒廃が進んでいった。このような社会の荒廃をもたらしている根っこにあるものは、日本もモンゴルも共通しているのではないかと思えてならない。

こうした地方の疲弊にとどめを刺すかのように襲ったのが、数十年ぶりとも言われる大雪害《ゾド》であった。一九九九年冬から三年連続で見舞われ、二〇〇二年春ごろまでの間にモンゴル全土で累計一、一〇〇万頭の家畜が斃死する壊滅的被害を被った。社会主義集団化経営ネグデル時代には、各地に冬期用飼料を備蓄する拠点が整備されていたが、ネグデル解散後、それに代わる全国組織が生まれないまま、自然災害への公的な備えや対策も的確にできない状態だったのである。この大雪害は単なる自然災害と言うよりも、人災の側面が大きかったという指摘がモンゴルでも囁かれていた。

大雪害で家畜を失った遊牧民たちは、わずかな現金収入を求めて、夏の間、家族を離れ、金鉱の傍を流れる川のほとりに簡易テントを張って寝泊まりしながら砂金すくいをしたり、松の実拾いをして市場《ザハ》で売ったりと、「出稼ぎ」を余儀なくされた。

仕事を求めて首都ウランバートルへと移住する者も、年々増加していった。その中には、市場経済移行後、仕事を失い生計が立たなくなった旧国営農場の作業員や、郡・県の中心地の住民たちも多かった。しかし、首都でも市場経済移行後、新たな産業が生み出されたわけでもなく、これといった当てもなく田舎から出てきた者が、もちろん安定的な職に就けるはずもなく、新聞配達、路端での牛乳売り、守衛など、不安定で微細な仕事を転々としながら何とか食いつなぐほかない。中心市街地のアパートにも入居できず、地方から持ってきたゲルを郊外に建てて住みつく。水道や下水処理などの生活インフラも未整備なまま、こうした貧困層居住エリア「ゲル地区」なるものが、首都周縁の丘陵一帯に無秩序に拡大していった。

市場経済移行直後の一九九二年に五七万人（総人口に占める割合二六％）であった首都人口は、二〇〇一年には八一万人（同三三％）、さらに二〇一二年には一三一万人（同四六％）に達した。広大な草原の国モンゴルにあって、総人口の実に約半数が首都ウランバートルに加速的に一極集中するという異常事態に至っている。そして、そのうち約六割が「ゲル地区」に居住することとなった。貧困のなかで、栄養不足の子どもたちにくる病が目立つようになり、社会の急激な変化についていけない失意の人々の間に、アルコール依存や家庭内暴力、児童虐待、家庭崩壊が増加した。

一方で、先にも触れたバウチャー方式による国有・公有財産の所有分割をきっかけに、一部の新旧エリート層に財産や利権が集中することとなり、これらの人々は、外国資本と結びつき、国内外の人脈を利用しながら利権を拡大していった。こうして、新興財閥とそれに癒着した政治家など一握りの富裕層が形成され、金権政治、汚職が蔓延る一方で、圧倒的多数の民衆は、格差の拡大と貧困に喘ぐことになった。

このような事態を招いた根本には、市場経済移行後、どのような理念のもと、何を基盤に、自らの「地域」を、そしてモンゴルという国を築いていくのかという国づくりの展望において、その根幹となるべき主体的思想の欠如、ないしは未成熟があったことを指摘せざるを得ない。「羹《あつもの》に懲《こ》りて膾《なます》を吹く」という言葉があるが、「社会主義」崩壊後、それに代わる未来社会とは何かを長期展望のもとに考える意欲も視野も失われ、目先の私事に埋没していったのである。

新しく台頭した「民主化運動」の若い指導者たちは、旧体制の幹部の比較的恵まれた家庭の出身者が多く、モスクワなど社会主義圏に留学した経験もある都市型のエリート層・知識層であった。彼らは、党組織や官僚の最上層部には入れない中堅幹部の子弟として、旧体制に漠然とした批判や不満を持ってはいたが、自国の基盤であるはずの遊牧とその地域の暮らしの実体験がなく、実情も知らなかった。今後、モンゴルが西側先進工業国のように経済成長を遂げ、発展していくためには、遊牧など非効率的で時代遅れのものである、と考えていたのである。

古来モンゴルの自然に適合的な遊牧という伝統的な生産と暮らしのあり方や、「地域」の特性を熟知した上で、モンゴル独自の未来社会構想をじっくり主体的に練ることなど、まさに舶来の「自由選挙」なるものによって突如選ばれた、こうした新時代の政府や政党の若いひ弱な幹部たちには望むべくもなかった。

その結果、外国からの「援助」・投資に安易に依存した地下鉱物資源（石炭・金・銅・モリブデン・ウラン・その他レアメタル・レアアース）の開発とその輸送網（鉄道・舗装道路）の建設に偏重した国土開発計画が、無批判に立案されていった。

先に見たツェルゲル村の分校廃校についても、一九九六年に人民革命党から政権交代した民主同盟政権（〜二〇〇〇年七月）のもとで進められた「教育の構造改革」の一環での出来事であったのだ。ツェンゲルさんは、硬直した旧体制に早くから批判を持ち、遊牧民たちとともに分校開校と独自の地域づくりに奮闘し、民主同盟にも期待を寄せていただけに、分校廃校の仕打ちは、裏切られたという思いが強く、その精神的ショックは相当に深かったようだ。

ツェンゲルさんはその後どうなったのであろうか。

その後も現地調査を続けていた今岡良子氏（大阪大学外国語学部准教授）や山本裕子さん（当時、大阪外国語大学院生）たちの報告によると、一九九九年夏に分校が廃校となった後、ツェンゲルさん家族は村を離れ、ボグド郡中心地へ出て行った。ヤギをはじめ数百頭の家畜は、村に残る弟家族に世話を託した。そして、ほどなく県の中心地へと移住し、その一角に板塀でぐるりを囲んだ敷地内にゲルを建て、住まいとした。

ツェンゲルさんは、村の旧知の遊牧民から家畜を仕入れ、この町の市場《ザハ》で食肉を売るが、一家の生活に十分な安定した収入にはならない。家で子守りをしたり、金鉱帰りで顔を真っ黒にし、泥だらけになって時折訪ねて来る同郷の人々の相談に乗ったり、優しさは変わらないが、かつての気力はなく、めっきり痩せて白髪が増えた。酒に任せて荒れることもあったという。子どもたちの大学進学だけが唯一の望みとなっていた。

奥さんのバドローシさんが市場《ザハ》に小屋を借り、食堂《ゴアンズ》を切り盛りして生計を支えた。高校生に成長した長女スレン、次女ハンドも、水汲み、肉の仕込み、手打ち麺の支度などをして母を手伝うとともに、学校帰りに小さな日用雑貨売店《キオスク》の店番をして、家計を助けた。それでも足りない分は、村に残してきた家畜から少しずつ売って現金にし、生活費に充てた。

そこへきて、先述の数年続きの大雪害が襲った。

二〇〇二年夏、ツェンゲルさんから人づてに私たちのもとに届いた手紙には、「もう家畜《オドー・マル》は尽きてしまいました《ドーススン》」と綴られていた。遊牧民にとって命にも劣らぬほど大切な家畜という生産手段を、すべて失ったのである。この簡潔な一文は衝撃的であった。遊牧民にとってこれほど決定的なことがあるだろうか。「暮らし向きは、ますます辛く厳しくなっていくようです…」と手紙は続いていた。

希望に満ちたあの遊牧民協同組合ホルショーの結成から、一〇年目のことであった。

岐路に立つモンゴル ―― 揺らぐ暮らしと平和の土台

中央政府の政策は、あいかわらず地下鉱物資源の開発・輸出による経済成長の実現をめざすものであった。二大政党間で何度か政権交代が繰り返されたが、政策面で大きな対立軸はなく、ＩＭＦ路線追随、鉱物資源開発で見込まれる利益の国民への「ばらまき型」で、いずれにしてもその大枠において大差はなかった。「資源立国」を掲げ、二〇〇九年には、南ゴビのオユトルゴイ銅・金鉱床開発に関わる投資契約をカナダの鉱山大手企業との間で締結した。二〇一〇年には、六〇億トンを超える埋蔵量が眠る、世界最大級の南ゴビのタワントルゴイ炭田の採掘権を国際入札する方針を決定。隣国である中国、ロシアの二大国に加え、アメリカ、日本、韓国、イギリス、オーストラリアなど、世界の資源メジャーが入札に名乗りを上げ、利権獲得競争が過熱していった。

しかし、資源開発に極端に依存したモンゴル国内の経済基盤は脆弱で、資源ブームの二〇一一年に一七・三％だった経済成長率は、中国の景気後退などで鉱物資源の需要が落ち込み、価格が下落すると、二〇一六年末には一・三％に急落する見通しとなった。外貨準備は急減、通貨トゥグルクは暴落した。財政も急速に悪化し、対外債務不履行の危機に直面していたモンゴルは、二〇一七年二月、ＩＭＦ（国際通貨基金）・ＡＤＢ（アジア開発銀行）・日本・中国・韓国などから、三年間で総額五五億ドル（約六二〇〇億円）の緊急支援を受けることで合意した。その条件として、ＩＭＦ管理下で財政緊縮策の推進を受け入れることとなった今後、社会保障費のカットなど弱者切り捨て、民衆生活の圧迫、社会の不安定化が懸念される。

市場経済への移行から二五年余、ついにモンゴルは、累積した借金をさらなる借金で返済するという悪循環の泥沼に陥った。大国追従の市場経済第一主義政策は、明らかに破綻した。

モンゴル経済は中国経済に過度に依存しており、中国資本の進出が顕著で、最大の貿易相手国も中国である（二〇一七年、輸出の八五パーセント、輸入の三三パーセントが対中国でともに第一位）。特に近年では、中国が押し進める習近平国家主席主導の巨大経済圏構想「一帯一路」のなかで、モンゴルは「中蒙露経済回廊」の一環に位置づけられている。

しかし、地下鉱物資源開発・輸送による草原・砂漠の荒廃、河川・泉・地下水の汚染など環境破壊、市場経済に翻弄される遊牧の生産と生活のあり方、首都での貧困問題・大気汚染の深刻化等々、モンゴルの人々の暮らしがその基盤から脅かされ、風土に根ざした地域づくり・国づくりの主体性が損なわれれば、いずれ遠からず圧倒的多数のモンゴル民衆からの大きな不満と反発を招くことにならざるを得ないであろう。

一方、ソ連崩壊後、アメリカもモンゴルへの影響力を強め、台頭する中国・ロシアの二大国の勢力圏に食い込むかのように、この東アジア地域の力学に不安定要因を加えている。モンゴル政府も、中・ロの影響力抑制のため、日米を主体とした「第三の隣国」との関係強化を指向し、巨額の経済支援と引きかえに軍事協力が進行している。

二〇〇一年9・11アメリカ同時多発テロ、続く二〇〇三年対イラク戦争に際して、モンゴル政府は、日本の小泉首相（当時）に続き、いち早くアメリカ・ブッシュ政権の方針に支持を表明。二〇〇三年からアフガニスタン・イラクへの派兵に応じた。

また二〇〇四年には、アメリカは、ウランバートル郊外の草原で「反テロ」を名目に国連平和維持活動（PKO）の合同軍事演習「カーン・クエスト」を実施。アメリカ軍・モンゴル軍を主体に七ヵ国が参加し、日本の自衛隊もオブザーバーとして参加した。以後、この多国間共同訓練は毎年続けられ、二〇一七年には二七ヵ国、約一〇〇〇人が参加する規模に至っている。アメリカは、この演習基地タワントルゴイ（旧ソ連軍訓練基地）の整備とモンゴル軍将校の強化育成のため、二〇〇五年、巨額の資金（それぞれ一一〇〇万ドル、一八〇〇万ドル）を供与している。

「カーン・クエスト」には、二〇一五年からは中国人民解放軍も参加、日本の自衛隊も「戦争法案」を先取りする形で、それまでの教官要員に加えて訓練部隊を送り、「巡回」「検問」などの訓練に参加させている。二〇一七年には「駆け付け警護」、二〇一八年には暴徒と化した群衆の鎮圧、食糧配給所に見立てた施設の武装警備など、武器使用を伴う実動訓練をおこなっている。安倍政権は、ここでも憲法違反の既成事実を着々と積み上げようとしている。

第二次「東アジア世界」の第5期の多元的覇権争奪がもたらす深刻な矛盾と混迷は、まさにこの地域世界の「辺境」に位置する小国モンゴルに、凝縮された形で如実に表現されているのである。

5　民衆による真の東アジア民衆連帯創出の坩堝《るつぼ》

大地に根ざした二一世紀未来社会と東アジア民衆の新たな連帯をめざして

ここまでに見てきた「東アジア世界」民衆の悲痛な歴史が私たちに問いかけているものは、結局、こういうことではないのか。つまりそれは、「東アジア世界」の歴史を辿り、何よりも今日わが国をはじめ東アジア諸国、諸地域が陥っている社会の深刻な構造的矛盾、そして一方では実に多様で豊かな自然的条件と歴史的に蓄積されてきた社会的可能性をも組み込みながら、従来の観念に囚われることなく、自らの社会を多面的に自由奔放に考え、議論を深めるなかで、柔軟性を失い、頑迷固陋に陥った一九世紀以来の未来社会論から脱して、新たなパラダイムのもとに、草の根の民衆による二一世紀の新たな未来社会論の構築に立ち向かうべき時に来ているということではないのか。まさにそれは、第二次「東アジア世界」のこの第5期にあって、私たち民衆に課せられた最後の宿命的とも言うべき名誉ある使命なのである。

「中華民族の偉大な復興」を掲げる中国の経済・軍事大国化。その脅威を口実に、日米軍事同盟のもと、日本国憲法の前文および第九条を蔑ろにして、さらなる経済・軍事大国への道を突き進む日本。このまま行けば、何よりも韓国、北朝鮮、中国、モンゴル、ロシア極東、そして日本自身を含む東アジアの民衆に、再び計り知れない犠牲と不幸を強いることになるであろう。

まさにそれは、第二次「東アジア世界」の第3期の悪夢の再来である。今日再び浮上してきたこの歴史の逆行は、この第5期において、真の東アジア民衆連帯の構築を期待し切望している民衆にとって、その実現を阻害するばかりでなく、それを先延ばしにし、永遠に葬り去ることにもなりかねないのである。

こうした危機感と問題意識から、第二次「東アジア世界」のまさにこの第5期は、かつてのあの「社会主義」という人類悲願の壮大な理想への実験の挫折、そしてその挫折の苦悶の中から生まれつつある新たな思考の可能性をも含めて、民衆による民衆のための新たな高次の東アジア民衆連帯への胚胎期として位置づけることができるのではないか。それはとりもなおさず、権力に対峙する東アジア民衆の新たな連帯創出の揺籃とも言うべき時代なのである。そうなるかどうかは、支配権力者の欲深いディールに頼ることなく、まさにこれからの私たち草の根の民衆自身の力量如何にすべてがかかっていると言わなければならない。

第二次「東アジア世界」のこの第5期は、この「東アジア世界」全域へのかつての前近代の伝統的権力の規制とか、近代資本主義的権力の規制とか、現代「社会主義」的権力の規制とか、時代それぞれに「規制」の姿かたちを変えながらも、結局、「支配権力」主導一色に染められてきた「東アジア世界」の全歴史を最終的に清算して、支配権力者が我が物顔に振る舞うかつての古い「東アジア世界」の時代から、民衆が主体の真の東アジア民衆連帯を創出する新たな時代へと大転換を成し遂げる、唯一残された時代になるのかも知れない。

それではどうすればよいのか。その糸口を探ることが本書の主眼であるが、結局、この「東アジア世界」の民衆自身が、それぞれ自国の現実から出発して、自らの生きる問題として自らが考え、行動し、社会変革の真の主体として自らの社会を変えていくしかないのである。

それは、「東アジア世界」の苦難の全歴史を通じて学びとった、最も大切な教訓でもあるのだ。いつまでも自らの進む道を欲深い支配権力者に委ねていていいはずがない。今見てきた「東アジア世界」の民衆の全歴史に込められた核心的思想、それはとりもなおさず一九世紀前半、モンゴルの朔北の辺境の地で果敢に闘い、ついに異国へ流刑の身となって虚しく消えていったあの遊牧民トゥデッブ一家の思い、そして二〇世紀八〇年代半ばからの、山岳・砂漠の村ツェルゲルでのツェンゲルさん家族をはじめ遊牧民たちの涙ぐましいまでの「地域」自立への願い、さらには「東アジア世界」の各地でまっとうに、正直に生きたいと希《こいねが》い、闘い、果てには埋もれていった幾千万もの民衆の思いの一つひとつが、疑いようもなく率直にそのことを私たちに語りかけてくるのである。

「東アジア世界」の東端のこの列島にあって、二一世紀の今日、安倍政権は、北朝鮮・中国脅威論、韓国への敵愾心を殊更に煽り立て、東アジアの民衆を分断し、日米軍事同盟のもと日本国憲法を蔑ろにし、人を騙し、欺き、国民生活を犠牲にしてまで、米軍と一体となって自衛隊をさらに剥き出しの軍隊に仕上げる。そして、人間を大量に殺傷する愚劣極まりない最たる暴力、すなわち軍事力を誇示し、威圧し、東アジアの民衆に背を向け振る舞うこの厚かましさ、卑劣さは、第二次「東アジア世界」の修羅場とも言うべきあの第3期を再び甦らせる、驚くべき精神の荒廃というほかない。

ＡＩ（人工知能）とか、ＩｏＴとか、５Ｇ（第5世代移動通信システム）などと、今はやりの先端科学技術に酔い痴れて、飽くなき生産拡張へと邁進する。今や世界は、弱きをくじき、大が小を呑み込む弱肉強食の巨大化への道をひたすら突き進んでいる。人々は大地に背を向け、人間の温もりのない、あまりにも人工的で無機質な虚構の世界へと幽閉される。徐々に、だが確実に、バーチャルな私的空間に取り込まれていく。とどの詰まりが、自然から隔絶し、野性を失ったひ弱で冷淡、狭隘な「新種の人類」の出現なのである。格差と憎しみはますます増長され、社会の分断が進行し、さらなる地球規模での本格的な対立と抗争の時代へと陥っていく。

今日の深刻な児童虐待の急増一つをとってみても、それは偶然の現象ではないであろう。親や子ども個人の問題として狭く見てはならない。現代社会のもっと根っこに深く抱え込んだ病理として捉えていくべきではないか。

こうした殺伐とした時代のなかで、未来への展望を見失い、果てには不安と恐怖と混迷へと陥っていく人々の心に醸し出される根深い狭隘な利己的生活意識。それがやがて無意識のうちに澱《おり》のように溜まり、蔓延していく諦念の思想。これこそがもっとも憂うべき今日の社会の沈滞と荒廃の根本原因ではないのか。

二一世紀のあるべき未来社会の考察は、何よりもまず、現代社会のこの病理を解き明かすことからはじまるであろう。膠着状態に陥った一九世紀以来の未来社会論を克服し、今あらためて自然と人間の関係を根源的に問い直し、まさに民衆による、大地に根ざした素朴で人間性豊かな、二一世紀の新たな未来社会論を探究しなければならない時に来ている。それは、第二次「東アジア世界」のまさにこの第5期の熱い坩堝《るつぼ》のなかで鍛錬され、生み出されていくにちがいない。

本書の後半では、こうしたことを主題に据えて、掘り下げて考えていくことになろう。

国破れてわが郷土《トゥルスン・ノタック》あり――再出発の思い未だ止まず

旧体制に果敢に挑み、山岳・砂漠の村ツェルゲルの山中の分校を拠点に、ひたむきに地域づくりに取り組んできた遊牧民の若きリーダー・ツェンゲルさん。グローバル市場経済の突如の荒波に呑み込まれ、心に描いた終生の夢は無惨にもひしがれ、失意のうちにふるさとの村を去った。

国破れてもなお、夏営地《ゾスラン》、秋営地《ナマルジャー》、冬営地《ウブルジュー》、春営地《ハバルジャー》の四季をめぐる遊牧循環の山岳・砂漠の厳しくも美しいあの広大な郷土の自然は、人事を超越して泰然として存在しているではないか。

ツェンゲルさんと気丈夫な妻バドローシさんの人生は、二一世紀の今も現在進行形である。

我慢強い長女のスレン、幼かった次女ハンドや弟セッド、あるいは同時代の苦難を乗り越えてきた多くの若者たちが、いつの日か故郷の大地に戻って、村に残り生き抜いてきた人々とともに、人生の試練に鍛えられた「土着の思想」と、学業や仕事を通じて培った経験や技量を生かして、再び地域再生に取り組む時代がきっとやって来るにちがいない。

思えば二六年前、あの厳冬の遊牧民協同組合ホルショー結成総会の時、ツェンゲルさんはいみじくも、「私たちはこのツェルゲルの大地に生まれ、育ち、そしてこの大地に死んでいくのです。だから私たちには、この母なるツェルゲルの大地から恵みを受け、誰からも干渉されずに自由に生きていく権利があるはずです」と訴えかけていた。その主張は、人間と大地の関係に深く由来する根源的な強さを表現しているように思えてならない。そして、ツェンゲルさんが自らを励ますようによく口ずさんでいた歌「マルチン・ザヤー（遊牧民の運命）」にも重なってくる。

太古から受け継いだ遊牧民の運命《マルチン・ザヤー》
世界にも稀なる、愛馬とともに生きる人生《モリトイ・ザヤー》

その夢は、「東アジア世界」の次なる高次のステージ、すなわち民衆による真の東アジア民衆連帯のもとで必ずや復活し、叶えられていくにちがいない。

フムール※の若芽の香りを漂わせ
高原を吹き抜ける
初夏の風
これぞふるさとツェルゲルの大地
悲しい時も、嬉しい時も
逆境の時にも
常に愛馬とともに生きる
世界にも稀なる
太古から受け継いだ
これぞ遊牧民の運命《マルチン・ザヤー》

※　モンゴルの草原に自生するユリ科の植物。初夏、ヤマラッキョウのような薄紫色の花を咲かせる。

第Ⅲ章

二一世紀未来の新たな社会のあり方をもとめて

第Ⅰ章および第Ⅱ章では、中国歴代王朝の政治的権力ないしは権威を支柱にした冊封体制と呼ばれる「東アジア世界」を措定し、二一世紀の今日におよぶその歴史的構造を明らかにしつつ、この「東アジア世界」が前近代的専制権力、後には資本主義的強圧によって絶えず侵蝕、支配され、翻弄されてきた歴史を見てきた。民衆は、こうした「世界」にあって、自己の主体的可能性を長きにわたって封じ込められ、苦悶してきたのである。

民衆のこの「未発の可能性」は、二一世紀の今日の時代、つまり第二次「東アジア世界」の第5期において、以前にも増して客観的な条件を持ちながらも、新たな資本主義的規制、帝国主義的規制の脅威のもとで苦難を強いられている。

民衆のこの「未発の可能性」を本当に可能にする決定的な鍵は、結局、「東アジア世界」の各国、各地において、それぞれが専制的権力の支配から脱し、民衆自らが自らを根源的に解放できる新たな社会を構築できるのかどうかにかかっているのである。それは、各国、各地のそれぞれの社会が置かれている自然的、社会経済的、歴史的諸条件によって千差万別であるが、とどのつまり、民衆主体の独自の未来社会を誠実に追究できるかどうかにかかっている。

「東アジア世界」の民衆がこの共通の課題を自覚し、努力することによってはじめて、「専制的巨大権力」による支配と分断を排し、東アジア民衆の草の根の真の連帯は可能になるのではないか。

「東アジア世界」の東端に位置する日本列島で、世界に誇る日本国憲法を現に有する私たち自身が、その究極の具現化をめざす未来社会構想を誠実に模索し、実現していくならば、その意義は、「東アジア世界」の民衆の未来にとって計り知れなく大きいと言わなければならない。

この第Ⅲ章からは、二一世紀における私たち自身の日本の未来社会構想を基軸に考えていきたいと思う。ここに提起する未来社会構想が、未来を語り合う共通の基盤となり、「東アジア世界」の他の諸国や諸「地域」

の民衆との真の交流、真の連帯の出発になればと願っている。

1　まずは日本の現実を直視することから

欺瞞と不正義の上にかろうじて成り立つ「拡大経済成長路線」

あれからもう六年にもなろうか。それは、私たちの暮らしの意識を根底から揺さぶる衝撃的な事件であった。二〇一三年一月一六日、アルジェリア南東部、サハラ砂漠のイナメナスの天然ガス施設で突如発生した人質事件は、わずか数日のうちに、先進資本主義大国および現地政府軍の強引な武力制圧によって凄惨な結末に終わった。

その後、メディアを賑わす話題は、この種の事件の今後の対策へと収斂していく。現地住民の立場をも視野に入れた公平にして包括的な本質論は影をひそめ、もっぱら内向きの議論に終始する。こうした中、二〇一三年一月二八日、安倍首相は衆参両院の本会議で第二次安倍内閣発足後初めての所信表明演説を行った。演説の冒頭、アルジェリア人質事件に触れ、「世界の最前線で活躍する、何の罪もない日本人が犠牲となったことは、痛恨の極みだ」と強調。「卑劣なテロ行為は、決して許されるものではなく、断固として非難する」とし、「国際社会と連携し、テロと闘い続ける」と声高に叫び胸を張る。

一方的に断罪するこうした雰囲気が蔓延すればするほど、国民もわが身に降りかかるリスクのみに目を奪われ、事の本質を忘れ、ついには軍備増強やむなしとする好戦的で偏狭なナショナリズムにますます陥っていく。こうした世情を背景に、為政者は在留邦人の保護、救出対策を口実に、この時とばかりに自衛隊法の改悪、集団的自衛権の必要性を説き、憲法改悪を企て、国防軍の創設へと加速化していく。

このような時であるからこそなおのこと、センセーショナルで偏狭な見方を一転しなければならない。当該現地の民衆が置かれている立場に立って、わが身の本当の姿を照らし出し、この事件を深く考えてみる必要があるのではないだろうか。

他国の荒涼とした砂漠のただ中に、唐突にもここはわが特別の領土だと言わんばかりに、あたかも治外法権でも主張するかのように、頑丈で物々しい鉄条網を張りめぐらしたミリタリーゾーン。そのなかで軍隊に守られながら他国の地下資源を勝手気ままに吸い上げ、現地住民の犠牲の上に「快適で豊かな生活」を維持しようとするわが国はじめ先進諸国。一方現地では、外国資本につながるごく一部の利権集団に富は集中し、風土に根ざした本来の生産と暮らしのあり方はないがしろにされる。圧倒的多数の民衆は貧窮に喘ぎ、外国資本と自国の軍事的強権体制への反発を募らせ、社会に不満が渦巻いていく。「反政府武装勢力」、そして各地に持続的に頻発するいわば「一揆」なるものは、資源主権と民族自決の精神に目覚めたこうした民衆の広範で根強い心情に支えられたものなのではないのか。これを圧倒的に優位な軍事力によって、強引に制圧、殲滅する。

まさにこの構図は、今にはじまったことではない。アフガニスタンおよびイラク、イランをはじめとする中東問題が、再び北アフリカへと逆流し、さらには世界各地へと拡延していく。こうもしてまで資源とエネルギーを浪費し、「便利で快適な生活」を追い求めたいとする先進資本主義国民の利己的願望。それを「豊かさ」と思い込まされている、ある意味では屈折し歪められた虚構の生活意識。この欺瞞と不正義の上にかろうじて成り立つ市場原理至上主義「拡大経済成長路線」の危うさ。この路線の行き着く先の断末魔を、この人質事件にまざまざと見る思いがする。

果たして私たちの暮らし、社会経済のあり方はこのままでいいのか

はるか地の果てアルジェリアで起こったこの事件は、今までになく強烈にこれまでの私たちの暮らしのあり方、社会経済のあり方がいかに罪深いものであるかを告発している。と同時に、私たちの社会のあり方が、もはや限界に達していることをも示している。「拡大経済成長路線」の弊害とその行き詰まりが白日の下に晒され、誰の目にも明らかになった今、一八世紀イギリス産業革命以来、二百数十年にわたって拘泥してきたものの見方、考え方を支配する認識の枠組み、つまり近代の既成のパラダイムを根底から転換させない限り、どうにもならないところにまで来ている。

大地から引き離され、根なし草同然となった現代賃金労働者《サラリーマン》という名の人間の社会的生存形態は、今ではすっかり常識となった。一方こうしたなかで、人間は自然からますます乖離し、自らがつくり出した社会の制御能力を喪失し、絶えず生活の不安に怯えている。高度に発達した科学技術によって固められた虚構の上に築かれた危うい巨大な社会システム。人間は、自然から遮断されたこのごく限られた、僅かばかりの狭隘できわめて人工的な空間に幽閉され、生来の野性を失い、精神の虚弱化と欲望の肥大化が進行していく。今あらためて大自然界の生成・進化の長い歴史のスパンの中に人類史を位置づけ、そのなかで近代を根本から捉え直し、未来社会を展望するよう迫られている。

しかし、わが国の現状はどうであろうか。大胆な「金融緩和」、放漫な「財政出動」（防災に名を借りた大型公共事業の復活）、巨大企業主導の旧態依然たる輸出・外需依存の「成長戦略」。とうに使い古されたこの「三本の矢」で、相も変わらず経済成長を目指すという「アベノミクス」なるもの。いつのまにかこの「三本の矢」は聞かれなくなったが、戦後七〇余年におよぶ付けとも言うべき日本社会の構造的破綻の根本原因にはまともに向き合おうともせずに、相も変わらず矮小化された近代経済学の枠組みから、ただひたすら当面のデフレ・円高脱却、そして景気の回復をと、選挙目当てのその場凌ぎの対症療法を今なお性懲りもなく延々

と繰り返す。むしろこのこと自体に、この国の政治と社会の深刻な病弊を見るのである。

資本主義経済固有の不確実性と投機性、底知れぬ不安定性。とりわけ人間の飽くなき欲望の究極の化身とも言うべき、今日の市場原理至上主義「拡大経済成長路線」の虚構性と欺瞞性。そして何よりも目に余る不公正と非人道性、その残虐性は、いずれ克服されなければならない運命にある。

歴史の大きな流れの一大転換期にあって今まさに必要とされているものは、その場凌ぎの処方箋などではない。社会のこの恐るべき構造的破綻の本当の原因がどこにあるのか、その根源的原因の究明と、それに基づく長期展望に立った社会経済構造の深部におよぶ変革に、誠実に挑戦することではないのか。

2　私たちはどこから来て、どこへ行こうとしているのか

迫り来る世界的危機のなかで

投機マネーに翻弄《ほんろう》される世界経済。このままでは、いずれやって来る未曾有の大不況、そして世界大恐慌。それでも、「エコ」をも経済成長の手段に取り込み、なおも「浪費が美徳」の経済を煽《あお》る姿に、やるせない思いがつのる。

一方、容赦なく迫りくる地球温暖化による異常気象と、世界的規模での食料危機。国内農業を切り捨て、農山村を荒廃させ、食料自給率過去最低の三七パーセント（二〇一八年度）に陥った日本。

この恐るべき事態をよそに、テレビ画面には相も変わらず大食い競争やグルメ番組が氾濫し、今どき何がそんなにおかしいのか、たわいもないことにおどけ、ニヤニヤ、ゲラゲラ馬鹿騒ぎに浮かれ、四六時中茶の

間に這入りこんでくる。現実世界とのあまりにも大きな落差に戸惑いながらも、一体これは何なのだ、と首をかしげるばかりである。

これでは、不条理な現実への無関心、無批判層が増えていくのも当然の結果ではないか。

いのち削り、心病む、終わりなき市場競争

こんな飽食列島の片隅で、ついには生活保護からも排除された北九州の独り暮らしの病弱な男性（五二歳）が、「おにぎり食べたい」と窮状を訴えるメモを残して餓死し、ミイラ化した状態で発見された事件（二〇〇七年七月）は、記憶に新しい。

今、失業者、日雇いや派遣などの不安定労働、「ワーキングプア」が増大し、所得格差はますます拡大している。非正規雇用は今や勤労者のほぼ四〇％に達し、特に若者世代では半数にもおよぶと言われている。正社員であっても、過労死・過労自殺に追い遣られる現実のなかで、もはや安泰とは言えない不安に苛《さいな》まれている。

一方、福祉・年金・医療・介護など、庶民の最後の砦ともいうべき社会保障制度は、機能不全に陥り、破綻寸前にある。

競争と成果主義にかき立てられた過重労働、広がる心身の病。弱肉強食の波に呑まれ、倒産に追い込まれる弱小企業や自営業。明日をも見出すことができずに、使い捨てにされる若者たちの群像。自殺者が一四年連続（一九九八〜二〇一一年）年間三万人を超え、近年では低年齢化している痛ましい現実。家族や地域は崩壊し、子どもの育つ場の劣化が急速にすすみ、児童虐待が社会問題化している。

どれひとつとっても、私たちの社会のありようそのものが、もはや限界に達していることを告発している。

人々が心に秘める終生の悲願――「宇宙の子」として

「私のお墓の前で　泣かないでください」のフレーズではじまる『千の風になって』は、なぜこれほどまでに現代人の心に響いたのであろうか。受け止め方は人さまざまのようであるが、悲しみに暮れる心に、このようにも聞こえてくる。

「私は、死んでなんかいません。あの大きな空を吹きわたる千の風になって、地上の、そして宇宙のすべてのものと溶けあい、つながりあって、生きているのです」

咲き乱れる草花や、畑にふりそそぐ光、木々の緑、小鳥のさえずり…いのちあるものすべてが、いとおしく感じられてくる。それは、人々の心の深層に眠る、原初的とも言うべき素朴な〝自然循環の思想〟を目覚めさせてくれる。

私たちの多くが人生や社会に対する不安を抱き、心を固く閉ざし、生きる希望さえ失いかけている今、人々は、この歌に耳を傾け、自己のいのちの儚《はかな》さを癒し、儚いが故になおのこと、いのちの意味を問い直そうとしたのかもしれない。

宇宙の神秘としか言いようのない、あの想像を絶するビッグバンから一三七億年。悠久の時をかけて豊かないのちを育んできた、かけがえのない地球。人間も、動物や植物も、水や土、そして宇宙に散在する無数の星々でさえも、そのすべてが、ビッグバンとともに宇宙に拡散された元素、さらに敷衍して言えば、一粒一粒の素粒子から成り立っている。これらすべてが等しく「宇宙の子」であると言われる所以は、まさにそこにある。

人々は、日々の生活に悩み、地球環境の迫りくる危機と戦争による壊滅的破局を漠然と予感しながらも、それでも、宇宙の無窮の広がりの中を永遠に受け継がれていくいのちのつながりに、一縷の望みをかけているのかもしれない。

人が最後に守るものは何なのか、と問われれば、誰もが迷うことなく、一つ一つのいのちの尊厳であると答えるであろう。一三七億年という気も遠くなるような遥か過去の、時間も空間も存在せず、ただ一点に凝縮されたエネルギーの塊であったと言われている宇宙の始原から、途絶えることなく進化を遂げ、延々と受け継がれてきた、このいのちのつながりであると答えるに違いない。

それは、私たちの個々のいのちがあまりにも儚いがゆえになおのこと、誰もが、宇宙に溶けあい、未来へ続く自己のいのちのつながりを大切に思っているからであろう。もし、このいのちのつながりが、いつかどこかの時点で断ち切られることがあるとするならば、それを想像するだけでも、今ある自己のいのちは、この宇宙や地球の未来とは何の係わりもない断ち切れた孤独な存在に感じられ、一瞬にして生きる希望は消え失せてしまう。だからこそ、果てしない宇宙の広がりのなかで、多様ないのちを育んできたかけがえのないこの地球を、そしてふるさとや家族や友人、遠く離れた見知らぬ人々をも、世界のすべての人々が大切にしたいと思っているのではないだろうか。

子どもたちは今

宇宙を思わせる果てしなき漆黒の闇、射し込む一筋の光。

散乱する永遠の光のなかで、子どもたちの小さないのちは、その一つひとつまでもが、実に生き生きと、個性的に輝いている。

受け継いだ小さないのちを精一杯に生き、次代へつなげたいとするその意志の強さ、生命力の美しさに心打たれる。

むごいことに、時代は、不条理の苦しみの世界に、この小さないのちを追い込んでいく。それでも、子どもたちは、精一杯に生きようとしている。

やがて、子どもたちは、力尽き、最後の、最後の思いを、大人たちに問いかけてくる。

人間は、燦々と降り注ぐ太陽の光のなかで、土や水や風や緑に囲まれて、仲良く、素直に生きさえすれば、それでいいんだよね、と。

込みあげる悲しみを堪《こら》え、縋《すが》る、あまりにも痛々しいその姿で、最後の願いを大人に託して、失意のうちに去って逝くのである。

今こそ近代のパラダイムの転換を

これほどまでに人間の尊厳が貶められながら、これほどまでに欲しいまま振る舞う「政治」を、これほどまでに長きにわたって許してきた時代も、めずらしいのではないか。それは、氾濫する雑多な情報に振り回され、ますます肥大化する欲望に翻弄された現代社会の病弊の為せる業なのかも知れない。

市場競争至上主義のアメリカ型「拡大経済」の弊害と行き詰まりが浮き彫りになった今、一八世紀イギリス産業革命以来、二百数十年間、人々が拘泥してきたものの見方、考え方を支配する認識の枠組み、つまり、既成のパラダイムを根底から変えない限り、どうにもならないところにまで来ている。

大地から引き離され、根なし草同然となった「賃金労働者」という近代の落とし子とも言うべき人間の社会的生存形態は、果たしてこれからも、永遠不変に続くものなのであろうか。そもそも人間のいのちとは、一体、何だったのであろうか。今あらためて、人類史を自然界の生成・進化の中に位置づけて捉え直し、新たなパラダイムのもとに、私たちが歩むべき未来社会はどのようなものなのかを展望することが求められている。

それが今、私たちに課せられた二一世紀最大の課題なのである。

人間を育む〝場〟としての家族

思えば私たち人間は、人類の始原から、その歴史の大部分を家族とともにからだを存分に動かし、大地に働きかけて生きてきた。

家族は本来、〝いのち〟と〝もの〟を再生産するための、人類にとってはかけがえのない〝場〟であった。大地に根ざして生きる家族には、人間の発達を促すためのほとんどすべての要素や機能が、未分化のままぎっしりと詰まっていた。炊事や育児・教育・医療・介護・こまごまとした家事労働など、暮らしのあらゆる知恵、農業生産の総合的な技術体系、手工芸・手工業や文化・芸術・娯楽・スポーツの萌芽的形態、福利厚生の芽や相互扶助の諸形態、共同労働の知恵…。家族は、自然と人間をめぐる物質代謝の循環のまさに結節点にあって、人間の諸能力を引き出す優れた〝学校〟の役割を果たしてきた。

家族は、他に類例を見ない優れた人間最小単位の組織であり、長い歴史をかけて作りあげられてきた、人類にとってかけがえのない大切な遺産でもあったのだ※。

こうした家族には、大地と人間をめぐる物質代謝の循環に合ったゆったりとした時間の流れのなかで、自然や人々との「共生」を基調とする価値観、これにもとづく人生観や世界観が育まれ、人々は、それにふさわしい生き方を築きあげてきた。

※　家族を根源的に、歴史的に、人類史的にどう捉えるか。そして今日においてその意義をどう評価するかについては、拙著『菜園家族の思想―甦る小国主義日本―』（かもがわ出版、二〇一六年）の第三章「人間はなるべくして人間になった―その奇跡の歴史の根源に迫る―」のなかで詳述。

人間のライフスタイルは変わる

一八世紀イギリス産業革命は、中世までの長きにわたる循環型社会を打ち砕き、自然を、そして人間の暮らしを大きく変えていった。新たに登場した資本主義は、家族から農地や生産用具という自立の基盤を奪い取り、人間を自らの労働力を売るより他に生きる術《すべ》のない存在につくり変えてしまった。生産性の向上と効率性を求めて、工業化と分業化を一貫しておしすすめた結果、家族にもともと内包されていたきめ細やかで多様な機能は摘み取られ、家族の外へと追い出され、ついにはほとんど何も残らなくなってしまった。

大工業は生産力を飛躍的に拡大させたが、繰り返される不況と恐慌は、人々を失業と貧困の淵に追い遣り、家族を破壊するとともに、他方では、人間の欲望をますます肥大化させ、その渦の中へと巻き込んでいく。人間とその社会のあり方を根底から変えるこの資本主義の強力な作用は、全世界へとおよんでいったのである。

こうした中、人々は、資本主義の弊害と矛盾を克服しようと、新たな社会の枠組みを模索しはじめる。一九世紀、人類が到達した資本主義克服の未来社会論、すなわち「社会主義」の核心は、社会的規模での生産手段の共同所有と、これに基づく共同管理・共同運営（生産手段の社会化）というものであった。

二〇世紀の一〇年代になってロシアに出現したいわゆるソ連の「社会主義」体制は、やがて中央集権的独裁専制支配のもとで、人間形成の基盤そのものの喪失と、個々人の主体性の圧殺を招き、ついに二〇世紀末、脆くも崩壊した。この崩壊の原因と「生産手段の社会化」の欠陥がどこにあったかを突き詰めて考える時、これにかわる新たな道が見えてくる。それは、農地や生産用具など生産手段から引き離され、根なし草同然の存在となってさ迷い苦悩している現代賃金労働者《サラリーマン》に、再び自立の基盤を取り戻すことによって開かれる、未来への新たな道の可能性である。

現代賃金労働者《サラリーマン》と生産手段とのまさにこの「再結合」の考えは、経済が右肩上がりの成長途上にあって、モノが豊かにもたらされ、社会の矛盾がそれなりに抑え込まれている時代にあっては、社会発展の理論としては、実に長きにわたって不問に付され、封印されてきた。しかし、今や世界は、市場原理至上主義「拡大経済」の破綻の危機に直面し、「経済成長」神話の虜《とりこ》となっていさえすればそれで済まされる時代は、もう終わりを告げようとしている。

こうした新たな時代を迎えた今、私たちが二〇〇〇年以来提起してきた「菜園家族」構想では、一八世紀産業革命以来、今日まで長きにわたって続いてきた人間の社会的生存形態、つまり賃金労働者を根源的に見直すことからはじめている。そして、現代賃金労働者《サラリーマン》と生産手段（自給に必要な最小限の農地と生産用具、家屋など）との「再結合」という、これまで閉ざされてきた未踏の領域にあえて踏み込み、これを手がかりに二一世紀の新たな未来社会論を構築しようと試みているのである。

菜園家族レボリューション――生産手段との「再結合」こそ二一世紀未来社会論の要諦

歴史的とも言うべき、この生産手段と現代賃金労働者《サラリーマン》との「再結合」を果たすことによって、今日疲弊しきった家族は、近代化の過程で失った自立の基盤と家族に固有の多様な機能を取り戻し、「菜園家族」として甦る。そして、生気を回復したこの新たな「家族」を基礎単位に、「自立と共生」の多重・重層的でみずみずしい地域社会の基盤が築かれていく。

つまり、こうした地域社会の構築は、いわば土壌学で言うところの、隙間が多く、通気性・保水性に富んだ、作物がよく育つ、肥沃でふかふかとした豊かな団粒《だんりゅう》構造の土づくりに酷似している。そこでは、砂地やゲル状の粘土質の土といった単粒《たんりゅう》構造の土壌とは比較にならないほど、ミミズや微生物など大小さまざまのあらゆる生き物にとって、実に快適ないのちの場になっている。それぞれの生き物が相互に有機的に作用しあい、自立したそれぞれの個体が自己の個性にふさわしい生き方をすることによって、結果的には他者をも同時に助け、自己をも生かしている、そんな世界なのである。こうした社会的基盤づくりができてはじめて、資本主義を克服し、人類の夢である大地に根ざした素朴で精神性豊かな自然循環型共生社会への道は可能になるのである。

これが、次の第Ⅳ章で述べる週休（2＋α）日制の「菜園家族」型ワークシェアリング（但し1≦α≦4）を梃子とした、人類史上、未だかつて実現しえなかった、近代「賃金労働者」と前近代「農民」の融合による精神性豊かな新しい人間の社会的生存形態の創出であり、この「菜園家族」を基調とするCFP複合社会（後述）を経て、「分かちあいの世界」、自由・平等・友愛の高次自然社会へと至る壮大な回帰と止揚《レボリユーション》の道なのである。

この課題は結局、一九世紀以来人類が連綿として探究し続けてきた、近代資本主義を超克するかつての未来社会論に対しても同時に、二一世紀の今日の視点からあらためて再考を迫るものになるであろう。

第Ⅳ章

「菜園家族」日本の構築

――二一世紀、素朴で精神性豊かな自然循環型共生社会への道――

菜園家族レボリューション
—世界に誇る日本国憲法、究極の具現化—

二一世紀人々は、前人未踏の
おおらかな自然《じねん》の世界を求め
大地への壮大な回帰と止揚《レボリューション》の道を歩みはじめる。
根なし草同然となった
近代特有の人間の社会的生存形態
賃金労働者を根源的に問い直し
冷酷無惨なグローバル市場に対峙して
抗市場免疫の「菜園家族」を基礎に
素朴で、精神性豊かな生活世界を構築する。
憎しみと報復の連鎖に代えて
非武装・不戦の誓いを
いのちの思想を
暮らしの根っこから。
今こそ近代のパラダイムを転換する。

明治維新政治史、日本近代史の研究者である田中彰氏は、小国論の視座から『特命全権大使米欧回覧実記』を検討し、その後に現れた小国主義の代表的な主張、議論を辿りながら日本近代史を描きなおした著書『小国主義─日本の近代を読みなおす─』（岩波新書、一九九九年）の結論部分で、要約以下のように述べている。

明治初年、米欧一二か国を回覧した岩倉使節団は、日本近代国家創出のモデルを求め、日本の進むべき道を模索していた。使節団副使だった木戸孝允および大久保利通が没したあとの「明治一四年の政変」は、その後の朝鮮問題とからんで日本の岐路となった。かつての特命全権大使だった岩倉具視と副使伊藤博文らによる明治政府がそこで選んだ道は、アジアにおける小国から大国への道だった。

これに対して、中江兆民は「富国強兵」を目指す明治政府の大国への道を痛烈に批判し、小国主義を対置した。当時、自由民権運動の側から出された私擬憲法、なかでも植木枝盛の草案などは、「自由」と「民権」を基調とする内容をもっていた。明治憲法を大国主義の憲法とすれば、植木らの民権派の憲法案は、まさに小国主義の憲法といってよい。

しかし、自由民権運動への徹底した弾圧によって小国主義はおしつぶされ、日清戦争の勝利によって明治天皇制は、その基盤となる思想的・社会的土壌を急速に広げ、確立していった。そして、軽工業から重工業へと、わが国の産業革命は進展していく。それに続く日露戦争は朝鮮を踏みにじり、中国への軍事侵略の足場をつくった。明治国家の大国主義路線は、これらの戦争を通して小国主義をおさえ込んでいく。

小国主義の路線は深く伏流せざるをえなかった。しかし、小国主義の主張は、社会主義思想や内村鑑三らキリスト教者の非戦・平和主義の論調として、時に表層に滲み出た。やがて、大正デモクラシーの潮流の中から顕在化したのが、石橋湛山らの「小日本主義」である。彼は、植民地放棄の論陣を張った。だが、大正デモクラシーの潮流のなかでの「小日本主義（小国主義）」も、ふたたび大国主義による軍国主義におしのけられ、アジア太平洋戦争によって再度伏流化した。そしてついに、一九四五年八月一五日、日本は敗戦を迎えたのである。

敗戦と占領という外圧を経ることによって、戦前・戦中、苦闘を強いられ続けてきた「未発の可能性」としての小国主義ははじめて陽の目を見たのである。敗戦によるすべての植民地の放棄によって、小国主義が実現し、民権派憲法草案の流れをくんだ憲法研究会草案がマッカーサー草案を介して日本国憲法に流れこむことによって、小国主義はついに現実のものとなったのである。

明治初年さらに明治一〇年代から、「未発の可能性」としての小国主義は、大国主義と闘い、伏流、台頭、再伏流という長い苦難の水脈を維持しつつ、敗戦・占領という過程で、この小国主義を内包した日本国憲法として結実したのである。

そして、田中氏はこう結んでいる。

二一世紀は、「小国主義か大国主義か」ということになろう。小国主義はアンチ大国主義・覇権主義である。それは小国主義としての主張であり、闘いである。小国主義を選択することは、日本国憲法の理念に根ざす小国主義を国民が主体的に闘いとることである。そして、その小国主義を克ちとり続けることこそが、日本近代史の苦闘の歴史の教訓を生かす道である。

それは明治以降、その理念の実現をめざして闘ってきた多くの先人の努力を受けつぐことにほかならない。日清・日露戦争以後、天皇の名においてくり返されてきた戦争に命を奪われた人びと、そして、アジア太平洋戦争にいたる数千万のアジアないし世界の犠牲者に対する、いまを生きる日本人としての責務がそこにはある。

小国主義は、国民の自主・自立のエネルギーの横溢と国家の禁欲を求め、道義と信頼に基づく国際的な連帯と共生を必要とする。そこには大国主義とのたゆまざる闘いがある。

（田中彰『小国主義―日本の近代を読みなおす―』岩波新書、一九九九年）

「押しつけ」憲法論や「国際情勢の変化」を理由に、日本国憲法の小国主義の理念を否定しようとする企みに対する闘いが、今や急を要する事態に直面しているからこそなおのこと、自身も多感な青年期に軍国主義の時代に翻弄され、陸軍士官学校最後の士官候補生として敗戦の日を迎え、戦後、日本近代史の研究に取り組んできた氏のこの論点を大切に心に留めておきたい。

こうした歴史への謙虚な姿勢をまったく忘れ去ったかのように、安倍首相は国際舞台では、厚かましくも「自由と民主主義の価値観を共有するパートナー」などと嘯き、内に向かっては、嘘と欺瞞に充ち満ちた実にこざかしい手法を弄して、ついに二〇一五年九月一九日未明、「安保関連十一法案」を一つに束ねて、一気に参院本会議にてこの前代未聞の悪法「戦争法案」なるものを強行採決した。その強引で横柄な態度には、過去に犯した侵略戦争に対する反省の念などは微塵も見られない。恐るべき時代に突入したのである。

強行採決しても
「いずれ国民は忘れる」
人を見下す
この国の政治
安倍政権のこの思い上がりを
主権者たる国民は決して忘れない

先にも触れたように、二〇一七年には、国連の舞台で日本政府の代表は、被爆者と圧倒的多数の諸国民の願いに背を向け討議をボイコットし、核兵器禁止条約を拒絶するに至った。この年の夏もめぐってきた原爆の日。八月九日の長崎市での平和祈念式典後、安倍首相に対する要望の場で、今や高齢となった被爆者団体の代表たちから、「あなたはどこの国の総理ですか。私たちをあなたは見捨てるのですか。国民をあなたは見捨てるのですか」と直接、憤りの言葉が投げかけられる始末だ。

民意を無視し、説明責任を回避し、根拠のないまま、国民の命運を分ける重大問題を勝手に決める。それは、国民の声を踏みにじる原発再稼働の強行や、大国主導、財界主導のＴＰＰ問題、森友学園・加計学園疑惑の真相究明から逃げるような臨時国会冒頭での衆院解散という暴挙、さらには、二〇一九年二月二四日、辺野古米軍新基地建設のための埋め立ての賛否を問う沖縄県民投票で示された、「反対」が七二パーセントという住民の明確な意思表示をも無視して、なおも強権をもって工事続行をごり押しする姿勢にも通底する特徴だ。

二〇一七年六月末、安倍首相は、二〇二〇年東京オリンピックまでの改憲実現のために、夏のうちに日本国憲法の核心的規定である第九条の骨抜きを狙った「自衛隊明記」の自民党改憲案をまとめ、秋の臨時国会に提出し、二〇一八年の通常国会で「改憲原案」として発議し、一二月までに国民投票をおこなうという日程まで公言した。森友・加計学園問題をめぐって、首相の人柄が信頼できないとの理由で内閣支持率が急落した後、一時的に影を潜めたものの、改憲派が衆院で三分の二以上、参院でも三分の二に迫る議席を占めているこの好機を逃すまいと、あらゆる姑息な策を弄して、再び改憲の動きを例の如くこざかしく手を変え品を変え、執拗に繰り出してくるにちがいない。

まさにそこに、この政権が日米安保条約体制、日米軍事同盟の下、アメリカにすり寄り、「経済大国」、「軍事大国」を志向する、時代錯誤も甚だしい二一世紀型新種とも言うべき「新大国主義」の特徴とその本質をまざまざと見る思いがする。目ざとく時代状況を窺いながら取り繕う狡猾さは、新種の名にふさわしいこの政権に最たるものなのかもしれない。

であるからこそなおのこと、細心の注意を払い、警戒を怠ってはならない。「陸海空軍その他の戦力」の不保持を明確に規定したはずの憲法第九条に違反し、歴代権力が戦後一貫して国民を欺き、実に巧妙に積み重ねてきた既成事実に馴らされることは、もはや許されないのである。

私たちは、終戦七〇年余を経た今、もう一度、日本国憲法の前文と第九条をはじめ、「平和主義」、「基本的人権（生存権を含む）の尊重」、「主権在民」の三原則を基調とする世界に誇るこの憲法の全条項を愚直なまでに誠実に読み返そうではないか。初心に立ち返り、戦争の問題、生と死の問題、そして誠実に生きるとは何かを、根源的にとことん考えぬこうではないか。

〈日本国憲法〉

第九条　日本国民は、正義と秩序を基調とする国際平和を誠実に希求し、国権の発動たる戦争と、武力による威嚇又は武力の行使は、国際紛争を解決する手段としては、永久にこれを放棄する。

② 前項の目的を達するために、陸海空軍その他の戦力は、これを保持しない。国の交戦権は、これを認めない。

たとえ為政者が、どんなに屁理屈を並べ立て、勝手気ままに振る舞おうとも、諦めてはならない。主権者たる国民の本当の出番は、これからはじまるのだ。

一方、私たちは、こうした蛮行をやすやすと許してきた私たち自身の弱さにも、同時に厳しく冷静に目を向けていく必要があるのではないか。

思えば、今私たちが享受している民主主義は、戦前、戦中、戦後を通して、私たちの先人たちの長き苦闘によって勝ち得たものであった。しかし、戦後高度経済成長とともに、いつしかその初心を忘れ、その後長きにわたって、あまりにも「選挙」だけに矮小化した「お任せ民主主義」に甘んじ、それでよしとしてきたのではなかったのか。このことは同時に、生産と生活の現場における私たち民衆自身の主体性と創意性の劣化を招き、民主主義の原点とも言うべき草の根の民主主義の衰退と、これを基礎におく「議会」をはじめ民主的諸制度の空洞化を極限にまで進めることになったのではなかったのか。

私たちが、主権者たる国民の本当の出番を望むのであれば、長期的に見て、民主主義の衰退を招いたその根っこにある原因を、まずしっかりと確認しておく必要があろう。その上で、私たち自身の民衆的運動の新たなあり方を同時に模索していかなければならない。

そのためにはまず、この国のあるべき未来のかたちを探究し、めざす方向とその道筋をしっかりと見定めておくことであろう。そして民衆運動の具体的課題を、近代を超克する新たな未来への「長期展望」のもと、私たち自身の暮らしのあるべき姿に一つひとつ引き寄せ、照らし合わせ、検証していくことではないのか。

この「長期展望」とは、とりもなおさず、世界に誇る日本国憲法の全条項を究極において、二一世紀の今日の現実世界に丸ごと創造的《クリエイティブ》に具現化することであり、それはすなわち、今日の新たな時代にふさわしい、大地に根ざした人間復活の未来社会構想に帰結するのではないだろうか。

つまり具体的には、わが国の国土の自然や社会的、歴史的特性、さらには経済的発展段階を踏まえた週休（$2+\alpha$）日制（但し$1 \leqq \alpha \leqq 4$）の独自のワークシェアリング※1を編み出し、近代の落とし子とも言うべき根なし草同然となった現代賃金労働者《サラリーマン》家族※2に、従来型の雇用労働を分かちあった上で、生きるに最低限必要な生産手段（農地や生産用具、家屋など）を再び取り戻すことによって、近代を超克する新しい人間の社会的生存形態「菜園家族」を創出する。そして、社会の基礎単位である家族を抗市場免疫の自律的で優れた体質に変革していく。それは、「菜園家族」を基調とする素朴で精神性豊かな自然循環型共生社会をめざす二一世紀の新たな未来構想であり、その社会の内実こそが、覇権主義、排外的大国主義の対極にある、思想としての小国主義が現実世界に具現するために必要不可欠な経済的・社会的土壌そのものになるはずだ。

※1　拙著『菜園家族の思想―甦る小国主義日本―』（かもがわ出版、二〇一六年）の第四章「『菜園家族』構想とその基礎―二一世紀の『地域生態学』的未来社会論―」で詳述。
※2　同拙著の第三章「人間はなるべくして人間になった―その奇跡の歴史の根源に迫る―」のなかで「家族」一般を特にその生成・進化の歴史的側面から捉えながら、人間に特有な「家族」機能の再評価を試みている。

1　民衆による二一世紀未来社会論――「菜園家族」構想

週休（2＋α）日制の「菜園家族」型ワークシェアリング

二一世紀の未来社会構想として私たちが二〇〇〇年以来、提起してきたこの「菜園家族」構想について、ここではとりあえず、この構想のキーワードとなる「菜園家族」という概念の核心部分に絞って、簡潔に述べておきたい。

市場原理至上主義「拡大経済」は、今や行き着くところまで行き着いた。

熾烈なグローバル市場競争のもとでは、科学・技術の発達による生産性の向上は、人間労働の軽減とゆとりある生活につながるどころか、むしろ社会は全般的労働力過剰に陥り、失業や派遣など非正規雇用をますます増大させていく。少数精鋭に絞られた正社員も、過労死・過労自殺にさえ至る長時間過密労働を強いられている。この二律背反とも言うべき根本矛盾を、どう解消していくのか。このことが、今、私たちに突きつけられている。

一方、農山漁村に目を移せば、過疎高齢化によって、その存立はもはや限界に達している。これは当事者だけの問題に留まらず、むしろ戦後高度経済成長の過程で大地から引き離され、根なし草同然となって都市へと流れていった、圧倒的多数の賃金労働者という近代特有の人間の社会的生存形態、つまり都市住民のライフスタイルをどう変えていくのか、という国民共通の極めて重い根源的な問題でもある。

この変革を可能にする肝心要の鍵は、紛れもなく都市と農村の垣根を取り払いはじめて成立する、賃金労働者と農民の深い相互理解と信頼に基づく、週休（2＋α）日制の「菜園家族」型ワークシェアリング（但し1≦α≦4）なのである。

αを3に設定すれば、週休5日制のワークシェアリングとなる。具体的には、週のうち2日間だけ〝従来型の仕事〟、つまり民間の企業や国または地方の公的機関などに勤務する。残りの5日間は、自給目的の「菜園」の仕事をするか、あるいは商業や手工業、サービス部門など非農業部門の自営業を営む（前者を「菜園家族」、後者を「匠商《しょうしょう》家族」※と呼ぶが、ここでは両者を総称して、広義の意味での「菜園家族」とする）。週のこの5日間は、三世代の家族メンバーが力を合わせ、それぞれの年齢や経験に応じて個性を発揮しつつ、自家の生産活動や家業に勤しむと同時に、ゆとりのある育児、子どもの教育、風土に根ざした文化芸術活動、スポーツ・娯楽など、自由自在に人間らしい創造性豊かな活動にも励む。

つまり、週に2日は社会的にも法制的にも保障された従来型の仕事から、それに見合った応分の給料を安定的に確保し、その上で、週5日の「菜園」あるいは「匠・商」基盤での仕事の成果と合わせて生活が成り立つようにする。これは、従来型の一人当たりの週労働時間を大幅に短縮し、「菜園」あるいは「匠・商」の家族小経営を家族の基盤にしっかり据えることによって成立する、いわば「短時間正社員」ともいうべき二一世紀の新しい働き方、すなわち週休（2＋α）日制の「菜園家族」型ワークシェアリングによる新しいライフスタイルの実現と言える。それは、科学・技術や生産力全般が高度に発達した今日の社会的条件のもとで、人類にとってもともとあったはずの自己の自由な時間を取り戻す、まさに人間復活という人類悲願の壮大な営為そのものなのである。

今日、とくに女性の場合は、出産や育児や家事や介護による過重な負担が強いられ、職業選択の幅が狭められている。出産・育児や介護か、それとも職業かの二者択一が迫られ、その中間項といえば、劣悪な条件のパートや派遣労働しかないのが現実である。週休（2＋α）日制の「菜園家族」型ワークシェアリングが定着すれば、例えば週休5日制の場合なら、男性も女性も週2日だけ「短時間正社員」として〝従来型の仕事〟に就けば、残りの週5日間は、「菜園」またはその他「匠・商」の自営の基盤で家族とともに暮らすことが、社会的にも法制的にも公認され、保障される。したがって、こうした問題は次第に解消され、夫婦がともに協力し合って家事・育児・介護にあたることが可能になり、男女平等は現実のものになってくる。

このようにして、「菜園家族」を基調とする新しい社会では、女性の「社会参加」と男性の「家庭参加」「地域参加」の条件がいっそう整っていく。結果的に、男性も女性も本当に人間らしさを回復し、多くの人々に多種多様で自由な人間活動の場が保障されることになるであろう。このような条件を得るなかで出生率も改善の方向へと向かい、少子高齢化社会は根本から解決されていくであろう。

二一世紀の今日、市場競争至上主義の猛威の中、ほとんどの人々が絶望的とも言える社会の不条理に苦しめられている。大多数の人々は、本当はうわべだけの「豊かさ」や上からのお仕着せがましい「安心」などではなく、大地に根を下ろし、自然ととけあい、家族や友人、そして見知らぬ人たちとも、仲良くおおらかに楽しく生きていきたいと望んでいる。現状に馴らされとうに忘れてしまったこの素朴な思いこそが、人間本来の願いであったはずだ。

週休（2＋α）日制の「菜園家族」型ワークシェアリングは、多くの人々のこの切なる願いを叶える新しい社会への道を切り拓く、究極の決定的な鍵となる。そしてそれは、いつの間にか「正規」、「非正規」という、まるで別々の人間であるかのように分断された現代の私たちに、もう一度、同じいのち、同じ生きる権利を持った、同じ人間同士としての地平に立って考えなおし再出発する、またとない大切なきっかけを与えてくれるにちがいない。今日の日本社会の行き詰まりと、将来不安に苛まれた精神の閉塞状況を打開する道は、どんなに時間がかかろうともこれを措いてほかにないのではないだろうか。

※　「菜園家族」構想における家族構成は、象徴的には三世代と表現しているが、現実には三世代同居に加えて、三世代近居という居住形態もあらわれてくるであろう。そして、この二つの形態がおそらくは主流になりながらも、個々人の多様な個性の存在、あるいは本人の個人的意志を越えて歴史的・社会的・経済的・身体的・健康上の要因などによってつくり出される人間や家族のさまざまな事情や「個性」も尊重されるべきである。それを前提にするならば、多様な組み合わせの家族構成があらわれたり、あるいは血縁とは無関係に、個人の自由な意志にもとづいて結ばれるさまざまな形態の「擬似家族」も想定されることを、付け加えておきたい。

世界に類例を見ないCFP複合社会――史上はじめての試み

週休（2＋α）日制のワークシェアリングによる三世代「菜園家族」を基盤に構築される日本社会とは、一体どのような類型の社会になるのか、まずその骨格に触れたい。

それは、「菜園家族」基調の素朴で精神性豊かな自然循環型共生の理念を志向する真に民主的な地方自治体と、これらを強固な基盤に成立する国レベルの民主的政府のもとで、本格的な形成過程に入るのであるが、この社会はおそらく、今日のアメリカ型資本主義社会でも、イギリス・ドイツ・フランス・北欧などの資本主義社会でもない、あるいはかつての「ソ連型社会主義」や今日の「中国型社会主義」、そして「ベトナム型社会主義」のいずれでもない、まったく新しいタイプの社会が想定される。

「菜園家族」構想によるこの新たな社会の特質は、大きく三つのセクターから成り立つ複合社会である。

第一は、きわめて厳格に規制され、調整された資本主義セクターである。第二は、週休（２＋α）日制のワークシェアリングによる三世代「菜園家族」を主体に、その他「匠・商基盤」の自営業を含む家族小経営セクターである。そして、第三は、国や都道府県・市町村の行政官庁、教育・文化・医療・社会福祉などの国公立機関、その他の公共性の高い事業機関やＮＰＯや協同組合などからなる、公共的セクターである。

第一の資本主義セクターをセクターＣ（Capitalism のＣ）、第二の家族小経営セクターをセクターＦ（Family のＦ）、第三の公共的セクターをセクターＰ（Public のＰ）とすると、この新しい複合社会は、より正確に規定すれば、「菜園家族」を基調とするＣＦＰ複合社会※と言うことができる。

セクターＦの主要な構成要素である「菜園家族」にとっては、四季の変化に応じてめぐる生産と生活の循環がいのちである。したがって、「菜園家族」においては、この循環の持続が何よりも大切で、それにふさわしい農地や生産用具や生活用具を備えることが必要である。また、それらの損耗部分は、絶えず補填しなければならない。主としてこうした用具や機器の製造と、その損耗部分の補填のための工業生産を、セクターＣが担う。

次に、セクターＣが担うもう一つの大切な役割は、国内向けおよび輸出用工業製品の生産である。ただし、これも生産量としては、きわめて限定される。日本にはない資源や不足する資源が当然あり、これらは、外国からの輸入に頼らなければならない。輸出用工業製品の生産は、基本的には、この国内にはない資源や不足する資源を輸入するために必要な資金の限度額内に、抑えられるべきである。今日の工業生産と比べれば、それははるかに縮小された水準になるにちがいない。従来のように国内の農業を切り捨て、「途上国」の地下鉱物資源を際限なく乱開発してまでも工業生産を拡大し、貿易を無節操に拡張しなければ成り立たない経済とは、まったく次元の異なったものが想定される。理性的に抑制された調整貿易のもとで、できるかぎり農・工業製品の「地産地消」を追求していく。

一方、勤労者の側面から見ると、「菜園家族」の構成員は、週休（2＋α）日制のワークシェアリングのもとで、例えば週休5日制の場合、〝従来型の仕事〟つまりセクターCあるいはセクターPで週2日働くと同時に、セクターFの「菜園」またはその他非農業部門の「匠・商」の自営業に5日間携わることになる。その結果、自給自足度の高い、生活基盤のきわめて安定した勤労者になるであろう。したがって、夫婦それぞれがセクターCあるいはセクターPの職場から得る応分の賃金所得をあわせれば、十分に生活できるように制度設計し、調整することは可能なはずである。

このように考えてくると、企業からすれば、従来のように従業員とその家族の生活を、賃金のみで一〇〇パーセント保障する必要はなくなる。企業は、きわめて自足・自律度の高い人間を雇用することになるからである。もちろんそれは、今日横行している使い捨て自由な不安定雇用とは、まったく違ったものになる。

週休（2＋α）日制の「菜園家族」型ワークシェアリングのもとでは、従業員は労働時間の長短によって差別されることなく、「同一労働同一賃金」、「均等待遇」の原則のもと、「短時間正規雇用」として労働者の基本的権利を保障され、かつ「菜園」や「匠・商」の自立の基盤も同時に公的に保障されることが前提だからである。したがって、労使の関係も対等で平等なものに変わり、その上、企業間の市場競争も今日よりもはるかに緩和され、穏やかなものになるであろう。

このようになれば、企業は、今日のように必死になって外国に工業製品を輸出し、貿易摩擦を拡大し、国際間の競争を激化させ、「途上国」に対しては、結果的に経済的な従属を強いるようなことにはならないはずである。むしろ人々の関心と力と知恵は国内に集中され、科学技術の成果は、市場競争のためのコスト削減や売らんがために人々の欲望を掻き立てる目新しい商品開発に向けられるのではなく、もっぱら「菜園家族」を基調とするこの自然循環型共生社会の充実に向けられ、科学技術の本来の目的である人間労働の軽減や人間の幸せのために役立てられることになるにちがいない。

ＣＦＰ複合社会のセクターの構成に関連して、若干、補足しておきたい。

家族小経営セクターFを主に構成するのは「菜園家族」であるが、流通・サービス部門における八百屋さんや肉屋さんやパン屋さんなどの食料品店や日用雑貨店、そして食堂・レストラン・喫茶店など非農業部門の自営業も、家族小経営の範疇に入ることから、当然このセクターFを構成する重要な要素になる。

このＣＦＰ複合社会にあっては、流通・サービス部門は、基本的には家族小経営によって担われるのが基本になるが、一定限度の規模拡大がどうしても必要な場合には、今日の営利至上の大規模量販店に比して多少効率が低下するとしても、生活消費協同組合がそれらを担い、流通・サービス部門での市場競争の激化を抑制することが大切になる。

次にセクターPについてであるが、このセクターは、きわめて公共性の高い部門である。中央省庁や地方の行政官庁のほかに、教育・文化・芸術・医療・介護・その他福祉等々、公共性の高い事業や組織・機構、各種協同組合やＮＰＯなどが主要な柱になる。そのほか、特別に公共性が高く、社会的にも大きな影響力を持つ報道メディア（新聞・ラジオ・テレビなど）は、その公共性にふさわしい組織・運営が考えられてしかるべきであろう。また、郵便・電話・情報通信、交通（鉄道・航空・海運など）、上下水道、エネルギー（電力・ガスなど）、さらには金融などの事業についても、その社会的役割や公共性を考える時、安易に効率性や利用者の目先の利便性だけを求めるべきではなく、「菜園家族」社会にふさわしい組織・運営のあり方が研究されなければならない。

ＣＦＰ複合社会のこれら三つのセクター間の相互関係は、固定的に考えるのではなく、この社会全体の成熟度や具体的な現実に規定されながら、流動的に変化、進化していくものと見るべきである。

※　拙著『菜園家族の思想』の第四章の項目「ＣＦＰ複合社会の特質」で詳述。

森と海を結ぶ流域地域圏《エリア》――「菜園家族」を育むゆりかご

日本列島を縦断する脊梁山脈。この山脈を分水嶺に、太平洋側と日本海側へと水を分けて走る数々の水系。これらの水系を集めて流れる河川に沿って、かつては森と海（湖）を結ぶ流域循環型の大小さまざまな地域圏《エリア》が形成され、日本の国土をモザイク状に覆っていた。

川上の森には、奥深くまで張りめぐらされた水系に沿って集落が点在し、人々は山や田や畑をきめ細やかに活用し、自らのいのちをつないできた。森の豊かな幸は山々の村から平野部へと運ばれ、それとは逆方向に、平野や海（湖）の幸は森へと運ばれていった。森と野と海（湖）の人々は、互いに補完し合いながら、それぞれの独自の資源を無駄なく活用する自律度の高い、森と海（湖）を結ぶ流域循環型の地域圏《エリア》を、太古の縄文以来、長い歴史をかけて築きあげてきたのである。

日本列島の各地に息づいていた、こうした循環型の森と海（湖）を結ぶ流域地域圏《エリア》は、戦後、高度経済成長の過程で急速に衰退していった。重化学工業重視路線のもと、莫大な貿易黒字と引き換えに、国内の農林漁業は絶えず犠牲にされ、人々は農山漁村の暮らしをあきらめ、都市へと移り住んでいった。

上流の山あいの集落では、若者が山を下り、過疎・高齢化が急速に進行し、空き農家が目立つようになった。「限界集落」と化し、ついには廃村にまで追い込まれる集落が随所に現れている。平野部の農村でも、やはり農業だけでは暮らしていけなくなり、今や農家の圧倒的多数が兼業農家となった。しかも、近郊都市部の衰退によって、兼業すべき勤め先すら危うくなり、後継者の大都市への流出に悩んでいる。これまで流域地域圏《エリア》の中核となってきた歴史ある中小都市では、巨大量販店が郊外に現れ、従来の商店街や町並みの空洞化現象が深刻化している。

もとより週休（2＋α）日制のワークシェアリングによる「菜園家族」は、単独で孤立しては生きていけない。また、グローバル経済が席捲する今、ひとりでに創出され、育っていくものでもない。今ここであらためて「菜園家族」を育む〝場〟として、かつて高度経済成長期以前まで生き生きと息づいていた、森と海（湖）を結ぶモノとヒトと情報の循環型流域地域圏《エリア》を想起する必要がある。そして、グローバル経済の対抗軸としてこの流域地域圏《エリア》の再生をはかることが、「菜園家族」の創出と育成にとって、なくてはならない大切な前提条件であることに気づかなければならない。つまり森と海（湖）を結ぶ流域地域圏《エリア》は、「菜園家族」を産み出すいわば母体であり、それを育むゆりかごなのである。

また、見方を変えれば、この森と海（湖）を結ぶ流域地域圏《エリア》再生の担い手であり、主体であるのは、ほかでもない「菜園家族」である。したがって、「菜園家族」と森と海（湖）を結ぶ流域地域圏《エリア》の両者は、消長の命運をともにする不可分一体の関係にあると言える。

週休（2＋α）日制の「菜園家族」型ワークシェアリングの進展にともなって、この森と海（湖）を結ぶ流域地域圏《エリア》では、水系に沿って、平野部の過密都市から中流域の農村へ、さらには上流の森の過疎山村へと、人々は無理なく還流していくであろう。

さて、「菜園家族」を基調とするCFP複合社会では、セクターFの「菜園家族」とその他「匠・商」の自営業者は、自給自足にふさわしい面積の畑や田からなる「菜園」を、安定的に保有することになる。有効に利用できずに放置された広大な山林や増大する耕作放棄地をはじめ、農地、工業用地、宅地などを含め、国土の自然生態系は総合的に見直されなければならない。そして、「菜園家族」の育成という目的に沿った国土構想が練られ、最終的には、土地利用に関する法律が抜本的に整備されるであろう。

「菜園家族」のゆとりある敷地内には、家族の構成や個性に見合った、そして世代から世代へと住み継いでいける、耐久性のある住家屋（農作業場や手工芸の工房やアトリエなどとの複合体）が配置される。もちろん、建材に使用するのは、日本の風土にあった国産の木材である。「菜園家族」にとって、週に（2＋α）日間はこの「菜園」が基本的生活ゾーンになり、セクターCまたはセクターPでの〝従来型〟の職場（民間の企業や公共的機関など）は、しだいに副次的な位置に変わっていく。

先述のように、従来、科学技術の発展の成果は、企業間の激しい市場競争のために、つまり、商品のコストダウンや目新しい商品開発のためにもっぱら振り向けられてきた。そして「グローバル市場競争に生き残る」という口実のもとに、労働の合理化やリストラが公然とまかり通り、不安定労働が増大し、人々はかえって忙しい労働と苦しい生活を強いられてきた。

しかし、「菜園家族」を基調とするこのＣＦＰ複合社会にあっては、市場競争ははるかに緩和され、科学技術の成果は、もっぱら「菜園家族」とその他「匠・商」の自営業を支える広範できめ細やかなインフラに振りむけられていく。それはまた、押し寄せるグローバル市場競争の波の侵蝕に抗して、対抗軸ともなるべき内需基調の地域循環型経済システムの構築を促すことにもなるのである。こうして、人々は、過密・過重な労働から解放される。その結果、自給自足度の高い「菜園家族」とその他「匠・商」の自営業家族は、時間的なゆとりを得て、自らの地域で自由で創造的な文化活動にも情熱を振りむけていくことになるであろう。

このように森と海（湖）を結ぶ流域地域圏《エリア》が甦れば、人々が仕事の場を求めて大都市に集中する現象は、大幅に減少するはずである。そうなれば、通勤ラッシュや工場・オフィスの大都市への集中は、自然に解消されていく。大都市における自動車の交通量は激減して、交通渋滞はなくなり、静かな街が取り戻されていくことであろう。

それだけではない。日本が地震大国であるという自覚のもとに、それこそ住民の安全・安心を本当に考えるというのであれば、人口の大都市集中の解消は、今後三〇年間にマグニチュード七クラスの直下型地震が発生する確率が七〇％と言われている首都圏をはじめ、南海トラフ巨大地震の発生が危惧されている東海・東南海・南海地方の大都市圏にとって、真剣に議論されなければならない緊急の課題であるはずだ。こうした側面からも、「菜園家族」構想は人口の大都市集中の解消と地域分散型の国土計画を重視している。

「菜園家族」構想のもとで、やがて巨大都市の機能は、地方へ分割・分散され、中小都市を核にした美しい田園風景が地方に広がっていくことであろう。今、衰退の一途を辿る森と海（湖）を結ぶ流域地域圏《エリア》の中核都市は、地方経済の結節点としての機能を果たしながら、文化・芸術・学問・娯楽・スポーツなどの文化的欲求によって人々が集う交流の広場として、精神性豊かなゆとりのある文化都市に、次第に変貌していくにちがいない。

日本国憲法具現化の小宇宙――森と海を結ぶ流域地域圏《エリア》

こうして、二一世紀の新しい人間の社会的生存形態である「菜園家族」が地域に深く根づき、森と海（湖）を結ぶ流域地域圏《エリア》が再び甦っていく時、農山漁村の過疎・高齢化と平野部の都市過密は同時に解消され、やがて、国土全体にバランスのとれた自然循環型共生の地域社会が構築されていくことであろう。

まさにこうした私たち民衆自らの創意による新たな未来構想のもとに、日本国憲法第九条の条文に則して、正々堂々と軍事費をはじめ無駄な巨大事業費の削減を要求し、税・財政のあり方を根本から変え、住民がもっとも必要としている育児・教育・医療・介護・年金など社会保障や、特に若年層の雇用対策、そして文化・芸術・スポーツの振興に振り向けていく。そして、「菜園家族」基調の素朴で精神性豊かな自然循環型共生社会への壮大な長期展望のもとに、森と海（湖）を結ぶ流域地域圏《エリア》を具体的に想定し、大地に根ざした自給自足度の高い自律的な農的生活システム、つまり抗市場免疫型の家族づくり、地域づくりの人的・物的基盤の整備・育成、つまり「菜園家族インフラ」のための財源にまわしていく。

こうした具体的提案をまさにこの流域地域圏《エリア》から主体的に、大胆かつ積極的に提示しつつ、国民みんなでともにこの国の未来のあるべき姿を考えぬき、希望の明日に向かって進んでいくのである。

とどのつまり「菜園家族」の真髄は、燦々と降りそそぐ太陽のもと大地を耕し、雨の恵みを受けて作物を育て、その成長を慈しむことにある。天体の運行にあわせ、自然のゆったりとした循環の中に身をゆだね、子どもたちも、大人たちも、年老いた祖父母たちも、ともに助け合い、分かち合い、仲良く笑顔で暮らす。それ以外の何ものでもない。

年年歳歳かわることなく、めぐり来る四季。その自然の移ろいのなかで、「菜園家族」とその地域社会は、自然と人間との物質代謝の和やかな循環の恵みを享受する。ものを手作りし、人々とともに仲良く暮らす喜びを実感し、感謝の心を育む。人々は、やがて、ものを大切にする心、さらには、いのちを慈しむ心を育て、失われた人間性を次第に回復していく。市場競争至上主義の延長上にあらわれる対立と憎しみに代わって友愛が、そして暴力と戦争に代わって非戦・平和の思想が、「菜園家族」に、さらには地域社会に根づいていく。

人と競い、争い、果てには他国への憎しみを駆り立てられ、殺し合う。そんな戦争とは、「菜園家族」はもともと無縁である。残酷非道な、それこそ無駄と浪費の最たる前世紀の遺物「人を殺す道具」とは、無縁なのである。「菜園家族」は、世界に先駆けて自らの手で戦争を永遠に放棄し、自らも大いなる自然に溶け込むように、平和に暮らすよすがを築いていくにちがいない。

二一世紀型「新大国主義」の台頭とも言うべき歴史の新たな段階に突入し、戦争の危機迫るこの暗い世界にあって、日本国憲法の、なかんずく第九条の「戦争の放棄、戦力の不保持、交戦権の否認」の精神は、いよいよ燦然と輝き、私たちの行く手を照らしている。

この九条こそ、大国主義への誘惑を排し、他者に対する深い寛容の精神と、非同盟・中立、非武装・不戦の平和主義に徹した小国主義への道である。このいのちの思想を今日の現実世界において如何にして実現していくのか。その可能性をわが国の経済・社会のあり方、つまり、二一世紀未来社会論の側面から探究したのが「菜園家族」構想なのである。

本書では、この「菜園家族」構想による新たな未来社会像について、日本国憲法の三原則「平和主義」、「基本的人権（生存権を含む）の尊重」、「主権在民」の具現化との関わりにおいて特に大切になってくる核心部分に触れながら、順次説明していくことになろう。

2　大地に明日を描く――「菜園家族の世界」
――記憶に甦る原風景から――

ここでは概念と論理だけで展開する抽象レベルの論述を避け、記憶に甦る原風景から、「菜園家族の世界」を身近に具体的にイメージできる世界に描くことからはじめよう。

ところで、画家・原田泰治の〝ふるさとの風景〟は、現代絵画であると言われている。日本からは、もうとっくに失われてしまった過去の風景でありながら、そこには現代性が認められるという。

たしかな鳥の目で捉えるふるさとの風景の構図。しかも、心あたたかい虫の目で細部を描く、彩り豊かな原田の絵画の世界には、きまって大人と子どもが一緒にいる。大人は何か仕事をし、子どもたちはそのそばで何かをしている。人間の息づかいや家族の温もりが、ひしひしとこちらにむかって伝わってくる。込みあげてくる熱いものを感ぜずにはおられない〝心の原風景〟が、そこにはあるからであろう。二一世紀をむかえた今、子どもと家族の復権を無言のうちに訴えかけてくる。

私たちがめざす「菜園家族」の、そして「地域」のあるべき姿は、高度経済成長期以前にかつてはあった自然循環型共生の暮らしを原形にしながらも、それを時間をかけてゆっくりと二一世紀の今日の時代にふさわしい内容につくりかえ、いっそう豊かなものにつくりあげていくものになるであろう。

ここでは一旦、多くの人々の記憶の世界に今なお深く刻まれている、いわばこの暮らしの原形に立ち返り、「菜園家族」の未来の姿を考えるための大切な素材として、とりあえず素描しておくことにしよう。今後、多くの人々の豊かな経験や優れた英知を結集しつつ、また、新たな時代の実生活の要請に応え、それぞれの地域の自然や歴史の多様性をも組み込みながら、「菜園家族の世界」は、ますます具体的な内実をともなって、時代とともに豊かな像を結んでいくことになるであろう。

ふるさと —— 土の匂い、人の温もり

山や川や谷あい、それに野や海に恵まれた日本の典型的な地域では、「菜園家族」は、季節の移ろいのなかで、自然の豊かな変化をも巧みに生かし、工夫を凝らす。家族総出で、それぞれの年齢や性別や、人それぞれの個性にあった能力を生かしつつ、お互いに助け合い、生活を愉しむのである。

食べ物は、今では〝旬〟が分からなくなってしまった。ガソリンと労力を浪費して、国内の遠隔地からだけではなく、海外からも運び込んだり、石油を使ってビニールハウスで真冬でも夏のものを栽培したりする。一見、一年中豊かな食材に恵まれているかのようである。

しかし、こうした「ぜいたく」は、世界人口の〝五分の四〟を占める先進工業国以外の人々の視点からすれば、許されるはずもない。それに本当は、その土地土地の土と水と太陽から採れる〝旬〟のものが、味も濃く、香りも高く、栄養もあり、一番おいしいはずである。それが自分の手作りとなれば、なおさらのことである。

自然は、今も昔も変わらない。残雪がとけ、寒気がゆるみはじめると、日本列島にまた、一気に春がやってくる。

日の光今朝《けさ》や鰯《いわし》のかしらより　（蕪村）

三寒四温。まだまだ風は肌を刺すように冷たいのであるが、野生のフキノトウを探しにいくのもよいものである。晴れ間を待ちかねて出かけると、枯れ葉の陰に、淡い黄緑色に光るフキノトウを見つける。天ぷらや酢味噌あえ、フキノトウ味噌にし、春一番を胃袋に納める。根元に赤い紅を差したような色合いが、葉先の黄緑色を際立たせ、小さくとも力強さをいっそう感じさせる。

我宿《わがやど》のうぐひす聞《きか》む野に出《い》でて　（蕪村）

山あいの畑には、大根やカブラやスイカ・カボチャ・ジャガイモ・サツマイモなども丹念につくることになる。田・畑の端には、ラッキョウやネギを植え、里芋やゴボウや人参なども、土地を選んで植えることになる。

家のすぐ近くには、苗代や手のかかる夏野菜をつくり、夏大根やカブラ菜・カラシ菜の間引き菜が大きくなれば、和え物・おひたし・浅漬に利用する。

菜の花や月は東に日は西に　（蕪村）

菜の花畑一面、目にも眩しい黄色の広がり。のどかな春日を受け、山里に鮮やかな色彩を添える。花は摘んで浅漬にし、ご飯に添えてかきこめば、格別にそのシャリッとした歯ごたえを愉しむこともできる。

鯰《なまず》得て帰る田植えの男かな　（蕪村）

五月は田植えの季節。エンドウ豆の青い匂いが懐かしい。さわやかな青空の下、新茶の茶摘み。六月はキュウリ・菜っ葉類、七月には茄子《なす》・瓜・カボチャ・青トウガラシがどんどん育つ。茄子やキュウリは塩や味噌で漬けて保存し、冬に備える。

夕だちや草葉をつかむむら雀《すずめ》　（蕪村）

土用のころ、夕立雲が近づいてくると、子どもたちは慌てて田んぼの畦に、竹で円筒形に編んで作ったウツボという罠を仕掛ける。そして、雨が上がるのを待ちかねて、ウツボをあげに駆けていくのである。脂がのり腹を黄色くさせ丸々と太ったドジョウが、音をバタバタさせながらぎっしり詰まっている。子ども心にもこの一瞬は、何とも言いようのない一種不可思議で壮快な気分を味わう。このドジョウは、畑から摘んだニラと採りたての卵でとじて、家族そろって鍋にして英気を養う。こんなことは、幼い日の日常の愉しみであった。

暑い盛りには、なんと言っても焼き茄子が最高である。あるいは味噌に砂糖を少々加え、高温の油で炒めれば、茄子独特の深みのある濃い味わいが出て、これもよいものである。秋になると、茄子はいっそう味が深みを増す。「秋茄子、嫁に食わすな」ということばがあるくらいである。

秋茄子で思い出したのだが、モンゴルの遊牧民にも同じような話がある。ヒツジの胃袋の下の出口、つまり幽門あたりを、モンゴル語でノガロールと言って、これがまた脂がのってとびっきり旨いのである。未婚女性がこのノガロールを食べると、土地神が引きとめ、お嫁に行けなくなるという。

いざ食べ物のことになると、民族の垣根を越えて何か共通する発想があっておもしろい。こうした話は、食卓を囲む団欒をひときわ愉しくする。

貧乏に追いつかれけりけさの秋　（蕪村）

お盆がすむと、秋野菜の種播きにかかる。大根はタクアンや干し大根や煮しめや漬物にと、用途が多い。里芋の葉は夏に採って乾燥させ、白和えなどに使う。茎は皮をむき、十日ほど干して、和え物や煮物にも使う。雪が積もらないうちに、ゴボウや人参、カブラ・大根・ネギなどは土中に埋めて、冬に備える。

入道のよゝとまいりぬ納豆汁《なっとじる》　（蕪村）

水田では、うるち米やもち米の稲を育て、それに畦には、大豆や小豆《あずき》・黒豆などを植える。こうして畑や水田からだけでも、一年間、絶えることなく、いろいろな作物が次から次へと湧き出ずるように出てくる。

鵯《ひえどり》のこぼし去りぬる実の赤き　（蕪村）

時には、野山や川や湖や海辺を家族そろって散策し、川魚や海の魚介類・海藻を採って、食卓をにぎわすのも最高の愉しみになる。また、蕨《わらび》・ゼンマイ・フキ・ウド・ワサビ・ミツバ・山椒・ミョウガ・筍《たけのこ》・自然《じねん》薯《じょ》など、変化に富んだ山菜は、季節季節の愉しみである。松茸やシメジ・椎茸・平茸などのきのこ類や、栗・栃・桑・クルミ・スグリ・コケモモ・キイチゴなどの木の実は、山の散策をいっそう愉しいものにしてくれる。

たまには集落の人々と力を合わせ、ヤマドリや熊・鹿・イノシシ・ウサギ・蜂の子などの狩りをするのも、年に一、二度の愉しみになることであろう。

こうしたことは、食生活に変化を添えるだけではない。野山や川や海辺の自然に親しみ、太陽をいっぱい受け止め、きれいな空気を存分に吸い込み、身体を動かし、家族や友人とともに心を通わせ、ややもすると陥りがちな日常の沈滞から抜け出す絶好の機会にもなる。素朴ではあるが、英気を養う素晴らしいレクリエーションでもある。

鮎くれてよらで過行夜半《すぎゆくよは》の門《かど》（蕪村）

なれ過《すぎ》た鮓《すし》をあるじの遺恨《ゐこん》哉（蕪村）

田んぼや川や湖の魚は、今では少なくなってしまったが、「菜園家族」が復活し、近隣にある大学の水産学の研究室や水産研究所などと連携し、放流養殖や給餌養殖の研究、それに魚類資源保護の研究にもっと力が注がれるならば、昔以上に日本の魚類資源は、豊かになっていくであろう。海の魚介類や海草はもちろん、鰻やドジョウ・ナマズ・鮒《ふな》・鯉・ゴリ・モロコ・岩魚《いわな》や鮎・アマゴ、そしてシジミ・タニシなど、高級魚介類に限らない多種多様な地魚や地場の水産物をもう一度うまく活用できる時代が、きっとやってくるにちがいない。

農学や林学や水産学などを研究している大学や研究機関との連携はますます強化され、地域住民の知恵は、研究に大いに生かされることになるであろう。

青うめをうてばかつ散る青葉かな　（蕪村）

屋敷のまわりには、柿や梅や桜や栗など、それにイチジクやザクロや梨などのほかに、ケヤキや檜や樫などが植えられる。住空間に落ち着きを与えるだけではなく、風通しのよい木造建築に木陰をつくる。夏は密閉してクーラーで冷やすのではなく、開放して自然の風を通し、暑さを凌ぐのである。住居の構造も、こうしたものに工夫されていくことであろう。エネルギーの消費量は大幅に削減され、それに、太陽光や太陽熱、風力、小水力、地熱、バイオマス（薪、炭、木質ペレット・チップ、家畜糞尿など）など、地産地消の小規模・地域分散型エネルギーの研究も一層すすみ、「菜園家族」は、自然のエネルギーを地域住民主体で有効に活用していくことになる。

田に落《おち》て田を落《おち》ゆくや秋の水　（蕪村）

こうした住環境のなかでは、柿の木から柿をもぎとり、畑からとれた大根や人参を使って柿なますを作るのもいい。細切りにした干し柿を酢に漬け、大根と人参の千切りを加え、鉢に盛りつけて、すり胡麻をかけると、柿の甘さが生きてくる。これもすべて身近なところでとれた食材に、気軽にちょっぴり工夫を加えた手作り料理なのである。

また、茄子とエンドウは、食べやすく切って湯がき、ミョウガの子は、塩で殺し、茄子とエンドウ豆と一緒に胡麻味噌で和える。こうした工夫は、いちいち挙げればきりがない。

黄に染《そみ》し梢《こずゑ》を山のたたずまゐ　（蕪村）

屋敷から少し離れた周囲には、ニワトリやヤギやヒツジや乳牛の家畜類やミツバチを飼育するのも、「菜園」にバラエティーをもたせる上で大切なことである。ヤギや乳牛の乳を搾り、ニワトリから産みたての卵がとれれば、生チーズやバターやヨーグルト、それに自家製のパンやケーキなども作りたくなる。ヨーグルトやパンに、野山の花々の天然ハチミツをかければ最高である。創意工夫は、際限なく広がっていく。

こうした家畜・家禽類は、田や畑からとれるものを無駄なく活用する上でも、また、堆肥を作るのにも即、役立つものである。堆肥を施し、丹精を込めて作りあげたふかふかの土の中から、秋の味覚サツマイモがとれれば、お隣りや近所にもお裾分けしたくなるのが人情である。これはまさに、自分が苦心して創作した芸術作品を、他の人にも鑑賞してほしいという、自己表現の本質につながる共通の行為なのかもしれない。

我宿《わがやど》にいかに引《ひく》べきしみづ哉　（蕪村）

家畜のなかでも特にヤギは、乳牛に比べて体も小さく、扱いやすく、子どもたちやお年寄りでも気軽に世話ができる。粗食に耐え、どんな草でも食べるので、田んぼの畦道や畑や屋敷などの除草の役割も果たしてくれる。それに山あいや谷あいの林や森の下草などの除草にも役に立つ便利な家畜なのである。

第Ⅱ章で触れたモンゴル西南部のゴビ・アルタイ山中のツェルゲル村での体験からであるが、日本でも地方によっては、山林の麓の一部や尾根づたいにヤギのために高原牧場を拓き、ヤギを群れで管理するのも雄大で面白い試みであろう。

ヤギの搾乳は、これもまた乳牛に比べるとずっと簡単で、子どもたちでもお年寄りでも気軽にできる仕事である。子どもたちにこの小型の家畜の世話を任せると、情操教育にはうってつけである。

鮒《ふな》ずしや彦根が城に雲かかる　（蕪村）

ヤギの乳からできるヨーグルト、それに各種のチーズの味は、鮒ずしや鯖のなれ鮓《ずし》の風味に似て絶品である。良質の蛋白質、脂肪、ミネラル、とくにカルシウムを豊富に含んだヤギのチーズは、現代の食生活に最もふさわしい優れた食品になるであろう。

チーズは風土の産物ともいわれている。姿、味、香りもそれぞれ違う。それだけに、作る愉しみは格別で、芸術作品の制作にも劣らぬ喜びがあるといわれている。たまには隣近所の人々が集まって、知恵を出し合い、共に料理を作ることもあるだろう。あるいはパーティーや宴会がどこかの家で開かれることになれば、こうした〝作品〟をもち寄って、お家自慢に花が咲く。

主《ぬし》しれぬ扇《あふぎ》手に取《とる》酒宴かな　（蕪村）

一九九九年夏、ドキュメンタリー『四季・遊牧　―ツェルゲルの人々―』（小貫・伊藤共同制作、三部作全六巻・七時間四〇分、一九九八年）の上映の旅で訪れた、沖縄・八重山群島の竹富島。そこでご馳走になった〝ヒージャー・チャンプルー〟は、忘れられない味である。ヒージャー（土地の言葉でヤギのこと）の背の肉をぶつ切りにし、あとはタマネギ、キャベツ、それにパパイヤを大きめに切って加えて炒めるだけである。パパイヤの甘味と酸味が、ヒージャーのしまった肉にしみわたり、やわらか味が出て、なんとも言いようのないまろやかな風味を醸し出す。

モンゴル、山岳・砂漠の村ツェルゲルのヤギ・ヒツジ料理にも感心したが、やはり土地土地の風土にふさわしいものができあがるものである。

ヤギは、乾燥アジア内陸に位置するモンゴルでも、高温多湿な南の島・沖縄でも、大活躍である。この小型で多種多様な役割を一手に引き受けてくれるヤギたちを、「菜園家族」は、自分たちの暮らしの中にもっともっと生かすことであろう。日本のふるさとには今までに見られなかった田園風景の美しさ、そして暮らしの可能性を、ヤギたちはうんと広げてくれるであろう。

古酒《くすほ》乾して今は罷《ま》からん友《とも》が宿　（雅）

竹富島のすぐ隣りの石垣島。はじめてお会いした八重山農林高校の江川義久先生ご夫妻には、大変お世話になった。空港に降り立ったときから島を離れるまで、上映活動を付きっきりで支えて下さったのである。南の島々の暮らしや、ふるさとの自然に生きる人々の心に触れ、得るものの多かったこの旅の最後の夜、先生は、ご自宅に招いて下さった。床の下の甕《かめ》に寝かせて大切にとっておいた、何年物の泡盛を酌み交わし、夜の更けるのも忘れて語り合ったのである。

※　蕪村の句は、尾形仂 校注『蕪村俳句集』（岩波文庫、一九八九年）に拠る。

土が育むもの ―― 素朴で強靱にして繊細な心

「菜園家族」にとって、畑や田や自然の中からとれるものは、そしてさらにそれを自らの手で工夫して加工し作りあげたものは、基本的には家族の消費に当てられ、家族が愉しむためにある。その余剰はお裾分けするか、一部は交換されることもあろう。また、海岸から離れた内陸部の山村であれば、当然のことながら、森と海を結ぶ流域地域圏《エリア》内の漁村との間に、互いの不足を補い合うモノとヒトと情報の交流の道が開かれてくる。

しかしこれらはすべて、従来のような市場原理至上主義の商品生産下での流通とは、本質的に違うものになるはずである。なぜならば、「菜園家族」では基本的には自給自足され、しかも週休（2＋α）日制の「菜園家族」型ワークシェアリング（但し1≦α≦4）のもとで、週数日の〝従来型の仕事〟に見合った応分の給与所得が安定的に確保されているために、人々の欲求は専ら多種多様な文化・芸術活動やスポーツやそれぞれの趣味・嗜好などの類いに向けられ、そこでの愉しみを人々とともに共有することが、最大の関心事になるからである。したがってそこでは、営利のための商品化のみを目的にした生産にはなりにくく、流通の意味も本質的に変わってくるはずだ。

菜園や棚田、果樹、茶畑、林業、薪・木炭、シイタケ栽培、ヤギや乳牛の高原放牧、養鶏、養蜂、狩猟（イノシシやシカなど）、渓流釣り、木の実などの採取、ぶどう酒の醸造、チーズづくり、郷土色豊かな料理や保存食の加工、天然素材を用いた道具・容器や木工家具の製作、漆工芸、陶芸、裁縫、服飾デザイン、手工芸等々…。これらの中から家族構成に見合った多様な組み合わせを選択し、多品目少量生産の自立した豊かな家族複合経営を次第に確立していくのである。

秋晴れの気分壮快な日などは、家族みんなそろって山を散策し、きのこや山菜を採ることもあるであろう。祖父母は両親へ、両親は子どもたちへと知恵を授ける絶好の機会にもなる。こうして家族そろって自然の中をのびのびと行動する愉しみは、自然と人間とのかかわりや郷土の美しさ、年長者の豊かな経験の素晴らしさを、子どもたちの脳裏にいつまでも焼き付けていくことになろう。

このように「菜園家族」は、日常のゆとりある暮らしのなかで、三世代が相互に知恵や経験を交換し合い、切磋琢磨しながら、土地土地の風土に深く根ざした〝循環の思想〟に彩られた倫理、思想、文化の体系を長い歴史をかけて育んでいく。やがて、こうした暮らしの中から、素朴で郷土色豊かな手仕事の作品をはじめ、大地とその暮らしに深く結びついた絵画や彫刻、民衆の心の奥底に響く歌や音楽や舞踊や演劇、さらには詩や散文など文学のあらゆるジャンルの作品が生み出されていく。作品の展示や発表など、交流の場も地域に定着していくことであろう。「菜園家族」とその地域は、歴史を重ねながら、市場競争至上主義の慌しい「拡大経済」の社会にはなかった、「自然循環型共生」の社会にふさわしい、ゆったりとしたリズムとおおらかな世界観を基調とする新しい民衆の文化、生き生きとした民芸やフォークロアの一大宝庫を創りあげ、子どもや孫の世代へと受け継いでいくにちがいない。

「菜園家族」社会の際立った特徴は、週に（2＋α）日間、〝菜園の仕事〟をすると同時に、家事や育児や子どもたちの教育、それにこうした新しい文化活動を楽しみながら、両親を基軸に、子どもたちや祖父母の三世代家族が全員そろって協力し合い、支え合っている点にある。

両親が基軸になって活動しながらも、子どもたちは子どもたちの年齢に見合った活動をし、祖父母は祖父母の年齢にふさわしい仕事をする。それぞれの年齢や性別によって、仕事の種類や内容はきわめて多様であり、知恵や経験も、そして体力も才能もまちまちである。こうした労働の質の多様性を総合することによって、「菜園家族」はきめ細やかに無駄なく円滑に、仕事や活動の総体をこなしていく。そのなかで、「菜園家族」に蓄積されたこまごまとした〝技〟が、親から子へ、子から孫へと継承されていく。

子どもたちが病気で寝込むこともあろう。その時には、両親や祖父母が看病し面倒を見ることになる。また、祖父母が長期にわたって病床に伏すこともあろう。その時には、子どもたちが両親に代わって枕元にお茶やご飯を運んだり、祖父母の曲がった背中や冷えた手足をさすったりする。子どもたちができることは、子どもたちが手伝ってくれる。そこには自ずと温もりある会話も生まれる。

こうした家族内の仕事の分担や役割は、子どもたちの教育にも、実に素晴らしい結果をもたらすことになる。祖父母の苦しみを見つめ、それを手助けする。このような日常普段の人間同士の触れ合いの中から、子どもたちの深い人間理解が芽生えてくる。言ってみれば、子どもが枕元にお茶を運ぶという一つの行為が、祖父母にとっては心あたたまる何よりの介護となり、かつ子どもにとってはかけがえのない人間教育にもなっているというように、一つの行為が二つの機能を同時に果たしていることにもなる。しかもこの二つの機能は、それぞれ金銭的報酬によって成立しているわけではない。このことは、社会的分業化と専門化が極度に進む現代では、かえって人間の行為が本来持つ機能の多面性が分割・単純化され、暮らしの身近な場面で豊かな人間発達の条件が奪われ、経済的合理性をも同時に損なう結果になっていることを意味している。このことに刮目する必要があろう。

三世代「菜園家族」を基盤に成立するこの社会は、市場原理至上主義の「拡大経済」社会に対峙するところの「自然循環型共生」の社会である。この自然循環型共生社会に暮らす人々は、これまでの「拡大経済」社会のように、欲望を煽られ、〝浪費が美徳〟であるかのように思い込まされることもなくなる。相手を倒してまでも生き残らなければ生きていけないような、そんな弱肉強食の熾烈な競争原理がストレートに支配する社会ではないのである。

それどころかこの「菜園家族」社会では、人々は大地に直接働きかけ、みんなそろって仕事をし、共に助け合い、共に暮らす「共生」の喜びを享受することになる。人々は、自然のリズムに合わせてゆったりと暮らし、自然の厳しさから敬虔な心を育んでいく。

人々は、こうした自己形成、自己実現によってはじめて、自己の存在を日々確かなものにしていく。そして、〝競争〟にかわって、〝自己鍛錬〟が置きかえられ、その大切さをしみじみと実感する。それが生きるということなのである。かつての農民や職人たちのひたむきに生きる姿を思い浮かべるだけでも、人間にとって〝自己鍛錬〟のもつ意味が頷けるような気がする。

やがて、「菜園家族」を基盤に地域社会が形成され円熟していくならば、こうした「菜園家族」内に培われる〝自己鍛錬〟のシステムと、先にも触れた家族が本来もっている子どもの教育の機能とがうまく結合し、その土台の上にはじめて公的な学校教育が、子どもたちの成長を着実に促していくことになる。家族が空洞化し、その両者の結合と、それを基盤にした公的教育の成立を不可能にしているところに、今日の学校教育の破綻の根本原因があるのではないだろうか。今日、深刻な社会問題と化した児童虐待や「ひきこもり」も、こうした家族と地域と学校との三者が有機的に融合した生活世界からは、起こりにくくなるであろう。

「菜園家族」の人々は、やがて市場原理至上主義「拡大経済」下の営利本位の過酷な労働から次第に解き放たれ、自分の自由な時間を自己のもとに取り戻し、「菜園」をはじめ、文化・芸術など創造的で精神性豊かな活動に振り向けていくことであろう。そして、大地に根ざした素朴で強靭にして繊細な精神、慈しみの心、共生の思想を育みながら、人類史上いまだかつて経験したことのなかった、いのち輝く暮らしと豊かな精神の高みへと、時間をかけてゆっくりと到達していくにちがいない。

3 「菜園家族」による自然循環型共生日本の国土づくり

――個性豊かな人間活動を育む地域団粒構造――

高度経済成長の坂道を上り切った一九七〇年、人々にさらなる拡大の夢へと幻想を抱かせた大阪万博。その陰で、日本各地で顕在化した大気汚染や海洋・河川の汚染など公害問題が深刻化していく。国民世論の高まりを受け、翌一九七一年、環境庁が発足した。

さらにその翌年、華々しく発表された田中角栄の『日本列島改造論』（日刊工業新聞社、一九七二年）で示された日本の将来展望は、このような公害問題や、都市の過密と農山漁村の過疎など、戦後高度経済成長によって国土の自然と人々の暮らしにもたらされたさまざまな歪みを指摘し、その解決の必要性を説くものの、その実、そこからの根本的転換をはかるどころか、むしろその路線をますます徹底化させ、拡大・推進するものであった。

一九七〇年代初頭といえば、民間設備投資や国内需要の伸びが大きく期待できず、高度成長にかげりが見えはじめていたころである。こうした中、もはや「日本経済の高度成長は終わった」という見方に対して、田中は、「わが国経済の成長を支えうる要因はまだ十分に存在している」と主張する。それが財政出動による社会資本の拡大であり、それまでの民間設備投資主導を転換して、公共部門投資主導の路線を政策の根幹に据えるというものであった。

加えて教育、医療など社会保障の拡充により老後の不安が払拭されれば、生活水準の向上に伴い高度化・多様化する欲求に呼応して、個人消費はまだまだ拡大するし、伸びが鈍化している民間設備投資についても、省力化、公害防止、安全確保、住宅、交通、医療などに対する新技術の応用へは活発な投資が期待され、それが知識集約型産業の次の発展の促進につながると見る。このようにして、福祉への投資が成長を生み、成長が福祉を約束するという好循環を創り出すことが可能だというのである。

『列島改造論』は、全国津々浦々に建設ラッシュとともに、地価上昇を生み出し、「狂乱物価」を招くことになった。とりわけモータリゼーションの上昇期・全盛時代に、ガソリン税や自動車重量税などからの巨額の税金を道路特定財源に、全国高速自動車道をつくり続けていった。

大規模工業基地のさらなる拡大のためには、一九八五年度には発電能力を一九七一年度末の三・五倍以上に引き上げなければならず、このうち火力発電が半分、原子力発電が三割と見込んで、大規模エネルギー基地建設の必要性を説き、いわゆる「電源三法」を導入し（一九七四年）、立地予定地域の人々の不安や抵抗を抑え込みつつ、莫大な交付金や補助金によって地方での原発建設を進めていったのもこのころからである。『列島改造論』のなかで、田中はこう述べている。

人びとは、週休二日制のもとで、生きがいのある仕事につくであろう。二十代、三十代の働きざかりは職住近接の高層アパートに、四十代近くになれば、田園に家を持ち、年老いた親を引き取り、週末には家族連れで近くの山、川、海にドライブを楽しみ、あるいは、日曜大工、日曜農業にいそしむであろう。

(田中角栄『日本列島改造論』日刊工業新聞社、一九七二年、「むすび」より)

はたして、その後の日本と私たちの暮らしは、『列島改造論』が描いた通りの姿になったのであろうか。その結果は、その後の経過を見れば分かるように、地域住民から乖離したこうした上からのゼネコン主導の「土木工事」では、かつての「高度成長」を維持することはもはや不可能であった。やがて、巨額の道路特定財源を強力なバックに、道路の必要からではなく、道路をつくることそれ自体が自己目的化していく。その後も歴代の政権は、道路の必要からではなく、景気対策としても利権がらみで道路をつくり続けなければならないという、本末転倒の悪循環に陥っていった。加えて一九九〇年代には、建設国債を財源に、過度な需要見込みに基づいた港湾や空港、高速道路、巨大ダム、干拓など不要不急の大型公共事業が膨張した。

こうして、財政出動によって需給の円環を回すことは、国や地方に莫大な財政赤字を累積し、将来世代に借金としてのしかかることとなった。公共事業へのこうした依存体質は、それ以外の地域産業育成の芽を摘み、地域の自主性を阻み、一九八〇年代後半の空前のバブル景気による享楽的物質文明の爛熟とともに、人々の意識や価値観さえ変えていった。

『列島改造論』が「必ずなくすことができる」と謳った地域間格差についても、その解消どころか、「貿易立国は不変の国是」であり、「工業は地域開発の起爆剤」とする重化学工業優先の基本路線のもとでは、結局、地域の生業と暮らしの根本基盤である農林漁業は、莫大な貿易黒字と引きかえに絶えず犠牲にされていった。新幹線や高速自動車道の大がかりな建設は、むしろ大都市への人口集中に拍車をかけ、大規模開発による自然の破壊、兼業農家の増大による家族農業経営の衰退、農山漁村からの若年世代の流出と過疎・高齢化を招き、田中が言うところの調和のとれた国土でのゆとりある家族の暮らしどころか、家族と地域の崩壊をいっそう加速させていった。「劇症」の公害に直接的に見舞われなかった地域も、例外なく慢性的に衰退させられていったのである。

それは、二一世紀に入り私たちが直面する山村における「限界集落」の続出や、平野部農村・漁村でさえあまねく見られる農業・漁業の担い手の高齢化、手入れを放棄された山林や耕作地の増大、他方、第二次・第三次産業で増大する失業や不安定雇用、商店街やニュータウンを含む都市コミュニティの崩壊、年間自殺者一四年連続（一九九八～二〇一一年）三万人超という、非人間的な惨憺たる今日の「無縁社会」に繋がる遠因となった。田中をはじめ為政者たちの主観的意図がどうあれ、すべてが裏目に出たのである。

私たちは二〇〇一年から、滋賀県の琵琶湖に注ぐ犬上川・芹川の最上流、鈴鹿山中の限界集落・大君ケ畑《おじがはた》に里山研究庵Ｎｏｍａｄという拠点を定め、この森と湖を結ぶ流域地域圏《エリア》（彦根市・多賀町・甲良町・豊郷町の一市三町を含む）を地域モデルに、農山村地域とその中核都市の調査・研究に取り組んできた※のであるが、この犬上川・芹川流域地域圏《エリア》をはじめ、滋賀県内のその他すべての流域地域圏《エリア》も、同様にこうした状況に陥り苦悩している。

こうした問題を、経済の繁栄のためなら世の中の多少の歪みはやむを得ないと見過ごし、そうした事態をもたらした経済社会構造の根本原因自体を問い直すことなく、その場凌ぎの対症療法を施すだけでは、もはやどうにもならない。国土の構造全体が土台から変質させられてしまったのである。今、私たちは、この歴史の教訓からあらためて何を学び、どうすべきなのかを真剣に考えなければならない時に来ている。

※　その成果は、拙著『森と海を結ぶ菜園家族』（人文書院、二〇〇四年）に所収。

地域協同組織体「なりわいとも」と森と海を結ぶ流域地域圏《エリア》の再生

「菜園家族」構想の核心は、週休（2＋α）日制のワークシェアリングによる「菜園家族」を基調とするCFP複合社会の形成であり、その発展・円熟にある。基礎的にもっとも大切なことは、この社会基盤に農的な家族である「菜園家族」を据え、拡充していくことであるが、その際不可欠なのは、「菜園家族」育成の場としての森と海を結ぶ流域地域圏《エリア》の再生である。

「菜園家族」は、単独で孤立しては暮せない。数家族、あるいは十数家族が集落を形成し、新しい地域共同体を徐々に築きあげていくことになるが、こうした〝菜園家族群落〟も、農業を基盤にする限り、〝森〟と〝水〟と〝野〟を結ぶリンケージ、つまり森と海を結ぶ流域地域圏《エリア》のなかではじめて生かされてくる。

ここでは、「菜園家族」を基礎単位に形成される地域共同の特質について、「菜園家族」のゆりかごともいうべき森と海を結ぶ流域地域圏《エリア》の形成過程との関連で、さらに詳しく見ていくことにする。

「菜園家族」は、家事や生産などさまざまな「なりわい」（生業）での協同・相互扶助の必要から、その上位の次元に、自己の力量不足を補完するための協同組織を形成する。こうした地域協同組織体を「なりわいとも」と呼ぶことにする。この「なりわいとも」は、旧ソ連のコルホーズ（農業の大規模集団化経営）や、第Ⅱ章で述べたモンゴルにおける遊牧の集団化経営ネグデルなどに見られるような、農地や家畜など主要な生産手段の共同所有のもとで、工業の論理を短絡的に取り入れ、作業の徹底した分業化と協業によって生産の効率化をはかろうとする共同管理・共同経営体ではない。あくまでも自立した農的家族小経営、つまり「菜園家族」が基礎単位になり、その家族が生産や流通、そして日々の生活、すなわち「なりわい」の上で、自主的、主体的に相互に協力し合う「とも」（仲間）を想定するものである。

この「なりわいとも」は、集落（近世の〝村〟の系譜を引く）レベルの「なりわいとも」が基本となるものの、それ単独で存在するのではなく、地域の基礎的単位である一次元の「菜園家族」にはじまり、二次元の「くみなりわいとも」（隣保レベル）、三次元の「村なりわいとも」（集落レベル）、四次元の「町なりわいとも」（市町村レベル）、さらには五次元の「郡なりわいとも」（森と海を結ぶ流域地域圏《エリア》、つまり郡レベル）、六次元の「くになりわいとも」（県レベル）といった具合に、多次元にわたる多重・重層的な地域構造を形づくっていく。それはあたかも土壌学で言うところの滋味豊かなふかふかとした団粒構造に酷似している。

さて、この地域団粒構造の各レベルに現れる「なりわいとも」のそれぞれについて、もう少し具体的に見ていこう。地域団粒構造の一次元に現れる「菜園家族」は、作物や家畜など生き物を相手に仕事をしている。一日でも家を空けるわけにはいかない。夫婦や子ども、祖父母の三世代全員で助け合い、補い合うのが前提であるが、それでも人手が足りない場合、特に週休（$2+\alpha$）日制のワークシェアリングのもとでの〝従来型〟の出勤の日や、あるいは病気の時などは、隣近所の家族からの支援がなければ成り立たない。やむなく夫婦ともに出勤したり、外出したりしなければならない留守の日には、近くの三家族ないしは五家族が交代で作物や家畜の世話の手助けをすることになる。これが、二次元に現れる「くみなりわいとも」の果たす基本的な役割になる。

週休（$2+\alpha$）日制の「菜園家族」型ワークシェアリング（但し$1 \leqq \alpha \leqq 4$）のもとでは、週のうち（$5-\alpha$）日は従来型のサラリーマンとしての勤務に就く必要から、「くみなりわいとも」には、近世の農民家族間にはなかった「菜園家族」独自の、新たな形態の〝共同性〟の発展が期待される。もちろん、お互いに農業を営んでいることから、〝森〟と〝水〟と〝野〟のリンケージを維持・管理するために、近世農民的な〝共同性〟

が必要不可欠であることに変わりはない。したがって、「くみなりわいとも」には、近世の〝共同性〟の基礎の上に、「菜園家族」という「労」・「農」一体の二重化された性格から生まれる独自の近代的な〝共同性〟が加味されて、新たな〝共同性〟の発展が見られるはずである。「くみなりわいとも」は、このような〝共同性〟の発展を基礎にした三〜五の「菜園家族」から成る、新しいタイプの隣保共同体なのである。

この隣保共同体で解決できない課題は、「くみなりわいとも」が数くみ集まってできるその上位の三次元の協同組織体「村なりわいとも」で取り組まれる。集落レベルで成立するこの「村なりわいとも」は、「菜園家族」という「労」・「農」一体的な独特の家族小経営をその基盤に据えていることから、基本的には近世の〝村〟の系譜を引き継ぎ、その〝共同性〟の内実を幾分なりとも継承しつつも、同時に、イギリスにおける近代資本主義の勃興期に資本主義の横暴から自己を防衛する組織体として現れた近代の協同組合（コープラティブ・ソサエティ）の性格をも併せ持つ、新しいタイプの地域協同の組織体として登場する。

このように、近世の地域社会の系譜を引く共同体的組織を基盤に、地域団粒構造のさまざまなレベルに前近代と近代の融合によって新たに形成される「菜園家族」構想独特の協同組織体を、ここでは一般的に「なりわいとも」と総称しておきたい。

さて、三次元の「村なりわいとも」が成立する地理的範囲となる集落がもつロケーションは、自然的・農的立地条件としても、人間が快適に暮らす居住空間としての場としても、長い時代を経て選《え》りすぐられてきた優れたものを備えている。おおむね今日の行政区画上の大字《おおあざ》あるいは地区に相当するこうした農村集落は、少なくとも循環型社会の円熟期とも言われる近世江戸時代にまで遡ることができる〝村〟の伝統を受け継ぐものである。この伝統的〝村〟は、戦後の高度経済成長期を経て過疎高齢化が急速に進行し、今や限界集落と化し、深刻な問題を抱えてはいるが、それでも何とか生き延びて今日にその姿をとどめている。「村なりわいとも」は、こうした近世の系譜を引く伝統的な集落を基盤に甦ることができるならば、「菜園家族」構想が自然循環型共生社会をめざす以上、きわめて理に適ったものであり、森と海を結ぶ流域地域圏《エリア》の地域構造のさまざまな次元に形成される「なりわいとも」のなかでも、基軸となるべき協同組織体として特別な意義を有するものになると言ってもいい。

「村なりわいとも」を構成する家族数は、一般に三〇~五〇家族、多くて一〇〇家族程度であるから、合議制に基づく全構成員参加の運営が肝心である。自分たちの郷土を点検し、調査し、立案し、未来への夢を描く。そしてみんなで共に楽しみながら実践する。時には集まって会食を楽しみながら対話を重ねる。こうした日常の繰り返しの中から、ことは動き出すのである。

「村なりわいとも」の基盤となる集落が、森と海を結ぶ流域地域圏《エリア》の奥山の山間地にあるのか、山麓に広がる農村地帯にあるのか、あるいは海岸線に近い平野部にあるのか。それぞれの地理的、自然的条件によって、「菜園家族」とその「村なりわいとも」の活動のあり方は、だいぶ違ってくる。「森の民」であり、森の「村なりわいとも」であれば、放置され荒廃しきった森林をどのように再生し、どのように「森の菜園家族」を確立していくのか。そして、過疎化と高齢化の極限状態に放置された山村集落をどのように甦らせるのか、森の「村なりわいとも」の直面する課題は実に大きい。廃校になった分校を再興し、子どもたちの教育と郷土の文化発信の拠点に育てることも、老若男女を問わず集落ぐるみで取り組める楽しい活動となるであろう。また、平野部農村の「野の民」であり、野の「村なりわいとも」であれば、農業後継者不足や耕作放棄地などの問題をどう解決するかが差し迫った課題になる。「海の民」であり、海の「村なりわいとも」であれば、沿岸の自然環境を守りながら風土に適した漁業を育て、田畑や果樹園などもうまく組み合わせた暮らしを確立していかなければならない。若い後継者が根づき、多世代がともに暮らす家族と地域が甦れば、特に近年、深刻な問題となっている自然災害への対策にも、展望が開けてくるにちがいない。このように森から海に至る流域に沿った地域地域において、それぞれ特色のある「菜園家族」を、そして「村なりわいとも」を築き、取り組んでいくことになるであろう。

それぞれの地形や自然に依拠し、土地土地の社会や歴史や文化を背景にして、森と海を結ぶ流域地域圏《エリア》内には、集落（近世の〝村〟の系譜を引く）を基盤に、おそらく一〇〇程度の新しい「村なりわいとも」が誕生するであろう。これらの「村なりわいとも」は、それぞれ個性豊かな「森」の幸や、「野」の幸や、「川・海」の幸を産み出す。「村なりわいとも」の構成家族全体で、または数家族がグループで小さな工房・工場を設営し、こうした自然の幸を加工することもあるだろう。「村なりわいとも」が流通の媒体となって、モノやヒトが森と海を結ぶ流域地域圏《エリア》内を循環し、お互いに不足するものを補完し合う。こうした交流によって、森と海を結ぶ流域地域圏《エリア》としてのまとまりある一体感が次第に育まれていく。

森と海を結ぶ流域地域圏《エリア》の中核都市では、地場産業や商店街が活気を取り戻し、「匠商《しょうしょう》家族のなりわいとも」や住民の地域コミュニティも息づいてくる。高度経済成長期に急速に肥大化した巨大都市の機能は、やがて地方へ分割・分散され、活気を取り戻した地方の中小都市を核に、美しい田園風景が流域地域圏《エリア》に繰り広げられていく。今、衰退の一途を辿る流域地域圏《エリア》の中核都市は甦り、地方経済の結節点としての機能を果たしながら、文化・芸術・学問・スポーツ・娯楽などをもとめて人々が集う交流の広場として、精神性豊かなゆとりのある文化都市に次第に変貌していくにちがいない。

このようにしてつくりだされた物的・精神的土壌の上に、森と海を結ぶ流域地域圏《エリア》の「なりわいとも」、つまり「郡なりわいとも」が形成されることになる。地域の事情によっては、今日の市町村の地理的範囲に、「郡なりわいとも」の下位に位置する「町なりわいとも」が形成される場合もある。そして、下から積み上げられてきた住民や市民の力量によって、さらに県全域を範囲に「郡なりわいとも」の連合体としての六次元の「くになりわいとも」（県レベル）が、必要に応じて形成されるであろう。この場合の「くに」とは、古代の風土記や江戸時代の旧国名にあるような「国」、例えば近江国《おうみのくに》、常陸国《ひたちのくに》等々の「国」から名づけたものであり、今日の場合、県に相当する地理的範囲を想定している。

このように見てくると、来たるべき自然循環型共生社会としての広域地域圏（県）内には、地域の基礎的単位である「菜園家族」からはじまり「くになりわいとも」（県レベル）に至る、一次元から六次元までの多重・重層的な地域団粒構造が形成されていくことになる。単独で孤立しては自己を十分に維持し生かすことができないそれぞれの次元の「なりわいとも」が、より有効な協同の関係を求めて、地域団粒構造のそれぞれのレベルのより上位の次元の「なりわいとも」と、生産活動や日常の暮らしにおいて必要に応じて自由自在に連携することになる。こうして、自己の弱点や力量不足を補完する、優れた多重・重層的な地域団粒構造のシステムが次第に形成されていくことになるであろう。

第Ⅲ章で触れたように、団粒構造とは、隙間が多く通気性・保水性に富んだ、作物栽培に最も適したふかふかの肥沃な土を指す土壌学上の用語である。このような土は、微生物が多く繁殖し、堆肥などの有機物もよく分解され、養分の面でも、単粒構造のさらさらとした砂地やゲル状の粘土質の土とは比較にならないほど優れた特質を備えている。多次元にわたる重層的な団粒構造の土壌は、微生物からミミズに至る大小さまざまな生き物にとって、実に快適ないのちの場となっている。それぞれが相互に有機的に作用し合い、自立した個体がそれぞれ自己の個性にふさわしい生き方をすることによって、結果的には他者をも同時に助け、自己をも生かしている、そんな世界なのである。

一次元の「菜園家族」から六次元の「くになりわいとも」（県）に至る各次元に位置するそれぞれの「団粒」が、個々に独自の特色ある個性豊かな活動を展開することによって、結果的には総体として森と海を結ぶ流域地域圏《エリア》（郡）や広域地域圏（県）は、ふかふかとした滋味豊かな「自立と共生」の多重・重層的な地域団粒構造の土壌に、長い歳月をかけて熟成されていく。地域の発展とは、上から「指揮・統制・支配」されてなされるものではなく、あくまでも底辺から自然の摂理に適った仕組みのなかで保障されるのではないだろうか。まさにこの地域団粒構造は、草の根の民主主義思想形成の何ものにも代え難い優れた土壌にもなっているのである。

五年、一〇年、あるいは三〇年以上の実に長期にわたる、本当の意味での民衆主体のこうした熟成のプロセスなくしては、「民主的な地方自治体」も、それを基盤に成立する一国の「民主的な政府」も、名ばかりの内実を伴わない絵に描いた餅に終わらざるをえないであろう。私たちは、目先にのみとらわれ一喜一憂することなく、こうした遠大な展望のもとに今、何を成すべきかを真剣に考えなければならない時点に立たされている。

もしも、この「なりわいとも」を基盤にした地域社会が現実に誕生し、首尾よく成功したとすれば、それは、世界史上画期的な出来事と言わなければならない。一九世紀に世界史上はじめてイギリスにおいて協同組合（コープラティブ・ソサエティ）が出現しながらも、その後、世界各国の資本主義内部においてこの協同組合は十分に発展し、開花することができなかった。この協同組合の発展を阻害してきた要因を、生産手段と現代賃金労働者《サラリーマン》との再結合による労農一体的な性格を有するこの「菜園家族」を地域社会の基礎単位に導入することによって克服し、さらには森と海を結ぶ流域地域圏《エリア》を滋味豊かな多重・重層的な地域団粒構造に築きあげることができたとするならば、それは、時代を画する人類の素晴らしい成果であると言わなければならない。新たに形成されるこの新しいタイプの「なりわいとも」は、イギリス産業革命以来、今日に至るまで一貫して歪曲と変質を余儀なくされてきた地域の構造を根本から変え、やがて「菜園家族」を基調とする素朴で精神性豊かな自然循環型共生社会へと導いていく決定的に重要な槓杆としての役割を果たしていくにちがいない。

非農業基盤の家族小経営「匠商家族《しょうしょう》」とその協同組織体「なりわいとも」

　ここであらためて確認しておきたいことがある。これまで一般的に「菜園家族」という時、狭義の意味では、週のうち（2＋α）日は家族とともに農業基盤である「菜園」の仕事に携わり、残りの（5－α）日はCFP複合社会の資本主義セクターC、または公共セクターPのいずれかの職場に勤務して応分の現金収入を得ることによって自己補完する形態での家族小経営を指してきた。そして、広義の意味では、狭義のこの「菜園家族」に加え、非農業部門（工業・製造業や商業・流通・サービスなどの第二次・第三次産業）を基盤とする自己の家族小経営に週（2＋α）日携わり、残りの（5－α）日を資本主義セクターC、または公共セクターPのいずれかの職場に勤務するか、あるいは自己の「菜園」に携わることによって自己補完する家族小経営も含めて、これらを総称して「菜園家族」と呼んできた。

　ここでは、後者の家族小経営を、狭義の「菜園家族」と区別する必要がある場合に限って、「匠商家族《しょうしょう》」と呼ぶことにする。自然循環型共生の地域再生をめざす「菜園家族」構想において、「匠商家族」は変革を担うもう一つの大切な主体であり、「菜園家族」と「匠商家族」は、いわば車の両輪ともいうべきものなのである。

　ここまでは、農業を基盤とする狭義の「菜園家族」を基礎単位にして成り立つ「なりわいとも」について考えてきたのであるが、ここからは、工業や商業・流通・サービス分野、つまり第二次、第三次産業を基盤にした「匠商家族」を基礎単位に成立する「なりわいとも」について考えてみたい。

　狭義の「菜園家族」の「なりわいとも」は、近世の〝村〟の系譜を引く集落基盤を発展的に継承し、農業を基盤とする性格上、農的・自然的立地条件に大いに規定される。それゆえ、森と海を結ぶ流域地域圏《エリア》の奥山の山間部から下流域の平野部へと、「村なりわいとも」、「町なりわいとも」、「郡なりわいとも」というように、ある意味では地縁的に多重・重層的な地域団粒構造を形づくりながら展開していく。一方、「匠商家族」

の「なりわいとも」は、それと同じではない。むしろ、農業を基盤とする狭義の「菜園家族」の「なりわいとも」とはかなり違った、独自の「なりわいとも」の地域編成の仕方が見られるはずである。

一口に第二次産業の製造業・建設業の分野、第三次産業の商業・流通・サービス業の分野といっても、職種や業種も多種多様である。したがって、「匠商家族」の「なりわいとも」は、職種による職人組合的な「なりわいとも」であったり、同業者組合的な「なりわいとも」であったり、あるいは市街地のさまざまな商店が地域的・地縁的に組織する商店街組合のような地縁的な「なりわいとも」であったりするであろう。

いずれにせよこれらは、今日の行政区画上の市町村の地理的範囲内で、職人組合的な「町・村なりわいとも」や、同業者組合的な「町・村なりわいとも」、あるいは商店街組合的な「町なりわいとも」としてそれぞれ形成されてくる。そして、それらを基盤にして、さらにそれぞれの上位に、森と海を結ぶ流域地域圏《エリア》全域（郡）の規模で、「郡なりわいとも」が形成されることになる。この「郡なりわいとも」は、対外的にも大きな力を発揮することが可能になるであろう。

巨大企業の谷間であえぐ零細家族経営だけでなく、中小企業についても、そのおかれている状況は同じである。森と海を結ぶ流域地域圏《エリア》の自然資源を生かし、地域住民に密着した地場産業の担い手として、中小企業を育成していかなければならない。零細家族経営と中小企業の両者が、同じ森と海を結ぶ流域地域圏《エリア》にあって連携を強めることによって、相互の発展が可能になってくる。中小企業の「なりわいとも」への参加をどう位置づけ、両者がいかに協力し合っていくのか。これは、今後研究すべき重要な課題として残されている。

放置された巨大資本の専横。それを許してきた理不尽な政策。こうしたなかで苦しみ喘ぎながらも、人々は自らの生活の苦しみとますます悪化する地球環境に直面して、ようやく本当の原因がどこにあるのかに気づきはじめた。最後の土壇場に追いつめられながらも、何とか足を踏ん張り反転への道を探ろうとしている。人間の欲望を手品師のように操りもてあそぶ、市場原理至上主義「拡大経済」という得体の知れない巨大な怪物に抗して、自らが築く自らの新たな体系を模索していかなければならない。

ところで、本来都市とは、ある一定の地域圏《エリア》内にあって政治・経済・文化・教育の中核的機能を果たし、人口の集中したその区域のみならず、地域圏《エリア》全域にとっても重要な役割を担うものである。古代ギリシャ・ローマにおいては国家の形態をもち、中世ヨーロッパではギルド的産業を基礎として、時には自由都市となり、近代資本主義の勃興とともに発達してきた。こうした都市の発展の論理には、一定の普遍性が認められる。特定の国や地域の都市の考察においても、この普遍的論理は注目しておかなければならない。

ギルドはよく知られているように、中世ヨーロッパの同業者組合である。封建的貴族領主や絶対王権に対抗して、同業の発達を目的に成立した。まず商人ギルドが生まれ、手工業者ギルドが派生する。こうして台頭してきた新興の勢力は、都市の経済的・政治的実権をも掌握するようになり、中世都市はギルドによって運営されるに至る。

しかし、近代資本主義の勃興によって、ギルド的産業のシステムは衰退し、都市と農村の連携から地域のあり方までが激変していった。それは、まさに中世・近世によって培われ高度に円熟した、循環型社会のシステムそのものの衰退によるものであった。

それでは私たちの現代は、歴史的にどんな位置に立たされているのであろうか。それは歴史の長いスパンで考えるならば、まぎれもなくこの中世・近世の循環型社会の衰退過程の延長線上にあると言わなければならない。今日の市場原理至上主義アメリカ型「拡大経済」は、結局、この延長線上にあって、商業や工業における零細家族経営から弱小な中小企業に至るまで、ありとあらゆる小さきものたちを破壊していくのである。企業、銀行などあらゆる経済組織は、再編統合を繰り返しながら巨大化の道を突き進み、大が小を従属させる寡頭支配の論理が貫徹していく。東京など巨大都市に本社をおく巨大企業は、周縁の地方にもそのネットワークを広げ、地方経済を牛耳ることになる。地方はますます自立性を失い、中央への従属的位置に甘んじざるを得ない事態にまで追い詰められていく。

　こうした流れに抗して、「菜園家族」構想は地域の再生をめざす。そうであるならば、中世や近世の商人・手工業者が、封建的貴族領主や絶対的王権に対抗して、自らの同業の自衛のために同業者組合ギルドをつくったように、今日の市場原理至上主義アメリカ型「拡大経済」下の巨大企業や巨大資本に対抗して、森と海を結ぶ流域地域圏《エリア》内における商業・手工業の零細家族経営が「匠商家族」という新しいタイプの家族小経営に生まれ変わり、それを基盤に「匠商家族のなりわいとも」を結成するのは、ある意味では歴史の必然であると言ってもいいのかもしれない。

　ギルドは中世および近世の循環型社会の中にあって、きわめて有意義的かつ適合的に機能していた。「菜園家族」構想が近世の円熟した循環型社会への回帰の側面を持つ以上、「匠商家族のなりわいとも」の生成は、当然の帰結と言えよう。そして、巨大化の道を突き進むグローバル経済が席捲する今、この「匠商家族のなりわいとも」が、前近代の中世ギルド的な〝共同性〟に加え、資本主義に対抗して登場した近代的協同組合（コープラティブ・ソサエティ）の性格をも合わせもつ、二一世紀の新しいタイプの都市型協同組織体としてあらわれてくるのも、歴史の必然と言わなければならない。地方中小都市の未来は、こうした「匠商家族のなりわいとも」を、主にその市街地にいかに隈なく組織し、編成するかにかかっている。

　肝心なことは、森と海を結ぶ流域地域圏《エリア》全域を視野に入れて、この「匠商家族のなりわいとも」と、森林地帯に展開する〝森〟の「菜園家族のなりわいとも」や、田園地帯に広がる〝野〟の「菜園家族のなりわいとも」、海辺に息づく〝海〟の「菜園家族のなりわいとも」との連携を強化していくことである。そして、これらによる柔軟にして強靭な「なりわいとも」ネットワークをその全域に張りめぐらしていくことである。こうした基盤の上に、〝森〟と〝野〟と〝海〟と〝街《まち》〟をめぐるヒトとモノと情報の交流の循環がはじまる。こうしてはじめて、市場原理至上主義アメリカ型「拡大経済」に対峙して、相対的に自立した抗市場免疫のひとつのまとまりある自然循環型共生の森と海を結ぶ地域経済圏の基底部が、徐々に築きあげられ熟成していくのである。

「なりわいとも」と森と海を結ぶ流域地域圏《エリア》の中核都市の形成

森と海を結ぶ流域地域圏《エリア》が相対的に自立自足度の高い経済圏として成立するための前提条件について、「なりわいとも」と中核都市との関連で、ここでもう少しだけ触れておきたい。

まず、森と海を結ぶ流域地域圏《エリア》（おおむね今日の郡の地理的範囲に相当する）内の基礎自治体である市町村が連携して、長期的展望に立った自らの流域地域圏《エリア》の基本構想を立案し、それを計画的に実行していく体制を整える必要がある。そして、今日の税制のあり方を抜本的に改革し、地方自治体の財政自治権を確立し、自治体が自らの判断で的確な公共投資を計画的におこなえるような、地域政策投資のシステムを構築しなければならない。

また、相対的に自立自足度の高い経済圏が成立するためには、流域地域圏《エリア》内でのモノやカネやヒトの流通・交流の循環の持続的な成立が大切になってくる。そのためにはまず、流域地域圏《エリア》内での生産と消費の自給自足度、つまり地産地消の水準が可能な限り高められなければならない。そして、地域融資・地域投資の新しい形態として注目されているコミュニティ・バンクの創設や地域通貨の導入などによって、自立的な経済圏を支える経済システムを整えていく必要がある。このコミュニティ・バンクは、土地や建物を担保にお金を貸す従来型のバンクではなく、事業性や地域への貢献度から判断してお金を貸す、本当の意味での地域のための金融機関として確立されていかなければならない。

今日では、地域住民一人ひとりの大切な預貯金は、最終的には大手の都市銀行に吸いあげられ、都市銀行にとって投資効率のよい、流域地域圏《エリア》外の重化学工業やハイテク産業や流通業など第二次・第三次産業の「成長分野」に融資されている。農業や林業や漁業、零細家族経営や中小企業のようなもともと本質的に生産性の低い、しかしながら流域地域圏《エリア》の自然環境や人間の生命にとって直接的にもっとも大切な分野には、なかなか投資されないのが実情である。これはまさに市場原理によるもので、こうした状況を放置しておくならば、いつまでたっても地域経済を建て直すことはできない。

ヨーロッパでは、日本とはかなり事情が違うようである。イギリスやオランダやドイツでは、経済的利益だけではなく、環境、社会、倫理的側面を重視して活動する金融機関「ソーシャル・バンク」が存在し、主に個人から資金を預かり、社会的な企業やプロジェクト、チャリティ団体やNPOなどに投融資をおこない、社会的にも重要な役割を果たしている。こうした金融機関では、通常の預金や融資、投資信託などとは異なり、資金提供者が重視する価値を実現するための仕組みが金融商品や資金の流れに組み込まれている。地域づくりや環境問題においても、相互扶助を基本理念に今日的な「意志あるお金」の流れの活性化に貢献している。このようなソーシャル・バンクが存在している要因はいろいろ考えられるが、歴史的には、イギリス産業革命以来の協同組合運動発祥の地としての伝統の裾野の広さがあげられるであろう。

日本では、信用組合や信用金庫があるにはあるが、実際には金融庁の統括のもとにあって、大銀行と同じような規制で縛られており、小規模の事業に対する融資や補助金の斡旋がきわめて不十分であると言わざるをえない。とはいえ、過去において、金融の相互扶助の伝統が皆無であったというわけではない。前近代の循環型社会において、特に室町時代から江戸時代にかけて各地の農村でさかんであったといわれている「頼母子講《たのもしこう》」は、相互扶助的な金融組合であった。組合員が一定の掛け金をして、一定の期日にくじまたは入札によって所定の金額を順次、組合員に融通する仕組みだったといわれている。

今日の中央集権的、寡頭金融支配のもとでは、「菜園家族」や「匠商家族」が森と海を結ぶ流域地域圏《エリア》を舞台に、新しい相互扶助の精神にもとづく協同組織体「なりわいとも」を結成し、流域地域圏《エリア》の再生をめざして活動を開始しようとしても、その芽はことごとく摘まれてしまうであろう。原初的な相互扶助の精神に支えられた金融機関の伝統が日本にもあったことを考える時、二一世紀の未来に向けて、地域における新しい金融のあり方を模索し、その可能性をもっともっと広げていくべきである。前近代に胚胎していた伝統的精神を生かし、ヨーロッパの優れた側面を取り入れながら、「菜園家族」構想独自の金融システムを地域に確立して、顔の見える相互扶助の地域経済をつくっていかなければならない。

森と海を結ぶ流域地域圏《エリア》に自立的な経済圏を確立していく上で、中核都市の都市機能の充実の重要性をもう一度確認しておきたい。城下町や門前町としての歴史的景観の保全、文化・芸術・教育・医療・社会福祉機能の充実、さらには商業・業務機能と調和した都市居住空間の整備を重視し、かつ市街地内においても「菜園」をきめ細やかに配置し、緑豊かな田園都市の名にふさわしい風格あるまちづくりをめざさなければならない。それは、森と海を結ぶ流域地域圏《エリア》全域に広がる〝森〟と〝野〟と〝海〟と〝街《まち》〟の「菜園家族」や「匠商家族」のネットワークの要《かなめ》としての都市であり、森と海を結ぶ持続的な流域循環の中軸としての機能を担う、新しい時代の地方都市の姿でもある。

「なりわいとも」の歴史的意義

団粒構造のふかふかとした土が、植物の生育にとって快適で優れた土壌であるのと同様に、「菜園家族」や「匠商家族」を基礎単位に「なりわいとも」が形成され、多重・重層的な団粒構造に熟成された地域社会は、人間一人ひとりにとっても豊かで理想的な社会であるはずだ。そこでは、人間のさまざまな個性が生かされ、まさに多重・重層的な人間活動が促される。こうした人間活動の成果が、養分として「地域」という土壌に蓄積され、それによって地域社会は、より豊かなものに熟成されていく。団粒構造の滋味豊かな土を思い起こすだけでも、そのことは実に理に適っていると頷けるはずだ。

森と海を結ぶ流域地域圏《エリア》では、先にも触れたように、多重・重層的な地域団粒構造の各次元にあらわれる「菜園家族」、「くみなりわいとも」、「村なりわいとも」、「町なりわいとも」、「郡なりわいとも」などの地域協同組織体が、それぞれの次元にあって、自律的、重層的に機能し、その結果、森と海を結ぶ流域地域圏《エリア》全体として人間の多次元的で多様な活動が活性化され、それにともなって創造性あふれる〝小さな技術〟（第Ⅵ章で詳述）が絶え間なく生み出されていく。その結果、人間の側からの自然に対する働きかけが、流域地域圏《エリア》の総体として極めてきめ細やかなものになり、自然を無駄なく有効に活用することが可能になってくる。活動の分野も、農林漁業や畜産に限らず、手工業・手工芸の分野から、さらには教育・文化・芸術に至るまで、人間の幅広い活動が豊かに展開されていくのである。

かつて上から強引にすすめられた社会・経済・文化・教育等々におよぶいわゆる「小泉構造改革」、そして今騒がれている「大阪維新の会」の「地域主権改革」や「大阪都」構想、カジノと一体化した大阪万博誘致なるものも、やがて、薄っぺらなまやかしのまがいものであることが白日の下に晒されることになるであろう。この「地域主権改革」なるものは、むしろ国民の中に経済・教育・文化の格差を広げ、弱肉強食の競争を煽り、人間不信とモラルの低下をますます強め、財界主導の従来型巨大プロジェクトへのヒト・モノ・カネの集中と引き換えに、地域の衰退にさらなる拍車をかけるものである。

人間を支え、人間を育む基礎的「地域」の内実の根本的変革なしには、経済の変革も、政治の変革も、教育・文化の変革も、徒労に終わらざるをえない。経済の源泉は、まぎれもなく草の根の「人間」であり、「家族」であり、「地域」である。そして民主主義の問題は、究極において人格の変革の問題であり、人格を育むものは、人間の生産と暮らしの場である「家族」と「地域」である。したがって、この「家族」と「地域」を時間がかかってもどう建て直し、どう熟成させていくかにすべてがかかっていると言わなければならない。

「菜園家族」のなかで育まれる夫婦や親子や兄弟への愛、ここからはじまる人間と人間の良質な関係、これが「くみなりわいとも」や「村なりわいとも」へ、さらには、森と海を結ぶ流域地域圏《エリア》に形成される「郡なりわいとも」から、県レベルの「くになりわいとも」へと拡延され、地域社会全体に広がっていく。人間性に深く根ざした人への思いやり、お互いが尊重し合い、相互に助け合う精神が培われていくのである。「地域」における〝もの〟の再生産と〝いのち〟の再生産の安定した循環の中に身をおき、親から子へ、子から孫へとつながる永続性を肌で感じ、精神の充足が自覚される時、人間は心底から幸せを実感する。そして、やがて「地域」に新しい精神の秩序が形づくられていく。これこそが、精神の伝統というべきものではないだろうか。

森と海を結ぶ流域循環型の地域形成は、ただ単に経済再建だけが目的ではない。こうした「地域」熟成の中から、市場原理至上主義「拡大経済」社会にはみられなかった地域独自の新たな生活様式が確立され、民衆の新しい倫理や思想が、そして文化や芸術が生み出されていく。今日の精神の荒廃は、こうした大地に根ざした独自の文化や精神を育む地域社会の基盤を失い、それを新たに再生し得ずにいることと関連している。今、私たちにとって大切なことは、時間がかかっても、ゆっくり着実にこうした「家族」と「地域」の再建からはじめることであり、上からの「地域主権改革」などではない。

前近代の基盤の上に築く新たな「協同の思想」

一九世紀前半のイギリスにおいて、不条理でむき出しの初期資本主義の重圧のもと、ロバート・オウエンの思想と彼のコミュニティ実験の経験の上に、「一人は万人のために、万人は一人のために」を合言葉に高揚した協同組合（コープラティブ・ソサエティ）運動。資本主義のもとで、私的利益を追求する企業社会とは別の、もう一つの経済システムへと人々の心を駆り立てたものは、「協同の思想」によって、自らと仲間の〝いのち〟と〝暮らし〟を守ろうとする民衆の自衛精神であった。

したがって、森と海を結ぶ流域地域圏《エリア》に新たに築かれる「郡なりわいとも」は、自然発生的なものというよりも、むしろ近代資本主義超克の結果あらわれる「労」「農」融合の「菜園家族」を拠りどころに、人間の自覚的意識に基づいてなされる地域住民、市民主体の高度な人間的営為であると言わなければならない。

それだけに、森と海を結ぶ流域地域圏《エリア》全域に形成される「郡なりわいとも」には、困難が予想される。一九世紀の「協同の思想」の先駆者たちの悲願は、二〇世紀において無惨にも打ち砕かれ、二一世紀へとその達成が残されたままになっている。引き継がれ残されたこの課題を克服し、成功へと導く鍵は、すでに述べてきたように、現代賃金労働者《サラリーマン》と生産手段との再結合によって、「賃金労働者」と「農民」という二重の性格を備えた二一世紀独自の新たな人間の社会的生存形態と、その家族小経営としての「菜園家族」を創出することであり、それに基づく協同組織体「なりわいとも」によって、「地域」を再編することである。

巨大資本の追求する私的利益と、地域住民・市民社会の公的利益との乖離が大きくなればなるほど、もう一つの経済システムの可能性をもとめて、多くの試みがなされるのは当然の成り行きであろう。そして、それは歴史の必然でもある。むき出しの私的欲求がまかり通る時、資本主義内部に抗市場免疫の民衆の優れた自衛組織、対抗勢力としての「菜園家族」と「匠商家族」が生まれ、その地域協同組織体「なりわいとも」が台頭してくるのもまた、歴史の必然の帰結というべきである。

二一世紀を迎え、現代世界はあまりにも私的利益と公的利益の乖離が大きくなり、解決不能の状況に陥っている。一八〇年前のイギリスとはまた違った意味で、今、新たに本格的な「協同の思想」到来の客観的条件が熟しつつある。ここで述べてきた多重・重層的地域団粒構造の各次元に形成される「なりわいとも」、そのなかでも基軸的地域協同組織体として要の位置にある「村なりわいとも」、そして森と海を結ぶ流域地域圏《エリア》全域を範囲に形成される「郡なりわいとも」、さらには非農業基盤の「匠商家族」とその「なりわいとも」。これらすべては、まさにこうした世界の客観的状況と歴史的経験を背景に、前近代的なるものと近代的なるものとの融合によって、新たなる協同の社会、つまり「菜園家族」を基調とする抗市場免疫の自律的な自然循環型共生社会を築く試みなのである。

つまりそれは、近世の〝村〟や地域団粒構造といった前近代的な伝統の基盤の上に、「協同の思想」という近代の成果を甦らせ融合させることによって、二一世紀にむけて新たな「地域の思想」を構築しようとする人間的営為でもある。これは決して特殊な地域の特殊な事柄ではなく、人類史上、人々によって連綿として続けられてきた、そして今でも続けられている、普遍的価値に基づく未完の壮大な実験を二一世紀において何とか成就させせんとする、人間の飽くなき試みなのである。

4　「菜園家族」を土台に築く円熟した先進福祉大国
——近代を超克する新たな社会保障制度を探る——

本来、社会保障制度は、社会的弱者に対してこそしっかりとした支えになるべきであるのに、わが国の現状はそうはなっていない。その実態は、あまりにも無慈悲で冷酷である。しかも現行の制度は、不完全な上に、なぜか財政破綻に陥っている。安心して生涯を全うできないのではないかという将来不安が、常に国民の中に漂っている。

そもそも社会保障制度とは原理的に一体何であり、どうあるべきなのか。そもそも論から考えるためにも、大切なことなので、まずこのことをおさえることからはじめたい。

原理レベルから考える「自助、共助、公助」

今日私たちは残念ながら、人類が自然権の承認から出発し、数世紀にわたって鋭意かちとってきた、一八四八年のフランスにおける二月革命に象徴される自由・平等・友愛の精神からは、はるかに遠いところにまで後退したと言わざるをえない。

不思議なことに、近年、特に為政者サイドからは、「自立と共生」とか「自助、共助、公助」という言葉がとみに使われるようになってきた。「自立と共生」とは、人類が長きにわたる苦難の歴史の末に到達した、重くて崇高な理念である自由・平等・友愛から導き出される概念であり、その凝縮され、集約された表現であると言ってもいい。それは、人類の崇高な目標であるとともに、突き詰めていけば、そこには「個」と「共生」という二律背反のジレンマが内在していることに気づく。

あらゆる生物がそうであるように、人間はひとりでは生きていけない。人間は、できる限り自立しようとそれぞれが努力しながらも、なおも互いに支えあい、助けあい、分かちあい、補いあいながら、いのちをつないでいる。「個」は「個」でありながら、今この片時も、また時間軸を加えても、「個」のみでは存在しえないという冷厳な宿命を、人間は背負わされている。それゆえに、人類の歴史は、個我の自由な発展と、他者との「共生」という二つの相反する命題を調和させ、同時に解決できるような方途を探り続けてきた歴史であるとも言えるのではないだろうか。

私たち人類は、その歴史のなかで、ある時は「個」に重きを置き、またある時はその行き過ぎを補正しようとして「共生」に傾くというように、「個」と「共生」の間を揺れ動いてきた。この「自立と共生」という人類に課せられた難題を、どのような道筋で、どのようにして具現するかを示すことなく、この言葉を呪文のように繰り返しているだけでは、空語を語るに等しいといわれても、致し方ないであろう。

生きる自立の基盤があってはじめて、人間は自立することが可能なのであり、本当の意味での「共生」への条件が備わる。人間を大地から引き離し、人間から生きる自立の基盤を奪い、その上、最低限必要な社会保障をも削って放置しておきながら、その同じ口から「自立と共生」を説くとしたならば、それは、二重にも三重にも自己を偽り、他を欺くことになるのではないだろうか。

ところで、きわめて大切な歴史認識の問題として、ここであらためて再確認しておきたいことがある。それは、イギリス産業革命以来二百数十年の長きにわたって、人間が農地や生産用具など必要最小限の生産手段さえ奪われ、生きる自立の基盤を失い、ついには根なし草同然の存在になったという、この冷厳な事実についてである。

一九世紀「社会主義」理論は、生産手段を社会的規模で共同所有し、それを基礎に共同運営・共同管理することによって、資本主義の根本矛盾、すなわち繰り返される不況と恐慌を克服しようとした。しかし二〇世紀に入ると、その実践過程において、人々を解放するどころか、かえって「個」と自由は抑圧され、「共生」が強制され、独裁専制強権的な中央集権化の道を辿ることになった。人類の壮大な理想への実験は、結局、挫折に終わった。そして、いまだにその挫折の本当の原因を突き止めることができず、新たなる未来社会論を見出せないまま、人類は今、海図なき時代に生きているのである。

二一世紀の今もなお、私たちの社会は、大量につくり出された根なし草同然の人間、すなわち近代賃金労働者によって埋め尽くされたままである。大地から引き離され、生きる自立の基盤を失い、根なし草同然の人間が増大すればするほど、当然のことながら、市場原理至上主義の競争は激化し、人々の間に不信と憎悪が助長され、互いに支えあい、分かちあい、助けあう精神、つまり友愛の精神は衰退していく。そしてそれは、個々人間《こじんかん》のレベルの問題にとどまらず、社会制度全般にまで波及していく。さらには民族と民族、国家と国家間の憎しみ、そして人間同士が殺し合う忌まわしい戦争にまで至るのである。

生きる自立の基盤を奪われ、本来の「自助」力を発揮できない人間によって埋め尽くされた社会にあって、なお私たちが「共生」を実現しようとするならば、社会負担はますます増大し、年金、医療、介護、育児、教育、障害者福祉、生活保護などの社会保障制度は財政面から破綻するほかない。それが、日本社会をはじめ先進資本主義諸国の直面する今日の事態なのである。

この事態を避けるためにと称して、為政者によって今強行されようとしている消費税増税は、弱者を切り捨て、巨大資本の生き残りを賭けた愚策にすぎないものであり、もちろん論外であるが、別の選択肢として一般的に考えられるのは、財政支出の無駄をなくすか、所得税等々の累進課税をはじめとする税制の民主的改革によって税収を増やす以外にないことになる。しかしこれとて、市場経済のグローバル化が際限なく加速し、市場競争がますます熾烈化の一途を辿っていく中にあっては、根なし草同然の賃金労働者家族、つまり市場原理に抗する免疫力を失った従来型の家族を基礎に置く社会を前提にする限り、いずれ遠からず立ち行かなくなるにちがいない。

急速に進行する少子高齢化のなかで、もちろん財政の組み替えや節減、そして大企業に四二五・八兆円（二〇一七年度）もの内部留保の累積を許すような不公正な今日の税制・財政を抜本的に改革することは、当然貫徹させなければならない当面の重要課題ではあるが、遠い未来を見据える視点に立てば、生産と暮らしのあり方、それに規定される家族や地域のあり方、つまり近代に特有の今日の社会構造の根本的変革を抜きにしては、こうした短期的処方箋ではもはやどうにもならないところにまで来ていると言わざるをえない。このような施策は社会経済構造全体から見れば、もはや表層のフローにおけるきわめて近視眼的な一時凌ぎの処方箋にすぎないものであり、それは決して今日の深刻な事態を歴史的に位置づけ、長期展望のもとに、この社会の構造的行き詰まりをその深層から根源的に解決しようとするものにはなりえない。

また「成長戦略」とか「エコ産業」などという触れ込みで、万が一、「経済のパイ」を大きくし、企業からの税の増収をはかることができたとしても、この市場原理至上主義「拡大経済」路線そのものが、本質的に資源の有限性や地球環境問題、ひいては人間性そのものと真っ向から対立せざるをえない。「環境技術」の開発によって、地球環境問題は解決できると期待する向きもあるようだが、それは幻想に過ぎず、一時の気休めに終わるのではないだろうか。なぜなら、浪費が美徳の「拡大経済」の根底にある市場競争至上主義の社会システムとその思想そのものを変えない限り、「環境技術」開発による新たな生産体系そのものが、新たなる法外な「環境ビジネス」を生み出し、資源やエネルギーの消費削減どころか、二一世紀型のさらなる新種の「拡大経済」へと姿を変えるだけに終わらざるをえないからである。

しかも、グローバル経済を前提にする限り、「エコ」の名のもとに、市場競争は今までにも増して熾烈を極めていく。国内需要の低迷が続くなかで世界的な生産体制の見直しを進める多国籍巨大企業は、「国際競争に生き残るために」という口実のもとに、安価な労働力と新たな市場を求めて海外移転を進め、いとも簡単に国内の雇用を切り捨てる。そしてますます社会的負担を免れようとして、結局はその負担を庶民への増税として押しつけてくる。この繰り返しである。

したがって、自立の基盤を奪われ、「自助」力を失い、根なし草同然になった現代賃金労働者《サラリーマン》家族を基礎単位に構成される今日の社会の仕組みをそのままにしておいて、「自立と共生」を語ること自体が、もはや許されない時代になってきていることに気づかなければならない。

「菜園家族」構想は、こうした時代認識に基づいて提起されている。そして、人類共通の崇高な理念であり目標でもある自由・平等・友愛、つまり「自立と共生」という命題に内在する二律背反のジレンマをいかにして克服し、その理念をいかにして具現することが可能なのか、その方法と道筋を具体的に提起しようとしているのである。

安倍首相は二〇一三年二月二八日の施政方針演説のなかで、自助・自立を第一に、共助と公助を組み合わせ、弱い立場の人を援助するとしながらも、「『強い日本』。それを創るのは、他の誰でもありません。私たち自身です。『一身独立して一国独立する』。私たち自身が、誰かに寄り掛かる心を捨て、それぞれの持ち場で、自ら運命を切り開こうという意志を持たない限り、私たちの未来は開けません」、こう述べ、敢えて自助の精神を喚起した。

私たちの社会の底知れぬ構造的矛盾に正面から向き合い、大胆にメスを入れ、今日の社会の枠組みを根本から転換することなしに、「自立と共生」を説くとすれば、それは大多数の国民を欺き、自立の基盤を保障せずに社会保障をも削減し、自助努力のみを強制するための単なる口実に終わらざるをえないのは明らかである。

これからどんな政権が新たに登場しようとも、社会のこの構造的根本矛盾、つまり生産手段を奪われ、根なし草同然になった近代賃金労働者という人間の社会的生存形態を放置し、市場原理に抗する免疫力を失った家族をそのままにしておく限り、ほんものの「自立と共生」実現への具体的かつ包括的な道は、見出すことはできない。そうした政権は、遅かれ早かれいずれ国民から見放されるほかないであろう。

「家族」に固有の機能の喪失とこの国破綻の根源的原因

第Ⅲ章でも触れたように、もともと「家族」には、育児・教育・介護・医療など、人間の生存を支える細やかで多様な福祉の機能が、未分化の原初形態ではあるが、実にしなやかに備わっていた。これらの機能は、「家族」から「地域」へと拡延し、見事に多重・重層的な相互扶助の地域コミュニティへと形づくられ、人々の暮らしの中に深く根付いていた。

ところが、こうした家族機能の細やかな芽は、戦後高度経済成長の過程でことごとく摘み取られていった。人間にとって本来自分のものであるはずの時間と労働力は、そのほとんどが企業に吸いとられていった。

家族は人体という生物個体の、いわば一つ一つの細胞に譬えられる。周知のように、一つの細胞は、細胞核と細胞質、それを包む細胞膜から成り立っている。遺伝子の存在の場であり、その細胞の生命活動全体を調整する細胞核は、さしずめ「家族的人間集団」になぞらえることができる。一方、この細胞核（＝家族的人間集団）を取り囲む細胞質は、水・糖・アミノ酸・有機酸などで組成され、発酵・腐敗・解糖の場として機能するコロイド状の細胞質基質と、生物界の「エネルギーの共通通貨」ＡＴＰ（アデノシン三リン酸）の生産工場でもあるミトコンドリアや、タンパク質を合成する手工業の場ともいうべきリボゾームなど、さまざまな働きをもつ細胞小器官とから成り立っている。つまり、一個の細胞（＝家族）は、生きるに最低限必要な自然と生産手段（農地、生産用具、家屋など）を必要不可欠のものとして自己の細胞膜の中に内包していると、捉えることができる。

　したがって、家族から自然や生産手段を奪うことは、いわば細胞から細胞質を抜き取るようなものであり、家族を細胞核と細胞膜だけからなる「干からびた細胞」にしてしまうことになる。イギリス産業革命にはじまる近代の落とし子とも言うべき賃金労働者の家族は、まさしく生産手段と自然を奪われ、「干からびた細胞」になった家族なのである。

　生物個体としての人間のからだは、六〇兆もの細胞から成り立っていると言われている。これらの細胞のほとんどがすっかり干からびていく時、人間のからだ全体がどうなるかは、説明するまでもなく明らかであろう。人間の社会も同じである。

　高度経済成長は、わが国においてまさに無数の「家族」から生きるに最低限必要な生産手段（農地、生産用具、家屋など）と自然を奪い、徹底してこうした「干からびた細胞」にしていく過程でもあった。かつて日本列島の北から南までをモザイク状に覆い、息づいていた森と海を結ぶ流域地域圏《エリア》では、高度経済成長以降、急速に賃金労働者家族、つまり「干からびた細胞」同然の家族が増えつづけ、充満していった。国土の産業配置とその構造の劇的変化は、農山漁村から都市への急激な人口移動を引き起こし、農山漁村の過疎・高齢化と都市部の過密化、そして巨大都市の出現をもたらした。近代の落とし子とも言うべき賃金労働者は、大地から引き離され根なし草同然となって都市へと流出し、森と海を結ぶ流域循環型の豊かな地域圏《エリア》は急速に衰弱していった。

その結果、「家族」と「地域」にもともと備わっていた多様できめ細やかな福祉機能は衰退していった。それらのすべてを社会が代替できるかのように、あるいはそうすることが社会の進歩であるかのように思い込まされ、家族機能の全面的な社会化へと邁進していった。まさにこのことが社会保障費の急速な増大と「先進国病」とも言われる慢性的財政赤字を招く重大かつ根源的な要因となったのである。

その上、今やわが国経済は、長期にわたり成長、収益性の面で危機的な状況に陥っている。この長期的停滞は、設備投資と農山漁村から都市への労働移転を基軸に形成・累積されてきた過剰な生産能力を、生活の浪費構造と輸出拡大と公共事業で解消するという戦後を主導してきた蓄積構造そのものが、派遣労働やパートなどの不安定雇用の苛酷な格差的労働編成、そして金融規制緩和のさらなる促進をもってしても、もはや限界に達したことを示している。

経済成長が停滞した今、賃金を唯一の命綱に生き延びてきた「干からびた細胞」同然の賃金労働者家族は、刻一刻と息の根を止められようとしている。家族が自然から乖離し、生きるに必要な最低限度の生産手段（農地、生産用具、家屋など）を失い、自らの労働力を売るより他に生きる術のない状況で、職を求めて都市部へとさまよい出る。しかも都市部においても、かつての高度経済成長期のような安定した勤め口はもはや期待できない。こうした無数の衰弱した家族群の出現によって、都市でも地方でも地域社会は疲弊し、経済・社会が機能不全に陥り、息も絶え絶えになっていく。これがまさに現代日本にあまねく見られる地域社会の実態なのである。それればかりではない。少子高齢化は驚くほどのスピードで加速し、子育ての問題、介護・医療・年金問題はますます深刻になっていく。これが今日の日本を閉塞状況に陥れている根本の原因である。

私たちは、今に至っても相も変わらず景気の好循環なるものを追い求めて、目先のあれこれの対症療法に汲々としている状況から、一日も早く脱却しなければならない。そうこうしているうちに、社会もろとも衰退と混迷のどん底に落ちていく。

「家族」に固有の福祉機能の復活と「菜園家族」を土台に築く高次社会保障制度

ここであらためて強調しておきたい。私たちは「干からびた細胞」（＝賃金労働者家族）で充満した都市や農山漁村の脆弱な体質そのものを根本から変えなければならない時に来ている。細胞質を失い、細胞核と細胞膜だけに変わり果てた「干からびた細胞」同然の今日の賃金労働者家族に細胞質を取り戻し、生き生きとしたみずみずしい細胞、すなわち「菜園家族」に甦らせることからはじめなければならないのである。

今日のわが国社会の客観的状況や条件からも、その可能性はいよいよ大きくなってきている。あとは変革主体の力量如何にかかっている。これは、イギリス産業革命以来、二百数十年にしてようやく辿り着くことのできた、近代を経済・社会の基層から根源的に超克する社会変革の稀に見る好機とも言えよう。しかもこの社会変革は、上からではなく、民衆自身が自らの生活の場において、主体的に時間をかけ、社会の基層からじっくり変えていく、まさしく〝静かなるレボリューション〟とも言うべきものなのである。

「菜園家族」を基調とするＣＦＰ複合社会では、社会保障制度は一体どのようなものになるのだろうか。まず次のことをしっかりおさえておこう。

ＣＦＰ複合社会においては、社会の土台を構成する家族が、基本的には賃金労働者と生産手段（自足限度の小農地、生産用具、家屋等々）との再結合によって新たに創出される「菜園家族」であるという点である。すでに述べてきたように、「菜園家族」は、「労」「農」一体融合の自給自足度のきわめて高い、したがって抗市場免疫に優れた自律的な家族である。それだけではない。週休（２＋α）日制の「菜園家族」型ワークシェアリングによって、老若男女あらゆる世代の人々が家族の場や地域に滞留する時間は飛躍的に増大し、男性の「家庭・地域参加」と女性の「社会参加」が実現されていく。そのなかで、育児・教育・介護・医療など家族に固有の機能も見事に復活していくのである。

このことは、何を意味しているのであろうか。それは、大地から引き離され、「干からびた細胞」となった賃金労働者を社会の土台に据え、その基盤の上に築かれた従来の社会保障制度が、無慈悲・冷酷、かつ不完全である上に、財政破綻に陥っているのとは対称的に、「菜園家族」を土台に設計される新たな社会保障制度は、旧制度のこの決定的な欠陥の根本原因を除去しつつ、さらに人間性豊かな高次の福祉社会へと連続的に発展していく可能性が秘められているということなのである。

誤解に基づく一般的な懸念として、「菜園家族」基調のＣＦＰ複合社会は、縮小再生産へと転落していくのではないかという見方もあるが、果たしてそうなのであろうか。本書の第Ⅵ章「『菜園家族』の台頭と草の根の高次創造の世界へ ―― 資本の自然遡行的分散過程」で詳述するように、むしろ新たな自然循環型共生社会にふさわしい、身の丈に合った高次の「潤いのある小さな科学技術体系」の生成・進化が期待され、これを基礎に、これまでとは異次元の、きめ細やかで多彩かつ豊かな生産能力が自らの社会の土壌に甦り、開花していくのである。この点に注目すれば、「菜園家族」を基調とするＣＦＰ複合社会が縮小再生産に向かうという短絡的な思考に基づく懸念は、払拭されるのではないだろうか。

全国各地に散在する幾千万家族にもともとあった、多様できめ細やかな福祉機能が復活し、全面的に開花することによって、その力量と質の総和は、想像をはるかに超える計り知れないものになるにちがいない。しかも、同時並行して「菜園家族」を基軸に多重・重層的な生き生きとした地域コミュニティが形成されていく。こうした家族や地域コミュニティにしっかり裏打ちされた新たな社会保障制度、すなわち近代をはるかに超える、安定的で持続的な円熟した新たな高次の社会保障制度が確立されていくのである。

こうして、「菜園家族」を基調とするＣＦＰ複合社会の長期にわたる展開過程のなかで、財政破綻を招く根源的な原因は社会の基層から次第に除去されていく。つまり、不条理な外的要因によって不本意にも奪われた家族に固有の機能を補填するために費やされてきた、莫大な歳出による国や地方自治体の赤字財政は、「菜園家族」を土台に築く、家族や地域コミュニティに裏打ちされたこの新たな高次の社会保障制度のもとで、次第に解消されていくにちがいない。

「菜園家族」を土台に築く円熟した先進福祉大国への可能性

社会保障の財源としての税についても、これまた社会のあり方やその性格が変われば、当然のことながら変化していく。税は「富の再分配」の装置でもある。支配的な「富の財源」が土地であれば地租が、そして資本主義工業社会であれば、第一次産業や企業での生産労働、そして企業の営業活動が「富の源泉」となり、所得税、法人税が税収の主要部分を占める。そして消費が社会の全面に現れてくると、消費税が注目されてくる。さらに「ストック」が顕在化してくると、環境ないしは自然という究極の「富の源泉」に目が向けられてくる。固定資産税や環境税である。

このように考えてくると、「菜園家族」が社会の土台を成す自然循環型共生社会を指向するその前段にあたる「菜園家族」基調のＣＦＰ複合社会においては、税制のあり方は、この社会の客観的性格とめざすべき理念に基づいて、「干からびた細胞」同然の賃金労働者を基盤に成り立つ資本主義社会とは根本的に違ってくるのは当然であろう。ＣＦＰ複合社会の資本主義セクターＣ内の企業への合理的かつ適切な課税、企業の莫大な内部留保への課税強化、株式・金融取引への大幅な課税等々によって、財源は飛躍的に強化・改善されていくであろう。

また、「菜園家族」創出のＣＦＰ複合社会の「揺籃期」および「本格形成期」においては、拙著『菜園家族の思想』第九章の「その１　原発のない低炭素社会への道、その究極のメカニズム」で詳述したように、

CO_2排出量削減と「菜園家族」の創出とを連動させたCSSKメカニズム※に基づき新たに創設される目的税は、財源の運用が次代の自然循環型共生社会の創出という目標と理念に明確に合致している点で、その移行期・形成期に適った必要不可欠できわめて有効な税制であると言えよう。

一般に、「菜園家族」を基調とするCFP複合社会の「本格形成期」における恒久的な税制は、基本的には、以前とは根本的に違ってきて当然であろう。社会のめざす理念に基づいて重点が何に置かれ、歳出の主要項目が何であるのか、つまり理に適ったメリハリのある歳入、歳出になってくる。その上、税収源が何であるかが合理的かつ明確になってくる。つまり、今日の市場原理至上主義の資本主義社会とはまったく異次元の税財政制度が自ずから確立されていくはずである。

こうした税制・財政のもとで、「菜園家族インフラ」は格段に強化され、住民・市民の安定した精神性豊かな生活環境がまず整えられていく。具体的には、「菜園家族」志望者への経済的支援、農業技術の指導など人材育成、「菜園家族」向けの住居家屋・農作業場や工房、農業機械・設備、圃場・農道などの整備・拡充をはじめとする、いわば広い意味での「菜園家族インフラ」の総合的な推進である。これは、巨大ゼネコン主導の従来型の大型公共事業に対して、地場の資源を生かした地域密着型の新たなる「菜園家族」型公共的事業とも呼ぶべきものである。

その上で、家族に固有の福祉機能と地域コミュニティにしっかり裏打ちされた、近代を超克する新たな社会保障制度が確立されていくであろう。人生前半の社会保障としての出産・育児・教育、人生後期の社会保障としての介護・医療・年金等々の制度が充実していく。そこでは伝統的福祉国家の標語ともなった「ゆりかごから墓場まで」の生涯一貫の社会保障制度が、家族に固有の福祉機能と地域コミュニティの潜在的力量と新たな公的社会保障制度とが三位一体となって、新たな形として確立されていくのである。こうしたなかで、障害や病を抱える人、生活保護世帯、単身者、子どものいない夫婦、ひとり親世帯、老老世帯、失業者、被災者等々、一人の社会的弱者も決して排除されることのない、先進的な福祉社会が円熟していくのである。こうして、一八世紀イギリスに発祥した伝統的な協同組合運動のモットーであった「一人は万人のために、万人は一人のために」の精神が甦り、やがて社会全体に漲っていくにちがいない。

これは決して架空の国の架空の夢物語などではない。これこそが、ほかのどの国でもない、まさにわが国の、「国民の生存権、国の社会保障的義務」を規定した日本国憲法第二五条の精神を、忠実にしかも誠実に具現化する道そのものなのである。

〈日本国憲法〉

第二五条　すべて国民は、健康的で文化的な最低限度の生活を営む権利を有する。

② 国は、すべての生活部面について、社会福祉、社会保障及び公衆衛生の向上及び増進に努めなければならない。

この日本国憲法第二五条の精神を具現化する道は、結局のところ、生産手段から引き離され、きわめて人工的で虚構の世界に生きざるを得ない「干からびた細胞」である、近代の落とし子とも言うべき賃金労働者の家族を基盤にした今日の社会では、決して成し得ることはない。それは、社会の基盤に、大地に根ざした健康的でみずみずしい抗市場免疫の自律的な「菜園家族」を据え、それを土台に築かれる資本主義超克の高次の新たな社会において、はじめて実現可能になるのである。

それはまさしく、今から二百数年前の江戸中期の先駆的思想家であり、著名な町医者でもあった安藤昌益が慧眼にも見抜き予見したように、人は大地を耕し労働することで自然の治癒力を獲得し、無病息災で豊かに暮らせるとする「自然世《じねんのよ》」にも通ずる世界なのであり、これこそが歴史的伝統への回帰と止揚《レボリユーション》による、「菜園家族」を土台に築く近代超克の円熟した先進福祉大国への道なのである。この道こそ、今日の世界を混迷の淵に陥れている覇権主義・侵略的大国主義に対峙して、日本国憲法の理念に根ざした小国主義の存立を可能にし、その基盤の強化をもたらす必要不可欠の社会的・経済的条件である。

「菜園家族」が育ち、家族にもともとあったきめ細やかな福祉機能が復活し、全開したと仮定しよう。わが国幾千万の家族や個人に秘められた実に多様で細やかなこの潜在的力量の総和は、計り知れないほど大きなものになるはずである。国民のこのかけがえのない潜在的能力を蔑ろにし、広大な農山漁村を犠牲に重化学工業偏重の高度経済成長を強引に押し進め、その付けを無慈悲・冷酷でかつ不完全な社会保障制度で代替させながら、実に長期にわたって国民を偽り続けてきたのである。

近代の落とし子とも言うべき大地から引き離された賃金労働者、つまり「干からびた細胞」を前提に、近代資本主義以来今日に至るまで、モノとカネの提供のみに頼った旧来の社会保障制度が、「菜園家族」の力量と、地域の力と、そして新たな公的社会保障制度との三位一体の力によって、どれほど血の通った人間本位の真に豊かな高次の社会保障制度に変わっていくのか。こうした実相を、CFP複合社会のそれぞれの発展段階に対応した社会と経済の構造的変化の動向を詳細に推測しつつ、綿密に検証していく必要がある。

※「菜園家族」は次代の自然循環型共生社会の基盤を築く新しい芽であり、その創出と育成は、結果的にエネルギー消費総量の大幅削減を可能にし、地球温暖化を食い止める究極のカギとなる。CSSKメカニズムとは、県・国レベルに創設されるCSSK（CO_2《C》削減と「菜《S》園家族」創出の促《S》進機《K》構）と市町村レベルの公的「農地バンク」との連携によって、CO_2削減の営為つまり地球温暖化対策と、次代の社会的基盤となる「菜園家族」の創出・育成とを自動的に連動させつつ、両者の同時遂行・同時解決をはかろうとする新たな仕組みである。巨大企業など一定規模以上の事業体を対象に、CO_2排出量自体に「炭素税」を課し、「菜園家族」創出・育成のためのCSSK特定財源に充て運用する。

円熟した先進福祉大国をめざす新たな国民運動の形成

本書第Ⅵ章の項目「ＧＤＰの内実を問う ―― 経済成長至上主義への疑問」で述べるように、一年間に生産された財やサービスの付加価値の総額を国内総生産（ＧＤＰ）とする内実には、さまざまな疑問や問題点がある。サービス部門の付加価値の総額は一貫して増大の傾向にあり、とりわけアメリカをはじめ日本など先進資本主義国では、ＧＤＰに占めるこの割合はますます増大している。一般的にサービス部門の付加価値総額の増大の根源的原因には、歴史的には紛れもなく直接生産者と生産手段の分離にはじまる家族機能の著しい衰退がある。

さらに注目すべきことは、ＧＤＰには家族や個人の市場外的な自給のための生活資料の生産や、たとえば家庭内における家事・育児・介護などの市場外的なサービス労働、非営利的なボランティア活動等々、それに非商品の私的な文化・芸術活動によって新たに生み出される価値は反映されていない。しかも、ＧＤＰには無駄な巨大公共事業、巨大金融部門の巨額の取引、それどころか人間に危害をおよぼすもの、人間を殺傷する兵器産業の付加価値までもが含まれている。今やＧＤＰは、その内実と経済指標そのものとしての有効性すら問われているのである。

こうしたことを念頭におく時、「菜園家族」構想の積極的な意味がどこにあるかが明確になってくる。そして、資本主義社会の矛盾の歴史的解決が、具体的なかたちとなってはっきりと射程内に入ってくるのである。

ＣＦＰ複合社会の展開過程と将来への動向を見通すためには、まず「菜園家族」構想の理念、それに基づくこの社会の構造上の根本的な変化をしっかりおさえた上で、仮想の「社会モデル（模型）」を設定する。そして、個人や「菜園家族」、「なりわいとも」（「菜園家族」構想に基づく新たな形態の地域協同組織体）、ならびに法人（ＣＦＰ複合社会における資本主義セクターＣの企業や公共的セクターＰの非営利団体等々）の事業活動によって新たに生み出される付加価値の総額の試算。この試算に基づく税収源、そして歳入・歳出のすべての項目にわたる厳密な検討とその額、そして何よりも新たな社会保障制度をしっかり支えるための財源の可能性等々、あらゆる因子をこの「社会モデル（模型）」にインプットすることによって、諸因子を相互に連動させながら、因果関係、相互関係を明らかにしつつ、総合的で綿密かつ大胆なシミュレーションをすることが可能になってくる。

この仮想の「社会モデル（模型）」をどのように設定するか、つまり社会の現実（構造および質）をどのように抽象化し、模型化するか、そしていかなる因子を選定するかは、今後具体的に検討し、研究を重ねていく必要があるが、こうした作業を通して、「菜園家族」基調のＣＦＰ複合社会の展開過程と将来への動向を、具体的かつ明確に展望することが可能になってくるであろう。

いずれにせよ、こうした時間のかかる膨大な作業を進めるなかで、新たに解決すべき諸々の理論的課題も浮上してくるにちがいない。こうした作業を広範な国民との対話を通じて、一つひとつ着実に時間をかけて解決していくことによって、「菜園家族」構想の内実は、いよいよ豊かなものになっていくのではないか。同時に一般にも十分に納得されるものになり、具体的なイメージも膨らんでくるであろう。

こうしたことは、広範な国民の英知と多岐にわたる高度な専門性が要求される困難にして膨大な作業である。それでも広く国民的力を結集することによって、紆余曲折を経ながらも、やがて研究分野においても、拙著『菜園家族の思想』の第一章の項目「未来社会論の基底に革新的地域研究としての『地域生態学』を据える――二一世紀社会構想の変革のために」で触れた、今日の時代的要請に応え得る革新的な地域研究としての「地域生態学」が、特にマクロ経済学的手法との照合・検証を通じて自らを止揚し、未来社会構想の新たな統一理論の構築へと道を開いていくのではないか。

一八世紀イギリス産業革命以来、二百数十年の長きにわたる資本主義の歴史を克服し、新たな未来を切り拓く「菜園家族」を土台に築く近代超克の円熟した先進福祉大国への道は、さまざまな課題を抱え、多難ではあるが、今日の日本と世界の忌まわしい現実、深刻かつ恐るべき事態を直視する時、これこそが必然であり、唯一残された道ではないかと次第に自覚されてくるのである。こうしたなかではじめて、覇権主義・大国主義を排し、日本国憲法の理念に根ざした真の小国主義が甦ってくるのではないか。こうして、二一世紀の新たな国民運動の素地が形成されていくにちがいない。

この道が、暗黒の闇に行く手を指し示す希望の星であってほしい。そうなり得るのかどうか、それはひとえに、時代が要請するさらなる本格的な理論の深化と、既成の不条理に抗して闘い、新たな道を求めて止まない民衆の意志と力量如何にかかっている。

「家族」と「地域」の再生は不可能なのか

「菜園家族」構想について、「それは理想かもしれないが、実現不可能な夢物語にすぎない」と思う人もいるかもしれない。あるいは、「個人を縛る家族など、再生の必要はない」と考える人もいるだろう。果たしてそうなのであろうか。

最近、高齢者の行方不明や孤独死、急増する中高年の「ひきこもり」、育児放棄・児童虐待による幼い子の死など、家族や地域の崩壊を象徴する痛ましい問題が頻繁に報道されている。こうした中、東日本大震災を機にあらためて人間の絆を取り戻そうと、家族や地域コミュニティについての議論が、ようやく今までになく取りあげられるようになってきた。しかし、家族や地域と言えば、なぜかかつての形態をそのままイメージするためか、結局、その再生はもはや不可能ではないのか、といったきわめて消極的な話に落ち着いていく。

こうした家族再生不可能論にありがちな一つの特徴は、高度経済成長とともに人生を歩んだ戦後団塊世代とそれに続く年齢層に多く見られる傾向である。家族の狭隘性や後進性、農村の人間関係の煩わしさを避けて、高度経済成長の雰囲気に何となく押され、都会生活に憧れ、物質的な豊かさを享受してきたこうした世代にとって、一旦抜け出したはずのかつての息苦しい家父長的・封建的な性格を孕んだ家族や地域といったものに対しては、自由を縛る時代遅れの代物にすぎないという観念が先に立ち、どうしても懐疑的にならざるをえないのかもしれない。

もう一つの特徴は、こうした世代の息子や娘、孫に当たる世代に見られる傾向である。特に都市へ出た親から生まれた二〇代、三〇代の若者の多くは、農村生活を経験したことがなく、大地から隔てられた人工的で「快適」な生活は、所与のものとして生まれた時から存在している。つまり、今日当たり前のように享受しているこのライフスタイルの原形は、一九五〇年代半ばからはじまった高度経済成長期のたかだか二〇年足らずの間に、あらゆるものが実に目まぐるしく変わるなかで即製されたものであり、若者たちは、そもそもその変貌ぶりを実際に居合わせて体験したことのない世代なのである。このような若者たちにとって、今のライフスタイルが永遠不変のように映るのも不思議ではない。

世代論で決めつけるのは不適切のそしりを免れないが、こうした個人のさまざまな歴史意識が前提にあって、いずれにせよどの世代も、今ある現代賃金労働者《サラリーマン》家族の形態はこれからも永遠に変わらないし、今さら変えることなどできないという漠然とした諦念にも似た思いが先に立ち、結局、家族や地域のあり方を変えることは不可能であるという感覚に囚われているのかもしれない。

もちろんこれら世代の人々の中にも、家族や地域の意義を再認識し、新しい考えからその再生に真剣に取り組んでいる例が、近年とみに見られるようになってきたのもまた事実である。大都市から農山漁村へと移住する「田園回帰」と呼ばれる潮流も、かつてのような定年退職者に限らず、若者や子育て世代にも広がりを見せている。全体から見れば、まだまだ一部に限られたものではあるが、人間の意識は、客観的状況の変化に伴って大きく変わっていくものである。特に若者世代の圧倒的多数は、熾烈な市場競争の渦中にあって、むごいまでの仕打ちを受け、生活と将来への不安と絶望に喘ぎながらも、ようやくこれまでの価値とは違った新たな人生をもとめ、一歩前へ踏み出そうとしている。ここに私たちは、二一世紀世界への一縷の希望と可能性を見出すことができるのではないだろうか。

「家族」と「地域」の再生をゆるやかな変化のなかで捉える――諦念から希望へ

こうした現実や家族に対する意識の現状をふまえて、家族再生の問題を具体的に考えてみよう。

まず、おさえておきたいことは、「菜園家族」構想は、これまでにも述べてきたように、かつての家族や地域の姿にそのまま戻ると考えているわけでは決してないということである。「菜園家族」構想では、家族を構成する人間そのものが、男女ともに、「現代賃金労働者《サラリーマン》」と「農民」といういわば近代と前近代の人格的融合によって高次の段階へと止揚され、二一世紀にふさわしい新たなる人間の社会的生存形態に生まれ変わることを前提にしているからである。こうした新たな人格によって構成される家族と地域のあり方も、おのずとかつての限界を克服し、新しい段階へと展開していくにちがいない。このことをまず確認した上で、もう少しこの問題を考えてみたい。

今この時点で、若い世代の男女が結婚し、週休（2＋α）日制の「菜園家族」型ワークシェアリングのもとに新たな生活をはじめたとしよう。そして、まもなく初めての子どもが生まれたと仮定しよう。生まれたばかりのこの乳児は、一〇年後には小学三、四年生になっているはずだ。さらに一〇年後には、この小学生は、二〇歳の立派な成人になっている。後から生まれた弟や妹たちも、それぞれ大きく成長していることであろう。このことを同様に敷衍して、祖父母、両親、子どもたちのさまざまな組み合わせや年齢層で構成される「菜園家族」のいくつかのパターンを具体的に想定し、イメージしてみよう。それぞれのパターンが一〇年先、二〇年先、さらには三〇年先には、どのようになっていくのか。そして、このことをさらに地域に広げて想像するならば、こうした「菜園家族」のさまざまなパターンを基軸にして、地域社会が具体的にどのように展開し、新たな共同性を培いながら変わっていくのかが、もっとはっきりとイメージできるはずである。

このように、一〇年先、二〇年先、三〇年先…と順に時間軸を延ばして、地域空間内の自然や人々の暮らしを総合的に変化のなかで捉えようとするならば、週休（2＋α）日制のワークシェアリングによる三世代「菜園家族」構想は、それほど遠い未来の漠然としたものには思えないのではないか。だとすれば、「理想かもしれないが、実現不可能な夢物語にすぎない」という消極的な考えには、必ずしも陥らないで済むのではないだろうか。むしろ時間軸を延ばし、かつ地域空間を広げて将来を具体的に考える想像力こそが、これまで欠如していたとも言える。

家族や地域を崩壊に導き、社会を今日の事態にまで追い込んだ原形ができあがったのは、先にも触れたように、一九五〇年代中ごろからの高度経済成長期のたかだか二〇年足らずの間の出来事であったのだ。それを修復できないと言うのであれば、それこそ諦念に陥るほかないであろう。

市場原理至上主義「拡大経済」によってますます深刻の度を増していく今日の社会的矛盾がもっとも集中的に現れているのは、特に幼い子どもたちの世代や、熾烈な競争社会の中、就職難と不安定雇用と失業、そして長時間労働と過労に喘ぎ、自分の家族さえ持てないでいる二〇代、三〇代、四〇代の若者世代である。こうした世代の現実を直視すれば、一〇年先、二〇年先を見据えて、家族と地域をどのような姿に再生していくのかという問題が、もはや避けては通ることのできない切実な課題として突きつけられてくるのである。中高年世代にとって、それは言ってみれば、まさに自分の子どもや孫たちが、将来においても末永く幸せに暮らしていける道を考えることであり、自分自身の本当のやすらぎ、心の幸せにもつながる問題であるはずだ。

こうした幼い子どもたちと若者たちを念頭に、この二大世代を基軸に、「菜園家族」創出の具体的目標を設定し取り組むことによって、その他の世代をも含めて、私たちが抱えている差し迫った問題や将来への不安も、やがて根本的に解決され、全体として今日の社会の閉塞状況は解消へと向かっていくにちがいない。これら二大世代は、あらゆる意味で多くの問題を抱えていると同時に、将来への展望を切り拓く上で重要な鍵にもなっている。この二大世代にまずは知恵と力を集中し、今から一〇年先、二〇年先、三〇年先を見据えて、来たるべき新しい社会の礎となる自給自足度の高い抗市場免疫の自律的な「菜園家族」に一つ一つ育てあげていく。そうするならば、誰もが生きがいを感じ幸せに暮らせる、世界に誇る日本独自の素朴で精神性豊かな自然循環型共生社会、つまり「菜園家族」を土台に築く円熟した先進福祉大国の構築も、決して不可能なことではないであろう。

5　いのちの思想を現実の世界へ
――「菜園家族」による非武装・不戦、非同盟・中立の国土づくり――

憎しみと暴力の坩堝《るつぼ》と化した世界――世界の構造的不条理への反旗

今や世界は憎しみと暴力の坩堝と化し、報復の連鎖はとどまることを知らない。資本は今なお飽くなき自己増殖を繰り返しながら、新たな市場を求めて世界を蚕食し、ますます巨大化への道を突き進んでいる。

二〇世紀七〇年代に入ると、資本の古典的とも言うべき増殖手法は、利殖家にとっては甚だ迂遠で非効率的と看做され、ＩＴ先端技術の発達とも相俟って、手っ取り早くしかも瞬時に、マネーが巨額のマネーを生み出す新たな回路が考案・開発されていく。そして今日、いよいよ人間を大地から引き離し、虚構と欺瞞、人間欲望の極限の世界にとことん追い遣る「経済の金融化」とも言うべき新たな恐るべき時代に突入したのである。

こうして巨万の富を加速的に蓄積した現代寡頭巨大金融資本は、世界を席捲し、これまでには見られなかった規模で実体経済を攪乱する。やがて世界の圧倒的多数を占める民衆の生活基盤、つまり人間にとって根源的とも言うべき「家族」と「地域」、暮らしと労働の場を根こそぎ破壊していく。この社会の不条理に民衆の不満と怒りは募り、紛争の火種となって世界各地に拡散していく。決死の覚悟で蜂起した民衆の局地的紛争と戦争は、今や同時多発的に世界各地に頻発し、常態化する。

超大国はじめ先進資本主義国は、「テロとの戦い」と称して仲間同士徒党を組み、圧倒的に強大な軍事力でもってこれを制圧しようとする。世界は、人類史上未だかつて見ることのなかった憎しみと暴力の坩堝と化し、紛争と戦争は各地に激しい渦となって恐るべき液状化状態に陥っていく。

こうした二一世紀世界情勢のまっただ中、大国日本をひそかに夢想する安倍首相は、財界要人を引き連れ世界各国を歴訪し、国家ぐるみのトップセールスに力を注ぎ市場の拡張をはかり、片や欺瞞の「積極的平和主義」なるものを喧伝誇示する。内に向かっては、国民の声に耳を傾けようともせず、問答無用とばかりに切り捨てる。

第Ⅱ章で見てきたように、第二次「東アジア世界」の第5期の一九九〇年代初頭、第二次大戦後の世界を規定してきた米ソ二大陣営の対立による冷戦構造が崩壊し、アメリカ単独覇権体制が成立することになる。しかしそれも束の間、アメリカ超大国の相対的衰退傾向の中、その弛緩に乗ずるかのように、イギリス・フランス・ドイツ・ロシア・日本など旧来の伝統的大国に加え、中国・インドなど新興大国が入り乱れる新たな地球規模での多元的覇権争奪の時代がはじまった。アベノミクスの「経済大国」、「軍事大国」への志向は、まさにこの新たな時代に現れた二一世紀型の「新大国主義」とも言うべきその本質が、直截的、具体的に現実世界に投影された姿そのものと見るべきであろう。

むやみやたらに戦争の危機を煽り、不都合な国や集団に対しては敵意をあらわにする。「仲間」と看做す国と徒党を組み、経済制裁だ、はたまた武力制裁だなどと言って懲らしめる。

しかし、どんなにもっともらしく大義名分を並べ立てようと、その言葉の背後には巨大世界市場、そして石油・天然ガスなど化石燃料・鉱物資源をめぐる欲望と利権が渦巻いている。「自由と民主主義の価値観を共有する」と言われているどの国も、またそうでないとされている国も、その支配層はいずれもこうした欲望と利権の化身そのものなのだ。

だから、国際紛争は解決されるどころか深い泥沼に陥り、戦争は長期化する。このままでは紛争と戦争は絶えることがない。世界は今や各地に紛争の火種が播き散らされ、世界大戦への一触即発の危険に晒されている。

こうした火種は鎮まるどころか、ますます勢いを増し、同時多発的様相すら呈し、慢性化していく。このことは、一九七〇年代に端を発した経済の極端な金融化、さらには一九九〇年代初頭のソ連崩壊によって旧社会主義諸国をも巻き込む市場原理至上主義の新自由主義的経済が生み出した極端な貧富の格差が、全世界に加速的に拡大していることと決して無縁ではない。人々の不満や怒りは頂点に達し、それが際立った負の現象として表面に露呈したものと見るべきであろう。いよいよ資本主義は行き詰まり、末期的症状をいっそうあらわにしている。

為政者は自らの社会の深層に潜む根源的な原因には目を伏せ、民衆の不満を外にそらそうとする。絶えず国外に仮想敵をつくり、大国自身がつくり出した紛争に性懲りもなく関与していく。その内実は、相変わらず「仲間」なるものと徒党を組み、経済封鎖だの、武力行使だのと他者に壊滅的な打撃を与えること、つまり「暴力」によって対処しようとする実に浅はかな愚行なのだ。もはやそれ以外になすすべを知らない。混迷はますます深まり、紛争は激化する。それをまた口実に、民衆の血税はとことん吸い上げられ、科学技術の粋を尽くした最新鋭の軍備が増強される。際限なき暴力の連鎖。このどうしようもない現実こそが、資本主義が陥った末期的事態ではないのか。

あらためてアルジェリア人質事件を思い起こす——今問われているのは私たちのライフスタイルそのもの

第Ⅲ章で触れた、はるか地の果てアルジェリアで起こったあの事件は、今までになく強烈にこれまでの私たちの暮らしのあり方、社会経済のあり方がいかに罪深いものであるかを告発している。と同時に、私たちの社会のあり方が、もはや限界に達していることをも示している。二〇一五年年明け早々から立て続けに起こったパリ新聞社襲撃事件、「イスラム国」二邦人人質事件、そしてその後も中東・北アフリカ、アラビア半島最南端のイエメンへと相次ぎ、さらには同年一一月一三日のいわゆる「パリ同時テロ」へと絶えることなく拡大していくこれら一連の事件、その深層に渦巻く民衆の不満や「一揆」は、今日の世界の構造的矛盾とその末期的症状の深刻さそのものを象徴するものではないのか。

今や世界は、どの時代にも見られなかった手の施しようのない、厄介極まりない険悪な事態に陥っている。不満を募らせ世界各地で激しく蜂起する民衆に対しては、超大国は徒党を組み、連日連夜の大々的な空爆によって応酬する。憎しみと暴力の報復の連鎖は、とどまるどころかますます拡大し、世界は血みどろの武力紛争の泥沼と化していく。

暴力に対して暴力でもって対処することがいかに愚劣なことであるかを、特に超大国をはじめ諸大国は思い知るべきである。アルジェリア人質事件をめぐる先の構図、そして、北朝鮮問題をめぐって切迫する核全面戦争への危機的事態には、今日の世界の構造的諸矛盾のすべてがいかんなく反映しているだけではなく、そこから何はさておき先進資本主義国の民衆自身が学ばなければならない大切なものが、ぎっしり詰まっていることに気づくはずである。私たちは自分たち自身の問題としてそこから何を引き出し、これから何をなすべきかが問われている。

日本国憲法の平和主義、その具現化の確かな道を求めて ──「菜園家族」的平和主義の構築

アベノミクスが目論む「積極的平和主義」とは一体何なのか。

この十数年来、私たちは「菜園家族」構想を考えてきたのであるが、今、欺瞞に充ち満ちたこの「積極的平和主義」なるものの台頭を前に、いよいよ「菜園家族」的平和主義を真剣に対峙しなければならない時に来ているとの思いを強くしている。

すでに安倍政権は特定秘密保護法を強行採決し、国家安全保障会議（日本版ＮＳＣ）の設置、武器輸出三原則の実質的全面否定、ＯＤＡの他国軍支援解禁、大学などにおける軍事研究の推進、そして解釈改憲による集団的自衛権の行使容認と、国民を戦争の惨禍に晒すきわめて危険な体制の総仕上げを急いでいる。このまま放置すれば、国民の目と耳を遮断するブラックボックスができあがる。権力者は国民が知らぬ間に思いのままに既成事実を積み上げ、ついには危険きわまりない戦争の道へと引きずり込んでいく。これでは、かつての暗くて恐ろしい秘密警察国家の時代を再現しかねないのではないか。

今日、北朝鮮問題をめぐってますます強まる反動的潮流のただ中にあって、「菜園家族」的平和主義こそが、日本国憲法が謳う「平和主義」、「基本的人権（生存権を含む）の尊重」、「主権在民」の三原則の精神をこの日本社会に具現化する、今日考えられるもっとも現実的でしかも確かな方法であり、しかも未来への道筋を具体的に明示しうるものではないかと、その確信を深めるに至っている。

なかんずく「平和主義」についてさらに敷衍して述べるならば、この「菜園家族」的平和主義は、これま

で人間社会に宿命的とまで思われてきた戦争への衝動を単に緩和するだけにとどまらない。すでに述べてきた、わが国独自の週休（2＋α）日制の「菜園家族」型ワークシェアリングによる社会構想、つまり「菜園家族」構想では、大地から引き離され根なし草同然となった現代賃金労働者家族《サラリーマン》に、従来型の雇用労働を分かちあった上で、生きるに最低限必要な生産手段（農地や生産用具、家屋など）を再び取り戻し、社会の基礎単位である家族を抗市場免疫の優れた体質に変革していく。このようにして生まれた「菜園家族」が社会の基盤をあまねく構成することによってはじめて、熾烈な市場競争は社会の深部から自律的に抑制されていくことになる。資源・エネルギーおよび商品市場の地球規模での際限なき獲得競争という戦争への衝動の主要因は、こうして社会のおおもとからしだいに除去されていくであろう。その結果、戦争への衝動はしだいに抑えられ、他者および他国との平和的共存・共生が、その社会の本質上おのずと実現されていくことになるのではないか。

二一世紀こそ、戦争のない平和な世界を実現していくためにも、根なし草同然となったこの賃金労働者という人間の社会的生存形態を根本から変えることによって、一八世紀産業革命以来の近代社会のあり方そのものを超克するという、こうした根源的な社会変革こそが待たれている。そうならなければ、もはや人類に未来はないのではないか。

こうした趣旨から、ここではまず憲法第九条の条文とその精神を原点に立ち返り確認した上で、非戦・平和の問題を私たち自身の暮らしのあり方に引き寄せて、さらに考えていきたいと思う。

アベノミクス主導の解釈改憲強行の歴史的暴挙

二〇一四年七月一日、ついに安倍内閣は、条文をいじらずに憲法第九条の解釈を変更することによって、これまで行使できないとされてきた集団的自衛権の行使容認の閣議決定を一方的に行った。これだと国会の議決すらせずに済むという魂胆だ。

もともと憲法違反である武力による個別的自衛権を勝手な憲法解釈によって認め、不当にも既成事実を積み重ねてきた歴代内閣も、さすがに他国に対する武力攻撃の場合でも自衛隊が反撃する集団的自衛権の行使については、長年、憲法解釈上禁じてきた。ところが、安倍内閣はそれすらも崩し、憲法の柱である平和主義を根底から覆す解釈改憲を行ったのである。国民の命運に関わる、憲法改定に等しいこの大転換を、国民は蚊帳の外に置き、自・公与党内の密室協議という猿芝居を延々と見せつけ、果てには議論は熟したと称して強行する歴史的暴挙であった。

あとは安全保障関連法案を国会に一括提出して、違憲の選挙制度のもとすでに準備された虚構の絶対多数の議席をもって押し切れば済むという企みなのだ。こんな子ども騙しのようなことを平然とやってのける。これが首相の言う「自由と民主主義」の実態なのだ。あまりにも「政治」に嘘が多すぎる。立憲主義と国民主権の破壊に直面し、多くの人々は、暗い時代への急傾斜に不気味さと不安を感じている。

そしてついに二〇一五年九月一九日未明、国民の声に一切耳を貸そうともせず、安倍政権は数の暴力によって、憲法に真っ向から違反する「戦争法案」を参院本会議で強行採決するに至ったのである。

あらためて日本国憲法を素直に読みたい

今あらためて、普通に生きている庶民である生活者としての私たち個々の人間にとって、あれこれの屁理屈やつまらない大義名分はいいとして、戦争とは一体何なのか、真剣に問い直す時に来ている。

戦争を侵略のためだと言って戦争を仕掛けた為政者はいたためしがないし、これからもないであろう。決まってもっともらしい理屈をいろいろと捏ねる。国家の平和と繁栄のため、国民のいのちと平和な暮らしを守るため、自衛のため、国際平和のために戦うなどと平然と言う。はたまた戦争を抑止するために戦力を備える必要がある、とも言うのである。これは、憲法第九条によって戦争の放棄、戦力の不保持、交戦権の否認の制約の下にある、特にわが国の為政者が好んで使うダマシのための常套的「抑止論」である。

戦争を抑止するために戦力を備え、増強するとなれば、その戦力はあくまでも相対的なものであるから、敵味方双方とも疑心暗鬼に陥り、それぞれ自国民の血税を注いで軍備を際限なく拡大していくことになる。双方合わせて莫大な殺傷能力と破壊力が蓄積され、一触即発の危機的状況に達する。戦争はこうして起こる。そしてついには、双方の民衆もろとも取り返しのつかない悲惨な運命を辿ることになるのである。過去の世界大戦のみならず、すべての戦争はこうしてはじまり、このような結末に終わる。

日本国憲法は、こうした過去の愚かで悲惨きわまりない実体験の深い反省から導き出された結論であり、世界に誇る英知なのだ。憲法前文および第九条の条文を素直に読みさえすれば、歴代政権の憲法違反の既成事実の積み上げによって、私たちは憲法の精神からはるかに後退したところで議論を余儀なくされていることに気づくはずだ。

アベノミクス「積極的平和主義」の内実たるや

すべての人間が生まれながらにして持っているとされる自然権としての自衛権と、国権の発動たる軍隊の戦力の行使による「自衛」とは、日本国憲法の下では本来峻別されなければならないものである。もちろん軍隊の戦力の行使以外の個々人の諸々の自衛は、自然権として当然のことながら認められる。しかし、この両者を決して混同してはならない。憲法第九条で戦力の不保持が明確に規定されている以上、たとえ「自衛」の名の下においても、軍隊の戦力の行使は決してありえないのである。これが、日本国憲法下で許されるもともとの自衛のあり方なのである。

これまでの歴代政権の憲法解釈では、「日本が直接攻撃を受けた際に反撃できる個別的自衛権の行使は認められる」とされてきた。しかし、ここで言う「反撃」が軍隊の戦力の行使によるものであれば、憲法違反と見なければならない。なぜならば、そもそも憲法第九条は、「国権の発動たる戦争と、武力による威嚇又は武力の行使は、国際紛争を解決する手段としては、永久にこれを放棄」し、「陸海空軍その他の戦力は、これを保持しない。国の交戦権は、これを認めない」と明確に規定しているからだ。もともと憲法は戦力の保持自体を否定しているのであるから、個別的自衛権と言えども、憲法で認められていない武力を行使できようはずがない。ましてや他国の戦争に加わり武力を行使する集団的自衛権などは、憲法上論外であり、到底認められるものではないことは自明である。このことは、憲法を虚心坦懐にそれこそ素直に読みさえすれば、子どもでも分かる道理であるはずだ。それを殊更もっともらしくあれやこれやと屁理屈を並べ立て、国民を欺くとは実に恥ずべきことではないか。

「北朝鮮を見よ、中国を見よ、南シナ海を見よ、中東を見よ、アフリカを見よ。日本の周辺事態および世界の安保環境は大きく変わったではないか ―― 」。この現実の変化に対処するために、まやかしの「積極的平和主義」なるものを臆面もなく持ち出してくる。その「積極的平和主義」の内実たるや、憲法の解釈変更によって集団的自衛権の行使を可能にし、外国に自衛隊を出し、戦争に参加し、国際平和のために貢献するというものなのである。そして、自衛のために、国民のいのちと平和な暮らしを守るために、国際平和のために日米軍事同盟のもとで抑止力の強化を、と並べ立てる。結局、憲法が否定したはずの「陸海空軍その他の戦力」を保持し、さらに増強し、海外へ出て行くというのである。

外からの脅威を煽り、莫大な国民の血税をそれこそ勝手に注ぎ込む。軍拡競争は際限なくエスカレートしていく。ついには一触即発の危機的状態に陥っていく。いざとなればミサイルが飛び交う核戦争の時代、きっかけをつくれば勝者も敗者もない。アベノミクス「積極的平和主義」を標榜する抑止論者は、このことをしかと肝に銘じておくべきだ。これこそ現実を見ずに、口先だけで「国民のいのちと平和な暮らしを守り抜く」

と豪語する空理空論ではないのか。

そんな無駄金を使うぐらいなら、国民がもっとも必要としている育児・教育・医療・介護・年金など社会保障や、特に若年層の雇用対策にまじめに取り組み、文化芸術・スポーツに意を注いだ方が、よっぽど社会を、そして世界を戦争のない平和な状態に導いていくことができるはずだ。

「自衛」の名の下に戦った沖縄戦の結末は

こう言うと決まって出てくるのは、「敵が攻撃してきたら、どうするのか」という、国民の不安につけ込む脅しである。これも、戦争推進者がきまって使ってきた、昔も今も変わらぬ常套句である。こうした論法をまともに受けて、民衆は戦争に駆り出されてきた。

ここで、戦争の問題を考える上で思い起こさなければならない大切なことがある。それは、イギリス植民地下のマハトマ・ガンジー（一八六九～一九四八）が、圧倒的に強大な権力の圧政、弾圧、暴力に暴力をもって対抗すれば、むしろ暴力の連鎖をいっそう拡大させてしまう、という当時のインドと世界の現実から学びとり到達した非暴力・不服従の思想である。さらには、太平洋戦争下での沖縄戦を考えれば、戦争の本質はいっそう理解できるはずだ。

沖縄戦において一般住民を丸ごと巻き込み、あの想像を絶する犠牲を出したのも、結局、「軍隊が国家国民を守る」という大義名分の下で、住民を守るどころか、軍隊が軍隊の論理で敵と戦ったからである。軍隊の持つ戦力は、それを行使しようとしまいと、そこにあるだけで敵の戦力を最大限に誘引する。住民の居住地域は、軍隊がそこに戦力を構えているだけで、攻撃の対象となって集中砲火を浴びせられ、壮絶な戦場と化し、住民丸ごと犠牲となることを意味している。それは、昔も今も変わらない。

軍隊が戦力を実際に行使しなくても、戦力を十分に備えておけば、戦争を抑止できるというのが、抑止論者の戦力保持のための口実である。しかし沖縄戦は、それとはまったく逆の結果になることを事実をもって示している。憲法第九条の「戦争の放棄、戦力の不保持、交戦権の否認」は、観念や空想から導き出されたものではなく、この過去の数々の悲惨な具体的現実から導き出された結論なのである。これこそ、尊いいのちの犠牲によって人類がやっと獲得した何ものにも代え難い深くて重い教訓であり、人々が現実からくみ取った実に貴重な知恵なのだ。

「巨大国家の暴力」と「弱者の暴力」との連鎖をどう断ち切るか

嘆かわしいことに、今日の世界で起きている事態は、巨額の軍事費を費やし最新の科学技術の粋を凝らしてつくり上げた、政・官・財・軍・学の巨大な国家的暴力機構から繰り出す超強大国の恐るべき軍事力と、自己のいのちと他者のいのちを犠牲にすることによってしか、理不尽な抑圧と収奪に対する怒りを表し、解決する術を見出すことができないところにまで追い詰められた「弱者の暴力」との連鎖なのである。かつてガンジーがインドの多くの民衆とともに「弱者」の側から示した精神の高みからすれば、大国の圧倒的に強大な軍事力すなわち暴力によって「弱者の暴力」を制圧、殲滅し、暴力の連鎖をとどめようとすることが、いかに愚かで恥ずべきことなのかをまず自覚すべきである。

今日における集団的自衛権の行使とは、わが国がまさにこの「弱者」と「強者」の暴力の連鎖の一方の側に加わり、世界の圧倒的多数を占める「弱者」を敵に回し、利害や権益を共有する諸大国とともに、「自衛」と称して「強者の暴力」に加担するということなのである。これでは暴力の連鎖をとどめるどころか、ますます拡大させていく。今大切なのは、「弱者」が窮地に追い込まれ、そうせざるを得なくなる本当の原因が何であるかを突き止め、その原因を根源的になくすよう努力すること。これ以外に暴力の連鎖を断ち切る道はない。

結局、それを突き詰めていけば、先進資本主義国私たち自身の他者を省みない利己的で放漫な生活のあり方、それを是とする社会経済のあり方そのものに行き着くことになるであろう。暴力の連鎖がますます大がかりに、しかも熾烈を極め、際限なく拡大していく今日の状況にあって、超大国をはじめ先進資本主義国の深い内省と、そこから生まれる寛容の精神、そして大国自身そのものの変革が何よりも今、求められている所以である。

人は誰しも
決して避けることのできない
死という宿命を背負いながらも
懸命に生きている
そもそも人間とは
不憫としか言いようのない
不確かな存在ではなかったのか
だからこそなおのこと
人は
同じ悲哀を共有する同胞《きょうだい》として
せめても他者に
とことん寛容でありたいと
願うのである

憲法第九条の精神を具現化する新たな提案――自衛隊の「防災隊」（仮称）への発展的解消

日本国憲法の施行から七〇余年が経った今、私たちはもう一度憲法前文と第九条をしっかり再確認し、その精神を条文通り今日の日本社会に創造的に具現化することをあらためて決意しなければならない。そして、この決意を世界のすべての人々に向かって再宣言し、いかなる困難があろうとも、敗戦直後の初心にかえり、以下のことを誠実に実行に移していく。

自衛隊は、第九条が明確に否定している陸海空軍その他の戦力を一日も早く解除し、自然災害や人災などあらゆる災害に対処する任務に特化した「防災隊」（仮称）に根本から編成し直す。この新しく生まれ変わった「防災隊」（仮称）を、現在の消防庁傘下の全国都道府県および市町村のすべての消防隊と統合・再編し、これを新設の「防災省」（仮称）の下におく。この時はじめて、日本国憲法第九条に違反する現在の自衛隊は、実質解消することになる。

この「防災省」（仮称）の下に新たに統合・再編された「防災隊」（仮称）は、その施設および人員を活用して、国民の生命、身体および財産を災害から保護するとともに、火災、水害、地震、津波などあらゆる自然災害を防除し、これらの災害を軽減するほか、災害などによる傷病者を救助し、搬送を適切におこなう。

新設の「防災省」（仮称）の役割として、「安心・安全な地域づくり」を推進していくため、全国の災害対策本部や地方公共団体と連携して、必要な法令を整備するとともに、防災車両や資材・機材を充実させ配備する。大火災、大規模地震・津波や台風などの自然災害、土砂災害、水難・山岳救助、道路・鉄道・航空事故、有事などの緊急事態においては被害の全貌を迅速に把握するとともに、全国的な見地から緊急防災援助隊やレスキュー隊の派遣などをおこない、人命救助にあたる。防災隊員や職員の教育・訓練および消防・防災の科学技術の研究開発に力を入れる。日本国憲法の非戦・平和の精神を最大限に生かし、国民の圧倒的多数の信頼と支持のもとに、すべての国民に心から愛される、地震・自然災害大国日本にふさわしい世界に誇る優れた「防災隊」（仮称）に育てあげていくことになろう。

一方、「菜園家族」構想は、本章ですでに述べてきたように、わが国独自の週休（2＋α）日制の「菜園家族」型ワークシェアリングを梃子に、戦後高度経済成長の過程で衰退した家族と、古来日本列島の津々浦々にモザイク状に形成されてきた森と海を結ぶ流域地域圏《エリア》を一体的に甦らせ、農山漁村の過疎高齢化と都市平野部の過密を同時解消し、「菜園家族」基調の抗市場免疫の自律的世界を全国につくりあげていく。各地の風土に根ざした多重・重層的な地域協同組織体「なりわいとも」の主体的で個性豊かな活動によって、おおらかで精神性豊かな自然循環型共生の地域社会を国土全体にバランスよく構築していく。こうして、地域地域の足もとからしだいに平和の土壌は熟成されていくのである。憲法第九条に則った戦力不保持の「防災隊」（仮称）のこの構想も、究極において、このような日常普段のたゆまぬ地域づくりの動きのなかで培われる、広範な住民・市民の主体的力量に支えられてはじめて、現実のものとなっていくであろう。

防災隊員自身も、その職務の特殊性が十分に配慮された形で、基本的には一般の勤労者と同様に、週休（2＋α）日制の「菜園家族」型ワークシェアリングに則って勤務する。いわば、防災隊員は「菜園家族」としても地域に溶け込み生活することによって、地域の自然や社会を熟知し、人々との連携を日常的にも深めながら、「安心・安全な地域づくり」に貢献していくことになる。

一九六二年以来今日まで半世紀の間、数次にわたり出されてきたかつてのいわば官製の「全国総合開発計画」なるものを、戦後七〇年を経た今、その根底にある思想と理念を含めて根本から検討し直す時に来ている。こうした検証によって、上から目線ではない、新たな理念に基づく、地域住民による地域住民のための草の根の「21世紀国土のグランドデザイン」は練りあげられていく。

この新しい国土構想の中に、「防災隊」（仮称）をどう位置づけるかである。国土の七割を占める広大な山村地帯。過疎高齢化に悩み、瀕死の状況に陥っている限界集落。手入れ放棄によって荒れ果てた森林、土砂災害の頻発。平野部の農村・漁村コミュニティの衰退…。こうした全国各地の森と海を結ぶ流域地域圏《エリア》の再生に、「防災隊」(仮称)独自の「安心・安全な地域づくり」の任務をどのように有機的に連動させていくかである。つまり、災害発生時の対応のみならず、日常普段からの防災・減災を視野に入れた時、「防災隊」(仮称)のこの構想も、そして防災隊員の具体的な仕事も、いっそう明らかになり、未来に向かって豊かな広がりを見せていくであろう。

防災隊員は、職務上戦場に送られ、人を殺したり、殺されたりすることはない。隊員もその家族も、戦争加担への罪悪感と死の恐怖に苛まれることなく、一意専心人々を災害から救助し、人々のいのちと暮らしを守り、住民とともに地域再生に尽くす。したがって「防災隊」(仮称)は、その本質上、地域の人々に心から信頼され、尊敬されるそのような存在になるのである。隊員本人はそのことを誇りに思い、家族も安心して暮らせる。

結局、近代を超克する「菜園家族」的平和主義は、「菜園家族」を基調とする素朴で精神性豊かな自然循環型共生社会形成の長いプロセスと連動してはじめて、本格的に達成されることになる。この長き道のりを通じて、日本国憲法の精神はしだいに現実社会に深く根を張り、不動のものとなる。やがて人類史上どの時代にも成し得なかった、戦争を生まない、心豊かな、ともに笑顔で暮らせる至福の世界はもたらされるのである。

非戦・平和構築の千里の道も一歩から

「自由と民主主義の価値観を共有する必然のパートナー」などと「仲間」だけを持ち上げ、徒党を組むような狭い了見からは解き放たれ、憲法第九条の条文を厳格に守って新設される「防災隊」(仮称)は、「安全・安心の地域づくり、くにづくり」の任務に徹し、非軍事・非同盟中立の立場を明確に堅持する。

大国がもっともらしい大義名分のもとに徒党を組み、科学技術の粋を凝らした圧倒的に強大な軍事力をもって攻撃を仕掛け戦争することが、今や世界の常識となったこの時代にあって、わが国がこのように宣言し行動すれば、はじめは国際的に孤立を深めることになるかもしれない。しかし、こうしたひたむきな平和構築の具体的な実践を積み重ねるなかで、敵と看做してきた国々や人々からも、あるいは「仲間」と看做してきた国々や人々からも、そのいずれを問わずしだいに世界の人々から信頼されていくに違いない。そして多くの人々から、これこそが本物の世界平和に通ずる先駆的な道であると理解されるであろう。やがて「国際社会において、名誉ある地位を」占めることになるに違いない。

これこそがわが国の地政学的位置から見ても、再び戦争の惨禍に巻き込まれることのない道であり、また現に世界に誇る優れた非戦・平和の憲法を持つ国民としても、今日考えられる最も確かな、しかも最も現実的で、豊かな可能性を秘めた真の「安全保障」の姿なのではないか。それを地道に実現していくことこそが、わが国一国の「安全保障」にとどまらず、今日地球規模で紛争と戦争の液状化に陥り苦しんでいる世界の多くの人々に、身をもって範を示すことにもなるのである。

非戦・平和の運動に大地に根ざした新しい風を

「テロには屈しない」と誠に威勢のいい言葉を発し、短絡的に敵愾心を煽り、物質的にも精神的にも軍事化へと急傾斜していく昨今の情勢下にあって、私たちは憲法第九条に真っ向から敵対する欺瞞に充ち満ちたアベノミクス「積極的平和主義」なるものに対峙して、ここであらためて「菜園家族」的平和主義構想の今日的意義を確認しておきたい。

この構想のもとで、二一世紀にふさわしい新しい暮らしのあり方を模索する動きが、各地で人々の生活の中から起こり活性化するにつれて、非戦・平和の問題も、地域住民の日常普段の生活意識に裏打ちされた多面的で力強い国民的な運動へと展開していく。その高まりのなかではじめて、軍事費拡大の企みは阻止され、さらには軍事費削減へと着実に前進していく。やがて自衛隊は解消へと向かい、防災隊（仮称）に生まれ変わっていく。

つまり、いよいよ緊急を要する課題となった各国での核兵器禁止条約の批准運動も、軍備廃絶、非戦・平和の運動も、「菜園家族」構想の大地に根ざした二一世紀のライフスタイルの創造という新たな動きと連動することによってはじめて、単なる抽象レベルでの反対にとどまることなく、一歩踏み込んで生活の内実の変革と結合した多彩で豊かな運動へと発展していくことが可能になるのではないか。そこにこそ、この近代を超克する「菜園家族」的平和主義の特長がある。こうして憲法第九条の「戦争の放棄、戦力の不保持、交戦権の否認」の精神は、遠い未来の理念としてではなく、国民生活から切り離すことのできないものとして暮らしの中に深く溶け込み、私たち一人ひとりのまさに血肉となっていく。それは、平和の基盤として農に立脚した共生地域社会を重視し、その再生構築に力を注いだガンジーや沖縄・伊江島の阿波根昌鴻《あはごんしょうこう》（一九〇一～二〇〇二）ら先人たちの深い思想と実践を思い起こし、現代の私たち自身の社会に、単なる表面上の模倣ではなく、その真髄をまさに創造的に生かすことでもある。

為政者も、人々も、今もっとも気を配り努力しなければならないことは、人々のいがみ合いやいさかいを助長することではない。「菜園家族」基調の自然循環型共生社会の構築というこの壮大な長期展望のもとに、日本国憲法、なかんずく第九条をしっかり位置づけ、今何ができるのかを多くの人々とともに考えること。そして、「地域」の多重・重層的な構造のさまざまなレベルで、人々がそれぞれの「地域」や職場の個性に合った着実な運動を展開していくことなのではないか。どんなに時間がかかろうとも、こうする以外に道はない。

人々の、人々による、人々のための政治とはまさしくこのことなのであり、これこそが「選挙」に矮小化した「お任せ民主主義」ではない、草の根民主主義の原点なのである。今日の現実はこの初歩的基本すらすっかり忘れ去り、ごく一部の特権的人間によって人々が分断され、いがみ合い、血を流し争っている実に悲しむべき状況なのである。

変わらなければならないのは、中東やアフリカやアジアの人々ではない。何よりもまず、先進資本主義国の私たち自身なのである。

戦後七〇余年、もう一度初心にかえり世界の人々に呼びかけよう

私たちは戦後七〇余年を経た今、もう一度初心にかえり、世界に誇る日本国憲法第九条をそれこそ丹念に、しかも愚直なまでに誠実に読み返そうではないか。そして、その精神を敢然と甦らせるのである。

安倍政権は戦後歴代政権のなかでも際立ってこざかしい。欺瞞に充ち満ちた「積極的平和主義」なるものを錦の御旗に掲げ、屁理屈を捏ね、国民の目を欺き、それこそ勝手気ままに拡大解釈し、既成事実を積み重ね、憲法の精神を骨抜きにしていく。このような振る舞いほど、卑劣で危険きわまりない行為もない。日本国憲法は、決して一部の為政者のものではない。私たち自身のものなのである。

今こそ日本国憲法第九条を民衆の名において、北朝鮮の人々、「イスラム国」の人々をはじめ、世界のすべての人々に向かって正々堂々と再宣言しよう。そして、それを誠実に自ら身をもって実行する。その上で、北朝鮮の為政者に対しても、「残虐非道の過激派」と呼ばれている人々に対しても、アジア・中東・アフリカ・ラテンアメリカの人々に対しても、そして世界のすべての人々に対しても、民衆自身が誠意を尽くして呼びかけ、とことん話し合おう。これができるのは、日本国憲法を持っている日本の国民をおいてほかにない。

これこそが、今日の世界の人々がもとめている正真正銘の積極的平和主義なのではないか。世界の人々が日本の国民に本当に期待するものは、欺瞞に充ち満ちたアベノミクスの「積極的平和主義」などでは決してない。まさに日本国憲法第九条が高らかに謳ったこの崇高な平和主義であり、それをそれこそ正直に実行す

ることなのである。

憎しみと暴力の止めどもない連鎖。世界は今や各地に紛争の火種が拡散され、互いに疑心暗鬼に陥り、世界大戦への一触即発の危機にすら晒されている。この末期的症状とも言うべき今日の世界のこの恐るべき事態は、結局、第Ⅰ章および第Ⅱ章で考察してきた「東アジア世界」の歴史構造に則して見るならば、大国主義と小国主義の思想的葛藤の長い歴史の末に、最終的には大国主義が小国主義を押さえ込み、優勢となって浮上してきた結果もたらされたものなのである。

この歴史を直視すれば、米ソ二大陣営の対立による冷戦構造の崩壊後、新たな装いのもと地球規模で今なお執拗に繰り返されている「新大国主義」の多元的覇権抗争が、いかに愚かで虚しいものであるかに気づくはずだ。そして二一世紀私たちが進むべき道は結局、小国主義を貫く以外にあり得ないことに思い至るであろう。それには何よりもまず、今日の私たち自身の社会経済のあり方そのものを根源的に変えることによってのみはじめて、小国主義日本の二一世紀未来の姿を明確に展望することが可能になってくるのではないか。

それは、第二次「東アジア世界」の第1期から第3期において、支配権力による上からの近代化と覇権主義的大国への道に抗して、軍備廃絶と非戦を訴え、農を基盤に自然と共生し、村々の自治が確立された真に民主的な小国日本の可能性を対置した中江兆民、田中正造、内村鑑三ら、近代と格闘した多くの先人たちの思想的苦闘の歴史的水脈を二一世紀の今に甦らせ、その具現化の道を探ることでもある。

本書では、大国主義的抗争が横行する弱肉強食の凄まじい今日の現代世界にあって、小国主義を貫き「小国」をいかにして築くことが可能なのか、そしてその小国とは一体どのような理念と原理に基づく社会経済の仕組みであるのか、その基本を明らかにすることを目標にしている。そして今日のこの時点に立って、新たな視座、新たな論点から、根源的かつ全一体的《ホリスティック》に二一世紀の社会構想とその実現への道筋を具体的に提示しようとしている。

私たち自身がこの道を誠実に歩むことによって、日本国憲法の前文、および「平和主義」、「基本的人権（生存権を含む）の尊重」、「主権在民」の三原則の精神を具現する、新生「菜園家族」日本の創出へと向かうのである。それはとりもなおさず、長きにわたって頑強な支配権力に色濃く染められ、苦難の歴史を余儀なくされてきた「東アジア世界」の一隅に位置する日本列島に、抗市場免疫に優れた「菜園家族」基調の素朴で精神性豊かな自然循環型共生社会の種子をしっかり着床させ、成長を促し、「菜園家族」による非武装・不戦、非同盟・中立の国土づくりに尽力することを意味するのである。こうしてはじめて、草の根の民衆による民衆のための真の東アジア民衆連帯創出のスタートラインに立つことができるのではないか。その意味で、まず私たち自身が自らの国においてこの道を追究することの意義は、ひとり日本一国のことにとどまらず、計り知れなく大きいと言わなければならない。

日米軍事同盟のもと、いつまでもアメリカの権力者に追従し、東アジアの民衆に背を向け、この地域世界に攪乱をもたらしている場合ではないのである。今こそ、自らの「菜園家族」的平和主義のこの道の選択を決断する時に来ているのではないだろうか。

第V章

二一世紀こそ草の根の変革主体の構築を

——本物の民主主義の復権と地域再生——

「お任せ民主主義」を社会の根っこから問いなおす

それでもやはり、「菜園家族」構想、つまり素朴で精神性豊かな自然循環型共生社会をめざすこの二一世紀の社会構想は、理想であり願望であって、今さら実現など到底不可能であるといった諦念にも似た漠然とした思いが、人々の心のどこかに根強くあるようだ。

よく考えてみると、それも無理もないことなのかもしれない。そもそも、戦後の焼け跡の中から営々と築きあげてきた今日の「快適で豊かな生活」に長い間どっぷり浸り、すっかり馴らされてきた大方の国民にとって、それ以外の生き方などとても考えられないからなのであろう。そして今は不況ではあるが、いずれ為政者が約束する「成長戦略」なるものによって景気は回復し、かつての繁栄も夢ではないのではないか、あるいは少なくとも、これまで享受してきたライフスタイルは何とか維持できるのではないか、といった他人まかせ、「政治屋」まかせの後ろ向きの受け身の淡い期待感が、いつも心のどこかにあるからなのであろう。

だが、こうした人々の保身の姿勢に深く根ざした心情や思考を背景に形成されてきた「お任せ民主主義」は、今や限界に来ている。二〇一一年東日本大震災を境に、時代は大きく変わろうとしている。3・11の惨禍を体験した国民は、為政者の喧伝する「成長戦略」に惑わされ時間だけが虚しく過ぎていくうちに、いつかこの国は奈落の底に落ちていくのではないか、といった不安も感じはじめている。

しかしこれとて漠然とした不安にすぎないものであって、そこから一歩踏み出し、自らの頭で考え、行動し、これまでとは違った自らの生き方を、さらにはこの国のあり方を真剣に探ろうという積極的で前向きな姿勢には、残念ながらまだ至っていないようだ。このことは、上から与えられた「アベノミクス」なるものに幻想を抱き、またもや懲りずに浮き足立った世論の動向を見るだけでも分かるはずだ。

今日のわが国社会の行き詰まったどうしようもないこの体制を何とか修復し、維持しようとする財界、官僚、政界中枢の鉄のトライアングルにつながる、まさに国民の「一パーセント」にも満たない権力支配層は、戦後これまでに蓄積してきた莫大な財力を背景に、彼らの上からのシンクタンクを組織し、マスメディアをはじめ既成のあらゆる体制を総動員して、そこから繰り出す洪水のように氾濫する情報と、欺瞞に満ちた政策によって国民を統治・支配してきた。これが今日までのこの国の偽らざる実態なのではないか。

こうした長きにわたる権力構造を背景に、民衆の「お任せ思考」はますます助長され、しかも多くの死票を出し、民意と議席数に極端な乖離を生む「小選挙区制」のもとで、議会制民主主義は徹底して歪められ、民主主義はついに地に堕ちてしまった。議会は、国民の「九九パーセント」の意志をいかにも「合法的に」平然と無視し、国民の大多数の利益とは敵対する「一パーセント」を代弁する機関に失墜してしまった。これは、民主主義の名のもとに、しかも「合法的に」、民主主義の恐るべき歪んだ構造を私たち自らの社会の中に深く抱え込んだだけではなく、本来、民衆が政治の主権者であるにもかかわらず、為政者を主人であるかのように錯覚するまでに、人々の精神をも根底から顚倒させてしまったのだ。

身近な語らいの場から、未来への瑞々しい構想力が漲《みなぎ》る

長い苦難の道のりになるけれども、私たちは今日のこの顚倒した偽りの「民主主義」に対峙して、自らの草の根の政策を具体的に提起し得る力量を高めていくことからはじめなければならない。国民の圧倒的多数を占める「九九パーセント」の中から英知を結集し、自らの新たなる草の根のシンクタンク・ネットワークを構築し、自らの進む道を切り拓いていく時に来ている。私たちは、自らの理想を不可能だと決めつけ諦める前に、人類の崇高な理想をいかに実現していくのか、その方法と具体的な道筋をまず自らの頭で考え行動することからはじめなければならない。こうした長期にわたる忍耐強い日常普段の思索の鍛錬と実践を通してはじめて、自らを覆っている諦念と虚無感は払拭され、新たな創造的思考の世界へと道は切り拓かれていくのではないか。

こうした時代の要請に応えて、人間同士がじかに会い、自由奔放に語り合い、切磋琢磨して互いに創造の力を高め合っていく場として、「二一世紀この国と地域の未来を考える　自然懇話会《じねん》」（仮称）なるものを考えてはどうであろうか。

この「自然懇話会《じねん》」（略称）は、本書の「はしがきにかえて」で述べた地域未来学とも言うべき「革新的地域研究」に基礎を置き、二一世紀の今日の現実にしっかり足を踏まえ、素朴で精神性豊かな草の根の二一世紀未来社会論の構築に向かって、新たな一歩を踏み出すのである。

未来社会のあるべき理念と現実世界との絶えざる対話と葛藤を通して、研究と実践のより高次の段階へと展開する終わりのない認識の自律的自己運動の総体を、ここでは、世界史的にも稀有なる江戸中期の先駆的思想家・安藤昌益に学び、敢えて「自然《じねん》」と呼ぶことにしよう。

この「自然《じねん》」の認識プロセスこそが、この「二一世紀この国と地域の未来を考える　自然懇話会《じねん》」（仮称）の真髄であり、従って、その発現たる自由奔放、そして何ものにも囚われない孤高の精神と、他者に対する寛容と共生の思想が、その核心となる。

今日、通信・情報ネットワークは急速な発達を遂げ、人間は自然から隔離され、バーチャルな世界に閉じ込められていく。パソコン、携帯電話、スマートフォン、タブレット端末等々の普及・応用は著しく、人々は人工的な空間のなかで野性を失い、病的とも言える異常な発達を遂げていく。そして不思議なことに、人々はかえって分断され、人間不信に陥り、孤立を深めていく。こうした時代にあって、豊かな人間性を回復していく上でも、「自然懇話会《じねん》」（略称）の意義は、ますます大きくなっていくのではないか。

莫大な財力を背景に今日まで圧倒的多数の国民を欺き、統治してきた財界・官僚・政界ベースのまさに上から目線のシンクタンクに対峙して、今こそ身近な地域に「自然懇話会《じねん》」（略称）を生み出し、さらにはそれらを相互に結んで、全国津々浦々に分散、潜在している多彩な英知を結集するネットワークをつくり出すことが何よりもまず必要になってきている。いわば無数の小さな「懇話会」と、それらが主体的・自発的に連携し、自由闊達に考え行動するネットワークなのである。そしてその土台の上に、草の根の調査・研究機関、二一世紀未来構想シンクタンクとも言うべきものの構築が待たれる。これらはさしずめ『菜園家族』自然《じねん》ネットワーク」および「二一世紀未来構想 自然《じねん》シンクタンク」とでも名付けられるものである。

労働組合運動の驚くべき衰退、そこから見えてくるもの

二〇一四年一二月一六日、政府と労働界、経済界の代表が集まる「政労使会議」（政府側からは安倍首相、経営者側からは榊原定征・経団連会長＝当時、労働者側からは古賀伸明・連合会長＝当時などの面々）なるものは、春闘の賃上げに協調して「最大限努力する」との合意文書をまとめた。この会議で安倍首相は、居並ぶ経済界のトップたちに呼びかけた。「最大限の賃上げを要請したい」。賃上げの合意は、二〇一三年に続き二回目である。もちろん、中小・零細企業にどこまで広がるかは見通せない。

今日の労働運動の抱える最大の問題は、「労組離れ」だ。一九九五年、経団連が報告書で「非正社員の活用」を提案し、労働規制の緩和が進んだ。専門職に限られていた派遣が一九九九年原則自由化され、二〇〇四年には製造業にも解禁された。非正社員として働く人は、今や全体の四割近くに達する。一方、一九七五年に三四パーセントあった労働組合の組織率は、二〇一四年には一七パーセントにまで低下。このうち連合に加盟する組合員は、雇用者全体の一二パーセントにすぎない（『朝日新聞』二〇一四年一二月一九日「春闘六〇年――だれのために（上）」を参照）。これが今日のわが国の労働運動の偽らざる現実である。

わが国における主流派労働組合運動は、今やアベノミクス主導のもと、「政労使会議」なるものによって、賃上げを話し合い、合意し、勧告するという、労働者の長くて苦しい闘いの歴史を欺く猿芝居を公然と国民衆目の面前で演出するまでに至ったのである。これは、労働者にとっても国民としても、実に恥ずべき驚く

べき事態である。その責任を互いに他に転嫁する前に、まずは現代賃金労働者としては、そして国民としても実につらいことではあるが、何よりも厳しい自己との対話・内省を徹底しておこなうべき時に来ているのではないだろうか。

〈日本国憲法〉

第二七条　すべて国民は、勤労の権利を有し、義務を負ふ。

②　賃金、就業時間、休息その他の勤務条件に関する基準は、法律でこれを定める。

③　児童は、これを酷使してはならない。

第二八条　勤労者の団結する権利及び団体交渉その他の団体行動をする権利は、これを保障する。

本来、賃上げをはじめ労働条件の改善・向上は、労働者の生活権、人権を尊重し守るための大切な基本的要求である。そのために、日本国憲法第二七条および第二八条をはじめ労働法によって、労働者の団結権、団体交渉権、ストライキなどの団体行動権など諸々の権利が、法制的にも認められ確立されてきた。これらの労働者の権利は、わが国のみならず、世界の労働者の長い苦難の歴史のなかで獲得されてきた権利である。これらの権利を空文に終わらせることなく、労働者自身が自らの意志と職場におけるたゆまぬ自覚的実践を通じて、その権利を実質化してきた。

今思いつくだけでも労働者が解決しなければならない課題は山積している。派遣法の抜本的改正、抜け穴のない有期雇用規制、公務員の労働基本権など、わが国の労働者にとって大切ないくつかの政策課題がある。水面下で政府に要望するだけでは何も実現しない。今のわが国の労働運動には、組合固有の労働者主体の実力行使があまりにも欠けている。日本国憲法をはじめ労働法が保障するストライキはもちろん、労働者の大規模なデモもない。要するに、政策課題を社会運動として展開する思想も気力も見られないのである。

労働者自らのあるべき権利は、労働者の代表を僭称する連合など主流派労働組合の一部の職業的幹部と、政府首脳と経済界トップによる「政労使会議」なるものの実にこざかしい「協議」によって横奪されたことになる。戦後の労働運動史上、これほどまでに労働者が自らの主体性を喪失し、後退・頽廃へと追い詰められた例は他に見ない。ここにも、労働者の労組幹部への根深い「お任せ民主主義」と同質の思考と心情を読み取ることができる。労働者としては実に屈辱的な事態と言うべきである。この事態を生み出した根源的な原因を突き止めることは、そうたやすいことではない。独り労働組合幹部・首脳にその責任を負わせて済むことでもない。何よりも二一世紀の今日の時代を的確に捉え、その上で新たな時代認識のもとに、私たち自身の問題として深刻に受け止めなければならない。そして、そこから何を学び、何をどうするかなのである。

二一世紀の労働運動と私たち自身のライフスタイル――「菜園家族」の新しい風を

ここで提起した「菜園家族」自然《じねん》ネットワークは、主流派労働組合の連合などに象徴されるように、労働者の代表を僭称する職業化された一部労組幹部によって長きにわたって牛耳られ、沈滞と後退を余儀なくされてきたわが国の労働運動に、根本からその変革を迫っていくものになるであろう。既成の労働運動が惰性に流れ、従来型の賃上げ要求の狭い枠組みに閉じ込められ、労働運動そのものが衰退と頽廃へと陥っていく中にあって、この自然《じねん》ネットワークの運動は、週休（2＋α）日制の「菜園家族」型ワークシェアリング（但し$1 \leqq \alpha \leqq 4$）によって、農民と賃金労働者という、いわば前近代と近代の人格的融合による労農一体的な二一世紀の新たな人間の社会的生存形態、すなわち「菜園家族」を創出していくその性格上、必然的にこれまでの労働運動には見られなかった新たな局面を切り拓いていくことになろう。それは、自ずから近代を社会の根底から超克するまさに新しい働き方、新しいライフスタイルの創出へと向かわざるを得ないものであり、そこに、これまでには見られなかった「正規」「非正規」の分断、男女の分断、世代間対立、そして都市と農村の垣根を乗り越えた、それこそ時代を画する多彩で個性豊かな広範な国民的運動へと展開していく可能性が秘められている。

現実に、フランス、ドイツ、オランダなどの西欧諸国では、働き過ぎからゆとりのあるライフスタイルへの移行をめざして、一人当たりの週労働時間短縮によるワークシェアリングのさまざまな試みが、実行へと移されている。『オランダモデル—制度疲労なき成熟社会—』（長坂寿久、日本経済新聞社、二〇〇〇年）によれば、特にオランダでは、一九八〇年代初頭に高失業率（一九八三年に一二％）に悩まされた経験から、その克服の道を政労使三者で模索し、パートタイム労働の促進によって仕事を分かちあうワークシェアリングへと合意形成を積み重ねていった。これは、単なる失業対策にとどまらず、一人当たりの労働時間の短縮によって、「仕事と家族の関係を和解させたい」という多くの労働者の願いを実現しようとするものでもあった。

オランダの労働者がパートタイム労働の促進に期待したのは、一つ目に何よりも「健康と安全」、二つ目は「労働と分配の再配分」と「雇用創出」、三つ目は労働時間の多様化によって「支払い労働（雇用）と不支払い労働（家事・子育てなど）の再配分」、つまり「男性と女性の分業」の克服をはかること、四つ目は個人の自由な時間を増やし、自分で時間の支配が可能となれば、「個人の福祉の増加」につながり、「社会参加」の可能性を広げるであろうこと、という四つの観点からであった。それは、夫婦がともにフルタイム勤務で企業の賃金労働に自己の時間の大部分を費やすのではなく、いわば夫婦二人で「一・五人」前という新しい働き方の確立を望む声でもあった。そして、フルタイム労働とパートタイム労働の「対等の取り扱い（イコール・トリートメント）」を求める長年の努力は、一九九六年に「労働時間差による差別禁止法」の制定へと結実していった。こうした傾向は、ますます世界の趨勢になっていくことであろう。

このようなことを考えると、週休（2＋α）日制の「菜園家族」型ワークシェアリングも、決して夢物語や空想ではないはずである。しかも、人間の本来あるべき暮らしのあり方を求めて、「菜園」や「匠・商」の自営基盤で補完することによって、これまで国内外で実施あるいは提唱されてきたワークシェアリングの欠陥を根本から是正し、実現可能なものとして提起している。今日、一般的に言われているワークシェアリングが、不況期の過剰雇用対策としての対症療法の域を出ないものであるのと比べれば、この「菜園家族」型ワークシェアリングは、未来のあるべき社会、すなわち、ゆとりあるおおらかな自然循環型共生社会へと連動する鍵となるメカニズムを内包している点で、世界的に見てもはるかに先進的な優れたシステムであると言えよう。

「百年に一度」とも言われる世界同時不況、そしてそれに引き継ぐ3・11後という新たな状況のもとで、これまでの社会のあり方そのものが根本から問われている今、私たちは、いつまでも従来型の「経済成長」の迷信に頑《かたく》なにしがみついているのではなく、大胆に第一歩を踏み出すときに来ているのではないだろうか。

二一世紀の今、国民の要求は多様化しているだけではなく、国民の九〇パーセントを超える根なし草同然の現代賃金労働者は、生活の不安定さと苛酷さゆえに、巨大都市化し極端なまでに人工化した生活環境のなかで、大地から乖離し、あるべき野性を失い、肉体も精神もズタズタにされ、衰弱していく。人々は自然回帰への志向をますます強め、自然と融合した新しいライフスタイルと、それを支える新しい働き方をもとめている。今まさにこうした多様で広範な人々の切実な要求に応え得る、二一世紀にふさわしい新しい労働運動のあり方がもとめられている。

「菜園家族」自然《じねん》ネットワークは、こうした広範な国民の切実な要求を汲み上げ、国民から真に信頼されるに足る、二一世紀の新たな労働運動を社会の基底部から支える重要な役割を果たしていくことになろう。

それは、あたかも地下の深層にあって、表層のさまざまな人間的活動や社会的運動に必要不可欠な地域づくりと職場づくりのエネルギーを涵養し、蓄え、拠出する源泉とも言うべき役割を果たしていく。自然《じねん》ネットワークは、このような存在であってほしい。それは、主観的願望ではなく、客観的に見てもそうならざるを得ないのである。それはなぜか。熾烈なグローバル市場競争によって、格差と不平等が社会を分断するまでに至った今、多くの人々がそれに代わる新たな社会の枠組みを切望している。こうした時代にあって、「菜園家族」自然《じねん》ネットワークが、市場原理至上主義「拡大経済」に対峙し、抗市場免疫の自律的な自然循環型共生の新たな地平をめざす時、それは農山漁村や地方中小都市、巨大都市部を含めた国土全域において、賃金労働者、農林漁業や匠・商を基盤とする家族小経営、中小企業、そしてあらゆる自由な個人やグループおよび団体（NPO・NGOなどの法人や各種協同組合、農林漁業・商工業団体、ユニオンなどさまざまな形態の労働組合、教育・文化・芸術・芸能・スポーツなどのグループや団体等々）をも包摂する、広範な国民運動の大切な要となる可能性を秘めているからにほかならない。

この「菜園家族」自然《じねん》ネットワークは、老若男女、職業の如何を問わず、宗派や党派の垣根を越えて、相互に情報を交換し合い、学習し、切磋琢磨する、上下の関係を排したこれこそ対等で水平的な本物のネットワークとして、今日の市場原理至上主義の苛酷な弱肉強食の「拡大経済」システムに対峙して、「菜園家族」を基調に、人間の自由と尊厳を尊重する精神性豊かな自然循環型共生の二一世紀の未来社会をめざしていくことになろう。

多彩で自由な人間活動の「土づくり」――社会を底から支える力

第Ⅲ章・第Ⅳ章で触れたように、土壌学で言う団粒構造の土とは、隙間が多く通気性・保水性に富んだ作物栽培にもっとも適した、滋味豊かでふかふかとした肥沃な土壌である。そこでは、微生物からミミズに至る生きとし生けるものすべてが相互に有機的に作用しあい、自立したそれぞれの個体が自己の個性にふさわしい自由な生き方をすることによって、結果的には他者をも同時に助け、自己をも生かしている世界なのである。

「菜園家族」構想に基づく人間社会の構造は、究極において、「菜園家族」を基礎単粒《たんりゅう》に、肥沃でふかふかとした土そっくりな多重・重層的な団粒構造に熟成されていく。

「菜園家族」社会のこの多重・重層的な団粒構造の肥沃な土壌からは、自由で個性豊かな実に多種多様な「作物」が育っていく。ここで育つものは、まず個性豊かで自由な個人であり、抗市場免疫の自律的な家族、すなわち「菜園家族」であり、抗市場免疫の自律的な地域社会であり、それを土台に生成される思想・文化・芸術、そして大衆的娯楽としての芸能であり、スポーツである。さらには、それらを基礎に展開していく多種多様な文化・芸術運動であり、自由な社会運動であり、さまざまな党派の自由闊達な政治活動であり、さまざまな宗派の宗教活動である。つまりそれは、実に生き生きとした創造性豊かで自由奔放な人間活動の総体なのである。

長い年月をかけ手塩にかけてつくりあげてきた団粒構造の土壌に合わない「作物」は、自ずから育たないし、やがて枯れてしまう。結局は、人々がどのような社会的土壌をつくりあげるかによって、そこに育つすべての「作物」の命運は決定づけられる。滋味豊かなふかふかとした土壌からは、素晴らしい「作物」が育っていくのである。このことに全幅の信頼を寄せ、人々の活動は、すべての「作物」の生育にとって根源的である、まさに根気のいるこの壮大な「土づくり」に徹することに尽きる。そのほかの何ものでもない。地域住民や市民の活動の役割と目標を極端に矮小化し、特定の政党・宗派活動や特定の政党・宗派づくりに狭めてはならないのは当然である。地域づくりは、もっともっと根源的で自由で、おおらかな人間的営為そのものなのである。ここにも「自然《じねん》の思想」が貫徹している。

わが国の労働組合運動の驚くべき衰退にせよ、地方自治能力の減退にせよ、特に国政レベルにおける「お任せ民主主義」の目に余る危機的状況にせよ、それらすべての根底にある原因は、こうした団粒構造の滋味豊かな社会的「土づくり」を忘れ、近代の落とし子とも言うべき賃金労働者という根なし草同然の人間の社会的生存形態を基礎とする社会のもとで、人間が大地から引き離され、市場に蝕まれ、人々の心の深層に長きにわたって澱《おり》のように溜《た》まった、諦念にも似たどうしようもない消極性にあるのではないか。

とりわけ先進資本主義経済大国においては、極端な経済成長万能主義のもと、人間の欲望は際限なく肥大化し、人々は人生の生き甲斐をカネやモノに矮小化した守銭奴まがいの狭隘な価値観にすっかり染められていく。以前にも増して、安易で事なかれ主義の脆弱な精神がますます助長され、「お任せ民主主義」の根深い思想的土壌が用意されていく。こうして人々の身も人々の主体性も諸共に、いつの間にか見るも無惨に侵蝕されていくのである。今や戦後民主主義は、主体性喪失のこの事態を放置したままではどうにもならないところにまで後退し、形骸化を余儀なくされている。

戦後七〇余年を経た今、私たちはまず何よりも、私たち自身の新たな主体性の構築のために、社会のあり方をその深層から問い直し、全力を傾注して再出発に臨まなければならない。法文上の形式的な借り物まがいの民主主義ではなく、如何なる反動の猛威の中にあっても挫《くじ》けることのない、本物の主体性を自らの内面から確立していかなければならない。未来はその成否にかかっている。

まず何よりも出発にあるべきものは、繰り返しになるが、自らの地域は、そして自らの職場は、自らの頭で考え、自らの手で構築していくということである。それは、人類史上長きにわたって大地に根ざし大地に生きる人間が、精神労働と肉体労働が未分離で、統合され調和していた素朴な生活の中から獲得してきた不動の本源的な原則であり、信念でもあり、今日においても決して忘れてはならない大切な原則なのである。近代はいとも簡単にしかも短期間のうちに、この原則と信念をすっかり忘却の彼方へと追い遣ってしまった。上から授かった借り物まがいの、民衆の主体性を愚弄した「上から目線」のアベノミクス「地方創生」など であっていいはずがない。たとえどんなに時間がかかろうとも、「菜園家族」自然《じねん》ネットワークは、この人間生活の本源的とも言うべき原則・信念を取り戻し、今日の私たちに突きつけられた二一世紀のこの重い課題を成し遂げていくための確かな第一歩を踏み出していくことになろう。

「お任せ民主主義」を排し、何よりも自らの主体性の確立を――そこにこそ生きる喜びがある

今わが国の経済は、先にも触れたように、長期にわたり成長、収益性の面で危機的状況が続いている。この長期停滞は、設備投資と農山漁村から都市への労働移転を基軸に形成されてきた過剰な生産能力を、生活の浪費構造と輸出と公共事業で解消していくという戦後を主導してきた蓄積構造そのものが、もはや限界に達したことを示している。私たちは、このことを厳しく受け止めなければならない。根源的な変革を避け、この構造的過剰に根本から手を打つ政策を見出せず手をこまねいているうちに、一九九〇年代初頭からの「失われた二〇年」は、もうとうに過ぎてしまった。この間、「景気回復」とか「高度成長をもう一度」の幻想を捨てきれないまま、旧態依然たる政策がズルズルと続けられてきた。その結果、むしろ事態はいっそう悪化した。

私たちは、この「失われた二〇年」から本当に何を学ぶべきなのか。「菜園家族」構想など時代錯誤だと言ってうかうかしているうちに、今度は「失われた三〇年」が瞬く間に過ぎていく。長引けば長引くほど、根本的な再建はそれだけ遠退き、ますます困難になる。

安倍政権は、国民生活を質に入れての一か八かの危険極まりない「賭け」に出た。「アベノミクス」、そして黒田日銀の「異次元金融緩和」とやらでサプライズに湧き、円安・株高・債券高の流れが一気に強まったといって浮かれている場合ではない。それも束の間、今やこの虚構の「景気回復」ムードのメッキも剥がれ落ちてきた。一握りの富裕層はいざ知らず、物価上昇に賃上げが追いつかず、消費増税も加わって、大多数の国民にとって生活はより厳しくなった。このことは、庶民の生活感覚だけからではなく、今や統計不正問

題からもいよいよ明らかになってきている。

際限なく続出してくる問題群の一つ一つの対処に振り回されながら、その都度、絆創膏を貼り、セーフティーネットを張るといった類いのその場凌ぎのいわば対症療法は、もはや限界に達していることを知るべきである。今、本当に必要なのは、問題が起こってからの事後処理ではなく、問題が発生する大本《おおもと》の社会のあり方そのものを変えることである。衰弱しきった今日の社会の体質を根本から変えていく原因療法に、本格的に取り組むことである。それは少なくとも一〇年先、二〇年先、三〇年先、五〇年先をしっかりと見据え、長期展望に立って、戦後社会の構造的矛盾を人間の社会的生存形態と家族や地域のあり方の根底から着実に変革しつつ、再建の礎を根気よく一つ一つ積み上げていく過程なのである。

経済成長至上主義者の野望によって、そして近代経済学の御用学者や評論家の甘言によって、問題の所在をいつの間にか曖昧にされ、後退を余儀なくされてきたが、ここでもう一度しっかり心に留めておかなければならないことがある。

私たち人類は、三〇年後の二〇五〇年までに、一九九〇年比でCO_2など温室効果ガス排出量を世界全体で半減、先進工業国日本の場合八〇％削減しなければならない重い課題を背負わされている。「CO_2排出量ゼロのクリーン・エネルギー」とにわかに持ち上げられた原発も、3・11によってその途方もない危険性を今や誰もが認識するに至った。自己の存在すら根底から否定されかねないこの大問題に誠実に向き合い、その解決を本当に望むのであれば、原発をただちに無くし、世界の多くの人々がめざそうとしているCO_2削減のこの目標年に合わせて、一〇年、二〇年、あるいは三〇年先を見据え、CO_2削減とエネルギーや資源の浪費抑制にとって決定的な鍵となる、「菜園家族」を基調とするCFP複合社会を構想し、その実現をめざすことを、「夢物語」などと言ってはいられないのではないか。むしろそれは、脱原発や地球環境問題で高まりつつある国際的な議論と運動の重要な一翼を担い、その先進的な役割を果たしていくことにもなるにちがいない。何よりも子どもや孫たちの未来のために、あるべき姿を描き、その目標に向かって少しでも早く第一歩を踏み出し、できる限りの努力を重ねることこそが大切なのである。

「菜園家族」を基調とするＣＦＰ複合社会の構築と、森と海を結ぶ流域地域圏《エリア》の再生。このＣＦＰ複合社会は、自然循環型共生の理念を志向する本当の意味での民主的な地方自治体の誕生と、それを基盤に成立する真に民主的な政府のもとではじめて、本格的に形成され、熟成されていく。この新しい政府のもとでこそ、社会・経済の客観的変化とその時点での現実を十分に組み込みながら、あらためて自然循環型共生の理念に基づき、財政・金融・貿易など、抜本的かつ画期的なマクロ経済政策を打ち出すことができる。この時はじめて、家族や地域、そして社会、教育・文化など、包括的かつ具体的な政策を全面的に展開し、遂行していくことが可能になろう。その結果、子育て・医療・介護・年金などについても、第Ⅳ章で述べてきたように、生活者本位の新たな税財政のもとで、公的機能と甦った家族および地域コミュニティの力とを有機的に結合した、新しい時代にふさわしい人間の温もりある高次の社会保障制度が確立されていくのである。

第Ⅳ章で触れたＣＳＳＫメカニズムは、このようなＣＦＰ複合社会の「本格形成期」に先立つ「揺籃期」とも言うべき初動の段階からでも、都道府県レベルなど広域地域圏によっては、不完全ながらも実践に移されていくにちがいない。それは、「本格形成期」への移行を促す前提となる基盤を、身近な地域から着実に築いていくことでもある。そして、いよいよ自然循環型共生の理念、すなわち「菜園家族」を土台に築く円熟した先進福祉大国を志向する新しい政府が樹立された暁には、このＣＳＳＫメカニズムも全国レベルの本格的なシステムと機能に成長し、新しい政府による「包括的かつ具体的な政策の全面的展開」と相俟って、いっそう重要な役割を担い、格段の効果を発揮していくことになるであろう。

私たちは、これまであまりにも多くの時間を費やしながらも、今ようやく「菜園家族」を基調とするＣＦＰ複合社会のまさに「揺籃期」の入口に立とうとしている。手はじめに何からスタートすべきなのであろうか。それは陳腐かつまどろっこしく思われるかもしれないが、何よりも自らが暮らす郷土に一つの特定の〝森と海を結ぶ流域地域圏《エリア》〟モデルを選定し、それをそれぞれが自らの身近な問題として具体的に考えることからはじめることなのではないだろうか。そして、その地域がめざすべき未来像を明確にするために、子どもや若者やお年寄りを含め、世代を超えた住民・市民自らが、郷土の「点検・調査・立案」という認識と実践の連続らせん円環運動に加わり、粘り強く取り組むことであろう。

その際大切なのは、この連続らせん円環運動の初動の作業仮説として、世の「常識」に流されず、できる限り地域の現実に即して、郷土の将来像を不完全であってもまずは大胆に素描してみることである。こうした仮説設定とその後の検証を繰り返すことによってはじめて、自らの「地域」の本当の姿が見えてくる。そこから、自らの「地域」とわが国のめざすべき未来像も、より具体的に浮かび上がってくるはずだ。

戦後まもなく、名著『中世的世界の形成』（一九四六年）で知られる歴史家石母田正が、上から与えられる歴史に抗して、「民衆のいるところ、生活のあるところにはどこにでも豊かな歴史がある」、そうした歴史は「民衆自身が書かねばならない」（「村の歴史・工場の歴史」『歴史評論』三－一、一九四八年）と呼びかけたのを機に、自らの村や工場の歴史の掘りおこしと学び合いを通して、戦後民主主義を担う主体育成につなげていった「国民のための歴史学」運動。そこに込められた精神こそが、現代の衰退しきった私たちの民衆運動に取り戻さなければならない最も大切なものではないか。今日の現実に立ち向かい、郷土の未来像を描く「点検・調査・立案」の終わりのない認識と実践の連続らせん円環運動は、かつての「国民のための歴史学」運動を彷彿とさせるに足る、いわば「民衆による民衆のための地域未来学」運動とでも呼ぶべき、二一世紀の新たなムーブメントの提起とも言える。

この章の項目「身近な語らいの場から、未来への瑞々しい構想力が漲る」で提起した「二一世紀この国と地域の未来を考える　自然《じねん》懇話会」（仮称）は、こうした運動をそれぞれの地域でスタートさせる最初の一歩であり、母体となるものである。

明日への確かな目標に向かって努力するこうした草の根の地道な活動を抜きにしては、一握りの為政者と巨大金融資本、グローバル多国籍企業による巨大化の道に抗して、地域の自立をはかり、未来への道を切り拓く手立てはないと言ってもいい。迂遠に思われるかもしれないが、これこそが現実的に考えられる本当の意味での近道ではないだろうか。それはまさしく目先の「選挙」だけに矮小化され、澱《おり》のようにこびりついた「お任せ民主主義」の社会的悪習を排し、めざすべき二一世紀の未来社会を展望しつつ、何よりもまず自らの足元から自らの手で自らの主体性を確立していくことなのだ。こうした自律的で民衆の生活に深く根ざした、包括的で豊かな国民運動が切に待たれている。その実践にこそ、真の生きる喜びがある。

憎しみと暴力の連鎖を克服し、大地の香りと自然の色彩に満ち溢れた人間性豊かな新たな世界。「菜園家族」を土台に築く近代超克の円熟した先進福祉大国への道は、決して虚しい夢ではない。今は不可能だと思われがちな「菜園家族」構想も、多くの人々の切なる願いと、さまざまな地域の人々の長年にわたる主体的な試みの積み重ねによって、その実現への可能性が次第に膨らんでいくにちがいない。

意志あるところに
道は開ける。

第Ⅵ章

「菜園家族」の台頭と草の根の高次創造の世界へ

――資本の自然遡行的分散過程――

「菜園家族」構想による日本社会は、結局、縮小再生産へと向かい、じり貧の状態へと陥っていくのではないか、という危惧の念を一般に抱きがちであるが、果たしてそうなのであろうか。ここでは、この問題を念頭に置きながら話を進めていきたい。

戦後わが国は、科学技術という知的資産を最大限に活用して産業を発展させ、高い経済成長をもって国際経済への寄与を果たすとする「科学技術立国」なるものをめざしてきたし、これからもめざそうとしている。しかし、はたして私たちは、これを手放しで喜ぶことができるのであろうか。科学技術は市場原理と手を結ぶやいなや、人間の無意識下の欲望を際限なく掻き立て、煽り、一挙に暴走をはじめ、ついには計り知れない惨禍をもたらす。二〇一一年3・11フクシマ原発事故は、その象徴的な事件であった。科学技術はいつの間にか本来の使命から逸脱し、経済成長の梃子の役割を一方的に担わされる運命を辿ることになったのである。

ここまでは、主に労働の主体としての人間の社会的生存形態に着目し、この側面から未来のあるべき社会の姿を見てきたのであるが、この章では、労働と表裏一体の関係にある資本の側面、とりわけ資本の自己増殖運動と科学技術との関連で考えたい。つまり、「菜園家族」という新たな人間の社会的生存形態の創出が、資本の自己増殖運動の歴史的性格と、その制約のもとで歪められてきた科学技術にいかなる変革をもたらすことになるのか、そしてこのこととの関わりで、未来社会はどのように展望されるのか、少なくともその糸口だけでも探り当てたいと思う。

資本の自己増殖運動と科学技術

さて資本とは、自己増殖する価値の運動体である。できるだけ多くの剰余価値を生み出し、その剰余価値の内からできるだけ多くの部分を資本に転化して旧資本に追加し、絶えずより多くの新たな剰余価値を生産しようとする。資本は、市場の競争過程において自己の存立を維持するために絶えず生産規模を拡張し、生産力を発展させていかなければならない。それは、資本の蓄積によってのみ可能である。こうして、蓄積のための蓄積、生産のための生産の拡大が至上命令となる。

結局、資本の所有者は、諸々の資本の運動が織りなす資本主義社会の客観的メカニズムによって、価値増殖の「狂信者」にならざるをえない。こうして、絶えず剰余価値は資本に転化され、社会的再生産の規模が拡張されていく。こうした価値の自己増殖運動のなかで、技術は大きな役割を担うことになり、それがかえって資本に対して従属的な性格を強めていくことになる。

技術とは、もともと歴史的に見るならば、人間が自己と自己につながる身近な人間の生存を維持するために生まれたものであり、食べ物を採取したり獲物を捕るための労働や、農耕、牧畜、漁撈に必要な技術がその基本であった。身体を守り暖を取るための衣服や住まいの技術、そして病を治す医療の技術も不可欠だった。人間の活動が広がるにつれて技術は多様化し、地域地域の風土に根づいた人間の身の丈にあった技術の実に緩やかな発展が見られた。これこそが本源的な技術である。

しかし、どこかの時点から技術は自然と人間から急速に乖離し、次第に精密化・複雑化・巨大化の道を辿り、自然そして人間とは対立関係に転化していった。そのメルクマールは、イギリス産業革命の進展によって、石炭エネルギーによる機械制大工業が確立した一九世紀二〇年代初頭と見るべきであろう。

特に現代においては、経済成長を成し遂げるには、労働力や資本以上に技術が果たす役割が以前のいかなる時代にも増して重要になり、技術的優位性が国内外の市場での競争力強化と超過利潤獲得のもっとも重要な要因となっている。一九世紀以前においては、技術者・技能工の接触や移民によって経験や勘からなる技術・技能が比較的容易に移転したのに対して、技術が科学との結びつきを強め、抽象的かつ複雑高度になるにつれて、また、資本の集中の進行によって技術独占が強固になるにつれて、技術開発や技術移転は組織的計画的活動なしには困難になっていく。こうして、科学技術はますます巨大資本に集中し、独占されていく。そして科学技術者は、このような状況下の資本の自己増殖運動のなかで、決定的に大きな役割を演じさせられ、ついには資本の僕《しもべ》の地位にまで貶められていく。

資本の従属的地位に転落した科学技術、それがもたらしたもの

人類始原の石斧など実に素朴な技術からはじまり、精密化・複雑化・巨大化した現代の「高度」な科学技術体系に至るまで、人類の二百数十万年の歴史からすれば、産業革命からわずか二百数十年という瞬くほどのあっという間に、私たちは原発という不気味な妖怪の出没を可能ならしめた。それを可能にしたのは、まさに資本の自己増殖をエンジンに駆動する飽くなき市場競争であり、今日の市場原理至上主義「拡大経済」である。

こうして現代の科学技術は、ますます資本の自己増殖運動の奉仕者としての役割を担わされていく。鉄道、自動車、航空などによる輸送・運輸は超高速化するとともに、量的拡大を続ける。都市には超高層ビルが林立し、地下鉄は地中深く幾層にも張りめぐらされる。上下水道、電気、ガス、冷暖房施設などのインフラが整備され、通信・情報ネットワークも急成長を遂げ、パソコン、携帯電話、スマートフォン、タブレット端末等々の普及・利用は著しい。さらには昨今の人工知能(AI)開発への野望、世界覇権の命運をかけた5G(第5世代移動通信システム)をめぐる米中二超大国間の熾烈な技術開発競争。開発の「フロンティア」は、海底に、そして宇宙に際限なく拡大していく。一方、DNAレベルの解析や量子力学など極小世界の研究と、それらを応用したバイオテクノロジーやナノテクノロジーやマイクロマシンなど新規技術、製品開発もいよいよ進む。科学・技術の対象は、極大と極小の両方向にとめどもなく深化していく。

商品開発の資金力、技術力、それにメディアを利用する力は巨大企業に独占される。最先端の科学的知見

と技術の粋を動員して、新奇な商品の開発に邁進したり、些細なモデルチェンジをひたすら繰り返し使いこなせないほどの多機能化をはかったりするのと同時に、テレビのコマーシャルや新聞・雑誌・インターネットなどの広告によって、人間の好奇心や欲望を商業主義的に絶えず煽り、強引に需要をつくり出していく。企業の莫大な資金力によって築き上げられた情報・宣伝の巨大な網の目のなかで、人々は知らず知らずのうちに、浪費があたかも美徳であるかのように刷り込まれ、大量生産、大量浪費、大量廃棄型のライフスタイルはいよいよ助長されていく。人間は、自然から隔離された狭隘な人工的でバーチャルな世界にますます閉じ込められ、野性を失い、病的とも言える異常な発達を遂げていく。それが快適な生活で幸福な暮らしだと思い込まされている。

欲望を煽られても買わなければいい、と言われるかもしれない。ある面ではそうかもしれない。しかし、消費者は同時に企業の労働者であり、企業が窮地に陥れば、企業の労働者である消費者も同じ運命にあるという「悪因縁の連鎖」の中にあることも事実である。この市場原理至上主義「拡大経済」の社会のほとんどすべての人々は、この「悪因縁の連鎖」につながっているのである。しかも、消費も生産もともに絶え間なく拡大させ、その需給のコマを絶えず円滑に回転させなければ不況に陥るという宿命にある。こうした社会にあっては、浪費は美徳として社会的にも定着していかざるをえない。

現代の私たちは、あまりにも忙しい暮らしを強いられている。目的に至るプロセスの妙を愉しむ余裕など、すべて切り捨てられてしまった。コマネズミのように働かされ、効率と時間短縮ばかりを余儀なくされ、目先の利便性だけを求めざるを得ないところに絶えず追い込まれている。その結果、こうした忙しい人々のニーズに応えるかのように、多種多様な、しかも莫大な数量の出来合いの選択肢が街中に安値で氾濫し、私たちは仕掛けられた目に見えないこの巨大で不思議な仕組みのなかで、ただただ狼狽し目移りしながら、追われるように買い求めていくのである。

こうしたエネルギーと原材料の大量浪費、その行き着く先の大量廃棄を前提とする市場原理至上主義「拡大経済」は、地球環境や地域の自然に不可逆的な損傷を与えている。そして人間の物質生活のみならず、精神さえも歪め荒廃させていく。科学技術はこのように経済社会システムに照応する形で発達を遂げ、危機的状況を迎えている。科学技術には紛れもなく経済社会システムの矛盾が投影されているのである。

そしてついに現代科学技術は原子核にまで手をかけ、世界でもっともシンプルでもっとも美しいと言われているアインシュタインの数式$E=mc^2$（エネルギーE、質量m、光速c）どおりに、自然から実に人為的に途方もなく巨大な核エネルギーを引き出し、実用化に成功したかのように見えた。しかし、天の火を盗んだ人間界にゼウスが持たせ寄越したパンドラの箱はついに開けられ、収拾不能の事態に陥ってしまったのである。際限のない資本の自己増殖運動がもたらした現代科学技術のこの恐るべきあまりにも悲惨な結末に、私たち現代人はどう向き合い、どうすべきかが今、問われている。

ＧＤＰの内実を問う ―― 経済成長至上主義への疑問

「快適さ」や「利便性」や「スピード」への人間の飽くなき欲求。私たちはこれまで、巨大資本の広告の氾濫のなかで欲望や好奇心を煽られ、モノを買わされてきた。こうした「つくり出された需要」を絶えず生み出すために、科学技術は動員され、歪められてきた。それが巨大な商品であればあるほど実に大がかりに、しかも組織的に行われていく。私たちの身の回りにあるもので、はたして自分の生存にとって本当に必要なものはどれだけあるのであろうか。それどころか、自らの手でモノをつくり出す力を奪われ、何よりも人間の身体を、そして精神をどれだけ傷つけ損なってきたことか。無理矢理「つくり出された需要」によって需要と供給の円環を絶えず回すことで、経済は好転すると信じられてきた。そしてこの虚しい需要と供給の回転ゴマを絶えず回すために、イノベーションと称して科学技術は実にけなげに奉仕させられてきたのである。

資本の自己増殖が自己目的化され、科学技術は、市場競争至上主義のこの本末転倒の経済思想によって、組織的でしかも大がかりな魔術にかけられ、猛進してきたのではなかったのか。

こうして市場に氾濫していく商品の中には、程度はさまざまではあるが、人間の生存にとって本当に必要かどうか疑わしいもの、それどころか危害や害悪すら及ぼすものも少なくない。リニア新幹線などますます超高速化する運輸手段しかり。首都圏直下型地震の危機迫るなかでも、人口分散の発想とは全く逆に、二〇二〇年東京オリンピックを梃子に、再開発によってなおも人口集中を促す超巨大都市しかり。莫大な資金を投じ、子どもじみた好奇心を煽り騒ぎ立て、人寄せする東京スカイツリーはさしずめその象徴か。二〇二五年大阪万博と絡めて、成長の起爆剤として構想されている、人間の欲望を際限なく煽るカジノを中核とする統合型リゾート（ＩＲ）しかり。高速鉄道、巨大空港・港湾施設、未来都市スマート・シティ等々、巨大パッケージ型インフラしかり。いったん事故が起これば空間的にも、時間的にも、社会的にも計算不可能な無限大の被害を及ぼす危険きわまりない原発しかり。科学に名を借りた邪悪な下心による際限なき宇宙開発競争の途方もなく巨大な「果実」しかり。果てには人間を殺傷する巨大武器体系（陸上の軍事基地施設から海上、宇宙空間にも及ぶ）しかり。例を挙げれば、身の回りの雑多な商品から巨大商品まで枚挙にいとまがない。まさにこれら膨大な商品の堆積物は、資本の自己増殖運動の落とし子そのものなのである。

だとすれば、一年間に生産された財やサービスの付加価値の総額を国内総生産（ＧＤＰ）とするその内実は、さまざまな疑問や問題点を孕んでいることになる。ＧＤＰには、人間にとって無駄なもの、不必要なものどころか、人間に危害や害悪すら及ぼすもの、自然環境の破壊につながる経済活動や、人のいのちを殺傷する武器生産など、これら生産活動から生み出される莫大な付加価値も含まれていると見なければならない。しかも近年、その比重がますます高まる傾向にある。その上、サービス部門の付加価値の総額は、一貫して増大の傾向にあり、とりわけ金融・保険および不動産部門については、アメリカをはじめ日本など先進資本主義国では、ＧＤＰに占めるこの割合をますます増大させている。

一般的にサービス部門の付加価値総額の増大の根源的な原因には、歴史的には、まぎれもなく直接生産者と生産手段との分離にはじまる、きめ細やかな家族機能の著しい衰退がある。金融・保険および不動産部門の付加価値総額のＧＤＰに占める割合の急激な増大の背景には、金融資本の経済全般への君臨・支配とその跳梁が透けて見える。そこには、実体経済への攪乱とやがて陥る社会の壊滅的危機への影を見て取ることができる。

さらに注視すべきことは、ＧＤＰには個人の市場外的な自給のための生活資料の生産や、例えば家庭内における家事・育児・介護などの市場外的なサービス労働、非営利的なボランティア活動等々、それに非商品の私的な文化・芸術活動などによって新たに生み出される価値は、反映されていない。今後、グローバル市場競争がますます激化していけば、こうした商品・貨幣経済外の非市場的で私的な労働や生産活動が生み出す多様で豊かな計り知れない膨大な価値は、いつの間にか狭隘な経済思想のもとに、強引にしかも大がかりにますます排除されていくのではないかと憂慮せざるを得ない。

このように考えてくるならば、経済成長のメルクマールとされてきたこれまでのＧＤＰに基づく成長率には、もはや前向きで積極的な意義を見出すことができないのではないか。それどころか、皮肉にもある意味では、市場原理至上主義「拡大経済」社会という名の、いわば人間のからだの内部に発症した癌細胞の増殖と転移の進み具合を示す指標としての意味しか持ちえないことにもなりかねないのである。

「菜園家族」の創出と資本の自然遡行的分散過程

さて、先にも触れた原発事故に象徴される今日の科学技術の「収拾不能の事態」に至るまでの資本の自己増殖運動、つまり資本の蓄積過程には、大きく二つの歴史的段階があった。一つは、前近代から近代への移行期における「資本の本源的蓄積過程」であり、もう一つは、それによって準備された原初的な資本の基盤の上に展開される、全面的な商品生産のもとでの本格的な「資本の蓄積・集中・集積過程」であり、その延長線上に現れた今日の巨大資本の形成過程である。

この資本の自己増殖運動の全歴史の終末期の象徴とも言うべき今日のこの科学技術の「収拾不能の事態」は、私たちにこれまでの「資本の蓄積・集中・集積過程」からの訣別と、それに代わるべき「資本の自然遡行的分散過程」の対置をいやが上にも迫っている。こうした時代を迎えるに至ったのは、成るべくして成った歴史の必然と言わなければならない。

ところで、二一世紀の未来社会論としての「菜園家族」構想は、すでに見てきたように、現代賃金労働者《サラリーマン》と生産手段（自足限度の小農地、生産用具、家屋など）との再結合によって未来社会を展望するのであるが、週休（2＋α）日制の「菜園家族」型ワークシェアリング（但し1≦α≦4）に基づく、めざすべき自然循環型共生社会への中間発展段階としてのCFP複合社会においては、一人の人間の労働時間から見れば、一週間のうち資本主義セクターCに投入される労働は、従来の5日から（5－α）日に減少する。つまりこのことは同時に、社会全体から見れば、純粋な意味での賃金労働者としての社会的労働力総量の減少をも意味している。

したがって、このことを資本の側面から見るならば、それは剰余価値の資本への転化のメカニズム、つまり資本の自己増殖運動のメカニズムを漸次衰退へと向かわせ、やがて巨大資本は質的変化を遂げながら縮小・分割・分散の道を辿っていく運命にあることを意味している。こうした資本の自己増殖の衰退傾向は、これまでのような巨大資本による科学技術の独占を困難にし、科学技術が資本の僕《しもべ》の地位から次第に解き放たれ、自由な発展の条件を獲得していく過程でもある。

一方、「菜園家族」型ワークシェアリングによって、人々が「菜園」や「匠・商」の自営基盤を自らのものにし、家族や地域に滞留する時間が飛躍的に増えることは、人々の知恵と力が家族小経営セクターFに集中して注がれ、その結果、地域にもともとあった自然的・人的・文化的潜在力が最大限に生かされ、人間性豊かな地域づくりが可能になることを意味している。こうして、森と海を結ぶ流域地域圏《エリア》の農山漁村部に新たに創出される「菜園家族」や「匠商家族」、そして流域地域圏《エリア》の中核都市の「匠商家族」※1が担い手となって、自然循環型共生の「新たな技術体系」創出の時代を切り拓いていくことになる。

各地の風土と長い歴史のなかで育まれ、市場原理の浸蝕にもめげずにそれでも何とか生き延びてきた農林漁業の細やかな技術や知恵、民衆のものづくりの技や道具、それに土地土地の天然素材を巧みに生かした伝統工芸や民芸に象徴される、実用的機能美に溢れた精緻で素朴な伝統的技術体系は、自然科学の発展に伴って人類が到達する新たな知見から再評価されることにもなろう。同時に、「資本の自然遡行的分散過程」の進展に伴い地方に分割・分散されていく「高度な」科学技術との融合もはじまる。このことは、これまでには見られなかった全く異質の自然循環型共生の「新たな技術体系」が地域に創出されていく可能性が、大きく開かれていくことを意味しているのである。

CFP複合社会の展開過程におけるC、F、Pそれぞれのセクター間の相互作用に注目するならば、「菜園家族」や「匠商家族」が熾烈な市場競争に抗して自己の暮らしを守るために、生活と生産の基盤を日常普段に自らの手で築いていく結果、家族小経営セクターFは全体として次第に力をつけ、大勢を占めるに至る。これと同時併行的に、資本主義セクターCは相対的に力を弱め縮小過程に入っていく。それに伴い公共的セクターPも次第に強化されていく。家族小経営セクターF内の「菜園家族」と「匠商家族」の個々の構成員を見ると、週休（2＋α）日制の「菜園家族」型ワークシェアリングが制度的にも定着していくなかで、週に（2＋α）日間は自己のセクターF内で家族とともに働き生活し、残りの週（5－α）日間は資本主義セクターCまたは公共的セクターPの職場に勤務することになる。

このように、一人の人間が日常的に二つの異なるセクターでの労働に携わることによって、人間の多面的で豊かな発達が日常的に保障されることになる。それはまた同時に、旧来の科学技術が、家族と地域という場において、自然に根ざした伝統的なものづくりの技術体系と融合し、質的変化を遂げていく条件を恒常的に獲得したことにもなるのだ。こうした新たな社会的条件のもとで、市場原理に完全なまでに統御され、歪められてきた従来の科学技術は新たな展開過程に入り、これまでとは全く異質な、自然循環型共生社会にふさわしい、つまり自然の摂理に適った「新たな科学技術体系」の創出がはじまるのである。これはまさに、C、F、P三つのセクター間の相互補完的相互作用の展開過程のなかではじめて保障されるものであると言ってもいいであろう。

　こうして「菜園家族」や「匠商家族」は、産業革命以来奪われていったものづくりの力を自らの手に取り戻し、これまでには見られなかった新たな生活創造への意欲と活力を得て、本書第Ⅳ章第3節で述べたように、市場原理至上主義に抗する自己正当防衛としての自らの地域協同組織体「なりわいとも」[※2]を組織しつつ、やがて森と海を結ぶ流域地域圏《エリア》の中核都市を要《かなめ》に、自らの地域ネットワーク、つまり豊かで生き生きとした地域団粒構造をこの流域地域圏《エリア》全域に築きあげていくことになるであろう。

「菜園家族」と「匠商家族」を基盤に成立する抗市場免疫の自律的世界、つまり自然循環型共生社会では、四季折々の移ろいに身をゆだね営まれる人間の暮らしと、その母胎とも言うべき自然が根幹を成している。こうしたなかで人々は、自然と人間との物質代謝の循環に直接関与していることから、この循環のためには、いのちの源である自然そのものの永続性が何よりも大切であることを、日常的に身をもって実感し生きていく。したがって、この循環を持続させるためには、最低限必要な生活用具や生産用具の損耗部分を補填しさえすれば、基本的には事足りると納得できるのである。自然との物質代謝の循環を破壊してまで拡大生産をしなければならない社会的必然性は、本質的にそこにはない。浪費が美徳でなければ成り立たない市場原理至上主義「拡大経済」の社会に対して、こうした社会ではモノを大切に長く使うことや節約が個人にとっても家族にとっても理に適っているのであって、それが社会の倫理としても定着していく。多くの人々が自然循環型の暮らしの中に生きていた高度経済成長以前のついこの間まで、日本社会において節約やモノを大切に使うことが美徳であったことを想起すれば、それは十分に頷けるはずである。

※1　拙著『菜園家族の思想』の第六章「『匠商家族』と地方中核都市の形成」で詳述。
※2　同右で詳述。

新たな科学技術体系の生成・進化と未来社会

早くも一九七〇年代初頭に、現代文明の物質至上主義と科学技術への過大なまでの信仰を痛撃し、巨大化の道に警鐘を鳴らしたE・F・シューマッハー（一九一一〜一九七七）が世に問うた名著『スモール・イズ・ビューティフル』。今、私たちの目の前に再び甦ってくる。その先見的知性にあらためて注目したい。

３・11フクシマによってパンドラの箱の蓋が開けられ、「収拾不能の事態」に陥った今、現代科学技術を手放しで礼賛していればそれで済む時代はもうとうに過ぎてしまった。精密化・複雑化・巨大化への自己運動を続ける現代科学技術。得体の知れない妖怪としか言いようのないこの巨体は、大自然界の摂理に背き、ついには自己制御不能に陥り、同行者であり主《ぬし》でもある資本に人類を丸ごと生け贄として捧げるとでもいうのであろうか。ここに至った原因は一体何だったのか。そしてそれを克服していくためにどうすればいいのか。３・11は、これまでの科学技術のあり方と経済社会のあり方の両者を統一的に、しかも根源的に問い直すよう迫っている。

それには先にも述べたように、一八世紀イギリス産業革命以来、延々と続けられてきた厄介極まりないこの資本の自己増殖運動の過程に抗して、いよいよ「資本の自然遡行的分散過程」を対置する以外に道は残されていないのではないか。たとえそれが三〇年、五〇年、八〇年先の遠い道のりであっても、二一世紀の全時代を貫く長期展望のもとに、その基本方向をしっかりと定めておくこと。こうすることによってはじめて、自然界の摂理に適った、二一世紀にふさわしい自然循環型共生の新たな次元の科学技術体系の創出の可能性が見えてくるのではないだろうか。

そして、この可能性を確実に保障する現実社会における局面は、紛れもなく「菜園家族」を基調とするCFP複合社会のC、F、P三つのセクター間の相互補完的相互作用の展開過程の中にある。特にこの展開過程において必然的に進行する、二一世紀の新しい人間の社会的生存形態としての「菜園家族」の創出それ自体が、剰余価値の資本への転化のメカニズムそのものを狂わせ、「資本の蓄積・集中・集積過程」を抑制し、資本主義を根底から揺るがすものになっていること。つまり、社会の基礎単位である「家族」そのものを労・農一体的な新たな家族形態、すなわち「菜園家族」へと一つひとつ時間をかけて改造することが、資本の自己増殖のメカニズムを社会の深層から次第に衰退へと向かわせ、その結果として、「資本の自然遡行的分散過程」を社会の土台からゆっくりと着実に促す決定的に重要な契機になっていることに刮目しておきたい。

それはとりもなおさず、一八世紀イギリス産業革命を起点に成立した資本主義二百数十年におよぶ生成・発展の歴史過程において、おそらくははじめて、現実社会のさまざまな分野における広範な民衆一人ひとりの努力からはじまる、一見何の変哲もないこの「菜園家族」創出という日常普段の地道な人間的営為が、結果的にではあるが、市場原理に抗する免疫を家族自らの内部につくり出し、資本主義そのものの衰退と次代の自然循環型共生社会の形成過程のはじまりを社会の基底部から確実に準備し、促進していくことになることに気づかなければならない。そこに、近代を根底から変え、歴史を大きく塗り替えていくその重大な世界史的意義を見出すことができるのである。それは同時に、この自然循環型共生の未来社会の内実をいっそう豊かにしていく重要なプロセスでもあるのだ。

こうして、精密化・複雑化・巨大化を遂げ、ついに母なる自然を破壊し、人間社会をも狂わせ破局へと追い込んだ現代科学技術に代わって、これまでとは全く異質な自然循環型共生の新たな科学技術体系が確立されていくであろう。それは、今から四五年ほど前にシューマッハーが唱えた「中間技術」の概念をはるかに超え、３・11後という新たな時代状況のなかで、いっそう豊かなものになっていくにちがいない。

巨大化し、ついに自然、そして人間社会との対立物に転化した現代科学技術に代わって、自然循環型共生にふさわしい、人間の身の丈にあった、これまでには想像だにできなかった全く異次元の「潤いのある小さな科学技術」の新たな体系が生成・進化していくにつれて、国内総生産（ＧＤＰ）を構成する価値の総体からは、人間にとって不必要なもの、無駄なもの、ましてや人間に危害や害悪を及ぼすもの、自然に対して不可逆的な破壊作用を及ぼすものは次第に取り除かれていくであろう。その代わりに、自然循環型共生の「潤いのある小さな科学技術体系」によってつくり出される新たな価値によって置き換えられていくにちがいない。

このプロセスは緩慢で実に長期にわたることが予想されるが、自然循環型共生のこの「潤いのある小さな科学技術」がやがて大勢を制するにしたがって、経済成長はもはや意義を失い、この新たな経済社会システムの持続可能性こそが最大の関心事になっていくであろう。その時、政策立案や経済運営にはなくてはならないものとして、これまで後生大事にされてきた旧来の経済成長率の数値目標自体が、もはや全く意味を失い、それに代わってこの新たな経済社会システムの持続可能性を示し得る客観的指標の考案が社会的にも要請されてくるにちがいない。

イギリス産業革命以来長きにわたって一貫して資本の自己増殖運動に寄り添い、精密化・複雑化・巨大化を遂げ、ついにフクシマ原発の苛酷事故を引き起こし、母なる自然を破壊し、人間社会をも狂わせ、さらには核兵器による人類破滅の脅威と不安に人々を追い込んでいく現代科学技術は、やがて自然の摂理、つまり、次の第Ⅶ章で述べる自然界の生成・進化のあらゆる現象を貫く「適応・調整」（＝自己組織化）の普遍的原理に即して、人間と自然との融合の可能性を大きく切り拓く新たな科学技術体系に席を譲っていくことになろう。その時、科学技術は、資本の自己増殖運動に寄り添い従属する下僕としてではなく、そこから解き放たれ、自由な世界へと羽ばたいていくことになるであろう。これまで科学技術が歩んできた道は、あまりにも歪められた実に惨めな歴史であった。科学技術が本来の真価を発揮できる本当の歴史は、３・11を境にこれからはじまるのである。

第Ⅶ章

今こそ近代のパラダイムを転換する

――生命本位史観に立脚した二一世紀未来社会論――

自然界の生成・進化の普遍的原理と二一世紀未来社会

さて、「菜園家族」構想を現実のものにするためには、「菜園家族」形成のゆりかごとも言うべき森と海を結ぶ流域地域《エリア》圏内に、週休（2＋α）日制の「菜園家族」型ワークシェアリング（但し1≦α≦4）を制度的に確立することが鍵となる。ここでは、その重要性を、宇宙、つまり大自然界における物質的世界と生命世界の生成・進化のあらゆる現象を貫く、自然の摂理とも言うべき「適応・調整」（＝自己組織化）の普遍的原理※に照らして考えてみよう。

森と海を結ぶ流域地域《エリア》圏社会を、生物個体としての人間のからだに譬えるならば、先にも触れたように、「菜園家族」は、さしずめ人体の構造上・機能上の基礎単位である一つ一つの細胞にあたる。

週休（2＋α）日制の「菜園家族」型ワークシェアリングのもとでは、森と海を結ぶ流域地域《エリア》圏内のそれぞれの「菜園家族」は、週に（2＋α）日、自己の「菜園」で創造性豊かな多品目少量生産を営み、残りの週（5－α）日間は、流域地域《エリア》圏内の中核都市など近隣の職場に労働力を拠出。その見返りに応分の賃金を受け取り、「菜園家族」自身を自己補完しつつ、安定的に暮らすことになる。

それはあたかも、人体の六〇兆にもおよぶ細胞のそれぞれが、細胞質内のミトコンドリアで生産されるATPといういわば「エネルギーの共通通貨」を、人体の組織や器官に拠出し、その見返りに血液に乗せて送られてくる栄養分を受け取り、細胞自身を自己補完しつつ生きている、というメカニズムに酷似している。

このように考えてくると、週休（2＋α）日制の「菜園家族」型ワークシェアリングは、単なる偶然の思いつきで提起されたものと言うよりも、実は、自然界の摂理とも言うべき「適応・調整」の普遍的原理に則して、必然的に導き出されてくるシステムであると言えよう。

ビッグバンによる宇宙の誕生から一三七億年。無窮の宇宙に地球が生まれてから四六億年。太古の海に原初の生命があらわれてから三八億年。大自然界は、この気の遠くなるような歳月を費やして、生物個体の構造や機能を極めて自然生的で、しかも現代科学技術の最先端を行く水準よりもはるかに精巧で高度な「適応・調整」の原理に基づく機能メカニズムに、完全なまでにつくりあげてきた。連綿と続く生命の進化の果てに生まれた、自然界の最高傑作としか言いようのない人間という生物個体。この人体においてもまた、その生命を律する総合的な機能システムの根底には、自然界の「適応・調整」の普遍的原理が貫かれている。体温の自動調整機能一つをとって見ても、細胞内のミトコンドリアが果たすエネルギー転換の自律的で複雑な機能メカニズムを見ても、さらには、自律神経の巧妙なメカニズムを見ても、そのことに気づくはずである。自律神経は、人体を構成する約六〇兆もの細胞を意志とは無関係に調整しているだけでなく、血管、心臓、胃腸、内分泌腺、汗腺、唾液腺などを支配し、生体の機能を自動的に調整している。交感神経と副交感神経の両者が外部環境や状況に応じてシーソーのように揺れ動き機能することで、私たちの体調が整えられているのである。この自然の偉大な自律的調整能力に感服するほかない。

ところが、「直立二足歩行」をはじめるようになり、両手の自由を獲得した人類は、「道具」の使用によって、脳髄を他の生物には見られないほど飛躍的に発達させていった。そして、人間に特有な「家族」、「言語」の発達とも密接に連動しつつ、いっそう脳を発達させながら、地球の生物進化史上、まったく予期せぬ重大な〝出来事〟をひきおこしていく。とりわけ「道具」の発達は、生産力の飛躍的な上昇をもたらし、人間労働は、自己の生命を維持する以上のものを生産することが可能になった。この剰余生産物の生産が可能になった時から、いつしか人類は、他人の労働による生産物の搾取、つまり剰余労働の収奪という悪習をおぼえ、身につけることになった。この時を起点に、原始共同体を律していた人間と人間のあいだの平等はもろくも崩れはじめ、人間社会の生成・発展を規定する原理は、数十億年の長きにわたって自然界の秩序とその進化を律してきた原理、すなわち自然界の「適応・調整」の普遍的原理から、極めて人為的な「指揮・統制・支配」の特殊原理へと大きく変質を遂げていったのである。

「指揮・統制・支配」の特殊原理に基づく世界に身を浸し生きている現代の私たちは、それが当たり前のことのように受け止めているが、三八億年という生命起源の悠久の歴史から見れば、「直立二足歩行」をし、石器を使用した最古の人類が現れたのは、たかだか二五〇万年前である。ましてや人類史上におけるこの「指揮・統制・支配」の特殊原理への移行に至っては、つい最近の出来事であると言ってもいい。

人類が、大自然界に抱かれ生存し続けるためには、人間社会の生成・発展を規定しているこの「指揮・統制・支配」の特殊原理を、究極において、自然界の摂理とも言うべき「適応・調整」の普遍的原理に限りなく近づかせていかなければならない。さもなければ、大自然界の一隅にありながら、自然界の原理とは相対立する「指揮・統制・支配」の特殊原理のもとに恐るべき勢いで増殖と転移を繰り返し、今まさに地球を覆い尽くそうとしている人間社会という名の「悪性の癌細胞」を、永遠に抑制することはできないであろう。

「菜園家族」構想が自然と人間社会の共生と融合をめざす以上、究極において人間社会の編成原理と機能原理が自然界の生成・進化の普遍的原理に限りなく近づき、一つのものになるように人間の社会システムを構想するのは、至極当然のことであろう。こう考えるならば、人体における細胞の「ミトコンドリアの機能」メカニズムと酷似する週休（2＋α）日制の「菜園家族」型ワークシェアリングが、「菜園家族」を基調とする来たるべき地域社会にとって、自然界の原理に適ったものとして機能し、その自然循環型共生社会成立の不可欠の条件になることも、あらためて納得できるはずである。

人間社会は、自らを律する極めて人為的で反自然的な「指揮・統制・支配」の特殊原理を、自然界を貫く「適応・調整」という本来の普遍的原理に回帰、接近させることによって、大自然という母体を蝕む存在としてではなく、同一の普遍的原理によって一元的に成立する大自然界の中へとけ込んでいくことができるのである。

人間は自然の一部であり、人間そのものが自然なのである。

本当の意味での持続可能な自然循環型共生社会の実現とは、浮ついた「エコ」風潮に甘んずることなく、まさに人間社会の生成・発展を律する原理レベルにおいて、この壮大な自然界への回帰と止揚《レボリューション》を成し遂げることにほかならない。大自然界の摂理に背き、人類が自らつくり出した核兵器と原発、つまり核エネルギーの開発と利用という自らの行為によって、無惨にも母なる自然を破壊し、自らのいのちと自らの運命を絶望の淵に追い遣っている今こそ、人間存在を大自然界に包摂する新たな世界認識の枠組みを構築し、その原理と思想を地球環境問題や未来社会構想の根っこにしっかりと据えなければならない。

拙著『菜園家族の思想』の第一章「二一世紀未来構想の問題意識、求められるその方法論の革新」で触れた生命本位史観とは、実は今ここで縷々述べてきたこうした考えがその根底にある。人間社会を宇宙の壮大な生成・進化の歴史の中に位置づけ、それを生物個体としてのヒトの体に似せてモジュール化して捉え直す時、この生命本位史観は、表現を変えれば近代を超克する社会生物史観とも言うべき二一世紀の新たな歴史観として、より明確な輪郭と説得性を伴って立ち現れてくることになるであろう。

※　拙著『菜園家族の思想』の第一二章の項目「自然界を貫く『適応・調整』の普遍的原理」、「自然法則の現れとしての生命」で詳述。

自然への回帰と止揚《レボリューション》、これこそが人間の本源的な歴史思想である

市場原理至上主義アメリカ型「拡大経済」を克服し、グローバル市場に対峙する原発のない「抗市場免疫の自律的世界」、つまり「菜園家族」を基調とする素朴で精神性豊かな自然循環型共生社会を創出する主体は、紛れもなく「菜園家族」自身である。その意味で、「自然《じねん》の思想」に裏打ちされたこの〝静かなるレボリューション〟による二一世紀の社会変革の道は、〝菜園家族レボリューション〟とでも言うべきものなのかもしれない。

〝菜園家族レボリューション〟

これを文字どおりに解釈すれば、「菜園家族」が主体となる革命ということである。しかし、〝レボリューション〟には、自然と人間界を貫く、もっと深遠な哲理が秘められているように思えてならない。それはもともと旋回であり、回転であるが、天体の公転でもあり、季節の循環でもある。そして何よりも、原初への回帰を想起させるに足る壮大な動きが感じとれる。イエス・キリストにせよ、ブッダにせよ、一九世紀のマルクスにせよ、わが国近世の稀有なる思想家安藤昌益にせよ、インドの偉大なる思想家ガンジーにせよ、あるいはルネサンスやフランス革命にしても、レボリューションの名に値するものは、現状の否定による、原初への回帰の情熱によって突き動かされたものである。

現状の否定による、より高次の段階への回帰と止揚《レボリューション》。それはまさに、事物の発展の根源的哲理とも言うべき「否定の否定」の弁証法なのである。

天才的喜劇役者であり、二〇世紀最大の映画監督であるチャップリンは、映画『モダン・タイムス』(一九三六年)のなかで、何を描こうとしたのであろうか。今あらためて考えさせられる。一九二九年、ニューヨークから発した世界大恐慌のさなか、冷酷無惨な資本主義のメカニズムによって掃き捨てられ、ズタズタにされてゆく労働者の姿を、チャップリンは臆することなく、時代の最大の課題として真っ向から受け止めた。ラストシーンは、この映画の圧巻である。使い古された雑巾のように捨てられ、放心状態のチャップリン扮する労働者が、非情の都会に浮浪する少女とともに、喧騒の大都会を背に、丘を越え、前方に広がる田園風景の中へと消えていく。自作の名曲「スマイル」が印象的なこのシーンは、八〇年が経った今なお、二一世紀の人類に行くべき道を暗示しているかのようだ。社会の底辺に生きる人間へのあたたかい視線と、慧眼としか言いようのない未来への洞察力に、ただただ驚嘆するばかりである。

二一世紀の今、アメリカの金融危機を発端に、再び世界の人々を襲っている未曾有の社会的分断。今日の混迷の中から、私たちが、そして世界が探しもとめているものは、エコロジーの深い思想に根ざしたほんものの自然循環型共生社会への確かな糸口である。その意味でも「菜園家族」構想は、「辺境」からのささやかな試みではあっても、その夢は大きいと言わなければならない。

現代工業社会の廃墟の中から、それ自身の否定によって、田園の牧歌的情景への回帰と人間復活の夢を、この〝菜園家族レボリューション〟のことばに託したいと思う。

人は明日があるから、今日を生きるのである。

失望と混迷の中から二一世紀人々は、人類始原の自由と平等と友愛のおおらかな自然状態を夢見て、素朴で精神性豊かな自然《じねん》世界への壮大な回帰と止揚《レボリューション》、人間復活の高次自然社会への道を歩みはじめるにちがいない。

「菜園家族」構想、これこそが日本国憲法全条項の究極の具現化

資本主義固有の不確実性と投機性が露《あら》わになった今
大地から引き離され、根なし草同然となった近代の人間の社会的生存形態
賃金労働者を根源的に問い直す。
　強欲、冷酷無惨なグローバル市場に対峙し
　近代を超克する抗市場免疫の新たな「菜園家族」を基礎に
素朴で、精神性豊かな自然《じねん》世界への壮大な回帰と止揚《レボリューション》の道を切り拓く。
二一世紀、この基本方向をどう実現していくのか。
「菜園家族」構想は、その具体的な道筋と手立てを提示するものである。

この総括的短文は、わが国社会の現状の特徴と特質を把握した上で、近代を如何にして超克し、如何なる

未来社会に到達するのか。そして、そこに到達する道筋は、如何なるものであるのかを簡潔、明快に表現しているのであるが、ここで特に確認し、強調しておきたいことは、日本国憲法と「菜園家族」構想との関係である。

それは、こういうことになろう。

「菜園家族」構想は、めざすべき未来社会への全過程を通して、日本国憲法と首尾一貫して一体のものとして随伴し、さらには、この憲法のそれぞれの条項を個々バラバラなものとしてではなく、相互に内的に密接、有機的に連関させ、作用させ合いながら、それぞれを高め合い、総体として日本国憲法の理念を単なる抽象レベルの空文に終わらせることなく、現実生活のなかで熟成させながら、その内実をいっそう豊かなものにしていく。こうした長期にわたる全過程を通してはじめて、日本国憲法の全条項は、究極において現実社会に丸ごと徹底して具現化されていくのである。こうして日本国憲法の理念は、国民の暮らしの中に深く溶け込み、不可分一体のものになっていくにちがいない。つまり、「菜園家族」構想は、日本国憲法を具現化へと着実に導ていく上で、積極的かつ決定的な役割を果たしていくことになろう。

そしてまた、日本国憲法と私たちの暮らしとの不可分一体化を成し遂げていく過程は、同時に、人間社会の生成・進化の原理が自然界の摂理とも言うべき「適応・調整」の普遍的原理に限りなく近づき、「菜園家族」を基調とするCFP複合社会を経て、人間を抑圧の苦渋から最終的に解放し、自由・平等・友愛のおおらかな「自然《じねん》の世界」、つまり素朴で精神性豊かな自然循環型共生社会へと到達するプロセスでもあるのだ。

「菜園家族」構想と日本国憲法との内的連関を以上のように捉えている点に留意し、本書を再度吟味しつつお読みいただくとともに、この二一世紀未来構想の根底にある思想および理論、そしてめざすべき未来社会像とそこに到達する道筋についての詳細は、拙著『菜園家族の思想 ―甦る小国主義日本―』（かもがわ出版、二〇一六年）および『グローバル市場原理に抗する 静かなるレボリューション ―自然循環型共生社会への道―』（御茶の水書房、二〇一三年）でさらに深めていただければ幸いである。

わが国おいて、日本国憲法の「平和主義」、「基本的人権（生存権を含む）の尊重」、「主権在民」の三原則の精神を誠実に具現化することは、とりもなおさず、すでに述べてきたように、「菜園家族」基調の自然循環型共生社会の創出そのものなのであり、それは、その新しい社会の種子を「東アジア世界」の一角に位置する日本列島に、しっかり着床させ、成長を促していくことにもなるのだ。そのためには、国際的には非武装・不戦、非同盟・中立の主権不可侵、相互尊重を遵守し、あくまでも自給自足度の高い自律的な国民経済を前提に、各国それぞれの自然的、歴史的、社会的、文化的諸条件を十分に考慮し、社会的安定性と持続的な経済のあり方を可能にする、相互補完、平等互恵を旨とする秩序ある理性的な調整貿易の確立が不可欠の大前提条件となる。こうして、わが国における日本国憲法究極の具現化は、一国の問題にとどまらず、「東アジア世界」自体の胎内に、草の根の民衆による真の東アジア民衆連帯の萌芽が胚胎することにもつながっていくのである。

その意味において、ここに提起された問題の核心は、ひとりわが国に限らず、海図なきこの時代、不条理と生活苦に喘ぎ、欺瞞に翻弄され、憎しみと戦争の脅威に晒されてきた東アジアのすべての民衆にとって、避けることのできない共通の課題となるであろう。

このことについては、次の第Ⅷ章でさらに深めていくことになる。

人類の目指す終点は
遙か遠い未来である
それでも、それをどう描くかによって
明日からの生き方は決まってくる

第Ⅷ章

新生「菜園家族」日本こそ、東アジア民衆連帯の要《かなめ》

――自然循環型共生の二一世紀「東アジア世界」をめざして――

今だからこそ、別次元の思考と行動力を

超大国アメリカが
徒党を組み画策する
弱小国への
異常なまでの軍事圧力と経済制裁。
　この狂気の沙汰が誘引する
　核の導火線に怯え
　本質を忘れ
　冷静さを失ってはいないか。
私たちは
はるか遠い未来を
展望するに足る
山頂に立ち得た時はじめて
　あの忌まわしい
　強権的為政者たちの
　欲深い、けちな取引とは
　まったく別次元の
　思考と行動力を獲得するのだ。

さて、ここまで第Ⅲ章から第Ⅶ章にかけて、日本列島に生きる私たち自身のおかれた現実、その混迷から切り開く新たな未来への展望について考察してきたが、ここで今一度、視野を「東アジア世界」の広がりに戻して考えてみよう。

第Ⅰ章では、この「東アジア世界」の「辺境」に位置する一九世紀東部モンゴル、ト・ワン所領を特に具体的に取り上げ、これを「地域」モデルに設定し、清朝皇帝と在地のモンゴル封建領主権力と遊牧民の三者の葛藤を見てきた。これによって、第一次「東アジア世界」＝歴代中国王朝を基軸とする伝統的な冊封体制の特質、すなわち前近代における伝統的皇帝権威による「東アジア世界」全域に対する規制の実態が、想像をはるかに越えて執拗なものであることが浮き彫りになってきたように思う。

第Ⅱ章では、特に一八四〇年アヘン戦争を画期に、前近代の伝統的な権力的重圧に代わって本格化する欧米資本主義列強の侵出によって引き起こされたこの「東アジア世界」の近代への動きを、近代資本主義の外圧と各国、各地域での封建権力の支配およびそれらに抵抗する民衆の三者の相剋として捉え、概観した。そのなかで、第Ⅰ章で見たト・ワン所領での動きについてもあらためて位置づけ、その歴史的意味を明らかにした。

この第二次「東アジア世界」の展開過程をふまえ、第Ⅱ章第4節においては、一九九〇年代初頭のソ連崩壊後、東アジアの民衆に新たにのしかかってきたグローバル市場経済の新自由主義的猛威の実態を、モンゴル山岳・砂漠の遊牧の村ツェルゲルを舞台に具体的に見てきた。

第Ⅰ章、第Ⅱ章を通して、「東アジア世界」の前近代および近代以降の歴史の全体像とその特質、さらにはその厳しい歴史の中にあっても、地域の自立を求め、その時代その時代において、果敢に挑んだ民衆の姿が浮かび上がってきたのではないかと思う。

これらをふまえた上で、この第Ⅷ章では、第二次「東アジア世界」の第5期にあたる今日の時代をさらに掘り下げて考えたい。そのなかで、第Ⅳ章から第Ⅶ章にかけて提起してきたわが国のめざすべき未来社会像、すなわち新生「菜園家族」日本と関連づけながら、二一世紀東アジア民衆による、民衆のための真の東アジア民衆連帯創出の可能性と課題を探っていきたい。

1　第二次「東アジア世界」の第5期――新たな対立・矛盾の激化と民衆の可能性

あまりにも片寄った情報の氾濫のなかで考える――朝鮮半島情勢をめぐって

この間、超大国アメリカをはじめ日本など先進資本主義諸国は、きまって仲間同士徒党を組み、「テロとの戦い」とか「核不拡散」とかを口実に、特定の国を仮想敵国に仕立て、対立と敵愾心を煽ってきた。なかんずく極東においては、長きにわたって米韓合同軍事演習が大々的に展開されてきた。と同時に、アメリカとそれに追従する日本の為政者は、口を揃えて武力威嚇の本音と本質を眩《くら》ます欺瞞の常套句「対話と圧力」を呪文のように繰り返し、自らは日米軍事同盟のもと、軍事力を際限なく強化していく。日米合同軍事訓練を強行し、果てには「自衛のため」だと、敵基地先制攻撃をも辞さないと威嚇する。

緊張を高めてきたのは、果たして北朝鮮の側だけなのか。

わが国における情報は、あまりにも片寄りすぎているのではないか。軍部主導の大本営発表を鵜呑みに、国民こぞって大戦へとのめり込んでいったかつての記憶が、今鮮やかに甦ってくる。

超大国とその追従者は、「対話と圧力」と言いつつ、自らは国連の舞台で公然とヒバクシャと世界諸国民の宿願でもある核兵器禁止条約を拒絶し、あくまで核に固執する。そして、日米軍事同盟のもと巨大な軍事力を背景に相手を威嚇し、圧倒する。さらには、弱小国に対する経済制裁包囲網を強め、孤立化、疲弊化をはかるという。何と身勝手なことか。その結末は、民衆に壊滅的犠牲を強いる、勝者も敗者もない一触即発の核戦争なのだ。今や日米軍事同盟は、国民の暮らしと生命を守るどころか、むしろそれを根底から冒涜する究極の脅威の根源になっていることを露呈したのである。

今ここで第二次世界大戦後の歴史を紐解くだけでも、ことの本質はすぐに分かるはずだ。戦後一貫して、自らの価値とは異質の分子、異質の体制を敵視し、何かと屁理屈を捏《こ》ねては孤立させ、排除しようと武力を行使し、世界各地で血みどろの戦争を仕掛けてきたのは、果たして誰だったのか。当事者は、戦後の歴史をあらためて振り返り、謙虚に反省しなければならない時に来ている。相手の立場に立って、相手の存立そのものを認める寛容の精神、つまり体制の違いを超えて平和に共存する精神が、今こそ求められているのではないか。

朝鮮半島で偶発的にせよ、一旦、戦闘の口火が切られたらどうなるのか。軍事基地双方入り乱れての核ミサイル発射の狂気の応酬になる。南・北隔てなく朝鮮半島の全域はおろか、米軍基地と化した沖縄、日本本土の住民は壊滅的な打撃を被ることになる。生き残るのは、太平洋のはるか彼方のアメリカの権力者だけではないか。圧倒的に強大な軍事力を背景に、「対話と圧力」などと欺瞞の手練手管を弄ぶことが如何に愚かで恥ずべきことかを、超大国アメリカをはじめそれに追従する日本の支配権力者は、しかと知るべきである。世界の首脳のなかでも、人間のいのちを顧みず、突出していきり立っているのは、トランプとアベぐらいではないのか。

懐疑と期待の念をない交ぜながら、二〇一八年六月一二日、シンガポールで開催された急ごしらえの米朝首脳初会談に、世界の人々の耳目は釘付けにされた。一気に融和ムードが醸し出されたのも束の間、その後、二〇一九年二月二七、二八日にベトナムの首都ハノイで行われた第2回米朝首脳会談は、事前の楽観的期待をよそに、交渉は合意に達しないまま突如物別れに終わった。

途端に日米両国の強硬派が再び勢いづき、初会談前の状況に戻ったかのように、「国際社会一致して、徹底した経済制裁を」と、いよいよその本性をさらけ出す。威嚇すればするほど、相手はさいごの生き残りをかけてますます対抗措置を強化し、身構える。際限のない軍拡競争の悪循環に陥り、双方もろとも破滅の坂道を転がり落ちていく。

こうした中、トランプ大統領は、またもやサプライズを演出するかのように、二〇一九年六月三〇日、突如、韓国と北朝鮮を隔てる軍事境界線上の板門店に現れ、金正恩朝鮮労働党委員長と対面、現職のアメリカ大統領として初めて北朝鮮側に足を踏み入れた。そして、韓国側の「自由の家」において第3回米朝首脳会談なるものをそそくさとおこなった。来秋の大統領選への思惑も絡んだ権力者同士の駆け引き《ディール》に、手放しに過度の期待を寄せることはもとよりできない。

安倍政権はこれまで一連の北朝鮮情勢の緊迫化をいいことに、これ見よがしにF35戦闘機や陸上配備型の新たな迎撃ミサイルシステム「イージス・アショア」導入のための巨額の予算を計上してきた。自衛隊と米軍の一体化のもと、軍事力強化をさらに進める際限のない軍拡競争は、もうすでにはじまっているのである。「自衛戦」という美名のもとに、日中戦争、太平洋戦争へと突入していったかつてのあの手法と、本質的にはどこも変わっていないではないか。

「武力による威嚇又は武力の行使」によって国際紛争を解決するという手段。人類史上長きにわたって為政者に染みついて離れない、この悪習とも言うべき手段は、今や完全に破綻したのである。朝鮮半島をめぐって取り返しのつかなくなった今日の事態が、そのことを雄弁に物語っている。戦後一貫して北朝鮮を孤立させ、威嚇し、追い詰め、徹底して「いじめ」続け、ついにあのような専制的国家体制をつくり出してしまったのは、一体誰だったのか。むしろその重大な責任こそ、今、問われるべきである。

緊迫した今日の事態解決への道 ―― 長期的展望に立った民衆自身による包括的な運動を

北朝鮮をめぐる緊迫した今日の事態を解決する唯一残された道は、圧倒的に強大な軍事力を誇るアメリカの首脳が、何よりもまず、一九五三年以来休戦状態が続く朝鮮戦争を終結させ、相手国北朝鮮が自国の存亡をかけて、かねてより切望している米朝平和条約の締結を即刻、決断することではないのか。この平和条約締結の実現に向けて、世界の世論を喚起し、広汎な運動を広げていくことが今、切実に求められているのである。

そのためにはどうするのか。

二〇一七年七月七日、ニューヨークの国連本部での条約交渉会議で、国連加盟一九三ヵ国中三分の二近くに及ぶ一二二ヵ国の賛成で、核兵器禁止条約（核兵器の使用、開発、実験、製造、取得、保有、貯蔵、移転などの禁止に加え、核使用をちらつかせる「脅し」の禁止も盛り込まれた）が採択された。署名式典が開かれた九月二〇日のうちに、すでに署名が五〇ヵ国に達した。一方、核保有国とアメリカの核の傘の下にある日本政府は、条約に背を向けている。

こうした中、同年のノーベル平和賞は、この核兵器禁止条約を実現するために活動してきた国際NGO「核兵器廃絶国際キャンペーン」（ICAN）に授与されることが決まった。わが国は唯一の戦争被爆国であると同時に、現在、米朝関係の緊張による核戦争の脅威に晒されており、私たち国民にとって重要な意味を持つ受賞であるにもかかわらず、日本政府は、受賞決定の直後は公式の声明すら出さず、沈黙を守った。

これは何を意味しているのであろうか。それは、諸大国政府に任せておくだけではなかなか解決しない世界共通の重要な課題に対して、市民社会に根付いたNGOが、そして民衆が、国境を越えて連帯し、積極的な役割を果たすことで現実を動かし、実際に未来を変えていくことができるということを示しているのである。

緊迫した今日の北朝鮮問題をどう解決していくのか。結局それは、権力者にお任せするのではなく、世界の世論と知恵を結集したこの核兵器禁止条約に沿って、私たち自身が、そして世界各国の人々が、ともに核兵器廃絶に向け、さらに気運を高めていくしかないということなのである。こうした世界の人々の広汎で力強い世論を背景に、世界の核兵器全体の九割を占める圧倒的に莫大な数の核弾頭を保有するアメリカ（六一八五発）、ロシア（六五〇〇発）両国をはじめ、すべての核保有国に核廃絶を迫っていく。こうしたなかで同時に、北朝鮮に対しても、核廃絶を強く要求していくのである。

世界の広汎な民衆の運動に支えられ、各国政府にも大きく扉が開かれた、この筋の通った世界規模での核廃絶運動は、世界各地から寄せられる素晴らしい英知を吸収しつつ、高次のステージへと着実に展開していくであろう。

とりわけ第二次「東アジア世界」の第5期（本書の第Ⅱ章第3節で提起）の今日にあって、この地域世界に目を向ければ、アメリカとの軍事同盟によって従属を強いられている韓国と日本に共通する、自主独立および社会の変革を求めて止まない民衆の動き。北朝鮮、中国に深く潜在する民主化への願い。第Ⅱ章で詳しく見たように、大国のはざまで、遊牧の大地に根ざす本来の生き方を求めてもがくモンゴルの民衆。なかんずく米ソ両大国によって分断を強いられてきた韓国と北朝鮮の民衆にとって、民族の統一は歴史的宿願となっている。

近年、中国において、南宋の芸術に深い影響を受け、一二〇世紀中国水墨画の巨星と言われた傅抱石《ふほうせき》の文化・芸術運動の流れを汲み、飽くまでも内面への沈潜を重視する「内斂《ないれん》」の哲学思想が注目されている。巨大経済圏構想「一帯一路」の根底にある外へ外へと向かう拡張・拡大の思想ではなく、悠久の歴史のなかで培われてきた中国民衆の英知が、やがて発揮される時代がやって来るにちがいない。本章の第2節でとりあげるノンフィクション『中国はここにある―貧しき人々のむれ―』。中国農村の暗澹たる現実と、未来への民衆のほのかな可能性を描き出した作家梁鴻《リアン・ホン》の出現は、そのことを予感させるに足る兆候に思えてならない。中国がこのままであるはずがない。何よりも中国の民衆自身が自覚し、この東アジア地域世界が変わっていくにちがいない。これら各国各地それぞれにさまざまな様相を呈しながらも、過去から蓄積されてきた苦難を克服し、東アジア地域世界全域に民衆レベルの真の運動が着実に広がっていくであろう。

一方、アメリカでは、トランプ政権下で社会の矛盾は一気に噴出してきた。奴隷解放運動、公民権運動の歴史的伝統を脈々と引き継ぎ、社会の不条理に異議申し立てを唱えて止まない賢明なるアメリカ市民。このアメリカの民衆の動きは、「東アジア世界」との関連でも格別に注目しなければならない。

「東アジア世界」とアメリカ、そして、世界各地における民衆運動の高揚と相互理解の深まりを背景に、朝鮮戦争休戦以来、大国のエゴによって長きにわたって放置されてきた米朝平和条約締結の気運は、次第に高まっていくであろう。世界の民衆の平和への思いは、やがて北朝鮮の民衆にも届き、不信と恐怖、狂気と傲慢に陥っていく北朝鮮の権力者も、こうした自国民の切なる声と国際環境の大きな変化のなかで、さすがに国際社会での自己の存立のリスクがもはや過去のものとなったことに気づき、国民生活と国内経済を圧迫する核兵器の開発・製造・保有がまったく無意味であることを悟るにちがいない。

こうした世界の明るい動きの兆しを受け、何よりもまず、東アジア地域世界（モンゴル、北朝鮮、韓国、中国、ロシア極東、日本）に相互不可侵、内政不干渉、平等互恵の精神が芽生え、非戦・平和と友好の国際環境がゆっくりと醸成されていくであろう。相互尊重と共生の原則に基づくこの新たな国際環境のもとではじめて、各国民衆の自由な往来、独自の特色ある発展と繁栄、そして真の民衆の交流が約束されるのではないか。それがまさに、本章で提起するところの〝東アジア民衆連帯の生成・進化〟、つまり東アジア民衆協同体への形成過程なのである。

しかし、現実は厳しい。今日の事態を直視することをつゆほども忘れてはならない。

二〇一七年一一月上旬、トランプ米大統領は就任後初のアジア歴訪で、「我々は世界最高の兵器をつくっている」と自国製武器を売り込み、購入が「アメリカに雇用をもたらす」と公然と言い放った。安倍首相も、「日本の防衛力を質的、量的に拡充していかなければならない。アメリカからさらに購入していく」と応じた。首相はまた、「日米が主導し、北朝鮮に対する圧力を最大限まで高めていくことで完全に一致した」、米国の軍事行動を含む「すべての選択肢がテーブルの上にある」とのトランプ大統領の立場を「一貫して支持している」と表明した。

お互い相手の非を責め、敵愾心を煽り、武力威嚇の応酬を繰り返す愚行からは、何ものも生まれなかったどころか、ますます事態を極度に悪化させ、各国国民に壊滅的犠牲を強いる全面戦争の瀬戸際に追い遣る。権力支配層による実に狡猾な自己本位の損得勘定の醜い取引ゲーム。欲深い権力者たちがどんな言い訳を弄しようとも、彼らは、朝鮮半島におけるこの重大事態を引き起こしてきた歴史、少なくとも第二次「東アジア世界」の第5期の歴史の責任から免れることはできないのである。

国連で採択された核兵器禁止条約を機に、新たに展開される核廃絶運動の成否は、私たち主権者民衆自身が、包括的で未来志向のたゆまぬ地道な努力をすることができるかどうかにかかっている。今や欲深い権力者同士の駆け引きに、如何なる幻想も抱くことはできない。結局は、莫大な核を保有する超大国アメリカをはじめ先進諸国における、そして、核を保有していない圧倒的多数の小さな国々における民衆運動そのものの力量とその高まり如何にかかっている。迂遠に思われるかもしれないが、とどの詰まり、これ以外に解決の道はないのである。

東アジア地域諸国の民衆に課せられた自主・自律の経済・社会の探究

二〇一八年六月一二日のシンガポールにおける米朝首脳初会談および、二〇一九年二月二七、二八日のべトナムの首都ハノイでの第2回米朝首脳会談、六月三〇日の板門店での第3回米朝首脳会談。これら一連の会談の評価をめぐる議論はさまざまである。確かに米朝間での軍事的威嚇の応酬による一触即発の核戦争の脅威を一時的にせよ回避した面は否定できない。だが大局的に見て、こうした見解や議論は、往々にして、以下のようなより重要な視点を見落としているのではないか。

一九九〇年代初頭、ソ連社会主義体制の崩壊を境に、第二次大戦後の世界を規定してきた米ソ二大陣営の対立による冷戦構造が消滅し、アメリカ単独覇権体制が成立することになる。しかしそれも束の間、アメリカ超大国の相対的衰退傾向の中、その弛緩に乗ずるかのように、旧来の伝統的大国に加え、中国など新興大国が入り乱れる地球規模での新たな多元的覇権争奪の時代が幕を開けた。

二〇一八年六月一二日の米朝首脳初会談、二〇一九年二月二七、二八日の第2回米朝首脳会談、そして六月三〇日の第3回米朝首脳会談は、新たに動きはじめたこの多元的覇権対立抗争をいっそう複雑、かつ深刻な形で激化させていく「本格段階」へのひとつの重大な契機になるものと見なければならないのではないか。

これら米朝首脳会談の評価は大きく分かれるところではあるが、いずれにせよこれを転機に、これまでの米ソ二大陣営対立抗争の世界の古い秩序の枠は最終的に壊され、南北朝鮮、東アジアから東南アジア、中央アジア、さらには極東・シベリア、北極圏を含む広大なユーラシア大陸の市場と資源の獲得をめぐって、アメリカ・中国・ロシア・日本・EUなど周辺諸大国による新たな次元での多元的覇権争奪が「本格段階」に入り、権力者同士の実に狡猾な駆け引きと熾烈な抗争が繰り広げられる激動の時代がはじまっている。米中二超大国によるハイテク覇権争奪が、いよいよそれに拍車をかけている。

そこでは、AI（人工知能）など最新の科学技術の粋を凝らしてつくり上げられた、いっそう強力かつ異次元の恐るべき「新型」軍事力と、マネーが巨額のマネーを加速的に生み出す巨大金融資本を背景に、この多元的対立抗争がいよいよ激化し、世界各地の土地土地でつつましく生きてきた民衆を巻き添えにしながら、これまでには想像だにできなかった、危険極まりない最悪の事態に陥っていくと見なければならないであろう。

このユーラシア経済圏の東端に位置する朝鮮半島においても、半島を縦断する鉄道や高速道路、港湾施設、電力網など巨大インフラの建設、大都市や工業団地の大規模開発、地下鉱物資源の開発、ロシア極東から朝鮮半島を縦断する天然ガスパイプラインの敷設等々を狙って、諸大国の巨大資本がだぶついたマネーの新たな投資先を求めて、一気に流入してくるにちがいない。

「東アジア世界」の生成・展開の歴史を第Ⅱ章で見てきたように、第二次「東アジア世界」のまさにこの第5期は、重大な岐路に立たされているのである。

二一世紀型「新大国主義」の台頭とも言うべきこの多元的対立抗争の「本格段階」に突入し、新たな歴史的岐路に立つ今日のこの世界にあって、朝鮮半島において本当に必要なことは、諸大国の支配から脱皮し、自国の風土に根ざした生産と暮らしのあり方を民衆自身が模索し、民衆主権による内需主導の新たな自立の道を切り開いていくことではないのか。

韓国では、長きにわたるアメリカのくびきの下で、軍部・財界主導の、農業・農村をないがしろにした外需主導の急激な成長によって、深刻な歪みがもたらされてきた。韓国の経済・社会はいよいよ行き詰まり、その打開をめざす自覚的都市労働者および農民の力が台頭している。

一方、北朝鮮でも、専制的な現政権が存続するにせよ、いずれ崩壊するにせよ、国内を農村地域の基底部からどう再建するかは、草の根の民衆にとって、遅かれ早かれ避けられない課題となってくる。

結局、南北朝鮮双方とも、これからどのような理念に基づき自らの経済・社会を築いていくのかが問われることになるであろう。つまりそれは、民衆自身が飽くなき欲望の巨大怪物グローバル市場に対峙し、賃金労働者という近代以来の自らの社会的生存形態を問い直しつつ、それぞれの社会的、歴史的条件に見合った独自の抗市場免疫の家族形態を編み出し、地域社会を再構築することによって、何よりもまず自らの主体性を確立すること。そしてその基盤の上に、主権尊重、相互不可侵、平等互恵、平和的共存の原則に則り、大地に根ざしたおおらかな暮らしのあり方を探ることである。二一世紀にふさわしい、長期展望に立ったこうした未来社会構想の探究こそが、新たな戦争の危機を社会の深層から根源的に克服する確かな近道になるのではないか。

南北朝鮮の民衆に課せられた課題は、今までになく余りにも大きい。それはまた、グローバル経済が深刻な矛盾に陥っている今、南北朝鮮の二国に限らず、第二次「東アジア世界」の第5期において、私たち日本をはじめ、中国、モンゴル、ロシア極東など、この地域世界のすべての民衆が直面する喫緊にして共通の課題でもあるのだ。それはすなわち本書の課題でもある、草の根の民衆による民衆のための真の東アジア民衆連帯の形成につながる問題なのである。

今ここで述べてきた視点は、三回にわたる米朝首脳会談以後の今日、ますます大切なものになってきているとの思いを強くしている。

2　暗闇に射し込む一筋の光 —— 中国民衆の苦悶の中から
—— 梁鴻《リアン・ホン》『中国はここにある —貧しき人々のむれ—』を読む ——

今や世界は、ＡＩ（人工知能）技術の世界的な開発競争に火がついた。世界中の巨大企業が自動運転や人型ロボットの開発、ビッグデータの活用などの先陣争いにしのぎを削り、いっそうの人減らし（合理化）の手段としてＡＩの応用に必死である。軍事産業は、無人戦闘機や無人戦車などの殺人兵器の開発に余念がない。

今日、人口一三億九〇〇〇万人（二〇一七年現在）を擁する巨大中国は、改革開放後のわずか四〇年で大変貌を遂げた。就業者構造から見れば、二〇一七年の第１次、第２次、第３次産業部門の就業者の比重は、二七・〇％、二八・一％、四四・九％である。国有部門就業者は一億人超、私営企業（従業員八人以上）一億七九九九万人、個人企業（従業員七人まで）一億二八六二万人である。小営業部門である私営企業と個人企業の就業者は合計三億八六一万人、これに農民を加えれば、就業者の約六五％が小営業部門で働いていることになる。栄華の陰で、農民工（長期出稼ぎ農民）総数二億八七〇〇万人（うち外地農民工一億七〇〇〇万人）の群れが蠢《うごめ》いている。

このような国内の構造的矛盾を抱えながらも、今や中国は、世界の経済発展やグローバル化、自由競争の旗手の役割を演じはじめている。中国は、アメリカに次ぐ世界第二位の経済規模を持ち、国際的影響力もアメリカに迫る。二〇三〇年を待たずアメリカを抜き、世界最大の経済大国になると見られている。「世界の工場」にして「世界の市場」たる中国経済を抜きにしてはもはや世界を語ることができない現実を背景に、二〇一三年秋、習近平国家主席が打ち上げた巨大経済圏構想「一帯一路」は、世界の人々からのさまざまな疑念や不安や批判を尻目に、中国経済の飛躍的発展とさらなる超大国化への道を誇示するかのようである。

こうした中国経済「繁栄」のただ中に出版された梁鴻《リアン・ホン》※著のノンフィクション『中国はここにある―貧しき人々のむれ―』（鈴木将久・河村昌子・杉村安幾子訳、みすず書房、二〇一八年。原題は『中国在梁庄』、二〇一〇年）。

この作品で、作者梁鴻（一九七三年生まれ）は、二〇歳まで生まれ育った河南省西南部の村に久々に帰郷し、華々しい巨大都市の繁栄の陰で蠢く中国農村の痛々しい実態を克明に描いている。中国文学研究者としてのおだやかな筆致によって、その暗部を赤裸々に描写しつつ、ふるさとの村梁庄《リアン・ジュアン》の自然とそこに生きる人々を温かい眼差しで詩情豊かに綴っていく。読む人の心を揺さぶらずにはおかない。

中国の驚異的な発展の象徴としてメディアを賑わす、北京や上海など巨大都市や深圳など新興巨大都市の目も眩む、夢のような繁栄とは対照的なふるさとのさびれゆく光景に戸惑いながらも、その真逆の真実を率直に突きつけてくる。それだけにとどまらない。中国農村の暗い影から射し込む未来への可能性を模索するそのひたむきな姿勢に、誰もが惹きつけられ、共感を覚えるであろう。

この節では、とりあえずこの長い物語の中から、特にこの作品が書かれた意図と内容を理解する上で重要となる箇所を抜粋しながら、紹介していきたい。その上で、作者梁鴻の深い思索を、あらためて本章のテーマである「新生『菜園家族』日本こそ、東アジア民衆連帯の要 ―― 自然循環型共生の二一世紀『東アジア世界』をめざして ――」の中に位置づけ、私たち自身の問題に引き寄せて考えていきたいと思う。

「私」の思索はふるさとの村 梁庄《リアン・ジュアン》からはじまる

まずは、この作品『中国はここにある』の出だしの部分から順次読むことからはじめよう。

かなり長い間、私は自分の仕事に疑問を抱いていた。こんな虚構の生活は、現実と、大地と、魂と、何の関わりもないのではないか。私は羞恥心さえ抱いていた。毎日授業をし、高尚な議論をし、どうでもよい文章を日夜書き続けている。何もかも意味がないのではないか。思考の奥深くで、いつも、注意を促す声が聞こえていた。これは本当の生活ではない、人間の本質的な意義を体現できる生活ではない。今の生活は、自分の魂、故郷、あの土地、広大な現実からどんどん遠ざかっている。

あの土地とは、私の故郷、穣《ラン》県の梁庄《リアン・ジュアン》である。私はそこで二〇年間暮らした。そこを離れてからの十数年、私はいつもそこを気にかけてきた。そこは私の生命における最も深遠で最も苦痛に満ちた情感そのものである。私は、そこを注視せずにはいられない。関心を寄せずにはいられない。とりわけ、そこ、そして幾千万の同じような場所が、中国の病巣のように見なされ、中国の悲しみとなりつつある今こそ。

農村が民族の厄介者となり、改革、発展、近代化の反面とされるようになったのはいつからだろう？農村が、底辺、周縁、病理の代名詞となったのは、いつからだろう？日ましに荒れ果て、さびれていく農村のことを思うと、あるいは都市の暗黒の片隅であくせく働く出稼ぎ労働者、列車の駅にひしめいている無数の出稼ぎ労働者のことを思うと、痛ましくて泣きたいような感覚に襲われるのは、いつからだろう？こういったことすべては、いつ発生したのだろう？またどのように発生したのだろう？そこにはどれだけの歴史の矛盾と誤りが内包されているのだろう？どれだけの生命の苦痛と叫びが含まれているのだろう？あるいはそれは、中国の農村に関心を寄せる知識人が、必ず向かい合わねばならない問題かも知れない。

（中略）

二〇〇八年と二〇〇九年に、春休みと夏休みを使って、私は梁庄に戻った。梁庄は、中原の辺鄙なところにある貧しい小さな村である。五か月近く、腰を落ち着けて滞在した。私は毎日、村の老人、中年、青年と一緒に食事をし、おしゃべりをした。（中略）本当に農村に入り込むと、とりわけ偶然の帰郷者として距離を置いて観察するのではなく、身内の感情を持って村に入り込んでいくと、長いあいだ農村を離れていた人間は、そこを理解していないことが分かる。存在の複雑さ、直面している問題、感情面で被っている打撃、内に秘めた希望を、きちんと整理するのは難しく、理解もしづらい。心を込めて耳を傾け、彼らを漠然としたグループではなく、一人ひとりの人間として見なければ、彼らの苦痛と幸福を感じとることはできない。

（中略）

…ラディカルでなければ知識人としての良知を体現できないと言わんばかりの激高した語りには反対である。だが同様に、私のやり方のように相対的に冷静で、客観的な立場から農村の景観を描こうとするのは、穏健な立場であり、思考する人間の早すぎる老衰とある種の順応であることもよくわかっている。なぜなら、今の時代にあって、学術および学術的思弁は、主流イデオロギーと妥協した存在になってしまっているからだ。ともあれ、私は自分に、ある種の潮流や派閥に入ってはならないと警告した。私は、自分の限定された目と知識で、何らかのものを体験する、一人の懐疑する者であろうとした。私は、自分の判断に、何らかの偏見が含まれていることを恐れている。そのような偏見は、きまって「真理」の姿で現れるものだ。

それゆえこの本は、農村調査というより、帰郷者の故郷への再入場であり、啓蒙者の視点ではなく、生命のはじめに立ち返り、再び大地を感じ取り、その土地に生きる親しい人々の精神と魂を再び受けとめるものである。農村を表現するものであって、判断や結論ではない。困惑、ためらい、歓喜、感傷がこもごも一緒になっている。というのも、私が目にしたのは、中国が近代化のモデルチェンジをして以来、郷土中国の文化、感情、生活様式、心理構造の方面における変化とは、巨大な矛盾した存在であって、簡単に是非正否を量れるものではないということだったからだ。

（中略）

中国で、梁庄は、人に知られてはいない。なぜなら梁庄は、中国の無数の似たような村のひとつで、特殊なところなど何もないからだ。だが、梁庄から出発することで、中国という形象をくっきりと目にすることができるだろう。

（梁鴻『中国はここにある』、みすず書房、二〇一八年、「まえがき」より）

いよいよふるさとの大地に降り立つ

こうして、作者は幼い息子を連れ、故郷へと向かう。

昨夜はほとんど眠っていない。列車がガタゴト揺れるため、ようやく三歳二か月になったばかりの息子は、ぐっすり眠れず、少しでも心地が悪いと、腕をバタバタさせて何度も寝返りを打った。私は息子が寝台から落ちないよう、その足もとに寝て、両足で壁を作ったが、寝ている子どもに何度も押された。私は仕方なく起き上がり、枕元のライトをつけて、持ってきた本『ケープコッドの海辺に暮らして』を読んだ。アメリカの環境文学作家ヘンリー・ベストンが、一九二〇年代に人里を離れたケープコッドの海辺で一年暮らして書いた作品である。作者は、ケープコッドの壮大な海、たくさんの海鳥、変幻自在な天気、しばしば発生する海難などと深いところで結びついている。読者は作者の眼差しに込められた、豊かで、細やかで、深い愛情を感じとることができる。そこでは大自然と人類が一体化しているのだ。そうだ。大自然と一体化したときに初めて、生命の意味、人類生存の本質が見えてくるのだ。そこでは、人間はちっぽけであり、偉大であり、また永久でもある。なぜならば人間はそのなかで一部分と化しているからである。

カーテンを開けた。ぼんやりした夜の中、列車が疾走している。原野が瞬く間に立ち去り、また立ち現れる。林の中に見え隠れする家屋は沈黙していて、夜の呼吸がかすかに聞こえる。無意識のうちに、これから始める故郷の旅に思いを馳せていた。私の村、親しい人々、小川、それに小川の中の私の青春を刻み込んでいる大木…どれも壮麗な風景で、荘厳な思考ができるだろうと思い描いた。

明け方、列車はゆっくりと県政府所在地に近づいていった。町の橋が見えた。穣県はもうすぐだ。

（中略）

列車が停まった。車窓の外に、親族たちが大挙してひしめいていた。父、一番上の姉、二番目の姉、三番目の姉、それに妹一家まで、総勢一〇名を超えている。ドアが開いたとたん、早々とドアの前に行っていた息子が、突然、降りたくないと泣き出した。地面を指して「汚い！」と言っている。みな大笑いした。昨夜、穣県に雨が降り、ホームが濡れていた。地面に泥水がたまり、雨に濡れた果物の皮や紙屑やゴミがむき出しで散らばり、ハエがたかっていた。息子はそれを見て怯えたのである。

お昼は一家でレストランに行った。かつては両親に七人姉妹の九人家族だったが、今では二〇人を超える大家族になっている。ひとつのテーブルでは座りきれず、子供たちは別のテーブルで騒いでいる。大人たちのテーブルも話がはずみ、笑いが絶えない。よその人が見たら、幸せな家庭だと思うだろう。少なくとも物質的には、この家族は長い貧窮生活を脱し、レストランで食事できるまでになった。私の息子は、このにぎやかな光景を見て、驚き、怖がって、私にピッタリくっついてきた。都会の子供は、このようなにぎやかな大家族を体験したことがないのだ。

（前掲書、第一章「私の故郷は梁庄」より）

方向感覚を失うほどの村の変化

故郷に到着した作者は、自身の少女時代を思い出しつつも、村人たちの生活の実態と集落の変貌を目の当たりにしていく。

改革開放以来、三十数年、村の変化で一番目立つのは、道路である。道路はたえず拡張され、増設されてきた。今では各地を結び､村のあいだ､町のあいだの距離を縮めている。私が子供のころ､バスに乗って県政府所在地に行くには、待ち時間を入れないで、最低でも二時間かかった。道はでこぼこで、勢いでバスの天井に頭をぶつけて痛くなるほどだった。あのころはバスに乗ることも滅多になかった。往復のバス代は二元だったが、それは六人家族の一か月の生活費だった。私が県の師範学校に通っていたとき、大部分の学生は自転車を借りて家に帰った。二人の学生で交互にこいで、六時間かけて家に帰った。いつもおしりが痛くなった。でも、青春を迎えたばかりの若者は、そんなことは気にしなかった。川に沿って走ると、水鳥が空を旋回していた。道端には溝が長く伸びていて、青や緑の野草や色とりどりの野の花が咲き誇り、溝の高さに合わせながら、空の果てまで続いていた。ピュアで美しかった。村が樹木の向こうに見え隠れしていた。静かで、質素で、永遠を感じた。

しかしそれは思い出にすぎないと、私は知っていた。永遠の村は、ひとたび現実に引き戻されれば、たちまち穴だらけになる。

（中略）

一九八〇年代から九〇年代はじめにかけて、梁庄のかなりの数の人が出稼ぎに出た。早い時期の行き先は北京と西安に集中していた。北京に行った人はたいてい工場の労働者、警備員、建設現場の日雇いをやった。ある時期には、北京駅に集まって列車の切符のダフ屋をしていたと聞いたこともある。西安に行った人は駅の近くでオート三輪車の荷物運びをやった。たいてい家族を中心として、相互扶助をした。その後、青島や広州に行く人が出てきた。外で商売する人、たとえば油ポンプの修理をする人や、都市の周辺部で野菜を売る人などは、ごく少数だった。現在の梁一族で外に働きに出ている人は、三二〇人になる。一番の老人は六〇歳で、新疆の建築現場で働いている。一番若いのは一五歳で、叔父さんに連れられて青島のアクセサリー工場で働いている。町で中学、高校に通い、基本的には学校に寄宿して、週末だけ家に帰る子供が三〇人くらい。町の小学校に通い、祖父母と一緒に暮らし、毎日送り迎えしてもらっているのが三〇人くらい。村の老人は一〇〇人あまり、五〇歳以上で、ほとんどみな家で畑仕事をして、孫の面倒をみている。さらに元気のある人は、町でちょっとした仕事をしたり、当地の建設現場で働いたり、村の石灰ブロック工場で働いたりしている。

（中略）

中年女性の中には、農繁期に「作業隊」を作って、村人のために種まき、除草、収穫などを手伝う人たちがいる。一日に三〇元〔一元は約一五円〕ほどになるという。若い夫婦は渡り鳥のような生活を送っている。夫婦ともに外で働き、旧正月か農繁期に帰ってきて、外で稼いだ金で村に家を建てる。子供は祖父母が面倒をみて、家から学校に通う。村長の話では、ここ数年、旧正月に帰省する人も減りつつあるという。夏休みや冬休みに、親が子供を自分たちが働いているところに来させる。休みが終わったら、子供たちはまた村に戻って登校する。もちろん、それができるのは、夫婦が同じ場所にいて、子供と一緒に暮らせる条件がある人だけだが。

（中略）

「人は去り、家は空」が農村の日常である。都市で仕事をしている農民の大部分は、みな村に家を建てる。しかも、家を建てる金を稼ぐため、あるいは子供の学費を稼ぐために、都市に行くのである。自分たちが都市に一生住んで、老後を送れるとは思っていない（おそらくそんな可能性はそもそも考えられない）。最大の希望は、都市で働き、金を貯めて、村で恥ずかしくない家を建てることであり、そのあと故郷で適当な商売をすることである。

夫婦が別居すること、父母と子供が離れること、それは家庭のごく当たり前の生存状況である。たとえ夫婦二人が同じ都市で働いたとしても、一緒に住めるのはごく少数である。別の工場、別の現場で働き、工場内に居住し、顔を合わせる機会すらあまりない。

（中略）

梁庄は土地が少なく、人が多い。一九五、六〇年代には一人当たりの土地は一畝半〔約一〇アール〕で、現在では〇・八畝しかない。畑は二毛作である。ひとつの季節は小麦を耕作し、もうひとつの季節は緑豆、トウモロコシ、ゴマ、タバコなどの商品作物を植える。土地が少ないので、これら農作物の収穫では糊口をしのぐことができない。だから、一九八〇年代より前は、梁庄のほとんどすべての家は貧困ラインであえいでいた。春になると食糧がなくなる、いわゆる「春の飢饉」があった。改革開放以降、都市に出稼ぎに行くことが、新しい収入源になった。都会の仕事がどんなものであったとしても、毎年村にお金を持ち帰り、付き合いと日常生活の支出に使うことができた。

（中略）

村では、新築家屋が増えているが、家の鍵はどれも例外なくさびている。同時に人の数も減っている。道や畑や軒下で見かけるのは、衰弱した老人だけである。村中が、家屋の前後に生い茂る雑草、廃墟によって覆われていて、村の内在的な荒涼、頽廃、疲弊が見てとれる。内部の構造に目をやると、村はもはや有機的な生命体ではない。あるいは、その生命がかつて存在したと言えるならば、すでに老年期に入り、生命力と活力を失いつつある。

（前掲書、第一章「私の故郷は梁庄」より）

第一世代の出稼ぎ労働者は、まだ村に家を建てることを望んでいる。なぜならばそれは彼らの家だからだ。そこで自分の富を示すことが、自分の価値を決める象徴になっている。しかし第二世代はどうだろう。若い世代の農村青年は、村への感情がとても薄い。彼らは村で過ごした時間がきわめて短く、たいていの場合は中学卒業後すぐ、あるいは卒業前に出稼ぎに出る。彼らは未来をより強く渇望しているが、だからこそ、彼らの運命と彼らの境遇は、よりいっそう泥沼に陥っている。彼らは将来どこに根を下ろすのだろう。十数歳で村を出て、都市で出稼ぎをする。ところが彼らに都市戸籍〔中国には農村戸籍と都市戸籍の二種類の戸籍がある〕はなく、社会保障もまったくない。都市は自分の家ではない。しかし他方で、村も、彼らにとっては自らかけ離れた、親しみのわかないものであり、帰属感は持てない。新しい世代の農民工〔長期出稼ぎ農民＝引用者註〕のこうした二重の精神的ロスは、すでに社会問題となり、人々の目にとまり始めている。いかにして埋め合わせ、改革すべきか、それは大きな社会的課題である。

（前掲書、第二章「活気あふれる『廃墟』の村」より）

忘れられ取り残された人々

作者梁鴻《リアン・ホン》は、この調査の期間、村の歴史や事情、人情に通じた父や姉たちの協力も得ながら、さまざまな階層、さまざまな境遇の人々と会い、目を背けたくなるほど悲惨な実に暗い個々人の事実や事件にも真っ正面から向き合い、それを丹念に叙述している。

出稼ぎに行った両親の代わりに孫の面倒をみる祖父母、長期出稼ぎ中の夫の浮気の噂話と村の因習との板挟みに精神を病み、自殺に追い込まれていく農民工の妻、家族崩壊の哀れな結末。家庭の温もりを知らず、将来の夢も希望も見出せないまま取り残される留守児童、孤独のなかで模範少年が犯した猟奇的殺人事件、荒廃するまま放置された学校。実兄や幼馴染みたちの思うに任せぬ人生の流転…。

この本の大部分がこれら数々の忘れられ、取り残された人々の叙述に当てられ、埋め尽くされている。その眼差しは、故郷を離れ都会に生きる一人の知識人として内省的であると同時に、おそらく同じ村に生まれ育った同胞のみが抱き得る深い愛情が、その奥底に貫かれている。底辺の声なき人々の声を書きとめようとする知識人のジレンマに著者も直面し、うろたえながらも、自身のその姿を隠さず紡がれた語りに、中国の農民も都会人も没頭したという。

作品の最後には、胸が締め付けられるような葛藤を呼び起こさずにはおられない、いわばこの心の旅の果てに作者梁鴻が辿り着いた郷土への思いが綴られているが、その中のいくつかを以下に拾い上げてみよう。

震撼すべき荒廃ぶりであるとはいえ、村全体からある種の温かさ、自在さも感じることができる。村はたしかに変化している。しかし自然な変化であり、時間やスピードとは無縁なので、危機感や焦燥感はない。村はずれの樹の下でトランプをしている女性たちがいる。孫たちを連れてブラブラしておしゃべりをしている人もいる。畑で仕事をしている人もいる。わずかに残った青年もそれぞれ忙しく働いている。

（中略）

私は新しい詩を作るために無理に憂いている〔宋代の辛《しん》・棄疾《きしつ》の詞〕ような気がする。無理矢理あら探しをしているとすら言えそうである。しかし、こうしたはっきりした感覚の背後に、ことばにならない困惑もある。それ以上に重大なのは、私が語っている農村の物語、一人ひとりの生命、彼らの矛盾と苦痛が直面している問題は、つまるところ何を示しているのかという問題である。この社会の不公平が彼らにもたらしている苦悩だろうか。それとも他の何かだろうか。なぜだかわからないが、私は彼らの人生、彼らの生命のありさまを社会へと安易に帰結させたくない。私はいつもこう思っている。ここにはより複雑で、より多義的なものが内包されている。それは政府と関わっているだけではなく、伝統、文化、道徳と、またこの土地と、この空、原野とも関わっている。それは土壌の中に深く根を下ろした数千年の民族の生活と深く結びついたものであり、古《いにしえ》からの暗号である。それは民族の無意識なのである。時代の政治や政策およびそこからもたらされる変遷は、横断面にすぎず、一時的な影響でしかない。強大な外の力がひとたび消えれば、すべてが昔の姿を取り戻すだろう。

私の視点は、このようにためらい、定まっていない。外からものを見るのと内部から見るのとでは、永遠に違いがある。底辺からものを見るのと上層から見るのとでも、まったく違った結果になる。底辺の問題は、単純な抑圧と被抑圧の問題ではない。それは文化の力がせめぎ合うプロセスである。このことも、あの墓地に住む人が私に与えてくれた啓示であった。

最も重要な問題が見逃されているのかも知れない。中国の農民の政治に対する無関心である。農民にとって、社会は依然として他人のものであり、彼らはその中に属していない。良いことも悪いことも、すべて受け身で受容するだけである。彼らは「救われる者」でしかなく、主人公ではない。「郷土中国」（費孝通の著書に基づく概念。中国農村の基本的構造を分析した）とは、地理的な意味における農村を指しているだけではない。それは中国社会の文化全体の基本的な特徴を意味している。中国の当面の現実について言うと、政治的にも文化的にも、農民は依然として社会の厄介者であり、向き合わざるをえない巨大な負担であって、彼らが主体として扱われることはない。彼らをこの政治社会の主体の中に組み込み、何らかの方法で彼らを政治生活に参与させない限り、郷土の問題は解決しえないと、私は思う。

（中略）

…特に若い世代の家庭は、みな出稼ぎに出て、旧正月に戻るだけである。村の政治や公共的な事柄、たとえば選挙、道路建設、レンガ工場の去就、学校の建設などに、彼らはさほど関心を示さない。

家庭の内部も変化している。かつては父母が日常生活を通じて子供に行動の規範を教えていたが、祖父母あるいは親戚が代わりに教えるようになり、父母と子供の関係は金銭関係に置き換えられた。村の学校の閉鎖にともない――学校は村全体の向上心を総括する象徴と言える――、また名望の高い老人の逝去にともない――彼らは村の精神の指針であり、道徳的な抑制だった――、文化的な意味における村は内部から崩壊し、ただ形式と物質としての村が残るばかりとなった。この崩壊が意味しているのは、中国の最も小さい構成単位が根本的に破壊され、個人が大地の確固たる支えを失ったということである。村の崩壊は、村人を故郷のない人間に変えた。根がなく、思い出がなく、精神の導き手も落ち着き先もない。それが意味しているのは、子供が最初の文化的な啓蒙を失い、身をもって教えられる機会と、温かく健康的な人生を学ぶ機会を失ったことである。同時にそれは、民族の性格となっていた独特な個性と資質が消失しつつあることを意味している。なぜなら最も基本となる存在の場を失ったのだから。村とは、ある意味では民族の子宮である。その温かみ、栄養の多寡、健全な機能が、子供の将来の健康、感情の豊かさ、知恵の有無を決定づけている。

（中略）

国家は農村の発展をますます重視し、農村に適した発展の道を探す努力を続けている。しかし、非常に不思議なことに、農民は一貫して受動的で消極的な態度で、本当の意味での参加意識を持っていない。これは一考に値する問題である。政府 ― 村幹部 ― 農民の三者関係は、いつも三枚の皮の関係で、有機的な統一をなしていない。現在の農村政策はつねに変化し続けている。ときに良くなり、ときに悪くなる。その中に身を置く農民は、どれが本当に自分のことなのかわかっていない。土地についてもそうである。権利を持ったことがないので、自分が関心を持つべきことだとは、農民は考えない。国家が何かをくれればもちろんいいが、くれなくても当たり前なのである。

消えつつある古い農村がどのようにして再生するのか、どのような心理、形態で健康な再生を遂げるのか、それは大きな課題である。

（前掲書、第八章「故郷はいずこに」より）

さようなら、ふるさと

旅の終わりに、作者は子供の頃に亡くした母の墓を訪ね、しばし内なる対話に浸る。

一人で墓地に来て、母に別れを告げた。

何はともあれ、故郷が悠久で深遠なある種の郷愁のような感情を抱かせるのは、それが原野、山、川と本源的に結びついているからである。それは人間の眼差しを広々とした豊かな自然に向けさせ、どこまでも伸びる天空に向かわせ、自分の魂がどこから来てどこに向かうのかに、思いを馳せさせる。

大地は、つねに永遠である。母の墓から遠くを眺めた。左側は緑の農地だった。どこまでも平坦で、丈の低い新鮮な作物が生命力をみなぎらせ、空は薄い青色でかすかに暗く、地平線近くに真っ赤な霞がかかっていた。右側を見下ろすと、幅広い川の土手、生い茂る林が見えた。薄紅色のネムノキの花が茂みの上に連なり、風に舞い上がって、精霊のダンスのようだった。林のまわりを見ると、薄白い霧がかかっていた。なぜかわからないが、その瞬間、母が一緒にいると感じた。彼女はこの天地に眠っている。彼女の娘は、彼女の魂と精神によって、この大地を感じとっている。何か温かい気持ちが、しだいに心に入ってきた。お母さん、会いに来ました。来る回数はしだいに少なくなっていますが、この大地を思い起こすたび、この大地にあなたが眠る墓があることを思い起こすたび、私たちは心が通じ合っていて、あなたが私たちを見つめていると思うのです。

子供のころ、母親を失ったことは、私にとって永遠にことばにできない痛みだった。母がベッドに横たわり、私たちが学校に行くのを見ながら、「あ、あ」と泣くことしかできなかったことを思い出すたび、私は涙をこらえられなかった。あれは身体の自由を失い、ことばを失った母の絶望であった。彼女は自分の愛を表現することができず、この家庭に深い災厄をもたらしたことを申し訳なく思っていた。彼女の泣き声は、長い陰影のようにいつまでも私から離れなかった。私の軟弱さ、コンプレックス、敏感さ、内向的性格など、いずれもそれに由来している。

私には、母が骨壺の中にいるとは想像できない。特に彼女の墓の前に立っているときは。もしこの象徴的な土まんじゅうがなかったら、もし彼女がこの大地に横たわっていなかったら、私のことをまだ気にしてくれているかどうか、私がこれほど深く彼女と通じ合っていると感じられるかどうか、イメージできない。家で大きなことがあるたび、いつもここに来て、紙を焼き、跪拝をし、その後、墓のあたりに腰掛けて、あれこれ母に話した。子供のころ、兄が父と喧嘩をして、深夜に包丁を持って墓地に走って行ったことがある。私は転びながら後を追った。とても怖かった。兄が死んでしまうことを恐れただけでなく、家でこんな恐ろしいことが起きたと母に知られることが怖かった。あの瞬間、私は心から、時間が永遠に止まることを望んだ。今でも、兄の泣き声を思い出すことができる。力の限り泣いていた。あの無念さ、依存心は、母の前でしか出せなかったのだろう。兄は、母の墓の前に横たわり、転がりまわり、訴え続けた。まるで母が抱きしめ、孤独な哀れむべき魂を慰めてくれるのを渇望しているようだった。（後略）

（前掲書、第八章「故郷はいずこに」より）

調査が終わり、ふるさとを遠く離れ振り返って思う

長い旅を終え、作者はあらためて振り返り、率直な胸の内を綴る。

私はいつも、自分が農村で生まれ育ち、家が貧しく困難が多かったのは、幸せだったと思っている。それこそが私に、埃で厚く覆われた農村の生活には真実と矛盾が内在しており、その真実と矛盾は、一

般的な意味での訪問者にはうかがい知れないものだと、深く教えてくれたからである。それは、暗号のように、この村に生まれ、この村の道路、溜め池、田畑を熟知し、何年も村はずれの敷石の上を歩き、数えきれないほどの足跡を残した人間だけが理解できる。

また、一人の文学者として、大地と樹木と河川の幼年時代を持っているというのは、比類のない幸せである。おかげで、生命がより広がり、より敏感になり、いっそう豊かに、深遠になった。故郷の道を歩くたびに、村はずれの優雅なエンジュの木を思い出し、家の玄関のところにあった、春になるといつも白い小花が満開になる古い棗《なつめ》の木を思い出す。紫色の花が満開になるセンダンの木もあった。そよ風が吹くと、故郷のようにはるかな、かぐわしい香りがした。村の裏手の川の長い土手を子供のころ毎日登下校した。雨が降ると、大地は水浸しになり、農作物は青々と輝き、空気は潤ってさっぱりした。これらの記憶は、いつも私に幸せを感じさせてくれる。また、一人の人文学者として、郷土中国の感性に対する理解があることは、天から与えられた重厚な蓄えであり、一人の人間の精神世界で最も貴重な部分である。それは、どんな問題について考えるときでも、私の思考の基本的な起点になっており、おかげで私の世界観の中に土地と広大な世界の問題が入った。これは私の村が私にくれた贈り物である。私は一生その恩恵を被ることができる。

（中略）

古い農村モデル、村落文化、生き方には、確かに大きな変化が起きている。その意味で、郷土中国は終わりつつある。だが私から見ると、その結論は、再考し、警戒すべきものだ。今生まれつつあり、モデルチェンジしつつある文化を現実と見なし、そこから出発して新しい道を探ることで、私たちが見逃してしまっているものは何だろう？　それは、その文化のただ中にいる人々である。彼らの感情、思想、生き方は、全面的にこのモデルチェンジとともに変化しているわけではない。正反対に、彼らはおそらく今でも、伝統モデルに戻りたいと渇望している。なぜなら、そこには彼らの感情の拠り所、彼らが熟知していて、頼れる習慣があるからだ。このような渇望は、落伍であり、考慮するに値しないものなのだろうか？　そこに合理性はないのだろうか？　それを見逃すことで、どんな落とし穴にはまってしまうのだろう？

農民が自分の村を離れず、都市に行って貧民層、最底辺に陥ることなく、彼らの祖先が暮らしてきた場所で、幸せに、家族そろって、近代的に、主人公であるという感覚を持って生活することはできないのだろうか？　あるいは、彼らが正々堂々と都市に生存空間を獲得し、夫婦そろって暮らし、子供たちは学校に入り、社会保障、医療保険、住居手当など、都市の住民の基本的な生存条件を享受することはできないのだろうか？　その日はまだ遠いのか？

今なお故郷で生活している親族――父、姉、姉の夫たち、兄、兄の妻、妹、妹の夫たちに感謝する。

（中略）

それから私の息子。列車を降りるとき、県政府所在地は雨が降ったばかりで、プラットホームはどろどろだった。三歳二か月の息子は足を下ろす気になれず、「汚い！」と言って泣いた。迎えに来てくれた親類たちが目に入って、私はいささか恥ずかしい気持ちになり、こっぴどく叱りつけた。数日経つと、息子は泥が大好きになった。夏真っ盛りの昼どき、出かけると頭がくらくらするほどなのに、息子は太陽にさらされたまま、どうしても家に戻りたがらなかった。二か月経つと、真っ白だった子が、真っ黒な、たくましい少年になった。家の前や裏で、仲間の子供たちと泥をすくい、土を掘り、蟻をつかまえる。やがて汗だくになって、真っ赤な顔をして駆けてきて水を欲しがるが、飲み干さないうちにもう駆けていった。私は息子のこういう様子が嬉しくてならなかった。健康で、大地と、日光と、植物とじかにつながっている。私は息子に大自然に触れる機会を与えることができて良かったと思った。（後略）

※　梁鴻（リアン・ホン）一九七三年生まれ。中国人民大学文学院教授。北京師範大学文学博士。米国デューク大学客員教授、中国青年政治学院中文学院教授を経て現職。本書で第一一回華語文学伝媒大賞「年度散文家」賞、二〇一〇年度人民文学賞など多数の賞を受賞。本書の原型となった作品「梁庄」は、『人民文学』二〇一〇年第九期に発表され、その後、構成と内容を大きく変え、『中国在梁庄』と題し単行本として出版された。みすず書房の日本語訳は、二〇一四年、多少の訂正を施した再版バージョンを底本にしている。香港、台湾、フランスで出版されたほか、チェコでも抄訳が出ている。

（前掲書、「あとがき」より）

3　梁鴻《リアン・ホン》を読み、あらためて「東アジア世界」を振り返って考える

「一帯一路」、東アジアの民衆と地域の行方――かつての『日本列島改造論』の地球版再現を危惧する

引用がかなり長くなったが、梁鴻の『中国はここにある――貧しき人々のむれ――』を読んで感じるのは、それが心の奥に響く文学作品であるのと同時に、社会科学的見地からも惹きつけられるものがあるということである。つまり、中国社会の実態をありふれた農村の一つとしての作者の故郷・梁庄という具体的な一地域において、実に克明かつ多面的、実感的に辿ることができるという点で、いわば優れた地域史・地域研究にもなっているということである。その意味で、本書冒頭の「はしがきにかえて」で提起した基礎的「地域」の概念と「革新的地域研究」の方法論とも相通ずるものがあり、「東アジア世界」の未来を展望する上でも、中国という一角から極めて貴重な思想的基礎を提示してくれているように思えるのである。

そこには、自然と家族と村人とが互いに深くとけあって生きていた作者の少女時代の原体験を交錯させながら、経済成長の激流に翻弄される中国農村の姿が、老若男女の人生の哀切と、それゆえに深まるひたむきで素朴な人間性への信頼とを色濃く滲ませ、詳細に描かれている。まさにそれは、激動のただ中にある中国民衆の人間存在と「地域」を、いっそう重層的で深みのある像として結び、浮かび上がらせるのである。人間とは何かを鋭く突きつけてくる。

不思議なことに、この長い物語を読み進めるうちに、いつしかわが国自身が辿ってきた高度経済成長と農村の変貌、成長の停滞とその打開策としての『日本列島改造論』、そしてその末路としての今日の農山漁村の荒廃など、私たち自身の過去と現在がありありと重なって見えてくる。

そして、第Ⅱ章でとりあげた一九九〇年代以降の市場経済移行期におけるモンゴル遊牧の村ツェルゲルの姿とも重なってくる。おそらく「漢江の奇跡」と呼ばれたかつての高度成長期の韓国、ドイモイ政策下の「社会主義市場経済」ベトナムの現在、さらには、いずれ遠からず北朝鮮が辿るであろう農村と都市の行方にも重なってくるのである。

本書の第Ⅳ章以降で、冷酷無残なグローバル市場経済に対峙して、自然循環型共生社会をめざす「菜園家族」構想を提示してきたのであるが、それは簡潔に言うならば、大地から引き離され、根なし草同然となった近代特有の人間の社会的生存形態、つまり賃金労働者を根源的に問い直し、生きるに最低限必要な生産手段（農地や生産用具、家屋など）を取り戻すことによって新たに生まれる抗市場免疫の「菜園家族」を基礎に、地域再生と素朴で精神性豊かな自然《じねん》世界への壮大な回帰と止揚《レボリューション》の道を切り拓こうとするものである。そして、それを二一世紀における未来社会構想として位置づけ、絶えず現実世界と照合しつつその内容を深め、豊富化をはかっていくことが、今日何よりも大切であると見てきた。

そして今やわが国のみならず、朝鮮半島、中国、モンゴルなど東アジア全域の民衆自身が、この長期展望のもとに自らの暮らしを見つめ直し、それぞれの国の二一世紀未来社会のあり方、戦争と平和の問題、そして何よりも超大国と自国の内なる権力に対峙し、草の根の民衆自身の個々の主体性をいかに確立していくのか、こうした現実の切実な問題に向きあわざるをえなくなってきたのではないか。これはまさに第二次「東アジア世界」の第5期におけるすべての東アジア民衆にとって、決して避けては通れない共通の重要な課題になってきたと痛感させられるのである。

中国の急速な経済的台頭も、熾烈さを増す米中二超大国間の覇権争いも、米朝首脳会談をめぐる情勢も、「菜園家族」構想をベースにした射程の長いこの独自の未来社会構想の視野に立つ時、目先の現象に惑わされることなく、現実世界の本質をより根本的に捉え、別次元の思考と行動力を獲得できるのではないかと思っている。

二一世紀の今日、中国で強力に展開されようとしている巨大経済圏構想「一帯一路」とは、急速な高度経済成長が頭打ちになるなかで、その停滞からの打開策としてさらなる「拡大経済」継続の要請から打ち出されたものであるという意味で、次元の異なる規模とはいえ、本質的にはあの『日本列島改造論』の地球版再現と言えるのではないか。

この「一帯一路」構想は、東は朝鮮半島、ロシア極東、モンゴルから中央アジアを経由し、西はヨーロッパ、南は東南アジア、南アジア、アフリカに至るまでを陸路と海路で結び、鉄道、道路、港湾、航空、パイプライン、情報網への投資とインフラ整備を進め、経済成長を促すものとされている。超大国アメリカに対抗し、覇権争奪の場は北極圏、さらには宇宙空間にまで広がっていくという。

わが国自身とて同じである。二〇〇八年リーマン・ショックによる世界経済の危機。先行きの見えない鬱屈したどうしようもない二一世紀初頭の今日の状況を何とか変えたいと、新たなビジョンへの待望から、「成長戦略」なるものへの漠然とした期待が高まっていった。

一九七〇年代初頭に、民間設備投資の伸びに期待できず、高度経済成長がかげりを見せはじめたその時、持続的な経済成長と国民が望む環境保全や福祉の充実との両立を謳い、田中角栄首相（当時）が『日本列島改造論』を引っさげて登場し、全国新幹線や高速自動車道などの巨大公共投資にシフトし危機回避を計ろうとしたように、「土建国家」からの脱皮を掲げて「政権交代」を実現したはずの民主党の鳩山政権、それを引き継ぐ菅政権のもとでもなお、「百年に一度」といわれる世界経済の混迷と閉塞状況の中、中国、インド、ベトナム、その他東南アジア諸国の経済成長に乗じて、いわゆる「東アジア共同体」構想なるものをバックに、「新成長戦略」の名のもと、その域内の「内需」を取り込めとばかりに、ハイブリッド車や電気自動車など「エコカー」や、最新鋭の新幹線やスマートグリッド（次世代双方向送電システム）など巨大パッケージ型インフラ、さらには「CO_2排出量ゼロのクリーン・エネルギー」を売り物にした原発の売り込みを、他国に遅れてはならじと政・官・財が一体となって推進していった。

二〇一一年3・11東日本大震災後の野田政権においても、福島原発事故のあれだけの大惨事を経たにもかかわらず、財界の意のままに原発の再稼働を強行し、事故前と何ら変わることなく原発輸出にこだわり、「新成長戦略」とその焼き直しである「日本再生戦略」（二〇一二年七月三一日閣議決定）に邁進した姿は、恐るべきというほかない。

二〇一二年一二月に返り咲いた自民党安倍政権の大胆な「金融緩和」、放漫な「財政出動」、「成長戦略」の「三本の矢」で当面のデフレ・円高を脱却し、日本経済を再建するという「アベノミクス」なるものも、本質的にはこれら従来の一連の政策路線の延長上にあるものにすぎず、いっそうなりふり構わず露骨に市場原理至上主義「拡大経済」を推し進めるものにほかならない。

これらの根底にある思想は、かつての『日本列島改造論』と本質においてどこも変わるところがない。変わったのは、「場」を国内から他国へといっそう広げ、いよいよ地球大の規模へと拡延しようとしているだけのことである。その主観的な意図や建て前が先進国と後進国の格差を解消し、地球温暖化防止や環境問題に日本の優れた科学技術によって貢献し、同時に日本の「経済成長」に結びつけることにあるとしても、『日本列島改造論』が私たちの社会にもたらした悲惨な結果から学べば、その「地球版」は、意図に反して遠からず相手国の社会にも、わが国自身の社会にも、取り返しのつかないさらなる歪みと重大な打撃を与えるであろうことは予想できるはずである。目先のほころびはしばしの間、繕うことができたとしても、長い目で見れば、かつての『日本列島改造論』とその後の政策によってもたらされた日本社会の今日の深刻な矛盾を国内でさらに深めることはもちろん、地球大の規模にますます拡延していくことになるのは間違いないであろう。

グローバル化のもとで「拡大経済」を前提とする限り、市場競争は今までにも増して熾烈を極めていく。国内需要の低迷が続く中、世界的な生産体制の見直しを進める多国籍巨大企業は、「国際競争に生き残るために」という口実のもとに、安価な労働力と新たな市場を求めて海外移転を進め、いとも簡単に国内の雇用を切り捨てる。ＥＰＡ、ＦＴＡ、ＴＰＰなど貿易自由化のさらなる推進と引きかえに、特に農林漁業における家族小経営はいよいよ壊滅的な打撃を被ることになるのである。

日本をはじめ先進工業国に加えて、超大国中国など新興諸国までもが「拡大経済」を追求する現在、そうした国々の地方や、さらにその周縁のアジア・ロシア極東・中東・アフリカ・ラテンアメリカなどは、開発の名のもとに地下鉱物資源（石油・石炭・天然ガス・ウラン鉱等エネルギー資源、ベースメタル、レアメタル、レアアースなど）や、水、森林などの天然資源、食料、繊維原料などの格好の収奪先となり、「援助」と称して鉄道・道路の輸送網が整備されていく。かつての日本で自然と人々のいのちを蝕んだ公害が再現される。農民や漁民、牧畜民など大地に生きる人々は、主体的な地域づくりの芽を外国資本と結びついた自国政府の開発指向・家族小農軽視の政策のもとで無惨にも踏みにじられ、かけがえのない自らの地域から放逐されてしまう。大地から引き離され、なりわいを失い、根なし草同然となった人口は都市部に流入し、グローバル企業の現地生産や国際下請け生産などに安価な労働力を提供することになる。

このようななかで、母国の家族のもとを離れ、遠い異郷に渡り、単純労働分野での外国人技能実習生・労働者として劣悪な条件のもとで酷使された挙げ句に、雇用の調整弁として使い捨てにされ流浪する人々も、ますます数多く生み出されていくであろう。昨今のベトナムなどからの技能実習生の急増と、相次ぐ失踪・自殺などの事実が、そのことを物語っている。

こうして、いつしかこうした国々の地域と民衆も際限のない市場競争至上主義「拡大経済」に呑み込まれ、自立の基盤を失い、独自の進むべき道を閉ざされていく。これこそ凄まじい環境の破壊であり、伝統に根ざした暮らしの破壊でなくて何であろうか。

市場原理至上主義「拡大経済」の枠内に留まっている限り、今、世界の耳目を集めている「一帯一路」構想も、結局は、地球全体を土俵に仕立てた熾烈な市場競争を巻きおこし、この「戦争」に勝ち抜いた強者が弱者を呑み込む、徹底した弱肉強食の世界を新たに再現することになるであろう。わが国がすでに経験した『列島改造論』の後遺症を今もって引きずり苦しんでいる苦い体験からも、このことを心底から危惧する。

二〇一六年開催のG7伊勢志摩サミットに向けて安倍首相が発表した「質の高いインフラ輸出拡大イニシアティブ」(二〇一六年五月二三日)は、さらに露骨に日本の巨大グローバル企業の利権獲得を後押しするものになっている。投資対象をアジアから世界全体に拡大、資源エネルギーなども含む広義のインフラ案件に、今後五年間の目標として約二〇〇〇億ドルの資金などを供給、迅速化のための制度改善や関係機関の体制強化と財務基盤の確保をおこなうとされている。「一帯一路」構想を掲げ、アジアインフラ投資銀行(AIIB)を主導する中国との間で、利権獲得競争がいよいよ熾烈化するにちがいない。

最果ての「辺境」の地を含め、地球まるごと全体を巻き込むこの予測される事態が、あまりにも大がかりで重大であるがゆえに、私たちはこうした時代の潮流に抗して、抗市場免疫の自然循環型共生の本当の意味での「持続可能な」もう一つの道を、今度こそ何としてでも探しもとめなければならない。米中二超大国の覇権争奪が激しさを増す今、私たちはまさにこの二つの道の岐路に立たされている。

市場原理に抗する免疫力のない脆弱な体質をもった、根なし草同然の現代賃金労働者《サラリーマン》。こうした人間によって埋め尽くされた旧来型の社会が世界を覆っている限り、同次元での食うか食われるかの力の対決は避けられず、血みどろのたたかいは延々と続くであろう。市場競争は、地球大の規模でますます熾烈さを極め、世界は終わりのない修羅場と化していく。

こうした社会の危機的状況を作り出している根源を不問に付したまま、如何なる目先の景気浮揚策を施そうとも、それは一時はうわべを糊塗することができたとしても、決して本質的な解決にはつながらない。それどころか、人類を破滅の道へと誘いかねない。今や世界経済の牽引役と期待されている中国も、従来型の市場原理至上主義「拡大経済」とは同根であり、本質的に何ら変わるものではない。「社会主義現代化強国」を掲げ、勢いづいている中国に、いずれ遠からずやってくるその後の結末と、世界経済と民衆の暮らしへの計り知れない衝撃の連鎖を想像するだけでも、こうした危惧の念を単なる取り越し苦労と、一笑に付すわけにはいかないであろう。

今こそ私たちは、一八世紀イギリス産業革命以来、長きにわたって拘泥してきたものの見方・考え方を支配する認識の枠組みを根本から転換しなければならない。そして、新たなパラダイムのもとに、これまでとはまったく次元の異なる視点から社会変革の独自の道を探り、歩みはじめる勇気と覚悟を迫られている。※

これは日本のみならず世界のすべての人々に突きつけられた、避けては通れない二一世紀人類の共通にして最大の課題なのである。そうでないというのであれば、現状を甘受するほかなく、やがて人類は、熾烈な市場競争の果てに、人間同士の醜い争いによって滅びるか、それとも、地球環境の破壊によって亡びるしかないであろう。

こうした世界の現実認識に立つ時、今、私たちにもとめられているのは、飽くなき資本の自己増殖運動、つまり「拡大経済」の要請に応えて、財界および支配権力者が提唱する従来の「東アジア共同体」なるものとは本質的に異なるまったく別次元の、二一世紀の今日にふさわしい、大地に生きる草の根の東アジア民衆の真の連帯、その基礎となり得る理論の探究であることが、はっきりと自覚されてくるのではないだろうか。

※ 拙著『グローバル市場原理に抗する 静かなるレボリューション ―自然循環型共生社会への道―』(御茶の水書房、二〇一三年)の序編「あらためて近代の淵源に立ち返って考える」のなかで、その論拠を歴史的に考察している。

新しい時代への覚醒

あらためてここで重要なこととして特に強調しておきたいことは、前節でとりあげた『中国はここにある』のなかで作者梁鴻《リアン・ホン》も繰り返し述べているように、草の根の私たち自身の主体性と力量をいかにして確立していくのかという、日本の国民にとっても、そして東アジアの民衆にとっても共通のこの重い課題である。民衆自身の主体性の確立。私たちがそれを重視するのは、巨大国家権力上層による駆け引きや取引《ディール》に惑わされ、甘んずることなく、戦争の危機を克服し、新たな時代を切り開くためには、何よりも自国の、そして世界の民衆の主体的かつ創造的な運動と、それを担う民衆そのものの力量の涵養こそが、結局、最終的、決定的な意味を持つという点での一貫した確信から来るものである。それは、本書の第Ⅰ章、第Ⅱ章で見てきた「東アジア世界」の歴史の具体的な展開過程にあらわれた、支配権力と民衆の葛藤から引き出すことのできる教訓であり、確信でもあるのだ。

とどのつまり、民衆の主体的力量如何にすべてがかかっているというこの思想的確信が、「菜園家族」構想というこの二一世紀の新たな未来社会構想の根底に、揺るがぬものとしてあるということなのである。今日の中国の評価も米朝首脳会談の評価もまた、まさに未来におけるこの草の根の民衆の「未発の可能性」への揺るがぬ信頼と確信に基づいて裁断されなければならない。

私たちは浮き沈みする目の前の事象に振り回され、埋没してはいまいか。はるか遠い未来を見つめ、自由奔放に思いを、そして深く思索をめぐらし、明日への豊かな展望を描く地力をいかに高めていくか。このことを今、真剣に考えなければならない時に来ている。

以上述べてきたことを簡潔に表現するならば、依然として今日の世界は、莫大な富を独占する横暴極まりない資本主義の巨大権力上層と、圧倒的大多数を占める草の根の小さき人々との「対立構図」なのである。この「対立構図」は、米朝首脳会談なるものによって決して根本的に変わるものではない。多少の曲折があるにしても、民衆が自らの主体性の確立をなおざりにしたままであるならば、むしろ支配権力主導の上からの急ごしらえのこの首脳会談を契機に、中国の超大国化とも相俟って、韓国・ロシア・日本・EUも絡みながら、地球規模での新たな次元での三つ巴、四つ巴の熾烈な多元的覇権争奪の時代が本格的にはじまり、東アジアをはじめ、世界各地の風土に根ざした人々のささやかな暮らしが根底から破壊されていく危険性が高い、と見るべきではないか。巨大国家権力上層による、欲深い損得勘定のいかにも浅薄な「ディール」に一喜一憂して、情勢を見誤ってはならない。

ここで繰り返し再度確認しよう。「帝国主義」の概念規定のその時どきの解釈によって、圧倒的大多数の民衆とわずか一握りの巨大権力との相剋が、今日の世界においてもなおも依然として主要な基本矛盾であるというこの「対立構図」の真実を、いささかも見失うことがあってはならないのである。

一九世紀旧「東アジア世界」の歴史構造の中、東部モンゴルの一地方で果敢に闘い、ついには家族ともども異国の地へ流刑となって消えていった遊牧民トゥデッブ一家に象徴されるあの悲劇の背後にある「対立構図」は、前近代における清朝皇帝およびモンゴル在地封建領主による二重権力と、遊牧民との対立構図だったのであるが、それは残念ながら今なお二一世紀の現代日本においても、形をかえながらも、アメリカ帝国主義とそれに追従する国内支配権力による二重権力構図となって、連綿として引き継がれている。それは、「東アジア世界」に特殊な根深い歴史的負の遺産であり、その執拗さは驚くべきものと言うほかない。

米朝首脳会談を転機に、ますます複雑化し、混沌に陥っていく今日の世界にあって、必要かつ肝心なのは、今からでも遅くはない、わが国の、そして世界の民衆の暮らし、地域と労働の現実をしっかり見つめ直し、そこから再出発することではないか。それは、今や当たり前のものと思い込まされている、近代特有の根なし草同然の人間の社会的生存形態、すなわち賃金労働者と、それを基礎にした今日の経済・社会のあり方そのものを根源的に問い直し、二一世紀私たち自身の新たな未来社会像の探究に踏み出すことである。二一世紀の第二次「東アジア世界」の第5期における今日の熱き坩堝《るつぼ》こそ、支配権力に代わって民衆自身が主体性を確立し、「東アジア世界」の長きにわたる支配、被支配の「対立構図」を逆転させ、民衆主導の時代を切り開いていく絶好の時と見るべきではないか。

これこそが暗闇に射し込む一筋の光となる。そこから人々の新しい時代への覚醒がはじまるのである。

まさにこうした時に、「東アジア世界」の中心部に位置する人口一四億を擁する巨大中国に、極めて内省的で民衆の心情に寄り添った文学作品、梁鴻の『中国はここにある―貧しき人々のむれ―』があらわれ、中国国内に一定の読者を獲得していることの意味は大きいと言わなければならない。

4　東アジア民衆の主体性の礎を築く――二一世紀の未来社会を展望しつつ

もう一度、思い起こしておこう。「菜園家族」の真髄は、燦々と降りそそぐ太陽のもと大地を耕し、雨の恵みを受けて作物を育て、その成長を慈しむことにある。天体の運行にあわせ、自然のゆったりとした循環の中に身をゆだね、子どもたちも、大人たちも、年老いた祖父母たちも、地域の人々や見知らぬ人々とも互いに助け合い、分かち合い、仲良く笑顔で暮らす。それ以外の何ものでもない。

何はともあれ、根なし草の自己変革からすべてがはじまる

二一世紀における「菜園家族」の創出。そして、それをゆっくりではあっても地域社会の基礎単位として社会の基盤に組み込むことは、それに伴って、社会全体からすれば、純粋な意味での「賃金労働者」が確実に変質しつつ、減少していくことを意味している。このことはただちに剰余価値の資本への転化のメカニズムを揺るがし、資本の自己増殖運動を社会のおおもとから抑制し、次第に資本を衰退へと向かわせていくことになる。これは結果として、第Ⅵ章で述べた「資本の自然遡行的分散過程」を社会の基底部から促していくことにもつながるのである。

つまり、地域住民一人ひとりの日常普段の地道な努力によって成される、人間の本来あるべき正当な生活防衛としての「菜園家族」の創出は、一見地味で緩慢に見えるが、地域に抗市場免疫の自律的世界を拡充していくことであり、ますます強まる資本主義の横暴を社会の基礎から抑制し、資本主義そのものをゆっくり

時間をかけて確実に衰退へと導き、ついには近代を超克する素朴で精神性豊かな自然循環型共生社会への体制転換を着実に促していく原動力になる。したがって、「菜園家族」の創出という一見些細に見える個々人の日常普段の長期にわたる努力の積み重ねが、実は資本主義を根底から超克するという、射程の長い世界史的意義を有する人間的営為であると同時に、風土に根ざした暮らしを願って止まない東アジア民衆の連帯にもつながる重要な意義を持つことを、ここであらためて確認しておきたい。

人類が究極において、大自然界のなかで生存し続けるためには、人間社会の生成・進化を規定している極めて人為的で反自然的な「指揮・統制・支配」の特殊原理を、自然界の摂理ともいうべき「適応・調整」（＝自己組織化）の普遍的原理へと、実に長い年月をかけて戻していかなければならない。このことについては第Ⅶ章ですでに述べてきた。本当の意味での持続可能な自然循環型共生社会の実現とは、まさに、人間社会の生成・進化を律する原理レベルにおいて、この壮大な自然界への回帰と止揚《レボリューション》を成し遂げることにほかならない。

自然観と社会観の分離を排し、両者合一の思想を社会変革のすべての基礎におく

わが国の先駆的思想家であり、『自然真営道』の著者として世に知られる安藤昌益（一七〇三～一七六二）は、江戸幕藩体制のただ中に、出羽国の大館盆地南部に位置する二井田村（現秋田県大館市）に生まれた。昌益の用いる「自然」の一語には、宇宙の全存在の「自《ひと》り然《す》る」自律的自己運動性と、作為の加わらぬ天然性と、権力の加わらぬ無階級性、男女平等性が含意されている。人類の太古には、全員が耕し、平等に暮らした共同社会があったと想定する。そこでは、生態系は自然のままに循環し、人は労働することで自然の治癒力が十分にはたらき、みな無病息災であった。そこにはゆったりとした豊かさがあり、すべては自然のままに上下、貴賤、貧富の差別のない万人直耕の無階級社会であったとして、これを「自然世《じねんのよ》」と名付けた。

こうして自己充足的な集落や村など小単位の自治的農民共同体の社会が、もっとも自然なものとされた。自然観と社会観を分離する考え方を排し、人類始原の自然状態の存在を直感し、確信し、それを自己の理論的全体系の基礎に据えたのである。昌益のまさにこの「自然世」こそ、「菜園家族」を基調とする素朴で精神性豊かな自然循環型共生社会の原形を成すものではないのか。

今からおよそ二六〇年も前に、わが国の風土の中から世界史的にも稀なる独自の思想が生み出されたことに驚かされるとともに、同じこの山河に生きるひとりの人間であることをひそかに誇らしく思う。この思想的伝統を二一世紀の今日の混迷の時代にあってどう受け継ぎ、未来へと創造的に展開できるのか。このささやかな「菜園家族」構想がそのことを探る出発になればと願う。

めざすべき永遠の彼方の「高次自然社会の内実」と、そこへ至る長い実践のプロセス、つまり「静かなるレボリューション」のいわば「静」と「動」のこの両者が、相互に作用をおよぼし合いながら絶えず共進化を遂げていく。まさにこの理念と現実との対立・矛盾の葛藤を通して、さらなる高次の段階へと展開する終わりのない自律的自己運動の総体を、ここでは今日一般に用いられている自然《ネイチャー》と区別して、昌益に学び敢えて「自然《じねん》」と呼ぶことにしよう。この「自然《じねん》」こそが「菜園家族」構想の真髄でもあるのだ。

ＣＦＰ複合社会を経て高次自然社会へ ―― 労働を芸術に高める

この世界に、そしてこの宇宙に存在するものはすべて、絶えず変化する過程の中にある。それはむしろ、変化、すなわち運動そのものが存在であると言ってもいいのかもしれない。第Ⅳ章で述べた「菜園家族」を基調とするＣＦＰ複合社会も、決してその例外ではない。

ここでは、ＣＦＰ複合社会の展開過程を、まず、Ｃ、Ｆ、Ｐ三つのセクター間の相互作用に注目しながら見ていきたい。そして、その側面から、人間の労働とは一体何なのかを問いつつ、その未来のあるべき姿についても同時に考えることにする。

まず、資本主義セクターCの内部において、現代賃金労働者《サラリーマン》と生産手段（自足限度の小農地、生産用具、家屋など）との再結合がすすみ、「菜園家族」への転化が進行していく。家族小経営（「菜園家族」と「匠商家族」）セクターFは、時間の経過とともに増大の一途を辿り、その結果、セクターCにおける純粋な意味での賃金労働者は、漸次、減少していく。

先に第Ⅵ章「『菜園家族』の台頭と草の根の高次創造の世界へ――資本の自然遡行的分散過程――」で見てきたように、国土に偏在していた巨大企業や官庁などが分割・分散され、全国各地にバランスよく配置されることによって、賃金労働者と農民の性格を二重にもつ「菜園家族」の生成はいっそう進展し、全国の隅々にまで広がっていく。こうして自給自足度の高い家族が国土に隈無く広がることと相俟って、巨大企業の分割配置がさらに促進され、企業の規模適正化が確実にすすむ。

その結果、適正規模の工業や流通・サービス産業から成る中小都市を中核に、「菜園家族」のネットワークが森と海を結ぶ流域地域圏《エリア》全域に広がりを見せ、美しい田園風景が次第に国土全体を覆っていくことであろう。その結果、市場競争はおおいに緩和の方向へと向かっていく。こうして資本主義セクターCは、自然循環型共生社会にふさわしい性格に次第に変質する過程を辿っていくことになるであろう。

他方、成長途上にある家族小経営セクターFでは、自然と人間との間の直接的な物質代謝過程が回復し、自然循環型共生のおおらかな生活がはじまる。労働に喜びが甦り、人間の自己鍛錬の過程が深まっていく。自然循環型共生の思想と倫理に裏打ちされた、新しい人間形成の過程がはじまる。「菜園家族」独自のきめ細やかで多様な労働を通じて、人々に和の精神が芽生え、共生の精神によって人々の輪が広がっていく。

このCFP複合社会形成の時代は、おそらく一〇年、二〇年といった短い歳月ではなく、三〇年、五〇年、あるいはそれ以上の長い時代を要することになるのかもしれない。それは、今日人類にとって避けては通れない喫緊の課題となっているエネルギーや資源の浪費抑制や、「二〇五〇年までに世界のCO_2排出量を半減する」という国際目標にも呼応する、重要なプロセスのなくてはならない一翼を担うことになるであろう。

こうした長きにわたる時代の経過のなかで、家族小経営セクターFはますます力をつけて発展していく。それにともなって、資本主義セクターC内部の個々の企業や経営体は、次第に自然循環型共生社会にふさわしい内容と規模に変質を遂げながら、漸次、公共的セクターPに転化・移行していく。やがて、このCFP複合社会の時代の最終段階では、資本主義セクターCはその存在意義を失い、ついには自然消滅し、家族小経営（「菜園家族」と「匠商家族」）セクターFと公共的セクターPの二大セクターから成るFP複合社会（自然循環型共生社会）が誕生する。この時はじめて、資本主義は超克されるのである。それでも、この段階に至ってもなお、「菜園家族」を基調とする家族小経営セクターFが、依然としてこの社会の土台に据えられていることに、かわりはないであろう。

このように、CFP複合社会の長期にわたる展開過程を経て、最終的に成立したF、Pの二大セクターから成るFP複合社会は、さらに長期にわたる熟成のプロセスを経て、ついには人間復活の高次自然社会に到達する。そこでは、階級的権力の象徴である国家は消滅する。この高次自然社会は、はるか遠い未来に到達すべき人類の悲願であり、究極の目標であり、夢でもある。

CFP複合社会の形成からはじまって高次自然社会に到達する、この長いプロセスを貫く特質は、いずれも「菜園家族」がいわば生物個体としての人体における個々の細胞のように、地域社会の最小の基礎単位であり続ける点である。したがって、「菜園家族」が農地と生産用具を含む生産手段との有機的な結合を維持している限り、この家族の構成員である子どもから老人に至る個々人にとっても、自然と人間との間の直接的な物質代謝過程が安定的に確保されることになる。この過程に投入される労働を通じて、人間は自然を変革すると同時に、何よりも人間自身をも変革する条件とその可能性を絶えず保持し続けるであろう。このことは、ＣＦＰ複合社会の形成から高次自然社会に至る全過程を貫く法則である。したがって、社会の細胞である最小の基礎単位が「菜園家族」である限り、この社会は、人間の発達と人間形成を基軸に据えた、これまでには見られなかった優れた社会システムとしてあり続けることが可能になるのである。

生産手段（「菜園」）が家族小経営の基礎にしっかりと組み込まれている限り、「菜園」での労働過程の指揮系統は、労働主体である人間の外部にあるのではなく、労働主体である人間と一体のものであり続ける。したがって「菜園家族」は、まさにこの指揮系統を自らのものとして自己の内部に獲得し続けるであろう。

労働過程を指揮する営みを精神労働とし、それに従って神経や筋肉を動かす労働を肉体労働とするならば、もともと精神労働と肉体労働とは、一人の人間の中に分かち難く統合されていたものである。その両者の分離は、労働する人間から生産手段（農地、生産用具、家屋など）を奪った時からはじまるのであるが、この精神労働と肉体労働の両者の分離こそが、労働から創造の喜びを奪い、労働を忌み嫌う傾向を生み出した。

主体性を失い、苦痛のみを強いられるこうした労働とは対照的に、芸術的創作は疲れや時間の経過さえ忘れさせるほど、人間に喜びをもたらすものである。それは、本来の芸術的創作が精神労働と肉体労働の両者の統一されたものであり、まさにそこに創造の喜びの源泉があるからにほかならない。「菜園家族」構想は、資本主義が生み出した賃金労働者と生産手段（自足限度の小農地、生産用具、家屋など）とのまさにこの分離を「再結合」させることによって、労働過程に指揮する営み、つまり精神労働を取り戻し、肉体労働と精神労働の両者の統一を実現し、労働を芸術にまで高めようとするものなのである。

労働が芸術に転化した時はじめて、人間は、創造の喜びを等しく享受することになるであろう。その時、人間は、市場原理至上主義「拡大経済」のもとで物欲や金銭欲の充足のみに矮小化された価値観から次第に解き放たれ、多元的な価値に基づく多様で豊かな幸福観を形成し、前時代には見られなかった新たな倫理と思想を育んでいくにちがいない。

ＣＦＰ複合社会がどんなに高い水準に達し、さらに人類の夢である高次自然社会に到達したとしても、この社会から家族小経営としての「菜園家族」が消えることはないであろう。「菜園家族」がこの社会の最小の基礎単位であり続けなければならない理由は、まさに人間の労働に本来の喜びを取り戻すために不可欠なものであるからであり、しかも、自然との融合による素朴な精神世界への回帰を実現し、健全で豊かな人間形成にむけて、人間そのものの変革過程を恒常的かつ永遠に保障するものであるからなのである。

人間の変革過程が静止した時、人間は人間ではなくなるであろう。

未来社会を身近に引き寄せる「セクターＣ、Ｆ、Ｐ相互の対立と依存の展開過程」

二〇〇〇年に「菜園家族」構想を提起して以来、私たちのもとにはさまざまな意見が寄せられてきた。その中には、「従来の社会主義理論との違いは何か」、あるいは「資本主義を超克するには、従来の社会主義の道ではだめなのか」といった、これまでの理論的枠組みからすれば当然生ずる自然で率直な疑問も多かった。

ここであらためて確認しておきたいことは、ＣＦＰ複合社会の展開過程を通じて、「菜園家族」が週休（２＋α）日制のワークシェアリング（但し１≦α≦４）のもとに、自己の週労働日を資本主義セクターＣまたは公共的セクターＰでの「勤務」と、家族小経営セクターＦでの「菜園」とに振り分ける形で、社会的生産を担うということである。

やがて、「菜園家族」を基調とする家族小経営セクターＦが隆盛となり、このセクターが増強されてくるにつれて、資本主義セクターＣは、自己の変革を遂げつつ公共的セクターＰに同化・包摂されて、最終的には自然消滅へと向かう。この時、三つのセクターから成るこのＣＦＰ複合社会は、家族小経営セクターＦと公共的セクターＰの二つから成るＦＰ複合社会（自然循環型共生社会）へと進化していく。

つまり、家族小経営セクターＦの「菜園家族」は、ＣＦＰ複合社会の段階において資本主義セクターＣおよび公共的セクターPの社会的生産を担う主体であり、さらに、資本主義セクターCが自然消滅し、より高次のFP複合社会の段階になっても引き続き、公共的セクターPの社会的生産を担う主役の役割を演じ続けることになる。

一九世紀未来社会論の主流を継承する考え方、すなわち生産手段の社会的規模での共同所有を基礎に、社会的規模での共同管理・共同運営を優先・先行させる社会実現の道（A型発展の道）では、二一世紀の今日に至ってもそうなのであるが、旧社会での変革の主体は賃金労働者であり、新しい社会、すなわち社会主義建設期においても引き続き賃金労働者がその役割を果たすとされてきた。このことは、今日においても疑問を挟む余地すらなく当然視されてきた。

これに対して「菜園家族」構想は、その立場をとらない。新しい社会、すなわちより高次のFP複合社会に移行するはるか以前の早い時期、つまり、二一世紀初頭の今日の段階から、旧社会の生産と生活の担い手である賃金労働者そのものの変革を先行させることを重視する。つまり、自らの生産の基盤を失った根なし草同然の賃金労働者が、前近代的農民との人格的再融合を果たすことによって、苛酷なグローバル市場に抗する免疫力を備えた「菜園家族」に止揚、転化する。こうして創出された二一世紀の新たな人間の社会的生存形態、すなわち「菜園家族」が社会の基盤にあまねく組み込まれることによってはじめて、近代は、社会の深層から根本的に超克されると見るのである。

近代すなわち資本主義の軛《くびき》から解き放たれ、水を得た魚のように息を吹き返した「菜園家族」は、自由闊達で創造性豊かな人間的活動が可能となり、やがて主体性を回復して、崩壊寸前の窮地に追い込まれた自らの「地域」の再生へと立ち向かっていくであろう。

一九世紀以来の従来の未来社会論では、人類理想の未来社会は、遥か遠い彼方の極めて抽象的で漠然とした対象である。「菜園家族」構想は、現実社会と未来社会の中間項として「セクターC、F、P相互の対立と依存の展開過程」を設定することによって、未来社会を私たちの身近なところにまで引き寄せて考えることができると見ている。この中間項の展開過程のなかではじめて、個々人の実践がどのような役割を担い、未来社会に具体的にどのように連動していくかがイメージされてくる。その結果、個々人の個別具体的な日常の実践が未来との関連で自覚され、自己の実践そのものが明確な目標のもとに、主体的に絶えず自己変革されていくことになる。まさにこのことが、人間の持続的な鍛錬を可能にするのである。それは、人々の生きる喜びにつながる、豊かな創意性の源泉でもある。

こうしたことは、もちろん個々人のレベルだけでの問題にとどまらない。農業、非農業を問わず、あらゆる家族小経営をはじめ、多種多様な零細・中小企業やその協同組織、そして農山漁村や都市部を問わず、さまざまなレベルでの地域共同体、地方自治体、あるいは労働組合、各種協同組合、その他諸々のＮＰＯなどの非営利団体、さらには営利企業などをも含むすべての社会的組織や団体にまで押し広げて言えることである。

「菜園家族」構想が、現実と未来社会の中間項としてＣＦＰ複合社会を設定したことの意義は、未来社会が遥か遠い非現実的な単なる空想の対象ではなく、まさに現実に直結した実現可能な実践的課題になり得ることを示した点にある。

形骸化した民主主義の現状と「生産手段の再結合」

人類史上、近代に至ってもなお引き継がれてきた根強い「上から目線」の民衆統治の思想。それは、民衆自身にも色濃く反映してきた。前近代のこの思想的土壌を払拭しきれないまま理論化を急いだかつての一九世紀未来社会論の根幹を成す、生産手段の共同所有を基礎に社会的規模での共同管理・共同運営を先行・優先させる社会実現の道（A型発展の道）。この理論に基づき必然的に上層に組織される「高度な」管理・運営に常に影のように付き纏う、中央集権的専制権力への誘惑。今日の立場からこれをいかに克服できるかが、二一世紀の新たな未来社会論に課せられた大きな宿題なのである。

しかしその克服は、至難の業と言うほかない。この問題を解決するためにはまず、基本的には「生産手段の共有化」（A型発展の道）に対峙するところの、まさに「生産手段との再結合」（B型発展の道）、つまり現代賃金労働者《サラリーマン》と生産手段（自足限度の小農地、生産用具、家屋等々）との「再結合」を果たすことによって、二一世紀の今日にふさわしい抗市場免疫の自律的な人間の社会的生存形態（「菜園家族」）を社会の基層から創出し、民衆自身の主体性確立の条件そのものを本当の意味で自らのものにしていくことである。まさにこの現実のプロセスに、専制的権力の跳梁を抑止する、民衆による盤石な本物の民主主義形成の可能性を見出すことができるのではないか。

人類史上長きにわたって「上から目線」の民衆統治をまともに受け、翻弄されてきた圧倒的多数の民衆が、「選挙」に矮小化された「お任せ民主主義」の枠組みに閉じ込められ、民衆運動の本来あるべき創造的で豊かな主体性を喪失していく今日の事態を見る時、本物の民主主義の力量を培うこうしたプロセスの設定こそが大切であることが分かってくる。このことを未来社会へのアプローチのあり方として、本気で考えなければならない時に来ている。

近代を超克するまさに最終段階ともいうべき二一世紀の今日に至ってもなお、形骸化した民主主義の現状を社会上層の統治システムのあり方に矮小化して、そこにその主要な原因を求める議論こそが問題なのである。結局、この専制的権力の跳梁を克服する究極の決め手は、社会の底辺を支える民衆自身が、今日の段階から自らの社会的生存形態を如何にして変革し、自己を、そして自己の主体性を如何にして確立していくかである。それは、ほかでもなく「生産手段との再結合」を梃子に、現代賃金労働者《サラリーマン》自らが如何にして大地に根ざした生活の自律的基盤を獲得していくかにかかっている。二一世紀における民衆の主体性の再構築は、まさにこのことから出発するほかない。二一世紀未来社会論としての「菜園家族」構想の真髄は、このことに尽きると言ってもいいのではないか。

より高次のFP複合社会における生産手段の所有形態をめぐって

さて将来、CFP複合社会の資本主義セクターCが自然消滅へと向かい、家族小経営セクターFと公共的セクターPの二つのセクターから成るより高次のFP複合社会（「菜園家族」基調の自然循環型共生社会）に到達した時、社会の基幹的かつ主要な生産手段の所有の形態と管理運営は、果たしてどのようなものになっているのであろうか。つまりそれは、公共的セクターPの内実、なかんずく生産手段の所有形態のあり方、すなわち巨大企業の国有化や、地方の各種事業体の公有化の問題、さらには各種協同組合、NPOなど多種多様な非営利団体などをどう評価し、どのように位置づけるかといった問題である。

こうした具体的な内容については、それこそはじめから固定的に予見すべき性格のものではない。これこそ、CFP複合社会の実に長期にわたる「C、F、P三つのセクター間相互の対立と依存の展開過程」のなかで、さまざまな経験や試行錯誤を重ねながら、地域住民の草の根の英知と国民的総意に基づいて、その時どきの社会の発展段階に照応した生産手段の所有形態が順次編み出されていくものと見るべきであろう。

このような長期にわたるプロセスの葛藤のなかではじめて、人間は鍛錬され、民主主義の形骸化は克服され、草の根の民衆による真の民主主義の可能性は開かれていく。この苦難のプロセスを避け、急ごしらえの「未来社会」がたとえ一時的に実現できたとしても、それはいずれ脆くも崩れ去っていく運命にある。これは、ソ連、東欧、モンゴルをはじめその他諸々の「社会主義」の過去の歴史的経験と、現在進行中の中国、ベトナムなどにおける「社会主義」の現実から深く学びとった貴重な教訓でもある。

第二次「東アジア世界」の第5期の今日、地球規模での多元的覇権争奪がいよいよ熾烈さを増し、東アジア民衆を苦悩と混迷に陥らせている遠因であり、しかもその根源的で決定的な原因として考えなければならないことは、イデオロギー的評価は別にするとしても、何はともあれ、資本主義の克服をめざしたはずの社会主義の変質と崩壊という、打ち消し難い厳然たる事実があるのではないか。

マルクスは今から一六〇年前、『経済学批判』（原書一八五九年、邦訳大月書店、一九七〇年）の序言で、「…新しい、さらに高度の生産関係は、その物質的存在条件が古い社会自体の胎内で孵化されおわるまでは、けっして古いものにとって代わることはない。」と述べ、新たな高度の生産関係への移行については、その格別な困難性を指摘し、したがって、極めて慎重であるべきことを示唆している。もちろん、これは、社会への人間の能動的役割を軽視し、自然史的法則に従いさえすればそれで済むといった、消極的姿勢を言っているわけではない。むしろそれは、後世の人間が、新たな時代状況のなかで、その困難を乗り越えるために、如何に新たな未来社会構想を編み出していくべきかを、まさに二一世紀に生きる今日の私たちに問いかけているものと見るべきではないのか。

一九世紀の議論のなかで定着していった、資本主義超克の未来社会論としての「A型発展の道」を選択したソ連、東欧、モンゴルなどの社会主義体制が、一九八〇年代から九〇年代初頭にかけて崩壊していった事実は、皮肉にもマルクス自身のこの箴言が的中したとも言えるのではないか。つまり、「古い社会自体の胎内で」、次代の「物質的存在条件が孵化されおわらない」段階で、「A型発展の道」をめざして強引に政治的権力を奪取し、新たな社会の創出の過程で上からの政策を民衆に押しつけ、実行せざるをえなかったソ連をはじめとする社会主義体制が生み出した弊害とその結末としての自滅を、自ら予言した形にもなっているのではないか。

その弊害のなかでも、今日私たちが刮目すべき点は、草の根の民衆の主体性が結局圧殺され、専制的強権体制が肥大化していった事実であろう。それは、先行のこれら社会主義諸国に限らず、現に進行中の中国、ベトナムなどの社会主義諸国が抱え悩んでいる、いわば人類共通の解決しなければならない重い課題でもあるのだ。

私たちは、こうした過去の苦い経験から何を学び、何を教訓とすべきなのか。それは結局、生産手段の社会的規模での共同所有を基礎に、社会的規模での共同管理・共同運営を優先・先行させる「A型発展の道」に対置して、生産手段を失い、根なし草同然となった近代の落とし子ともいうべき賃金労働者が、生きるに必要な最小限の生産手段を自らのもとに取り戻し、「再結合」を果たすことによって、何よりもまず自己の社会的生存形態の変革を成し遂げ、自らが真の主体となって生産と暮らしの場を構築していく「B型発展の道」、すなわち本書で提起してきた二一世紀民衆の未来社会論としての「菜園家族」構想なのである。

これは、一九世紀以来の未来社会論に根本的な転換を迫る問題提起にもなっている。このことを簡潔に要約するならば、二一世紀資本主義の変革において先行すべきは、従来型の「生産手段の社会的共有」ではなく、あくまでも賃金労働者と「生産手段との再結合」が先決であり、そこから民衆自身による社会の根源的変革のプロセスのすべてがはじまるということなのである。

すでに述べてきたように、この構想では、現実社会からめざすべき未来社会に到達するまでのいわば中間項として、CFP複合社会の展開過程を設定している。そして、社会に対する人間の能動的役割を重視し、信頼する立場から、この展開過程をまさに民衆の主体性確立にとってかけがえのない大切なプロセスとして位置づけている。つまり、民衆が主体となって日常の身近な生産と暮らしのなかで直接的に参加する、この長期にわたる「C、F、P三つのセクター間相互の対立と依存の展開過程」は、次代の社会基盤となるべき地域協同組織体「なりわいとも」の多重・重層的な地域団粒構造（第Ⅳ章第3節で詳述）を創出し、熟成させていくプロセスにもなっており、その生き生きとした地域基盤を基礎に、やがて新しい地方自治体が形成され、各地にその広がりを見せながら、新しい時代を切り開いていくのである。

それは、マルクスが先の箴言のなかで、新しい社会への移行には、次代の物質的存在条件が古い社会自体の胎内で十分に孵化されることの必要性を強調していることとも符合していると言えるのではないか。民衆の主体性の成長を蔑ろにし、上からの権力による社会変革に帰着せざるをえなかったかつての一九世紀未来社会論の限界ないし欠陥を克服し、今こその新たな二一世紀民衆の未来社会論としての「菜園家族」構想を深化させていかなければならない時に来ている。

5　国連「家族農業の10年」（二〇一九～二〇二八）が投げかけるもの
――世界の民衆の願いを体現したこの国際運動に「菜園家族」の新たな可能性を見る――

日本では一般にあまりにも知られていないのであるが、二〇一四年は、国連が定めた「国際家族農業年」であった。「人々を養い、地球にやさしく」をキャッチフレーズに、大規模開発による経済発展や農業の企業的大規模経営化の陰で蔑ろにされてきた小規模家族農業を再評価するとともに、それを地域との関わりにおいて捉え、特にそれがコミュニティの社会保障や福祉など適切な政策と結びついた時、これら人々が生きる地域社会の再生にとって、大きな機会をもたらすものとして、その意義を国際的に啓発していこうとする画期的な取り組みであった。

この二〇一四年の「国際家族農業年」を経て、二〇一七年一二月二〇日、第七二回国連総会において、二〇一九～二〇二八年を国連の「家族農業の10年」とすることが全会一致で可決された。コスタリカが発議し、一〇四ヵ国が共同提案国に名を連ねた。

このことは、まさに二〇一九年からのこの一〇年間に、国連が国連加盟国に対して、家族農業を中心とした農業政策の策定を求める啓発活動を行っていくということであり、国連加盟国は、具体的な政策対応を迫られることを意味している。農業の大規模化や効率化、企業化を進める政策から、小規模な家族農業を重視する政策に、国際社会は大きく舵を切ったことになる。

ここで、この国連の「家族農業の10年」の経緯と意義について、こうした国際運動に携わり活躍されてきた関根佳恵氏がまとめた論考「国連の『家族農業の10年』がめざすもの」（農文協ブックレット20『よくわかる国連「家族農業の10年」と「小農の権利宣言」』、小規模・家族農業ネットワーク・ジャパン（ＳＦＦＮＪ）編、農山漁村文化協会、二〇一九年に所収）から掻い摘まんで、以下に紹介したい。

第二次大戦後、経営規模の拡大による効率化や機械化、農薬・化学肥料の投入、新品種の投入、灌漑などによる農業の近代化が先進国、途上国を問わず広く推進されてきた。さらに、一九八〇年代以降の新自由主義的グローバリゼーションと構造政策の時代には、農業の近代化は貿易自由化、規制緩和、農業補助政策の後退と一体的に進められてきた。しかし、一連の政策がもたらした負の側面として、貧富の格差拡大、小規模・家族農業の経営難と高齢化や離農、移民、スラム形成、貧困・飢餓などの問題が指摘されている。特に、一九九〇年代以降は多国籍企業の国際的規制が緩和されるなかで、土地や種子、水などの自然資源をめぐって、多国籍企業や国家による新たな囲い込み（ニュー・エンクロージャー）が起きている。家族農業を営む人びとは、こうした新たな動きに最前線で対峙しており、地域によっては人権侵害や生命の危機にさらされている。

さらに、二〇〇七〜〇八年の世界的な食料危機の発生を受けて、既存の食料・農業政策、農村開発政策のあり方への批判的検討がなされ、それらの政策からの方向転換をはかる気運が国連機関や国連加盟国間で高まってきた。さらに、それに続く世界的金融危機・経済危機により、食料・農業のあり方だけでなく、社会経済システムそのもののあり方を根本的に問い直す動きが世界的に広がった。グローバル化や都市化、国際市場競争、気候変動にくわえて、上記のように土地や種子といった農業の基本的生産要素が企業や国家による包摂の対象になっていることで、家族農業が世界各地で存続の危機に直面していることもまた、国際社会に緊急の行動をせまったかたちだ。

こうして二〇一〇年頃を境に、国連食糧農業機関（FAO）、国際農業開発基金（IFAD）、国連貿易開発会議（UNCTAD）、国連世界食料保障委員会（CFS）などの国際機関は、相次いで家族農業や小規模農業に関する国際会議を開催し、報告書を発表し、それまで国際社会が黙止してきた家族農業の役割と潜在的能力を高く評価し、各国に政策的支援の強化を求めるようになった。

（中略）

なお、家族農業の再評価と支援の気運の高まりは、国連機関のみでなく、農民組織や市民社会の長年にわたるアドボカシー（政策提言）の成果でもある。特にスペインのバスク地方に拠点を置く国際NGOの世界農村フォーラムは、FAO、IFAD、および国連加盟国の政府と連携しながら、二〇〇八年頃からアドボカシーを強化し、二〇一四年の国際家族農業年および二〇一九〜二八年の国連家族農業の10年の設置において主要な役割を果たした。

（中略）

…農業の価値は決してGDPや貨幣的価値に還元しきれるものではなく、命の糧としての食料供給、国土保全や環境保全、生物多様性、景観や伝統文化・遺産の継承といった社会的・環境的価値を含むからだ。特に、今後の農業が進む方向は、貧困や飢餓、気候変動、持続可能な社会への移行において大きな影響力を有しているため、その価値や役割を市場経済の物差しのみで測ろうとすることは大きな誤りである。

このような視点に立てば、家族農業の10年がGDP比1.5％の農林水産業のためにあるのではなく、社会全体、つまり人類だけではなく他の生物や環境を含めた地球全体のための10年だということがわかるだろう。さらには、これから生まれてくる未来世代のための10年だといってもよい。SDGs（国連の持続可能な開発目標）では、「地球を救う機会を持つ最後の世代」として責任ある行動をすることをわれわれに求めている。どのような立場にあっても、家族農業の10年間を当事者として生き、パラダイムが大きく転換する時代と正面から向き合うことが、新しい社会をつくることにつながる。

（関根佳恵「国連の『家族農業の10年』がめざすもの」より抜粋）

引用が少々長くなったが、著者の関根氏は、家族農業をめぐる国際的な運動に直接関わり、こうした世界の重要な潮流を日本に伝えるべく、二〇一七年六月、有志とともに「小規模・家族農業ネットワーク・ジャパン」（SFFNJ）を設立、呼びかけ人代表としてその輪を広げる活動に尽力されていることから、その実感を含めて紹介すべく、間接話法ではなく、直接氏の論考から抜粋させていただいた次第である。

国連の家族農業の10年は、国連総会の決議によって実施が決定されており、すべての国連加盟国が取り組みの責務を負うことになる。その国際運営委員会が設置され、二〇一八年一一月からイタリアの首都ローマで定例委員会が開催された。委員会は、世界七地域（アフリカ、中東、欧州、北米、南米、アジア、南太平洋）から選出される各二ヵ国、合計一四ヵ国、国連三機関（FAO、IFAD、WFP＝国連世界食糧計画）、世界五地域の農民組織から五団体、国際NGO三団体の合計二五の国・組織によって構成されている。二〇一九年五月下旬以降は、具体的な活動の実施と各国における成果の取りまとめ、計画の達成度のモニタリングなどをおこなう予定であるという。家族農業の一〇年間は、今はじまったばかりである。国際的にも大きな意義のあるこの事業が着実に動いていけば、各国、各地域で個々バラバラに行っている家族農業者の努力が一つの方向へと力強く動いていくものと期待される。

世界を席捲してきた多国籍巨大企業・巨大金融資本主導のグローバル市場経済の歪みが露わになり、二一世紀にふさわしい新たな社会経済のあり方が切実に求められている今、国連という場において、大地に根ざして働き生きる小規模家族農業者とその地域の役割と可能性を再評価し、その育成をめざすこうした国際的な知と実践のプラットフォームが築かれてきたこと自体が、大きな意味を持つものであり、刮目すべきことである。

加えて、「小農と農村で働く人びとに関する権利　国連宣言（小農の権利に関する国連宣言）」（前掲農文協ブックレットに、監訳 船田クラーセンさやか、訳者 根岸朋子による全訳が掲載）が、二〇一八年一二月一七日、国連総会において加盟国の七割近い賛成票（一二一ヵ国）を集めて採択された。イギリス、アメリカなどは反対、日本は棄権と、核兵器禁止条約の時と同じように、ここでもまた日本政府は、世界の民衆の願いに背を向けている。とはいえ、二〇年近い積み重ねのなかで、世界の圧倒的多数の小国が賛同し、ここに至ったという事実の重みは極めて大きい。

一九九〇年代初頭、グローバル市場経済の大波に呑まれ、敢えなく砕けていった、あのモンゴル山岳・砂漠の村ツェルゲルにおける、家族小経営を基盤とする新しい遊牧民協同組合ホルショーによる地域再生の試み（第Ⅱ章第4節で詳述）。時代に先駆けたその奮闘と、まさに逆風のなかで強いられた挫折の顛末を思い出す時、家族農業をめぐる今日の国際的な運動の背後には、アジア・アフリカ・ラテンアメリカをはじめ、世界各地のどれだけの民衆の悲痛の涙があったのだろうか、そしてそれこそが、今日のうねりをここまで押し上げてきた紛れもない原動力なのではないかとも想像されてくるのである。

失意のうちにふるさとの村を離れざるをえなかった遊牧民のリーダー・ツェンゲルさんとその家族。あれから二〇年ほどが経過した二一世紀の今、世界のこの新たな潮流を知ったならば、果たしてどのように受けとめるであろうか。自らがかつて描いた家族小経営の確立と地域自立の夢と理想が決して孤立したものではなく、世界の数多の民衆の共通の願いであったことに気づき、打ち拉がれてしまった心を温めるにちがいない。

こうした国際的な潮流を受けとめるならば、日本を想定して練りあげてきた二一世紀未来社会論としての「菜園家族」構想も、決して世界のなかで孤立したものではなく、この新たな国際運動のうねりとも連動しながら、やがてその真価が生かされていく時が到来するのではないかと心強く思っている。

特に日本をはじめ先進工業国においては、ますます激化するグローバル市場競争の中にあって、農業に関わる現場の人々のさまざまな工夫や努力にもかかわらず、以前にも増して家族農業が成立し難い現実に直面し、地域の衰退が深刻化している。一方で、高度経済成長を経て、社会の圧倒的多数を占めるに至った根なし草同然の賃金労働者という近代特有の人間の生存形態、つまり都市住民の生産と暮らしのあり方も行き詰まりを見せている。

「菜園家族」構想は、すでに述べてきたように、都市と農村、現代賃金労働者《サラリーマン》と農民の垣根を取り払い、独自の「菜園家族」型ワークシェアリングによって、労農一体の新しい人間の社会的生存形態、すなわち「菜園家族」を創出し、これを社会の基礎に据え、苛酷なグローバル市場に対峙する抗市場免疫の新たな生活世界の構築をめざす二一世紀の未来社会構想であると同時に、その実現への具体的な政策提言にもなっている。

それは、家族農業に立ちはだかる巨大市場の圧力と侵蝕という困難に打ち克ち、その未発の豊かな可能性を切り開く重要な鍵になるにちがいない。その意味において、これからはじまる国連「家族農業の10年」が予想される困難を乗り越え、実りある展開をしていく上で、欠くことのできない一つの重要な視点を提示するものにもなっているのではないだろうか。

そして同時に、高度に発達した資本主義諸国において、社会の圧倒的多数を占める都市住民にとっては、この国連「家族農業の10年」が提起する課題を、あくまでも自分とは別の、単に農業・農村・農民の枠内だけの問題にとどめて捉え、いわば他人事としてやり過ごすのではなく、むしろ都市住民自らのライフスタイルをどのように再び大地に近づけていくのかという、まさに根源的で長期展望に立った自己変革の問題として真剣に取り組んでいく視点が必要であろう。そして、際限のない「拡大経済」を克服し、二一世紀にふさわしい素朴で精神性豊かな自然循環型共生の新たな社会をどのように構築していくのか、自らの人間存在のあり方に立ち返り、自らの問題として捉えていくことが大切になってくる。

こうしてはじめて、これからはじまる国連「家族農業の10年」は、広く国民共通の課題となるとともに、先進国、途上国双方の草の根の民衆が主体となって、それぞれの足もとの職場や地域から新しい世界を創造する本格的な国際運動の出発になるにちがいない。それは、真の民衆連帯の時代への胎動でもあり、混迷を極める今日の第二次「東アジア世界」の第5期を克服し、新たな「東アジア世界」を築く確たる礎になるであろう。

6　目を未来に見開き、何はともあれ自らの足もとから
——非同盟・中立、非武装・不戦の新生「菜園家族」日本から「東アジア世界」へ——

世界に誇る日本国憲法を有する国民に課せられた千載一遇の名誉ある使命

わが国の歴代の為政者は、日米軍事同盟のもと、第二次「東アジア世界」の第4期から第5期において、長きにわたり沖縄と日本本土にアメリカの軍事基地の駐留を許し、アメリカと一体となって圧倒的強大な軍事力と経済力を背景に、「援助」と称する懐柔策から武力による威嚇または行使に至るあらゆる手段を巧み

に駆使して、この「東アジア世界」とその周縁部（韓国、北朝鮮、ロシア極東、モンゴル、中国、台湾、アフガニスタン、パキスタン、ベトナム、ラオス、カンボジア、タイ、ミャンマー、マレーシア、フィリピン、インドネシアなど）に、一貫して分断と対立を持ち込み、内政に介入し、この地域世界の民衆を攪乱と恐怖の淵に陥れてきた。このことについては、第Ⅱ章第3節の「第二次『東アジア世界』の展開過程と民衆の未発の可能性」、および第5節「民衆による真の東アジア民衆連帯創出の坩堝《るつぼ》」でも見てきたところである。

アメリカとこれに従属する日本の為政者たちが一体となって強制するこの不条理きわまりない脅威は、「東アジア世界」の民衆の自主的で自由な発展にとって、今や看過できない阻害要因、桎梏となっている。私たち国民は、今日のこの事態をあらためて率直に認め、自覚すべき時に来ている。

日米軍事同盟を背景に、「東アジア世界」とその周縁部の全域に広げられたこの新植民地主義、新自由主義的脅威のいわば扇の要に位置し、その震源地ともなっている日本が、今後どのように自らの道を選択し進むかが厳しく問われている。その意味で、何よりも日本における民衆の自覚的な動向が、「東アジア世界」の民衆の命運を左右する決定的なカギになると言ってもいいのではないか。

このような時代にあって、安倍政権は、本年二〇一九年二月二四日、名護市辺野古米軍新基地建設のための埋め立ての賛否を問う沖縄県民投票で、圧倒的多数の「反対」（投票総数の七一・七パーセントにあたる四三万四二七三票）の意思が示されたにもかかわらず、何事もなかったかのように翌日から土砂投入を続行した。口先ではことあるごとに、「沖縄に基地が集中している現状は、到底容認できない」「沖縄の皆さんの心に寄り添い、基地負担の軽減に一つひとつ結果を出していく」と繰り返してきた安倍首相。今回も「県民投票の結果を真摯に受け止める」と平然と言ってのける。言っていることとやっていることが、まったく違う。これほどまでに民主主義が蹂躙され、愚弄されたことが他にあったであろうか。

全県下での投票実現のため、宜野湾市など協力拒否を表明していた五市の首長に参加を求め、一月一五日朝から五日間にわたってハンガーストライキを決行した「『辺野古』県民投票の会」代表の若き元山仁士郎さん（二七歳）は、県民投票後、三月一日に東京都内の日本外国特派員協会で開かれた記者会見で、「いつも沖縄の人びとは無視され、民意はねじ曲げられてきた。本土の一人ひとりが沖縄の明確な民意を踏まえて、基地問題を考えてほしい」と、本土の人々に向かって切々と訴えかけた。そして、同席した玉城デニー知事とともに、日米両政府に対し、結果を厳粛に受け止めて基地建設を中止するよう求めた。

　第Ⅱ章でも触れたように、沖縄は清朝皇帝を基軸とする伝統的な冊封体制の東の縁に位置し、明治政府がこの冊封体制＝旧東アジア世界からの引き離しを狙って、琉球処分を断行（一八七五）して以降、この島々に生きる民衆は、絶えず風土に根ざした独自の暮らしと文化を抑圧され、差別と貧困に喘いできた。そしてついに、アジア・太平洋戦争の最末期の沖縄戦（一九四五）では、国体護持・本土防衛の「捨て石」とされ、県民の約四分の一に当たる一五万人もの犠牲者を出す地獄絵の惨状となった。

　戦後になると、今度は、アメリカのアジア・世界戦略の最前線の拠点に位置づけられ、米軍による分断統治、膨大な基地を残したままの日本復帰（一九七二）、その後も続く米軍戦闘機、ヘリコプター、オスプレイなどの騒音被害や墜落事故、米兵による暴行事件等々、常に日本本土の「経済繁栄」の犠牲を強いられてきた。

　このたびの元山青年の行動とそのことばは、第二次「東アジア世界」の第1期から今日の第5期に至るまでのこの長くて苛酷な沖縄の歴史的体験から絞り出された、島人《しまんちゅ》の悲痛な叫びそのものではないか。支配の不条理に対する深い憤りと自立への願いが込められたこの重い問いかけを、今こそ私たち本土の民衆自身が、文字通り真っ正面から受け止めなければならない。そして、自らが身をもって、思想としての「軍国主義日本」の旧套を敢然と脱ぎ捨て、世界に誇る日本国憲法の前文とその三原則「平和主義」、「基本的人権（生存権を含む）の尊重」、「主権在民」の精神を如何にして現実社会に具現していくのか、真剣に考えなければならない時に来ている。

それはとりもなおさず、本書で提示してきた、週休（2＋α）日制の「菜園家族」型ワークシェアリングを梃子に、近代資本主義を超克する大地に根ざした抗市場免疫の素朴で精神性豊かな自然循環型共生社会への道を誠実に追究することであり、やがてこの新たな社会を基盤に、非同盟・中立、非武装・不戦の新生「菜園家族」日本の誕生へとつなげていくことではないのか。

こうして日本が生まれ変わった時はじめて、東アジア民衆の模範となるべきまさに小国を「東アジア世界」の一角に構築したことになる。これこそが、東アジアの民衆に圧倒的支持と共感をもって迎えられる唯一の道ではないだろうか。ここから東アジア各国、各地域の民衆との真の連帯がはじまるのである。

こうして「東アジア世界」の東端の列島に芽生えたこの小さな芽が見事に育ち、やがて立派に成長していくならば、わが国からさらにこの地域世界の各地へと広がり、色とりどりの花を咲かせていくことであろう。やがて、「東アジア世界」に特有の権力支配の古くて分厚い殻は破られ、長い歴史のなかで幾重もの支配権力に蹂躙されてきたこれまでの古い「東アジア世界」から根本的に解放され、草の根の民衆による民衆のための新たな理念をめざす「東アジア世界」へと生まれ変わっていくにちがいない。まさに世界に誇る日本国憲法、究極の具現化―新生「菜園家族」日本が、素朴で精神性豊かな自然循環型共生の二一世紀「東アジア世界」の構築に先鞭をつけることになる。

その時、この壮大な運動の原動力の役割を果たす、二一世紀未来社会論としての「菜園家族」構想の理念は、わが国一国の問題にとどまらず、いよいよ「東アジア世界」の全域へと波及し、連動していく。こうしてこの理念は、世界史的意義をもったこの崇高な使命を果たしていくことになるであろう。

未来への決断――「令和」の一連の儀式と人為的熱狂の祝賀ムードのなかで

北朝鮮や中国の脅威をことさらに煽り立て、対立と分断の緊迫状況が続けば続くほど、人々は目の前の不安に怯え、心を狭め、過去も将来も考える余裕すら失う。ひたすらその時その時の感情の赴くままに生きようとする刹那主義の罠にはまっていく。そして、未来への夢など、とうの昔に失せていく。つまり、民衆自らが長期的展望に立って、自らの社会のあり方を考える能力を次第に失っていくのだ。あの「令和」の一連の祝賀行事の熱狂、如何にも然《さ》もありなん。

まさにこの未来への夢の喪失、諦念こそが、人間にとって、人類にとって、何よりも恐るべき問題なのではないか。肉体は生きながらえながらも、魂を抜かれ、夢を忘れた抜け殻同然の廃人と化す恐るべき事態に陥っていく。このままでは、人類は、まさに自らの内なる敵によって滅ぼされていくしかない。

人類史上稀に見る今日のこの最悪の事態を克服する道は、結局、民衆自らが今日のこの苦渋に満ちた現実から出発し、近代を根源的に超克する新たな未来への瑞々しい構想力を回復する以外にない。そして、未来を構想するこの新しい力によって、現実を足もとから着実に変えていくのである。かつての一九世紀未来社会論に代わる、大地にしっかり根を下ろし、近代を超克する民衆自身の新たな二一世紀の未来社会論が、今日ほど待たれる時代もないのではないか。

私たちの明日は、権力による皇室の政治利用によって人為的につくり出される虚偽と虚飾、欺瞞と保身の「令和」の時代であってはならない。あくまでも素朴に徹した民衆の誠実の時代でなければならない。

こうした時代の要請に応えて、人間同士がじかに会い、自由奔放、率直に語り合い、切磋琢磨して互いに創造の力を高め合っていく場こそが、第V章で提起した「二一世紀この国と地域の未来を考える 自然《じねん》懇話会」(仮称)なのである。

小さなタンポポに託す未来への夢——「自然《じねん》の世界」のおおらかさへ

今、私たちにもっとも欠けているものは、遠い未来に思いを馳せ、この国と自らの足もとの地域の未来を考えることではなかったのか。そして、身近な友との出会いと、心を開いた自由な語らいではなかったのか。

土地土地の実情に合ったかたちで各地に芽を出す「自然《じねん》懇話会」（略称）は、初めは小っちゃな語らいの集いではあるが、それぞれが独自のやり方を編み出しながら、自らの力で育っていくにちがいない。

地域地域に生まれる「自然《じねん》懇話会」（略称）は、やがて互いに情報を交換し合い、知恵と経験を共有しながら、色とりどりの個性豊かな花々を咲かせ、その輪を広げていくことであろう。これこそが「自然《じねん》」に基づく自律的自己運動の姿なのである。

そんな日がいつかやって来ることを願いつつ、私たち自身も遅ればせながら山あいのこの地で、思いを新たに、この辺境の地にふさわしい独自の「自然《じねん》懇話会タンポポ」なるものを編み出し、スタートさせたいと思う。

凍てつく土の中から芽を出したばかりのこのタンポポは、やがて小さな花を咲かせ、実を結ぶ。白い綿毛をつけた小っちゃな種は、風に乗って四方に飛んでいく。鈴鹿山脈の森を発し琵琶湖に注ぐ犬上川、芹川の川筋に沿って、里山の小道や野辺、あるいは町々の路地に落下し、芽を出し、黄色い可憐な花々を咲かせ、また実を結ぶのである。

度重なる暗雲に意気消沈しながらも、このタンポポに託す小さな夢は、やがて湖北の山野を駆けめぐり、止めどなく広がっていく。

核戦争の脅しに萎縮し、自分を見失ってはならない。主権簒奪者の思う壺である。

一八世紀イギリス産業革命以来、連綿と続いてきた近代。この近代を根源から問い直し、二一世紀の新たな未来社会構想を探究すること。未来のあるべき姿を目指して、日々の自らの足元から確かな礎を一つひとつ積み上げ、何よりもまず、私たち自身の主体性を確立すること。これまで長い間、このことをすっかり忘れ、疎かにしてきたのではなかったのか。

長きにわたって放置してきたこの欠落を埋めることは、そう生易しいことではないが、この課題は、今日の私たちに残された緊急にして最大の宿題なのである。つまり、それは、何ものにも屈しない魂を取り戻すことであり、素朴で精神性豊かな、優しさに溢れる「自然《じねん》の世界」への壮大な回帰と止揚《レボリューション》の道を歩みはじめることなのである。

私事になるが、筆者（小貫）が終戦後、満州から一家一〇人で引き揚げたのは、常陸太田の母の在であった。北茨城の訛りが今なお身に染みて離れない境遇からであろうか、懐かしさも加わり、NHK朝の連続テレビ小説『ひよっこ』（二〇一七年放送）には、釘付けにされた。

このドラマが描く、高度経済成長期初頭の奥茨城と東北。家族を思い、職を求めて故郷を離れ、期待と不安を胸に、集団就職列車に乗って大都市東京をめざす、中学・高校卒業したてのまだ幼さを残す娘たちと息子たち。舞台は農村と大都会を交錯させながら、貧しくともひたむきに生きる時代の精神を丹念に描いていく。

そこには、生活の快適さから生まれる精神の脆弱ではなく、むしろ、生活のつらさから生まれる何ものにも屈しない精神とおおらかさが、人への優しさが、そして良い意味での自尊心がある。

確かにそこにはあった人々の心の良質の部分。それを回復することは、決して夢ではないのだと信じたい。

それがどんな「国家」であろうとも
この「地域」の願いを
圧《お》し潰《つぶ》すことはできない。

歴史がどんなに人間の思考を

顛倒《てんとう》させようとも
人々の思いを
圧し潰すことはできない。

人が大地に生きる限り。

春の日差しが
人々の思いが
やがて根雪を溶かし
「地域」の一つ一つが花開き
この地球を覆い尽くすとき
世界は変わる。

人が大地に生きる限り。

むすび

二〇一九年の六月、参議院選を直前に控え、与野党論戦の論点に老後の資産形成における「二千万円不足」問題が急浮上してきた。

国民が怒っているのは、政府が言ってきた公的年金の「一〇〇年安心」がウソであり、その検証すらすることなく、自分で二千万円を貯めろ、と問題をすり替えていることなのだ。公的年金制度の破綻が、国民の目の前に一気に露呈した形だ。

そんなことはもうとっくに分かっていたことで、この怒りの火にさらなる油を注いでいるのは、このことを長きにわたって押し隠し、その同じ手口で北朝鮮や中国の脅威を煽り立て、トランプ米大統領のいいなりにF35戦闘機やイージス・アショアなどの購入を次々に決め、莫大な軍事費の浪費を国民に押しつけていることではないのか。

本年二〇一九年四月一九日、国立社会保障・人口問題研究所が公表した世帯数に関する推計によれば、一人暮らしをする六五歳以上の高齢者は、二〇四〇年に八九六万三千人となり、二〇一五年より四三・四%増え、全世帯に対する割合は一七・七%になるとされている。一人暮らしの高齢者は、家族によるサポートが受けづらいため、介護や日常生活の支援への需要が高まり、国や自治体の財政へのさらなる圧迫につながりかねない。

こうした単身世帯の増加と同時に懸念されるのが、仕事や社会参加せずに孤立する「ひきこもり」である。

今年の三月末、内閣府は、四〇～六四歳の中高年ひきこもりが全国に約六一万人いるという衝撃的な推計を公表した。

中高年のひきこもりが深刻な社会問題として注目される背景には、バブル崩壊後の一九九三～二〇〇四年ごろに大学や高校を卒業し、社会に出た人口規模の大きい就職氷河期世代（一九七一～七四年生まれの団塊ジュニア世代を含む約二千万人。ロストジェネレーションとも呼ばれる）が、今や三〇代半ば～四〇代後半にさしかかっていることがある。長くひきこもる四〇～五〇代の子どもを、七〇～八〇代の親が支えなければならない、いわゆる「八〇五〇」問題。先立つ親の、わが子を思う心情の切なさ、その子自身の将来不安を思う時、それはあまりにも残酷ではないか。今や多くの人々にとって、決して他人事ではなくなっている。内閣府調査で分かったのは、ひきこもりが子どもや若者のみならず、すべての世代に関わる問題であるということなのだ。

団塊世代（一九四七～四九生まれ）が七五歳以上になる二〇二五年問題は、かねてからよく知られているが、国立社会保障・人口問題研究所の推計によると、六五歳以上人口が最も多くなるのは二〇四二年、七五歳以上人口のピークは二〇五四年とされている。これは、就職氷河期世代が超高齢社会の主役となる時期と重なる。

雇用の非正規化が進み、無業者が増え、さらに就職氷河期世代の中から老後に生活保護を受けざるをえない人口が増えることにもなれば、追加で必要な給付額は累計二〇兆円にものぼると言われている。少子化が進む今、このままでは、現行の社会保障制度は財政面からも困難を極め、いずれ遠からず破綻に追い込まれる。

そして忘れてならないことは、直近の政府統計で、働き手の三八％超（二一五二万人、二〇一八年一〇～一二月）を非正規労働者が占め、その七五％（一六〇三万人、二〇一七年）が年収二〇〇万円未満の極端な低賃金のいわゆるワーキングプアであり、ボーナスの支給は言うまでもなく、何ら身分保障もないまま将来不安に怯えているという現実である。こうして不安定な非正規雇用で働いてきた人が年金を減らされ、自分で何とかしろと放り出されたら、どんなことになるのか。「八〇五〇」問題の悩みの深刻さは、まさにここにある。こうした社会に果たして未来はあるのだろうか。

年金制度の改革をなおざりにして、将来に備えて貯金せよ、投資せよと、当てにもならないその場凌ぎの目先の処方箋を平然と政府が奨めること自体、現実からまったくかけ離れた戯言《たわごと》としか聞こえない。こうした為政者にどんな改革ができるというのであろうか。このまま進んだら、この国の社会はどうなるのか。

就職氷河期世代の親たちの多くは、高度成長期に地方から都市へと出て就職、結婚し、家庭を築いてきた。その子どもたちは、バブル崩壊後、熾烈なグローバル市場競争の渦のなかで、規制緩和による雇用の不安定化と、正規、非正規の分断、「自己責任」の風潮に晒され、孤立し、ひとり立ちすくんでいる。

これは自然災害などでは決してない。政治の不作為である。人為による災害というほかない。

この破綻の根源は何なのか。それは、戦後長きにわたってこの社会に澱《おり》のように溜まった強欲資本主義の病弊そのものではないのか。日本が抱え込んだこの積年の社会の歪みは、未来を生きる若者や子どもたちに重くのしかかっていく。

際限なく噴出してくる問題群の一つひとつの対処に振り回されながら、その都度、絆創膏を貼るといった類《たぐい》のその場凌ぎのいわば対症療法は、もはや限界に来ていることを知るべきである。今、本当に必要なのは、問題が発生する大本《おおもと》のあり方そのものを変えることである。衰弱し切った今日の病んだ社会の体質そのものを根本から変えていく原因療法に、一刻も早く取り組むことではないか。それは、少なくとも一〇年先、二〇年先、三〇年先をしっかり見据え、長期展望のもとに、戦後社会の構造的矛盾の克服を人間の社会的生存形態、すなわち根なし草同然となった賃金労働者そのものを根源的に問い直すことからはじめて、「家族」と「地域」のあるべき姿を見つめ直し、一人ひとりの働き方を根本から変え、地域社会の再生、そしてこの国の社会の再建に根気よく取り組むことではないのか。

こうした努力を着実に重ねていくなかで、公的年金制度そのものについても、この際、何よりも私たち自身のライフスタイルを根本から見直し、この国の未来社会のあり方を見定めながら、日本国憲法第二五条（国民の生存権、国の社会保障的義務）に則って、それこそ包括的、抜本的に考え直さなければならない時に来ているのではないのか。このことについては、本書の第Ⅳ章第4節「『菜園家族』を土台に築く円熟した先進福祉大国 ―― 近代を超克する新たな社会保障制度を探る―」で試論を展開してきたところである。

公的年金制度のあり方を社会の根本から見直すというこの焦眉の国民的課題を、政権党にとって「選挙」に不都合であるからといってうやむやにし、またもや先延ばしにすることはもはや許されない。

思えば、長きにわたって人々を愚弄してきた欺瞞と偽りの選挙制度のもとで、私たちはあまりにも「選挙」だけに頼る「政治」に安易に幻想を抱き続けてきたのではなかったのか。

「アベノミクス」なるものの実体のない甘言に浮き足立ち、騙されても、それでもまた繰り返し騙される。人々はそんな不甲斐なさに打ち拉《ひし》がれ、どうしようもない無力感と政治不信に陥っていく。何とも不条理で不気味な時代に突き進んでいく。

かくも歪曲された「政治」のあり方を民主主義と思い込み、この両者を根本から履き違えてきたのではなかったのか。今こそ覚悟を決め、思考停止と「お任せ民主主義」から抜け出さなければならない時に来ている。

自らの頭で自由奔放に考え、他者を尊重し、粘り強く対話を重ね、めざすべき二一世紀の未来像を模索し、共有する。この長期にわたる苦難と試練のプロセスの中からこそ、自らの力量を涵養し、自らの手で、自らの未来を切り拓くことができるのではないか。これこそが民主主義の真髄ではなかったのか。

諦めてはならない。私たちの本当の歴史は、今、ここからはじまろうとしている。未来のあるべき理念と現実世界との絶えざる対話と葛藤を通して、研究と実践のより高次の段階へと展開する終わりのない認識の自律的自己運動の総体を、安藤昌益に学び、ここでは「自然《じねん》」として捉え、「二一世紀この国と地域の未来を考える 自然《じねん》懇話会」（仮称）のネットワークの構築とその緊急性を第Ⅴ章で敢えて喚起したのも、戦後七〇数年が経った今なお、草の根の本物の民主主義が育っていない現実をあらためて痛感させられたからにほかならない。

今日の政治の堕落とそれを許してきた私たち社会の混迷の根源的原因のすべてが、まさにそこに凝縮されている。本物の民主主義の復権、そして二一世紀のあるべき未来像をもとめて止まない人々の対話の一角に、ささやかながらも本書が加わることができればこんな嬉しいことはない。

こうしたことは、わが国だけの問題ではない。グローバル市場原理のもと、過酷な競争経済が世界を席捲して二五年あまりが経過した今、その歪みが世界各地で噴出している。グローバル多国籍巨大企業や金融資本に莫大な富が集中する一方で、各地の風土に根ざした人々のささやかな暮らしは破壊されていく。その荒波は、開発途上国のみならず、先進工業国自身の国内産業、庶民の暮らしをも容赦なく侵蝕した。先進国の多くの人々が、従来の延長線上に約束されていたはずの「豊かな暮らし」から滑り落ちていったのである。

その不満と不安から、アメリカ、EU諸国、ロシアをはじめ、世界各地の大衆の間で偏狭な「愛国心」、排他的ナショナリズムが醸成され、これを背景に大衆迎合的な新興政党が台頭し、「強いリーダー」出現の待望と支持が広がりを見せている。二〇一七年一月の「米国第一主義《アメリカ・ファースト》」を掲げるトランプ氏の大統領就任は、こうした世界的傾向の結末的象徴であるとも言えよう。

今、世界の多くの民衆は、生活基盤を根底から切り崩され、先行きの見えない日々に苛立っている。先進諸国に顕在化している大衆の不満を背景にした排他的志向も、その醜い対立も、その真の原因を突きつめていくならば、結局、今日の耐えがたい閉塞感を根源から打開する新たな未来への指針、つまり、従来の一九世紀未来社会論に代わる新たな展望と理論の不在に遠因があることに気づくはずだ。

ソ連型社会主義体制の崩壊後、この混沌とした海図なき世界にあって、生きる希望となる二一世紀にふさわしい私たち自身の新たな未来社会論とは一体どのようなものであるのかを、今私たちが置かれている社会の現実から出発して、一人ひとりが自らの頭で考え、自らの言葉で自由に語り合い、創造していくことが切実に求められている所以である。それこそが、私たち世界の民衆に課せられた、緊急にして避けてはならない共通の課題となっているのである。

たとえ今日、若者たちが日夜体制側からの一方的な情報の洪水に晒されていたとしても、得体の知れない頑迷固陋な権威主義に囚われることなく、自由闊達な議論の場、そして自由奔放に思索をめぐらす場さえ、わずかなりとも得られるものならば、今日の若者たちもきっと真綿締めの苦悶に耐え、若さの特権とも言うべき自己の「未発の可能性」を存分に発揮するにちがいない。個々人のレベルにおいても、組織や制度のレベルにおいても、こうした若者たちにはだかる古色蒼然たる分厚い壁をせめても取り除くことが、それをつくりあげてきた大人たち自らの責務ではないのか。これこそが今日、若者たちとともに手を携えて生きるということの本当の意味であろう。

残念ながら今日では、この分厚い壁が個々人のレベルにおいても、既存のあらゆる組織や制度においても、頑として立ちはだかっている。奇妙なことに今日の若者たちは、一見華やかで自由に見える社会にありながら、実のところ内面では、かつての時代とは全く別次元で異質の、しかも人間の温もりから隔絶された陰湿で冷ややかな独房としか譬えようのない新たな苦難の中に、大なり小なり放置されたままなのである。

長きにわたる閉塞状況から忌まわしい反動の時代へとずるずると急傾斜していく中、それでも怒りを堪《こら》え、じっと耳を澄ませば、新しい時代への鼓動が聞こえてくるではないか。たとえそれが幽かであっても、信じたいと思う。そして対話への希望も、その意義も、未来への光もそこに見出したいのである。

本書で縷々《るる》確認してきたことであるが、二一世紀における東アジア民衆連帯（やがて高次の東アジア民衆協同体へと止揚）の構築は、「東アジア世界」の外からのグローバル市場経済の不条理な侵蝕を防御し、域内の各国、各地における自主的で自由な展開を促し、究極において、資本主義を超克する「菜園家族」を基調とする素朴で精神性豊かな自然循環型共生社会への転換と、その独自の発展を保障する、いわば民衆自らの手による抗市場免疫の強靱な国際環境を築くことを意味している。

その実現は、現実的にはさまざまな理由から苦難の道が予想されるのであるが、事実に基づかない偏見や虚偽の応酬が横行し、この地域世界がますます混迷を深めている時だけに、何よりもまず研究者が、そして「職場」や「地域」の一人ひとりが、国境や民族の障壁を越え、自覚的に交流を地道に進め、冷静に対話し、現実を直視し、各国、各民族の民衆との相互理解を深めていくことが求められているのではないか。こうした努力を積み重ねることは、東アジアをはじめ、世界の民衆連帯の創出に先鞭をつける大切な使命を果たしていくことにもなるであろう。

このような趣旨からも、まさに二〇一九年からはじまる国連「家族農業の10年」とも相俟って、二一世紀世界に新たな民衆運動の潮流が静かに、だが力強く動きはじめようとしていることに希望の光を見るのである。

本書をまとめるにあたっては、実に多くの方々からご助言を仰ぐことになった。この場を借りてお礼を申し上げたい。本書の骨格を成す「菜園家族」構想については、二〇年近く前の当初から、藤岡惇さん（立命館大学経済学部名誉教授）と、今は亡き森岡孝二さん（関西大学経済学部名誉教授）のお二人から、一貫してご教示と励ましのことばをいただいてきた。ここに記して感謝申し上げます。

末尾になったが、本の泉社編集部の杵鞭真一さんをはじめスタッフのみなさんには、前著『菜園家族レボリューション――日本国憲法、究極の具現化――』（二〇一八年二月刊）に引き続き、たいへんお世話になった。『季論21』の編集長としても多岐にわたる論考を世に出し、幅広い意見交流の場の創造に尽力されてきた社長の新船海三郎さんには、拙稿を快く受け入れ、出版へと漕ぎ着けていただいた。心よりお礼申し上げる次第である。

未来を語るが故にあまりにも未完のままに終わった本書であるが、そのことがかえって明日を熱く語り合うせめてもの契機になればと願っている。

二〇一九年八月一七日
琵琶湖畔 鈴鹿山中、里山研究庵Ｎｏｍａｄにて
朔北への思い止み難し
さざ波清き渚なれば

小貫 雅男
伊藤 恵子

引用・参考文献一覧（一部映像作品を含む）

はしがきにかえて

日本戦没学生記念会 編『新版 きけ わだつみのこえ―日本戦没学生の手記』岩波文庫、一九九五年

同会 編『新版 第二集 きけ わだつみのこえ―日本戦没学生の手記』岩波文庫、二〇〇三年

第Ⅰ章

小貫雅男「モンゴル近現代史研究の視点（一）―わが国におけるモンゴル史研究の批判と反省―」『歴史評論』２８２号（特集「アジア研究の再検討」）、校倉書房、一九七三年

小貫雅男「モンゴル近現代史研究の視点(二)―わが国におけるモンゴル史研究の批判と反省―」『歴史評論』２８３号、校倉書房、一九七三年

小貫雅男「モンゴル近現代史研究の視点（三）―わが国におけるモンゴル史研究の批判と反省―」『歴史評論』２９５号（特集「近代アジアと日本」）、校倉書房、一九七四年

矢野仁一『近代蒙古史研究』弘文堂、一九二五年

西嶋定生「総説」および「皇帝支配の成立」『岩波講座・世界歴史』第４巻、岩波書店、一九七〇年

旗田巍「10―21世紀の東アジアと日本」『岩波講座・日本歴史』第４巻、岩波書店、一九七一年

霜田正次 他『沖縄』岩波新書、一九七〇年

鈴木智夫「中国における国権主義的外交論の成立」『歴史学研究』４０４号、青木書店、一九七四年

小貫雅男「モンゴル革命把握の前提―モンゴル近代史の位置づけと東アジア―」『歴史学研究』４１０号（特集「ロシア周辺

の革命（Ⅱ）」）、青木書店、一九七四年
遠山茂樹「世界史把握の視点」『歴史像再構成の課題』御茶の水書房、一九六九年
佐口透「一九世紀中央アジア社会の変容」『岩波講座・世界歴史』第21巻、岩波書店、一九七一年
Ш. Нацагдорж, Халхын Түүх, Улаанбаатар, 1963
БНМАУ-ын Түүх II, Улаанбаатар, 1968
Ш. Нацагдорж, Сум, Хамжлага, Шавь Ард, Улаанбаатар, 1972
Б. Ширэндэв, Монгол Ардын Хувьсгалын Түүх, Улаанбаатар, 1969
Б. Ширэндэв, БНМАУ-ын Шинжлэх Ухаан, Дээд боловсролын хүрээлэн, Феодалтай тэмцэж явсан Аюушийн Түүх, Улаанбаатар, 1959
Ш. Нацагдорж, То Вангийн Сургааль, Улаанбаатар, 1968
小貫雅男『モンゴル現代史』山川出版社、一九九三年

第Ⅱ章

中村義「洋務運動と改良主義」『岩波講座・世界歴史』第22巻、岩波書店、一九六九年
江口朴郎『帝国主義と民族』東京大学出版会、一九七一年
БНМАУ-ын Түүх II, Улаанбаатар, 1968
佐口透「一九世紀中央アジア社会の変容」『岩波講座・世界歴史』第21巻、岩波書店、一九七一年
Ш. Нацагдорж, Халхын Түүх, Улаанбаатар, 1963
Ш. Нацагдорж, Сум, Хамжлага, Шавь Ард, Улаанбаатар, 1972
佐藤信・五味文彦・高埜利彦・鳥海靖 編『詳説日本史研究』山川出版社、二〇一七年
木村靖二・岸本美緒・小松久男 編『詳説世界史研究』山川出版社、二〇一七年

遠山茂樹「東アジア歴史像の検討」『歴史像再構成の課題』御茶の水書房、一九六九年
榎森進『アイヌ民族の歴史』草風館、二〇〇七年
比根屋照夫『自由民権思想と沖縄』研文出版、一九八二年
比根屋照夫『近代沖縄の精神史』社会評論社、一九九六年
比根屋照夫『戦後沖縄の精神と思想』明石書店、二〇〇九年
久保田文次・今井駿・田中正俊・野沢豊『中国現代史』山川出版社、一九八四年
糟谷憲一・並木真人・林雄介『朝鮮現代史』山川出版社、二〇一六年
原田敬一『日清戦争』（戦争の日本史19）吉川弘文館、二〇〇七年
山田朗『世界の中の日露戦争』（戦争の日本史20）吉川弘文館、二〇〇七年
伊香俊哉『満州事変から日中全面戦争へ』（戦争の日本史22）吉川弘文館、二〇〇七年
吉田裕・森茂樹『アジア・太平洋戦争』（戦争の日本史23）吉川弘文館、二〇〇七年
南塚信吾『「連動」する世界史―19世紀世界の中の日本―』（シリーズ 日本の中の世界史）岩波書店、二〇一八年
木畑洋一『帝国航路《エンパイアルート》を往く―イギリス植民地と近代日本―』（シリーズ 日本の中の世界史）岩波書店、二〇一八年
油井大三郎『平和を我らに（Give peace a chance）―越境するベトナム反戦の声―』（シリーズ 日本の中の世界史）岩波書店、二〇一九年
Б. Ширэндэв, Монгол Ардын Хувьсгалын Түүх, Улаанбаатар, 1969
Б. Ширэндэв, БНМАУ-ын Шинжлэх Ухаан, Дээд боловсролын хүрээлэн, Феодалтай тэмцэж явсан Аюушийн Түүх, Улаанбаатар, 1959
小貫雅男『遊牧社会の現代―モンゴル・ブルドの四季から―』青木書店、一九八五年
小貫雅男『モンゴル現代史』山川出版社、一九九三年
映像作品『四季・遊牧―ツェルゲルの人々―』小貫雅男・伊藤恵子共同制作（三部作全六巻・七時間四〇分）、大日、一九九八年

伊藤恵子「遊牧民家族と地域社会 ―砂漠・山岳の村ツェルゲルの場合―」滋賀県立大学人間文化学部研究報告『人間文化』第3号、一九九七年
村井宗行「1990年代モンゴルの政治と経済―1990年代モンゴルをどのように評価するか―」『モンゴル研究』第18号、モンゴル研究会（大阪）、二〇〇〇年
村井宗行「エンフバヤル政権の性格 ―2000～2004年―」『モンゴル研究』第24号、モンゴル研究会、二〇〇七年
今岡良子「2002年夏のツェルゲルーゾドの後はゴールドラッシュ、首都ラッシュ―」『モンゴル研究』第20号、モンゴル研究会、二〇〇二年
山本裕子「バヤンホンゴル県バットツェンゲル家滞在記2002年」『モンゴル研究』第20号、モンゴル研究会、二〇〇二年
長沢孝司・今岡良子・島崎美代子・モンゴル国立教育大学ソーシャルワーク学科 編著『モンゴルのストリートチルドレン ―市場経済化の嵐を生きる家族と子どもたち―』朱鷺書房、二〇〇七年

第Ⅲ章・第Ⅳ章

小貫雅男・伊藤恵子「序編 あらためて近代の淵源に立ち返って考える」『グローバル市場原理に抗する 静かなるレボリューション―自然循環型共生社会への道―』御茶の水書房、二〇一三年
（1）一九世紀イギリスにおける恐慌と新たな時代への胎動
（2）一九世紀、思想と理論の到達点
（3）一九世紀に到達した未来社会論
小貫雅男・伊藤恵子『菜園家族の思想―甦る小国主義日本―』かもがわ出版、二〇一六年
アドルフ・ポルトマン『人間はどこまで動物か』岩波新書、一九六一年
時実利彦『人間であること』岩波新書、一九七〇年
三木成夫『胎児の世界』中公新書、一九八三年
久米邦武 編修・田中彰 校訂『特命全権大使米欧回覧実記』全五冊、岩波文庫、一九七七～一九八二年

田中彰『小国主義―日本の近代を読みなおす―』岩波新書、一九九九年
日高六郎『戦後思想を考える』岩波新書、一九八〇年
玉野井芳郎『生命系のエコノミー―経済学・物理学・哲学への問いかけ―』新評論、一九八二年
ポール・エキンズ 編著、石見尚ほか 訳『生命系の経済学』御茶の水書房、一九八七年
アンドレ・ゴルツ 著、杉村裕史 訳『資本主義・社会主義・エコロジー』新評論、一九九三年
石見尚『農系からの発想―ポスト工業社会にむけて』日本経済評論社、一九九五年
マレイ・ブクチン 著、藤堂真理子ほか 訳『エコロジーと社会』白水社、一九九六年
ジェイムズ・ロバートソン 著、石見尚・森田邦彦 訳『21世紀の経済システム展望―市民所得・地域貨幣・資源・金融システムの総合構想―』日本経済評論社、一九九九年
デビット・コーテン 著、西川潤 監訳『ポスト大企業の世界―貨幣中心の市場経済から人間中心の社会へ―』シュプリンガー・フェアラーク東京、二〇〇〇年
宇沢弘文『社会的共通資本』岩波新書、二〇〇〇年
広井良典『定常型社会―新しい「豊かさ」の構想』岩波新書、二〇〇一年
藤岡惇「平和の経済学―〈くずれぬ平和《ディープ・ピース》〉を支える社会経済システムの探求」『立命館経済学』第54巻 特別号、立命館大学経済学会、二〇〇五年
山森亮『ベーシック・インカム入門―無条件給付の基本所得を考える―』光文社新書、二〇〇九年
レスター・ブラウン 著、日本語版編集協力 環境文化創造研究所『プランB4.0―人類文明を救うために』ワールドウォッチジャパン、二〇一〇年
セルジュ・ラトゥーシュ 著、中野佳裕 訳『経済成長なき社会発展は可能か?―〈脱成長《デクロワサンス》〉と〈ポスト開発〉の経済学』作品社、二〇一〇年
勝俣誠、マルク・アンベール 編著『脱成長の道―分かち合いの社会を創る―』コモンズ、二〇一一年
内橋克人『共生経済が始まる―人間復興の社会を求めて』朝日文庫、二〇一一年

ジュリエット・B・ショア 著、森岡孝二監訳『プレニテュード―新しい〈豊かさ〉の経済学―』岩波書店、二〇一一年
池田清『災害資本主義と「復興災害」―人間復興と地域生活再生のために―』水曜社、二〇一四年
尾関周二『多元的共生社会が未来を開く』農林統計出版、二〇一五年
マルクス 著、訳・解説 手島正毅『資本主義的生産に先行する諸形態』国民文庫、一九七〇年
マルクス『資本論』(一)～(九)岩波文庫、一九七〇年
カール・ポラニー 著、吉沢英成・野口建彦・長尾史郎・杉村芳美 訳『大転換―市場社会の形成と崩壊―』東洋経済新報社、一九七五年
カール・ポランニー 著、玉野井芳郎・栗本慎一郎 訳『人間の経済Ⅰ―市場社会の虚構性―』岩波書店、二〇〇五年
カール・ポランニー 著、玉野井芳郎・中野忠 訳『人間の経済Ⅱ―交易・貨幣および市場の出現―』岩波書店、二〇〇五年
尾形仂 校注『蕪村俳句集』岩波文庫、一九八九年
記録映像番組『ふるさとの伝承』(各回40分)、NHK教育テレビ、一九九五～一九九九年放送
農文協各県編集委員会 編『日本の食生活全集』(全五〇巻)農山漁村文化協会、一九八四～一九九三年
河井智康『日本の漁業』岩波新書、一九九四年
稲本正『森の博物館』小学館、一九九四年
小貫雅男・伊藤恵子『森と海を結ぶ菜園家族―21世紀の未来社会論―』人文書院、二〇〇四年
松好貞夫『村の記録』岩波新書、一九五六年
吉川洋『高度成長―日本を変えた六〇〇〇日―』読売新聞社、一九九七年
大門正克・岡田知弘ほか編『高度成長の時代2 過熱と揺らぎ』大月書店、二〇一〇年
田中角栄『日本列島改造論』日刊工業新聞社、一九七二年
大野晃『山村環境社会学序説―現代山村の限界集落化と流域共同管理―』農山漁村文化協会、二〇〇五年
岩田進午『土のはなし』大月書店、一九八五年

河原温『中世ヨーロッパの都市世界』（世界史リブレット23）山川出版社、一九九六年
祖田修『都市と農村の結合』大明堂、一九九七年
金岡良太郎『エコバンク』北斗出版、一九九六年
加藤敏春『エコマネー』日本経済評論社、一九九八年
藤井良広『金融NPO―新しいお金の流れをつくる』岩波新書、二〇〇七年
井上有弘「欧州ソーシャル・バンクの現状と信用金庫への示唆」『金融調査情報』19-11、信金中央金庫総合研究所、二〇〇八年三月
大江正章『地域の力―食・農・まちづくり』岩波新書、二〇〇八年
田中洋子・広井良典「拡大成長の呪縛をどう断ち切るか―地球資源・人的資源の決定的限界に向き合う」『世界』二〇一四年三月号（特集「『脱成長』への構想」）、岩波書店
広井良典『日本の社会保障』岩波新書、一九九九年
神野直彦『人間回復の経済学』岩波新書、二〇〇二年
神野直彦『地域再生の経済学―豊かさを問い直す』中公新書、二〇〇二年
後藤道夫・布川日佐史・福祉国家構想研究会 編『失業・半失業者が暮らせる制度の構築―雇用崩壊からの脱却』（シリーズ新福祉国家構想3）大月書店、二〇一三年
二宮厚美・福祉国家構想研究会 編『福祉国家型財政への転換―危機を打開する真の道筋』（シリーズ 新福祉国家構想4）大月書店、二〇一三年
岡﨑祐司・福祉国家構想研究会 編『老後不安社会からの転換―介護保険から高齢者ケア保障へ』（シリーズ 新福祉国家構想6）大月書店、二〇一七年
藤岡惇『グローバリゼーションと戦争―宇宙と核の覇権めざすアメリカ』大月書店、二〇〇四年
藤岡惇「米国戦略との一体化は宇宙戦争と新型核戦争を招く」『季論21』二〇一五年秋号（特集「軍学共同の現在」）、本の泉社
栗田禎子「『集団的自衛権』問題の正体―『集団的帝国主義』の時代の日本型ファシズム―」『歴史学研究』927号、青木書店、二〇一五年

藤田進「第二次世界大戦後中東を貫く米軍介入とアラブの民衆の苦悩」『季論21』二〇一五年秋号、本の泉社
岡倉古志郎『死の商人』新日本新書、一九九九年
益川敏英『科学者は戦争で何をしたか』集英社新書、二〇一五年
池内了『科学者と軍事研究』岩波新書、二〇一七年
山室信一『憲法9条の思想水脈』朝日新聞出版、二〇〇七年
渡辺治・福祉国家構想研究会 編『日米安保と戦争法に代わる選択肢 ―憲法を実現する平和の構想』（シリーズ 新福祉国家構想5）大月書店、二〇一六年
伊藤真・神原元・布施祐仁『9条の挑戦 ―非軍事中立戦略のリアリズム』大月書店、二〇一八年
M・K・ガンディー『真の独立への道』岩波文庫、二〇〇一年
サティシュ・クマール 著、尾関修・尾関沢人 訳『君あり、故に我あり―依存の宣言―』講談社学術文庫、二〇〇五年
石井一也『身の丈の経済論 ―ガンディー思想とその系譜』法政大学出版局、二〇一四年
阿波根昌鴻『米軍と農民―沖縄県伊江島―』岩波新書、一九七三年
阿波根昌鴻『命こそ宝―沖縄反戦の心―』岩波新書、一九九二年
記録映画『教えられなかった戦争・沖縄編 ―阿波根昌鴻・伊江島のたたかい―』監督 高岩仁、企画・制作・著作 映像文化協会、一九九八年
NHK取材班 編著『日本人は何を考えてきたのか』明治編・大正編・昭和編、NHK出版、二〇一二～二〇一三年
中江兆民 著、桑原武夫・島田虔次 訳・校注『三酔人経綸問答』岩波文庫、一九六五年
『田中正造全集』全一九巻・別巻一、岩波書店、一九七七～一九八〇年
油井正臣『田中正造』岩波新書、一九八四年
小松裕『田中正造―未来を紡ぐ思想人』岩波現代文庫、二〇一三年
三浦一夫・飯田進『東アジア共同体構想と日本国憲法・田中正造のアジア認識』下町人間総合研究所、二〇〇八年

飯田進「戦いは昔のこととされ我人―田中正造の平和思想」『法学館憲法研究所報』第10号、ＨｕＲＰ出版、二〇一四年
ドラマ『足尾から来た女』（前編・後編）脚本 池端俊策、演出 田中正、ＮＨＫ総合テレビ、二〇一四年一月一八日・一月二五日放送
内村鑑三『後世への最大遺物　デンマルク国の話』岩波文庫、一九四六年
鈴木範久『内村鑑三』岩波新書、一九八四年
鈴木範久 編『内村鑑三選集』全八巻・別巻一、岩波書店、一九九〇年
藤岡惇「デンマークに学ぶ非暴力的な社会変革の道」『立命館経済学』第62巻第5・6号、立命館大学経済学会、二〇一四年

第Ⅴ章

安藤昌益「稿本 自然真営道」『安藤昌益全集』（第一巻〜第七巻）、農山漁村文化協会、一九八二〜一九八三年
川人博『過労自殺』岩波新書、一九九八年
宮本みち子『若者が〈社会的弱者〉に転落する』洋泉社新書、二〇〇二年
森岡孝二『働きすぎの時代』岩波新書、二〇〇五年
ＮＨＫスペシャル・ワーキングプア取材班 編『ワーキングプア―日本を蝕《むしば》む病―』ポプラ社、二〇〇七年
湯浅誠『反貧困―「すべり台社会」からの脱出』岩波新書、二〇〇八年
今野晴貴『ブラック企業―日本を食いつぶす妖怪』文春新書、二〇一二年
森岡孝二『過労死は何を告発しているか―現代日本の企業と労働』岩波現代文庫、二〇一三年
森岡孝二『雇用身分社会』岩波新書、二〇一五年
長坂寿久『オランダモデル―制度疲労なき成熟社会―』日本経済新聞社、二〇〇〇年
熊沢誠『女性労働と企業社会』岩波新書、二〇〇〇年
熊沢誠『リストラとワークシェアリング』岩波新書、二〇〇三年

田中洋子「ドイツにおける時間政策の展開」『日本労働研究雑誌』第619号、二〇一二年
熊沢誠『労働組合運動とはなにか―絆のある働き方をもとめて』岩波書店、二〇一三年
塩見直紀『半農半Xという生き方』ソニー・マガジンズ、二〇〇三年
河野直践「〈半日農業論〉の研究―その系譜と現段階」『茨城大学人文学部紀要』第45号、二〇〇八年
河野直践『人間復権の食・農・協同』創森社、二〇〇九年
ビル・トッテン『「年収6割でも週休4日」という生き方』小学館、二〇〇九年
蔦谷栄一『未来を耕す農的社会』創森社、二〇一八年
岡庭一雄・岡田知弘「住民自治を生かした地域経済の発展」『経済』二〇一四年十一月号（特集「地域再生の対抗軸」）、新日本出版社
中山徹「人口減少社会に向けた国土計画のあり方」『経済』二〇一四年十一月号（特集「地域再生の対抗軸」）、新日本出版社
石母田正「村の歴史・工場の歴史」『歴史評論』第三―一号、一九四八年
高田雅士「1950年代前半における『知識人と民衆』―国民的歴史学運動指導者奥田修三の『自己変革』経験から―」『歴史学研究』970号、績文堂出版、二〇一八年

第Ⅵ章

現代技術史研究会 編『徹底検証　21世紀の全技術』藤原書店、二〇一〇年
池内了『科学と人間の不協和音』角川書店、二〇一二年
山田慶児『制作する行為としての技術』朝日新聞社、一九九一年
E・F・シューマッハー著、小島慶三・酒井懋 訳『スモール・イズ・ビューティフル―人間中心の経済学―』講談社学術文庫、一九八六年
サティシュ・クマール 著、尾関修・尾関沢人 訳『君あり、故に我あり―依存の宣言―』講談社学術文庫、二〇〇五年

大友詔雄「原子力技術の根本問題と自然エネルギーの可能性」(上)(下)『経済』二〇一二年七月号・八月号、新日本出版社
尾関周二「脱原発・持続可能社会と文明の転換―〈農〉を基礎にしたエコロジー文明へ」『季論21』二〇一二年冬号、本の泉社
伊藤恵子「脱近代的新階層の台頭と資本の自然遡行的分散過程」『立命館経済学』第61巻第5号、立命館大学経済学会、二〇一三年

第Ⅶ章

川上紳一『生命と地球の共進化』日本放送出版協会、二〇〇〇年
丸山茂徳・磯崎行雄『生命と地球の歴史』岩波新書、二〇〇一年
黒岩常祥『ミトコンドリアはどこからきたか』日本放送出版協会、二〇〇〇年
木村資生『生物進化を考える』岩波新書、一九八八年
中村桂子『生命誌の世界』日本放送出版協会、二〇〇〇年
スチュアート・カウフマン 著、米沢登美子 監訳『自己組織化と進化の論理』日本経済新聞社、一九九九年
アーヴィン・ラズロー『システム哲学入門』紀伊國屋書店、一九八〇年
スティーヴン・W・ホーキング『ホーキングの最新宇宙論』日本放送出版協会、一九九〇年
サイモン・シン『ビッグバン宇宙論』(上)(下)新潮社、二〇〇六年
南部陽一郎『クォーク 第2版―素粒子物理はどこまで進んできたか―』講談社、一九九八年
ケネス・W・フォード『不思議な量子』日本評論社、二〇〇五年
相原博昭『素粒子の物理』東京大学出版会、二〇〇六年
村山斉『宇宙は何でできているか』幻冬舎、二〇一〇年
池内了『これだけは知っておきたい物理学の原理と法則』PHP研究所、二〇一一年

第Ⅷ章

北朝鮮研究学会 編、石坂浩一 監訳『北朝鮮は、いま』岩波新書、二〇〇七年
和田春樹『北朝鮮現代史』岩波新書、二〇一二年
文京洙『新・韓国現代史』岩波新書、二〇一五年
糟谷憲一・並木真人・林雄介『朝鮮現代史』山川出版社、二〇一六年
礒﨑敦仁・澤田克己『新版 北朝鮮入門 ―金正恩体制の政治・経済・社会・国際関係―』東洋経済新報社、二〇一七年
金時鐘『朝鮮と日本に生きる―済州島から猪飼野へ』岩波新書、二〇一五年
文京洙『済州島四・三事件―「島のくに《タムナ》」の死と再生の物語』岩波現代文庫、二〇一八年
文在寅「平凡さの偉大さ 新たな世界秩序を考えて」ドイツ紙『フランクフルター・アルゲマイネ・ツァイトゥング』への寄稿（聯合ニュースのＷＥＢサイトに韓国語の原文からの邦訳が掲載）、二〇一九年五月七日
久保田文次・今井駿・田中正俊・野沢豊『中国現代史』山川出版社、一九八四年
山室信一『近現代アジアをめぐる思想連鎖 アジアの思想史脈 ―空間思想学の試み―』人文書院、二〇一七年
和田春樹、李俊揆、林泉忠、前泊博盛、メリ・ジョイス、梶原渉 著、原水爆禁止２０１８年世界大会・科学者集会実行委員会 編『東アジア非核化構想 ―アジアでの市民連帯を考える―』本の泉社、二〇一八年
谷口誠『東アジア共同体 ―経済統合のゆくえと日本―』岩波新書、二〇〇四年
王義桅 著、川村明美 訳『習近平主席が提唱する新しい経済圏構想「一帯一路」詳説』日本僑報社、二〇一七年
「特集 中国経済と『一帯一路』構想」『経済』二〇一八年八月号、新日本出版社
ＥＴＶ特集『中国でよみがえる雪舟』ＮＨＫ教育テレビ、二〇一五年四月十一日放送
梁鴻 著、鈴木将久・河村昌子・杉村安幾子 訳『中国はここにある―貧しき人々のむれ―』みすず書房、二〇一八年
小貫雅男・伊藤恵子「序編 あらためて近代の淵源に立ち返って考える」『グローバル市場原理に抗する 静かなるレボリューション ―自然循環型共生社会への道―』御茶の水書房、二〇一三年

安藤昌益「稿本 自然真営道」『安藤昌益全集』（第一巻〜第七巻）、農山漁村文化協会、一九八二〜一九八三年
寺尾五郎「総合解説―安藤昌益の存在と思想、および現代とのかかわり」『安藤昌益全集』（第一巻）農山漁村文化協会、一九八二年
安永寿延 編著、山田福男 写真『写真集 人間安藤昌益』農山漁村文化協会、一九九二年
若尾政希『安藤昌益からみえる日本近世』東京大学出版会、二〇〇四年
石渡博明『安藤昌益の世界―独創的思想はいかに生れたか』草思社、二〇〇七年
川村晃生「安藤昌益の夢―三つのユートピア―」『ユートピアの文学世界』慶應義塾大学出版会、二〇〇八年
石渡博明・児島博紀・添田善雄 編著『現代《いま》に生きる安藤昌益』御茶の水書房、二〇一二年
並松信久・王秀文・三浦忠司『現代に生きる日本の農業思想―安藤昌益から新渡戸稲造まで―』（シリーズ・いま日本の「農」を問う12）ミネルヴァ書房、二〇一六年
マルクス『経済学批判』大月書店、一九七〇年
国連世界食料保障委員会専門家ハイレベル・パネル 著、家族農業研究会・（株）農林中金総合研究所 共訳『人口・食料・資源・環境 家族農業が世界の未来を拓く―食料保障のための小規模農業への投資―』農山漁村文化協会、二〇一四年
原弘平「2014国際家族農業年―今問われる『家族農業』の価値」『農林金融』二〇一四年一月号、農林中金総合研究所
小規模・家族農業ネットワーク・ジャパン（SFFNJ）編『よくわかる 国連「家族農業の10年」と「小農の権利宣言」』（農文協ブックレット20）農山漁村文化協会、二〇一九年
ウィリアム・ブルム 著、益岡賢・大矢健・いけだよしこ 訳『アメリカ侵略全史―第2次世界大戦後の米軍・CIAによる介入・政治工作・テロ・暗殺―』作品社、二〇一八年

※　二一世紀の未来社会構想としての「菜園家族」構想は、二〇〇〇年以来数次にわたって検討を加え、その都度改訂を重ね今日に至っている。以下に列挙する。

『週休五日制による三世代「菜園家族」酔夢譚』（小貫雅男、Ｎｏｍａｄ、Ｂ5判・八九頁、二〇〇〇年）
『菜園家族レボリューション』（小貫雅男、社会思想社・現代教養文庫、二〇八頁、二〇〇一年）
『森と海を結ぶ菜園家族―21世紀の未来社会論―』（小貫雅男・伊藤恵子、人文書院、Ａ5判・四四七頁、二〇〇四年）
『菜園家族物語 ―子どもに伝える未来への夢―』（小貫・伊藤、日本経済評論社、Ａ5判・三七三頁、二〇〇六年）
『菜園家族21―分かちあいの世界へ―』（小貫・伊藤、コモンズ、四六判・二五五頁、二〇〇八年）
『グローバル市場原理に抗する 静かなるレボリューション ―自然循環型共生社会への道―』（小貫・伊藤、御茶の水書房、Ａ5判・三六九頁、二〇一三年）
『菜園家族の思想―甦る小国主義日本―』（小貫・伊藤、かもがわ出版、四六判・三八四頁、二〇一六年）
『菜園家族レボリューション ―日本国憲法、究極の具現化―』（小貫・伊藤、本の泉社、Ａ5判・一五九頁、二〇一八年）

著者紹介

小貫 雅男（おぬき・まさお）

1935年中国東北（旧満州）、内モンゴル・鄭家屯生まれ。大阪外国語大学モンゴル語学科卒業、京都大学大学院文学研究科修士課程修了。大阪外国語大学教授、滋賀県立大学教授を経て、現在、滋賀県立大学名誉教授、里山研究庵Ｎｏｍａｄ主宰。専門は、モンゴル近現代史、遊牧地域論、地域未来学。著書に『遊牧社会の現代―モンゴル・ブルドの四季から―』（青木書店）、『モンゴル現代史』（山川出版社）、『森と海を結ぶ菜園家族 ―21世紀の未来社会論―』（伊藤との共著、人文書院）、『静かなるレボリューション ―自然循環型共生社会への道―』（伊藤との共著、御茶の水書房）、『菜園家族の思想 ―甦る小国主義日本―』（伊藤との共著、かもがわ出版）など、映像作品に『四季・遊牧 ―ツェルゲルの人々―』三部作・全６巻（伊藤との共同制作、大日）がある。

伊藤 恵子（いとう・けいこ）

1971年岐阜県生まれ。大阪外国語大学モンゴル語学科卒業、同大学大学院外国語学研究科修士課程修了。滋賀県立大学人間文化学部非常勤講師を経て、現在、里山研究庵Ｎｏｍａｄ研究員、大阪大学外国語学部および立命館大学経済学部非常勤講師。専門は、モンゴル遊牧地域論、日本の地域社会論。主論文に「遊牧民家族と地域社会 ―砂漠・山岳の村ツェルゲルの場合―」（『人間文化』３号）、「脱近代的新階層の台頭と資本の自然遡行的分散過程」（『立命館経済学』第61巻第５号）、著書に『菜園家族物語 ―子どもに伝える未来への夢―』（小貫との共著、日本経済評論社）、『菜園家族21―分かちあいの世界へ―』（小貫との共著、コモンズ）、『菜園家族レボリューション―日本国憲法、究極の具現化』（小貫との共著、本の泉社）などがある。

世界《せかい》に誇《ほこ》る日本国憲法《にほんこくけんぽう》究極《きゅうきょく》の具現化《ぐげんか》

新生《しんせい》「菜園家族《さいえんかぞく》」日本《にほん》

—— 東《ひがし》アジア民衆連帯《みんしゅうれんたい》の要《かなめ》 ——

2019年 9月26日 初版第1刷発行

著　者　小貫 雅男／伊藤 恵子

発行者　新舩 海三郎

発行所　株式会社 本の泉社

〒113-0033　東京都文京区本郷 2-25-6

TEL：03-5800-8494　FAX：03-5800-5353

http://www.honnoizumi.co.jp

DTP　杵鞭 真一

印刷　亜細亜印刷（株）　／　製本　（株）村上製本所

ISBN 978-4-7807-1945-1　C0036